BGB-AT III

Das Erlöschen des Primäranspruchs

Hemmer/Wüst/Tyroller

Hemmer/Wüst Verlagsgesellschaft
Hemmer/Wüst/Tyroller, BGB-AT III; Das Erlöschen des Primäranspruchs

ISBN 978-3-96838-210-4

16. Auflage 2023

gedruckt auf chlorfrei gebleichtem Papier
von Schleunungdruck GmbH, Marktheidenfeld

Juristisches Repetitorium hemmer

Kursorte im Überblick

Augsburg
Wüst
Mergentheimer Str. 44
97082 Würzburg
Tel.: (0931) 79 78 230
Fax: (0931) 79 78 234
Mail: augsburg@hemmer.de

Bayreuth
Daxhammer/d´Alquen
Parkweg 7
97944 Boxberg
Tel.: (07930) 99 23 38
Fax: (07930) 99 22 51
Mail: bayreuth@hemmer.de

Berlin-Dahlem
Gast
Schumannstraße 18
10117 Berlin
Tel.: (030) 240 45 738
Fax: (030) 240 47 671
Mail: mitte@hemmer-berlin.de

Berlin-Mitte
Gast
Schumannstraße 18
10117 Berlin
Tel.: (030) 240 45 738
Fax: (030) 240 47 671
Mail: mitte@hemmer-berlin.de

Bielefeld
Lück
Salzstr. 14/15
48143 Münster
Tel.: (0251) 67 49 89 70
Fax.: (0251) 67 49 89 71
Mail: bielefeld@hemmer.de

Bochum
Schlömer/Sperl
Salzstr. 14/15
48143 Münster
Tel.: (0251) 67 49 89 70
Fax.: (0251) 67 49 89 71
Mail: bochum@hemmer.de

Bonn
Ronneberg/Clobes/Geron
Meckenheimer Allee 148
53115 Bonn
Tel.: (0228) 91 14 125
Fax: (0228) 91 14 141
Mail: bonn@hemmer.de

Bremen
Hemmer/Wüst
Mergentheimer Str. 44
97082 Würzburg
Tel.: (0931) 79 78 257
Fax: (0931) 79 78 240
Mail: bremen@hemmer.de

Dresden
Weber/Kalina
Oststraße 8
04317 Leipzig
Tel.: (0152) 34 01 84 73
Mail: leipzig@hemmer.de

Düsseldorf
Ronneberg/Clobes/Geron
Meckenheimer Allee 148
53113 Bonn
Tel.: (0228) 91 14 125
Fax: (0228) 91 14 141
Mail: duesseldorf@hemmer.de

Erlangen
Grieger/Tyroller
Mergentheimer Str. 44
97082 Würzburg
Tel.: (0931) 79 78 230
Fax: (0931) 79 78 234
Mail: erlangen@hemmer.de

Frankfurt/M.
Geron/Hahn/Bold
Dreifaltigkeitsweg 49
53489 Sinzig
Tel.: (02642) 61 44
Fax: (02642) 61 44
Mail: frankfurt.main@hemmer.de

Frankfurt/O.
Gast
Schumannstraße 18
10117 Berlin
Tel.: (030) 240 45 738
Fax: (030) 240 47 671
Mail: mitte@hemmer-berlin.de

Freiburg
Behler/Rausch
Rohrbacher Str. 3
69115 Heidelberg
Tel.: (06221) 65 33 66
Fax: (06221) 65 33 30
Mail: freiburg@hemmer.de

Gießen
Sperl
Parkweg 7
97944 Boxberg
Tel.: (07930) 99 23 38
Fax: (07930) 99 22 51
Mail: giessen@hemmer.de

Göttingen
Schlömer/Sperl
Kirchhofgärten 22
74635 Kupferzell
Tel.: (07944) 94 11 05
Fax: (07944) 94 11 08
Mail: goettingen@hemmer.de

Greifswald
Lück
Knieperstraße 20
18439 Stralsund
Tel.: (03831) 26 27 17
Fax: (03831) 26 27 28
Mail: greifswald@hemmer.de

Halle
Weber/Kalina
Oststraße 8
04317 Leipzig
Tel.: (0152) 34 01 84 73
Mail: halle@hemmer.de

Hamburg
Schlömer/Sperl
Steinhöft 5-7
20459 Hamburg
Tel.: (040) 317 669 17
Fax: (040) 317 669 20
Mail: hamburg@hemmer.de

Hannover
Hemmer/Wüst
Mergentheimer Str. 44
97082 Würzburg
Tel.: (0931) 79 78 230
Fax: (0931) 79 78 234
Mail: hannover@hemmer.de

Heidelberg
Hemmer/Wüst
Mergentheimer Str. 44
97082 Würzburg
Tel.: (0931) 79 78 230
Fax: (0931) 79 78 234
Mail: heidelberg@hemmer.de

Jena
Weber/Kalina
Oststraße 8
04317 Leipzig
Tel.: (0152) 34 01 84 73
Mail: halle@hemmer.de

Kiel
Onoszko/Lück
Knieperstraße 20
18439 Stralsund
Tel.: (03831) 26 27 17
Fax: (03831) 26 27 28
E-Mail: kiel@hemmer.de

Köln
Ronneberg/Clobes/Geron
Meckenheimer Allee 148
53113 Bonn
Tel.: (0228) 91 14 125
Fax: (0228) 91 14 141
Mail: koeln@hemmer.de

Konstanz
Kaiser
Hindenburgstr. 15
78467 Konstanz
Tel.: (07531) 69 63 63
Fax: (07531) 69 63 64
Mail: konstanz@hemmer.de

Leipzig
Weber/Kalina
Oststraße 8
04317 Leipzig
Tel.: (0152) 34 01 84 73
Mail: leipzig@hemmer.de

Mainz
Geron
Dreifaltigkeitsweg 49
53489 Sinzig
Tel.: (02642) 61 44
Fax: (02642) 61 44
Mail: mainz@hemmer.de

Mannheim
Hemmer/Wüst
Mergentheimer Str. 44
97082 Würzburg
Tel.: (0931) 79 78 230
Fax: (0931) 79 78 234
Mail: mannheim@hemmer.de

Marburg
Sperl
Parkweg 7
97944 Boxberg
Tel.: (07930) 99 23 38
Fax: (07930) 99 22 51
Mail: marburg@hemmer.de

München
Wüst
Mergentheimer Str. 44
97082 Würzburg
Tel.: (0931) 79 78 230
Fax: (0931) 79 78 234
Mail: muenchen@hemmer.de

Münster
Schlömer/Sperl
Salzstr. 14/15
48143 Münster
Tel.: (0251) 67 49 89 70
Fax.: (0251) 67 49 89 71
Mail: muenster@hemmer.de

Osnabrück
Fethke
Philosophenweg 23
23970 Wismar
Tel.: (0541) 18 55 21 79
Mail: osnabrueck@hemmer.de

Passau
Wenzl
Mergentheimer Str. 44
97082 Würzburg
Tel.: (0931) 79 78 247
Fax: (0931) 79 78 260
Mail: passau@hemmer.de

Potsdam
Gast
Schumannstraße 18
10117 Berlin
Tel.: (030) 240 45 738
Fax: (030) 240 47 671
Mail: mitte@hemmer-berlin.de

Regensburg
Daxhammer/d´Alquen
Parkweg 7
97944 Boxberg
Tel.: (07930) 99 23 38
Fax: (07930) 99 22 51
Mail: regensburg@hemmer.de

Rostock
Burke/Lück
Knieperstraße 20
18439 Stralsund
Tel.: (03831) 26 27 17
Fax: (03831) 26 27 28
Mail: rostock@hemmer.de

Saarbrücken
Bold/Hein/Issa
Preslesstraße 2
66987 Thaleischweiler-Fröschen
Tel.: (06334) 98 42 83
Fax: (06334) 98 42 83
Mail: saarbruecken@hemmer.de

Trier
Geron
Dreifaltigkeitsweg 49
53489 Sinzig
Tel.: (02642) 61 44
Fax: (02642) 61 44
Mail: trier@hemmer.de

Tübingen
Kaiser
Hindenburgstr. 15
78465 Konstanz
Tel.: (07531) 69 63 63
Fax: (07531) 69 63 64
Mail: tuebingen@hemmer.de

Würzburg - ZENTRALE -
Mergentheimer Str. 44
97082 Würzburg
Tel.: (0931) 79 78 230
Fax: (0931) 79 78 234
Mail: wuerzburg@hemmer.de

ASSESSORKURSORTE IM ÜBERBLICK

BAYERN

RA Gold
Mergentheimer Str. 44
97082 Würzburg
Tel.: (0931) 79 78 2-50
Fax: (0931) 79 78 2-51
Mail: assessor@hemmer.de

BADEN-WÜRTTEMBERG

POSTVERSAND

RAe Kaiser / Notz
Hindenburgstr. 15
78467 Konstanz
Tel.: (07531) 69 63 63
Fax: (07531) 69 63 64
Mail: konstanz@hemmer.de

ONLINEKURS + FINAL

RAin Baier
Mergentheimerstr. 44
97082 Würzburg
Tel. (0931) 79 78 2-47
Fax. (0931) 79 78 2-60
Mail: stuttgart@hemmer.de

BERLIN/POTSDAM/BRANDENBURG

RA Gast
Schumannstr. 18
10117 Berlin
Tel.: (030) 24 04 57 38
Fax: (030) 24 04 76 71
Mail: mitte@hemmer-berlin.de

BREMEN/HAMBURG

RAe Schlömer & Sperl
Steinhöft 5-7
20459 Hamburg
Tel.: (040) 317 669 17
Fax: (040) 317 669 20
Mail: oe@hemmer.de

HESSEN

RA Hahn
Mergentheimer Str. 44
97082 Würzburg
Tel.: (0931) 79 78 2-50
Fax: /0931) 79 78 2-51
Mail: assessor-hessen@hemmer.de

MECKLENBURG-VORPOMMERN

RA Lück
Dalmsdorf 21a
17237 Kratzeburg
Tel.: (039822) 25 00 38
Mail: greifswald@hemmer.de

RHEINLAND-PFALZ

POSTVERSAND

RA Geron
Dreifaltigkeitsweg 49
53489 Sinzig
Tel.: (02642) 61 44
Fax: (02642) 61 44
Mail: trier@hemmer.de

NIEDERSACHSEN

RAe Sperl/Schlömer
Steinhöft 5 - 7
20459 Hamburg
Tel.: (040) 317 669 17
Fax: (040) 317 669 20
Mail: assessor-nord@hemmer.de

NORDRHEIN-WESTFALEN

RAin Dr. Ronneberg
Meckenheimer Allee 148
53113 Bonn
Tel.: (0228) 91 14 125
Fax: (0228) 91 14 141
Mail: bonn@hemmer.de

SAARLAND

RA Bold
Presales Str. 2
66987 Thaleischweiler-Fröschen
Tel.: (0151) 52 51 71 24
Mail: saarbruecken@hemmer.de

SCHLESWIG-HOLSTEIN

RAe Sperl/Schlömer
Steinhöft 5 - 7
20459 Hamburg
Tel.: (040) 317 669 17
Fax: (040) 317 669 20
Mail: assessor-nord@hemmer.de

SACHSEN/SACHSEN-ANHALT/THÜRINGEN

RA Singbartl + Ass. jur. Kalina
Oststraße 8
04317 Leipzig
Tel.: (07930) 99 23 38
Mail: oe-ost@hemmer.de

Kommentare

Erman	Bürgerliches Gesetzbuch,
Münchener Kommentar	Kommentar zum Bürgerlichen Gesetzbuch,
Grüneberg	Kommentar zum Bürgerlichen Gesetzbuch
Staudinger	Kommentar zum Bürgerlichen Gesetzbuch,

Lehrbücher

Brox	Allgemeines Schuldrecht, Besonderes Schuldrecht,
Larenz	Lehrbuch des Schuldrechts Band I, Allgemeiner Teil,
Larenz/Canaris	Lehrbuch des Schuldrechts II, Besonderer Teil,
Medicus/Petersen	Bürgerliches Recht,

Weitere Nachweise (insbesondere auf Aufsätze) in den Fußnoten.

Vorwort

BGB AT III mit der **hemmer-Methode**

Wer in vier Jahren sein Studium abschließen will, kann sich einen Irrtum in Bezug auf Stoffauswahl und -aneignung nicht leisten. Hoffen Sie nicht auf leichte Rezepte und den einfachen Rechtsprechungsfall. Hüten Sie sich vor Übervereinfachung beim Lernen. Stellen Sie deswegen frühzeitig die Weichen richtig.

Wenn der Vertrag wirksam ist, dann entsteht ein Primäranspruch. Oder er scheitert, dann entfallen Erfüllungsansprüche. Ist ein Anspruch bereits entstanden, so kann er bei Vorliegen sog. rechtsvernichtender Einwendungen dennoch nachträglich wegfallen. Zudem kann auch die Durchsetzbarkeit eines Anspruchs aufgrund rechtshemmender Einreden (vorübergehend) vereitelt sein. Wichtige Einreden sind die Verjährung und Zurückbehaltungsrechte. Im Skript **BGB-AT III/Erlöschen des Primäranspruchs** werden – aufbauend auf den Skripten BGB-AT II und III – die wichtigsten rechtsvernichtenden Einwendungen und rechtshemmenden Einreden in examensrelevanten Fallkonstellationen dargestellt.

Die **hemmer-Methode** vermittelt Ihnen die **erste richtige Einordnung** und das **Problembewusstsein**, welches Sie brauchen, um an einer Klausur bzw. dem Ersteller nicht vorbeizuschreiben. Häufig ist dem Studierenden nicht klar, warum er schlechte Klausuren schreibt. Wir geben Ihnen **gezielte Tipps**! Vertrauen Sie auf unsere **Expertenkniffe**.

Durch die ständige Diskussion mit unseren Kursteilnehmerinnen und Kursteilnehmern ist uns als erfahrenen Repetitoren klar geworden, welche **Probleme** die Studierenden haben, ihr **Wissen anzuwenden**. Wir haben aber auch von unseren Kursteilnehmerinnen und Kursteilnehmern profitiert und von ihnen erfahren, welche **Argumentationsketten** in der Prüfung zum Erfolg geführt haben.

Die **hemmer-Methode** gibt **jahrelange Erfahrung** weiter, erspart Ihnen viele schmerzliche Irrtümer, setzt richtungsweisende Maßstäbe und begleitet Sie als **Gebrauchsanweisung** in Ihrer Ausbildung:

1. Grundwissen:

Die **Grundwissenskripten** sind für die Studierenden in den ersten Semestern gedacht. In den Theoriebänden Grundwissen werden leicht verständlich und kurz die wichtigsten Rechtsinstitute vorgestellt und das notwendige Grundwissen vermittelt. Die Skripten werden durch den jeweiligen Band unserer **Reihe „Die wichtigsten Fälle“** ergänzt.

2. Basics:

Das Grundwerk für Studium und Examen. Es schafft schnell **Einordnungswissen** und mittels der hemmer-Methode richtiges Problembewusstsein für Klausur und Hausarbeit. Wichtig ist, **wann und wie** Wissen in der Klausur angewendet wird.

3. Skriptenreihe:

Vertiefendes Prüfungswissen: Über 1.000 Klausuren wurden auf ihre „essentials" abgeklopft.

Anwendungsorientiert werden die für die Prüfung nötigen Zusammenhänge umfassend aufgezeigt und wiederkehrende Argumentationsketten eingeübt.

Gleichzeitig wird durch die **hemmer-Methode** auf **anspruchsvollem Niveau** vermittelt, nach welchen Kriterien Prüfungsfälle beurteilt werden. Mit dem Verstehen wächst die Zustimmung zu Ihrem Studium. Spaß und Motivation beim Lernen entstehen erst durch Verständnis.

Lernen Sie, durch Verstehen am juristischen Sprachspiel teilzunehmen. Wir schaffen den „background“, mit dem Sie die innere Struktur von Klausur und Hausarbeit erkennen: **„Problem erkannt, Gefahr gebannt“**. Profitieren Sie von unserem **strategischen Wissen**. Wir werden Sie mit unserem know-how auf das Anforderungsprofil einstimmen, das Sie in Klausur und Hausarbeit erwartet.

Die Theoriebände Grundwissen, die Basics, die Skriptenreihe und der Hauptkurs sind als **modernes, offenes und flexibles Lernsystem** aufeinander abgestimmt und ergänzen sich ideal. Die **studentenfreundliche Preisgestaltung** ermöglicht den **Erwerb als Gesamtwerk**.

4. Hauptkurs:

Schulung am examenstypischen Fall mit der Assoziationsmethode. Trainieren Sie unter professioneller Anleitung, was Sie im Examen erwartet und wie Sie bestmöglich mit dem Examensfall umgehen.

Nur wer die Dramaturgie eines Falles verstanden hat, ist in Klausur und Hausarbeit auf der sicheren Seite! Häufig hören wir von unseren Kursteilnehmenden: **„Erst jetzt hat Jura richtig Spaß gemacht“**.

Die Ergebnisse unserer Kursteilnehmerinnen und Kursteilnehmer geben uns Recht. Maßstab ist der Erfolg. Die Examensergebnisse zeigen, dass unsere Kursteilnehmenden überdurchschnittlich abschneiden.

Die Examensergebnisse unserer Kursteilnehmerinnen und Kursteilnehmer können auch Ansporn für Sie sein, intelligent zu lernen: Wer nur auf vier Punkte lernt, landet leicht bei drei.
Lassen Sie sich aber nicht von diesen Supernoten verschrecken, sehen Sie dieses Niveau als Ansporn für Ihre Ausbildung.

Wir hoffen, mit unserem Gesamtangebot bei der Konkretisierung des Rechts mitzuwirken und wünschen Ihnen **viel Spaß beim Durcharbeiten** unserer Skripten.

Wir würden uns freuen, mit Ihnen in unserem Hauptkurs und mit der **hemmer-Methode** gemeinsam Verständnis an der Juristerei zu trainieren. Nur wer erlernt, was ihn im Examen erwartet, lernt richtig!

So leicht ist es, uns kennenzulernen: Probehören ist jederzeit in den jeweiligen Kursorten möglich.

Karl-Edmund Hemmer & Achim Wüst

§ 3 RECHTSVERNICHTENDE EINWENDUNGEN

A. Überblick

Rechts*vernichtende* Einwendungen führen zur *nachträglichen* Zerstö- 196
rung eines zunächst wirksam entstandenen Anspruchs. Sie sind *von Amts wegen* zu berücksichtigen.

hemmer-Methode: Bevor Sie in der Klausur zu den rechts*vernichtenden* Einwendungen vorstoßen, müssen Sie deshalb zunächst prüfen, ob ein Anspruch überhaupt entstanden ist. Rechts*hindernde* Einwendungen sind dementsprechend *vorab* zu erörtern. Vergewissern Sie sich, ob Ihnen die wichtigsten rechtshindernden Einwendungen geläufig sind. Bearbeiten Sie deshalb ggf. noch einmal die Skripten HEMMER/WÜST, BGB-AT I und II.

Übersicht zur Prüfungsreihenfolge von Einwendungen und Einreden:

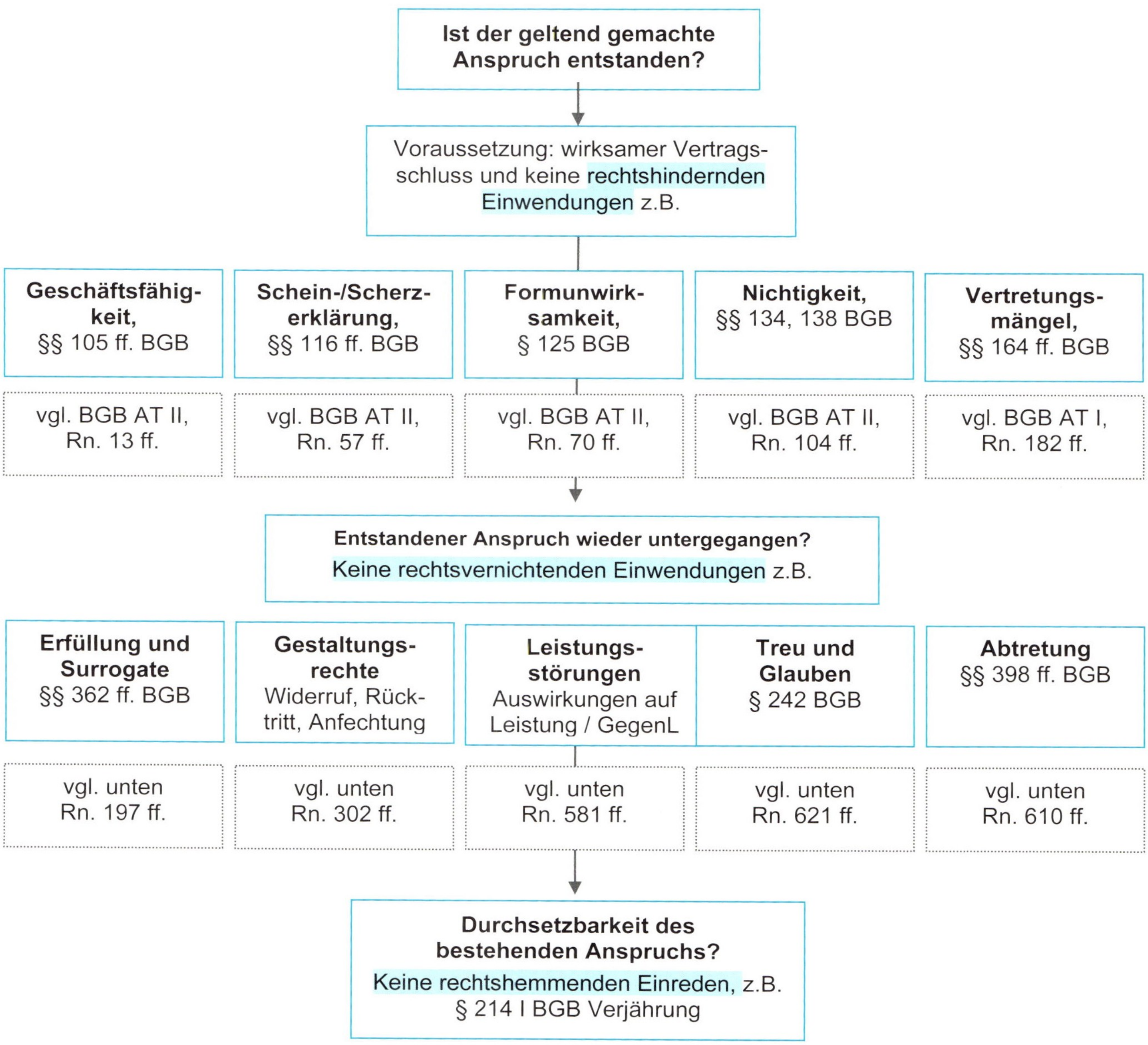

B. Die rechtsvernichtenden Einwendungen im Einzelnen

I. Erfüllung, § 362 BGB

1. Begriff

Erfüllung ist Schuldtilgung durch *Bewirken der geschuldeten Leistung* 197
an den Gläubiger. Es handelt sich um den Idealfall der Beendigung eines Schuldverhältnisses i.e.S.[1] Was die geschuldete Leistung ist, muss im Einzelfall sorgfältig durch Auslegung, §§ 133, 157 BGB des zugrundeliegenden Schuldverhältnisses ermittelt werden. Meist wird man darunter nicht nur die Leistungs*handlung*, sondern, soweit der Schuldner auch einen bestimmten Erfolg herbeizuführen hat, auch die Herbeiführung des *Leistungserfolges* verstehen.[2] Solange dies nicht geschehen ist, hat der Schuldner nicht erfüllt.

Die folgenden Grafiken im Skript sind ein Auszug aus den Minikarteikarten Shorties zum Kennenlernen

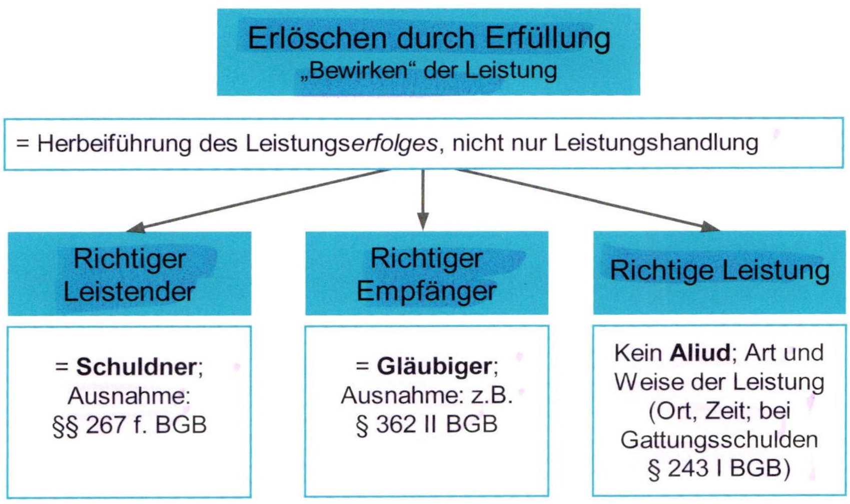

Leistungshandlung grundsätzlich nicht allein ausreichend

*Bsp.: Ist eine gekaufte bewegliche Sache gem. zu übereignen und die Schuld eine Schickschuld, so ist die Leistungs**handlung** des Schuldners abgeschlossen, wenn er die Sache an den Gläubiger abgeschickt hat, der Leistungs**erfolg** aber erst eingetreten, wenn der Gläubiger sie in Empfang genommen und damit Besitz und Eigentum, § 929 BGB, an ihr erlangt hat.*

aber:

Die Leistungshandlung ist ausreichend, wenn das Schuldverhältnis selbst keinen Erfolg erfordert. So ist z.B. bei einem Dienstvertrag nur die Tätigkeit als solche geschuldet. Andererseits bedeutet das *Bewirken*, dass der Erfolg auch *durch die Leistung* **des Schuldners** eingetreten sein muss.

Bsp.: Das abzuschleppende Schiff kommt bei Flut von selbst frei. Hier ist keine Erfüllung gegeben; es handelt sich vielmehr um einen Fall der Unmöglichkeit in Form der Zweckerreichung.

1 Vgl. dazu Grüneberg, vor § 241, Rn. 1.

2 MüKo, § 362, Rn. 2.

2. Erfüllungstheorien

str., ob Willenseinigung notw.

Außerordentlich streitig ist die Frage, ob die Erfüllungswirkung kraft 198
Gesetzes allein schon durch Bewirken der Leistung eintritt oder ob zusätzlich ein subjektives Element, nämlich eine Willenseinigung der Parteien (*Erfüllungsvertrag*) oder jedenfalls ein Erfüllungswille des Schuldners erforderlich ist.[3]

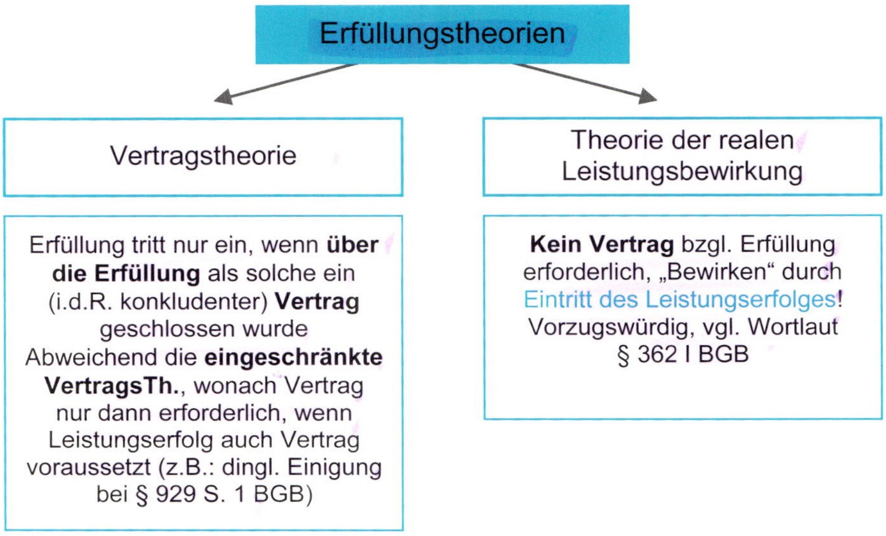

a) Vertragstheorie

e.A.:
Vertragstheorie, Angebot u. Annahme notw.

Nach der *Vertragstheorie* tritt Erfüllung i.S.v. § 362 I BGB nicht allein 199
mit Herbeiführung des geschuldeten Leistungserfolges ein, sondern erst mittels eines auf Aufhebung des Schuldverhältnisses gerichteten Vertrages der Beteiligten. Erforderlich ist daher sowohl das Angebot der Leistung als auch deren Annahme „als Erfüllung". Erfüllung stellt sich insoweit als Folge eines Rechtsgeschäftes dar, welches gleichzeitig eine Verfügung über den entsprechenden Anspruch beinhaltet.[4]

b) Theorie der realen Leistungsbewirkung

h.M.:
reale Leistungsbewirkung ausr.

Herrschend ist die *Theorie der realen Leistungsbewirkung*. Danach 200
genügt zur Erfüllung in den meisten Fällen die Herbeiführung des Leistungserfolges durch eine Leistungshandlung des Schuldners, welche in jeder Weise der geschuldeten entspricht.

bei Anweisungsfällen Tilgungsbestimmung notwendig

Die unterschiedlichen Konsequenzen beider Theorien verdeutlichen sich vor allem in den Überweisungsfällen.

> ***Bsp.:** G hat einen Kaufvertrag mit V abgeschlossen. Ein Jahr später weist der nunmehr unerkannt geisteskranke G seine Bank an, auf die Forderung zu zahlen. Die Bank verlangt nun von G das Geld für die Anweisung.*
>
> Ein Anspruch aus Geschäftsbesorgungsvertrag, §§ 670, 675 BGB, scheidet auf jeden Fall deshalb aus, weil der von G an die Bank erteilet Überweisungsauftrag (Weisung im Rahmen eines Zahlungsdiensterahmenvertrages, §§ 675f II, 675c I, 665 BGB) wegen der Geisteskrankheit nichtig war.

---

3 Grüneberg, § 362, Rn. 5.

4 Larenz, SchR AT, § 18 I S. 1.

In Betracht kommt aber ein Anspruch aus Leistungskondiktion, § 812 I S. 1, Alt. 1 BGB. Dann müsste der G „etwas erlangt" haben. Hier käme vor allem die Befreiung von einer Verbindlichkeit in Betracht; im Beispiel wäre dies die Kaufpreisschuld aus dem wirksamen Kaufvertrag. Dazu müsste aber ein Geisteskranker auch erfüllen können, § 362 BGB. Nach der Vertragstheorie wäre solches schon deshalb ausgeschlossen, weil G für den dann notwendigen Erfüllungsvertrag nicht die nötige Geschäftsfähigkeit besäße. Nach der Theorie von der realen Leistungsbewirkung wäre solches indessen möglich, da dann die Erfüllung ein reiner Tilgungsakt ist.

Eine Ausnahme würde nach letzterer Theorie allenfalls dann zu machen sein, wenn eine *Tilgungsbestimmung* notwendig war. Dies wird im Fall einer Banküberweisung zur richtigen Zuordnung der zu überweisenden Forderung anzunehmen sein.

Unabhängig von der dogmatischen Einordnung der Tilgungsbestimmung ist aber davon auszugehen, dass diese auch von einem Geschäftsunfähigen getroffen werden kann. Andernfalls würde die Erfüllungswirkung auch dann nicht eintreten, wenn diese für den Geschäftsunfähigen vorteilhaft wäre. Daher ist die Befreiung von einer Verbindlichkeit zu bejahen. Der notwendige Schutz des Geschäftsunfähigen ist bereicherungsrechtlich besser zu verwirklichen als i.R.d. § 362 BGB.[5] Im Ergebnis besteht Übereinstimmung, den Geschäftsunfähigen aus der Rückabwicklung nach Bereicherungsrecht herauszuhalten. Die h.M. nimmt eine Direktkondiktion in Form der Nichtleistungskondiktion gem. § 812 I S. 1 Alt. 2 BGB gegen V an.

Eine *Tilgungsbestimmung*[6] ist grundsätzlich dann erforderlich, wenn der Leistende aus mehreren Forderungen verpflichtet ist, vgl. § 366 BGB, oder aber ein Dritter nach § 267 BGB leistet. Schließlich bedarf es noch einer Tilgungsbestimmung im Falle einer Vorausleistung. Daneben kann der Schuldner über eine sog. „negative Tilgungsbestimmung" verhindern, dass die Bewirkung einer Leistung zum Erlöschen einer bestimmten Leistungspflicht führt.

hemmer-Methode: Die Tilgungsbestimmungen erlangen hauptsächlich bei der Grundschuld Bedeutung. Dort kommt es für das Erlöschen der schuldrechtlichen bzw. dinglichen Verpflichtung entscheidend darauf an, ob der Zahlende auf die persönliche Forderung oder auf die Grundschuld oder gar auf beides geleistet hat, d.h. eine sog. doppelte Tilgungsbestimmung getroffen hat.[7]

Die Theorie der realen Leistungsbewirkung trägt am besten dem Gedanken Rechnung, dass das Schuldverhältnis dann endet, wenn das Ziel, auf welches es angelegt war, erreicht ist. Sie wird somit auch den Fällen gerecht, in denen die Leistung ohne Mitwirkung oder Wissen des Gläubigers erbracht werden kann und i.d.R. auch erbracht wird.[8]

hemmer-Methode: Wenngleich sich durch die Theorien, also in verschiedener Hinsicht, unterschiedliche Ergebnisse erzielen lassen, ist die Unterscheidung im Hinblick auf den letztendlichen Leistungserfolg meist ohne Relevanz:
Will nämlich der Geschäftsunfähige z.B. seine Verpflichtung aus wirksamen Kaufvertrag erfüllen und dem Käufer eine Sache übereignen, so ist nach der h.M. die Erfüllung zwar ein Realakt, für den keine Geschäftsfähigkeit vorausgesetzt wird. Der Leistungserfolg selbst setzt aber neben der Besitzübertragung auch die Übertragung des Eigentums (§ 929 BGB) voraus. Dafür ist wiederum Geschäftsfähigkeit i.R.d. dinglichen Einigung notwendig. Bei strikter Anwendung der h.M. führte dies zu der merkwürdigen Konsequenz, dass der Vertrag theoretisch erfüllt werden könnte, obwohl das Eigentum nicht übertragen werden kann. Der Streit ist deshalb insgesamt fragwürdig.

5 Vgl. Hemmer/Wüst/Gold, Bereicherungsrecht, Rn. 158 ff.

6 Vgl. dazu unten, Rn. 211 ff.

7 Vgl. dazu Hemmer/Wüst, Kreditsicherungsrecht, Rn. 163 ff.

8 Larenz, a.a.O.

3. Person des Leistungsempfängers

Bewirken nur ggü. Berechtigten

Zum Inhalt der geschuldeten Leistung gehört auch die Person desjenigen, welcher zum Empfang der Leistung berechtigt ist. Daher führt nur ein Bewirken der Leistung gegenüber dem Berechtigten zum Erlöschen nach § 362 I BGB. 201

a) Gläubiger

Empfangszuständigkeit notw.

Regelmäßig muss die Leistung an den *Gläubiger* bewirkt werden. Bei diesem liegt die sog. *Empfangszuständigkeit*. Die Leistung an einen Dritten befreit also grundsätzlich nicht. Der Schuldner bleibt daher verpflichtet, kann jedoch von dem Dritten seine Leistung nach Bereicherungsrecht zurückverlangen, § 812 I S. 1 Alt. 1 BGB. 202

keine Befreiung bei fehlender VerfMacht über Forderung

Da sich die Empfangszuständigkeit weitgehend mit der Verfügungsmacht deckt (arg. e. §§ 362 II, 1812, 1813 BGB), befreit eine Leistung an den Gläubiger den Schuldner dann nicht, wenn dem Gläubiger die Verfügungsmacht über die Forderung entzogen (vgl. §§ 22, 80 InsO, 829 ZPO, 136, 1984, 2211 BGB) oder dieser geschäftsunfähig bzw. in der Geschäftsfähigkeit beschränkt ist.[9]

Bsp.: Der 15 Jahre alte M hat von seinem Onkel 500.000 € geerbt. Mit Zustimmung seiner Eltern gewährt er deshalb dem X einen Kredit über 5.000 €. Monate später trifft X den M zufällig auf der Straße und gibt ihm die 5.000 € wieder zurück. Die Eltern des M verlangen nun nochmals Rückzahlung des Darlehens an M.

Der Anspruch aus § 488 I S. 2 BGB ist entstanden. M hat sich wirksam mit X geeinigt, da er mit Einwilligung seiner Eltern handelte, §§ 108 I, 183 BGB.

Der Anspruch könnte jedoch nach § 362 I BGB erloschen sein.

Fordert man mit der alten Lehre für eine wirksame Erfüllung einen Erfüllungsvertrag, so könnte dieser nach §§ 107 ff. BGB zunächst schwebend unwirksam sein, da M die Einwilligung seiner Eltern lediglich zum Abschluss des Darlehensvertrages hatte, nicht aber zur Entgegennahme des Geldes. Etwas anderes würde sich nur dann ergeben, wenn die Leistung an den M für diesen lediglich rechtlich vorteilhaft war. Zwar erhält M hier das Geld, indes verlöre er gleichzeitig seine Forderung gegenüber X durch Erfüllung. Die Erfüllung stellt daher kein lediglich rechtlich vorteilhaftes Geschäft für M dar. 203

Die Erfüllung könnte sich aber nach der heute herrschenden Theorie der realen Leistungsbewirkung ergeben. Danach kommt es ja nur auf die tatsächliche Bewirkung des Erfolges an; auf ein subjektives Element kommt es grds. nicht an. Da hier an den Gläubiger geleistet wurde (Vertragspartner ist M und nicht seine Eltern), könnte also Erfüllung eingetreten sein.

Minderjährigen fehlt die Empfangszuständigkeit

Diese Konsequenz zieht die h.M. wegen der Schutzwürdigkeit des minderjährigen Gläubigers nicht. Sie trennt den Eigentumserwerb am Geld von der Erfüllung. Da der Eigentumserwerb für sich für M lediglich rechtlich vorteilhaft ist, ist dieser nach § 107 BGB wirksam. 204

Die Erfüllung und der daraus resultierende Forderungsverlust des M sollen jedoch erst eintreten, wenn der gesetzliche Vertreter die Leistung genehmigt oder den geleisteten Gegenstand erhalten hat. Dem Minderjährigen fehlt insoweit die für die Erfüllung erforderliche Empfangszuständigkeit.[10]

hemmer-Methode: Unterscheiden Sie:
1. **Die Genehmigung des der Übereignung zugrunde liegenden schuldrechtlichen Kausalgeschäfts**
2. **Die des dinglichen Erfüllungsgeschäfts**
3. **Die Frage der Empfangszuständigkeit**

9 Grüneberg, § 362, Rn. 3.

10 Vgl. hierzu ausführlich **BGH, Life&LAW 09/2015, 633 ff.** = **juris**byhemmer (Wenn dieses Logo hinter einer Fundstelle abgedruckt wird, finden Sie die Entscheidung online unter „juris by hemmer“: www.hemmer.de).

Es ist im Einzelfall regelmäßig durch Auslegung zu ermitteln, wie weit eine erteilte Genehmigung geht.
Merken Sie sich aber: Beim dinglichen Rechtsgeschäft ist nur dann eine Genehmigung erforderlich, wenn der Minderjährige Gegenstände veräußert, weil nur dann im Gegensatz zum neutralen Rechtsgeschäft ein rechtlicher Nachteil vorliegt.

Damit ist M zwar Eigentümer des Geldes geworden. Dies hat aber wegen der verweigerten Zustimmung der Eltern nicht zum Verlust seines Anspruchs gegen X aus § 488 I S. 2 BGB geführt. Somit kann M von X noch Zahlung des Geldes verlangen. Diesem steht jedoch gegenüber M gem. § 812 I S. 1, Alt. 1 BGB ein bereicherungsrechtlicher Anspruch auf Rückzahlung der bereits geleisteten 5.000 € zu.[11] (Nach a.A. soll § 812 I S. 2 Alt. 2 BGB einschlägig sein, da Zweck der Zahlung das Einverständnis der Eltern hiermit gewesen sei). Sofern dieser Anspruch nicht an § 818 III BGB scheitert, kann X gegenüber dem Zahlungsanspruch aus dem Kaufvertrag mit diesem Kondiktionsanspruch aufrechnen, §§ 387 ff. BGB. 205

hemmer-Methode: Regelmäßig wird es auf die Frage der Empfangszuständigkeit gerade dann ankommen, wenn der Minderjährige das Geld verloren oder ausgegeben hat, weil es dann nicht mehr in den Machtbereich der Eltern gelangen konnte. Oft gewinnt dann die Frage Bedeutung, ob hinsichtlich der verschärften Haftung nach §§ 818 IV, 819 I BGB auf den Minderjährigen selbst oder den gesetzlichen Vertreter abzustellen ist.[12]
Achten Sie aber darauf, dass die Empfangszuständigkeit des Minderjährigen nicht immer abzulehnen sein wird: Fragt z.B. M die Eltern, ob er einige seiner Spielsachen auf einem Flohmarkt allein verkaufen darf, so wird die Einwilligung der Eltern in den Verkauf auch i.d.R. die (konkludente) Einwilligung in den Empfang des Geldes beinhalten. Abzustellen ist deshalb jeweils im Einzelfall darauf, ob die Eltern bei der Genehmigung eines Rechtsgeschäfts damit rechnen mussten, dass auf Seiten des Vertragspartners die Gegenleistung sofort erbracht werden wird oder nicht. Schließlich muss noch berücksichtigt werden, ob für das konkrete Geschäft eine andere Person als der Minderjährige selbst diesbezüglich empfangsberechtigt sein kann (z.B. beim Flohmarkt die volljährige Schwester, die am gleichen Stand ihre Sachen verkauft[13]). Im obigen Beispiel mit dem Darlehen, welches i.d.R. nicht sofort zurückgezahlt wird, ist die Empfangsberechtigung des M aber aus den gleichen Gründen abzulehnen.

b) Dritter bei Empfangsermächtigung, § 362 II BGB

ggü. Dritten nur bei Empfangsermächtigung §§ 362 II, 185 BGB

Eine Ausnahme bildet die sog. *Empfangsermächtigung*. Ihre Zulässigkeit ergibt sich aus dem Verweis des § 362 II BGB auf § 185 BGB. Danach kann der Gläubiger die Empfangszuständigkeit für die Forderung auch auf einen Dritten übertragen. 206

Die Leistung an einen Dritten hat daher befreiende Wirkung, wenn der Gläubiger dem Dritten vorher eine entsprechende Einwilligung erteilt hat, § 185 I BGB, oder wenn später einer der Tatbestände des § 185 II BGB eintritt, insbesondere der Gläubiger genehmigt.

Jedoch stellt die Annahme der Leistung durch den Dritten keine Verfügung über die Forderung dar; vielmehr macht der Dritte nur von der ihm nach §§ 362 II, 185 BGB eingeräumten Empfangszuständigkeit Gebrauch.[14]

---

11 Es handelt sich hier um das schwierige Problem der subjektiv rechtsgrundlosen Leistung. Zwar bestand objektiv wegen der Einwilligung der Eltern ein Rechtsgrund. Jedoch ist der subjektiv mit der Leistung verfolgte Zweck nicht eingetreten und somit die Leistung (subjektiv) rechtsgrundlos! Lesen Sie dazu ausführlich **BGH, Life&LAW 09/2015, 633 ff.** = **juris**byhemmer.

12 Dazu ausführlich Hemmer/Wüst/Gold, Bereicherungsrecht, Rn. 509.

13 Zur Empfangsermächtigung Dritter gleich anschließend.

14 Larenz, SchR AT, § 18 I 5.

c) Überbringer einer Quittung

bei Quittung Rechtsscheintatbestand, nicht bei Fälschung

Eine weitere Ausnahme findet sich in § 370 BGB. Der Überbringer einer Quittung gilt bei Redlichkeit des leistenden Schuldners kraft Gesetzes als empfangsermächtigt. Hier ergibt sich die Legitimation aus dem Rechtsschein der Quittung. 207

Die Leistung an den Inhaber einer *gefälschten* Quittung hat regelmäßig keine befreiende Wirkung. Zwar kann auch eine gefälschte Quittung einen Rechtsscheintatbestand schaffen, auf den der Schuldner prinzipiell vertrauen könnte, doch kann dieser Rechtsschein dem in der Quittung Benannten nicht zugerechnet werden[15].

Weitere Fälle, in denen die Leistung an einen Dritten befreiend wirkt:

d) Bei der Forderungsabtretung:

⇨ § 407 BGB (Leistung an Zedent),

⇨ § 407 BGB gilt gem. § 412 BGB auch für den gesetzlichen Forderungsübergang, z.B. § 774 I BGB, sowie auch im Fall des § 413 BGB,

⇨ § 408 BGB (insbesondere Leistung an Zweitzessionar bei wirksamer Erstabtretung,

⇨ § 409 BGB (Leistung an die in unrichtiger Abtretungsanzeige als Zessionar bezeichnete Person) und

⇨ § 354a I S. 2 HGB (gilt entgegen § 407 I BGB auch bei Kenntnis des Schuldners von der Zession)

e) Sonstige Fälle für befreiende Leistung an Dritte:

Zahlung des Miet- u. Pachtzinses an den ursprünglichen Vermieter oder Verpächter in Unkenntnis der Veräußerung des Grundstücks, oder bei sonstiger Beendigung des Gläubigerrechts, §§ 566b, 566c, 566e BGB, (auch i.V.m. §§ 581 II; 1056; 2135 BGB).

Dieselben Grundsätze gelten bei §§ 893; 2367, 2368; 1155 BGB.

Ebenso: Bei der Ersatzleistung an einen Nichtberechtigten nach § 851 BGB und vor allem bei den Legitimationspapieren, vgl. § 793 I S. 1 BGB.

Im Fall des § 808 I BGB kann die Bank leistungsbefreiend an den Inhaber des Sparbuchs leisten, ohne dessen Verfügungsberechtigung prüfen zu müssen. Allerdings schadet der Bank nach h.M. grobe Fahrlässigkeit (str.).

Bsp.: *Großmutter W legt für ihre Enkelin L auf deren Namen bei der Raiffeisenbank R ein Sparbuch an. Die 17-jährige L nimmt das Sparbuch heimlich an sich und hebt einen Betrag von 2000 € ab. Hat die Bank schuldbefreiend geleistet?*

Die Bank könnte gem. § 362 I BGB schuldbefreiend geleistet haben. Dies setzt aber voraus, dass durch die Anlage des Sparbuchs auf den Namen der Enkelin ein echter Vertrag zugunsten Dritter entstanden ist. Grundsätzlich gilt, dass ein echter Vertrag zugunsten Dritter nur angenommen werden kann, wenn dem Dritten auch der Besitz am Sparbuch eingeräumt wird.

---

15 In Betracht kommt aber bei nachlässiger Verwahrung der Quittungsformulare ein Gegenanspruch aus einer Pflichtverletzung nach § 280 I BGB des zugrunde liegenden Schuldverhältnisses.

Legen Eltern oder andere Verwandte ein Sparbuch an, so wollen sie im Zweifel Gläubiger der Bank bleiben.[16] Es handelt sich damit um einen sog. unechten Vertrag zugunsten Dritter, Erfüllung gem. § 362 I BGB ist nicht eingetreten.

Bei dem Sparbuch handelt es sich allerdings um ein qualifiziertes Legitimationspapier i.S.d. § 808 BGB. Danach könnte die Bank frei geworden sein. Entgegen dem Wortlaut des § 808 I BGB muss die benannte Person nicht der Gläubiger sein. Wer Gläubiger ist, richtet sich vielmehr nach dem der Urkunde zugrunde liegenden Vertragsverhältnis.

Grundsätzlich tritt die befreiende Wirkung auch bei Leistung an Geschäftsunfähige bzw. beschränkt Geschäftsfähige ein. Nach dem Sinn des § 808 I S. 1 BGB braucht sich der Aussteller gerade nicht um Interna des Inhabers zu kümmern.[17]

Strittig ist, ob die Legitimationswirkung des § 808 I S. 1 BGB ausgeschlossen ist, wenn die Bank grob fahrlässig hinsichtlich der Nichtberechtigung war. Früher wurde angenommen, dass allein positive Kenntnis schade. Die heute h.M. nimmt an, dass grobe Fahrlässigkeit den Schuldnerschutz des § 808 I S. 1 BGB nicht eingreifen lässt, die Bank wird nicht frei.[18]

hemmer-Methode: Die Fälle, in denen die Leistung an einen Dritten, der nicht Inhaber der Forderung ist, befreiende Wirkung hat, müssen Sie kennen. Rechtsgrund z.B. für § 407 I BGB: Der Schuldner kennt häufig die „stille" Abtretung nicht, da diese, anders als die Verpfändung, vgl. § 1280 BGB, keiner Anzeige bedarf. Der Schuldner ist deshalb schutzwürdig und kann an den Zedenten („Altgläubiger") schuldbefreiend leisten. Der Ausgleich wird in diesen Fällen über § 816 II BGB realisiert. Daneben kommt häufig ein Schadensersatzanspruch des Neu- gegen den Altgläubiger aus § 280 I BGB in Betracht.

Sonderfall: § 407 BGB analog

Ein examenswichtiges Spezialproblem der befreienden Leistung an einen Dritten ist dabei die analoge Anwendung von § 407 BGB bei der Forderungspfändung. *208*

Bsp.: Aufgrund eines rechtskräftigen Urteils gegen S lässt G eine Darlehensforderung i.H.v. 2.000 € des S gegen D zur Einziehung überweisen. Eine Zustellung der Beschlüsse an D erfolgt. Da D jedoch nicht zu Hause war, wird der Überweisungsbeschluss dem Hauswirt H übergeben. Dieser vergisst, den D über den Überweisungsbeschluss zu informieren. D überweist deshalb wenige Tage später an S. G will nun weiterhin gegen D vorgehen.

Von den Voraussetzungen einer ordnungsgemäßen Forderungspfändung, §§ 829, 835 ZPO, ist auszugehen (Stichworte: arrestatorium, inhibitorium). Auch erfolgte eine im Wege der Ersatzzustellung (§ 178 Nr. 1 ZPO) wirksame Zustellung des Pfändungs- und Überweisungsbeschlusses. G wäre also eigentlich berechtigt, gegen D vorzugehen. Der wirksame Überweisungsbeschluss zur Einziehung ist gem. §§ 835 I, Alt. 1, 836 I ZPO ein Fall der gesetzlichen Prozessstandschaft.

Sie enthält eine Ermächtigung (hier des S), ein fremdes Recht im eigenen Namen geltend zu machen. Gleichzeitig ist der Pfändende G aktivlegitimiert, § 836 I ZPO i.V.m. § 488 I S. 2 BGB.

Etwas anderes könnte sich freilich dann ergeben, wenn die Forderung des S gegen D bereits erloschen wäre, § 362 BGB.

Wegen der Pfändung durch G verliert S zwar nicht seine Gläubigerstellung gegenüber D. Gegen die Möglichkeit der Erfüllung spricht aber, dass wegen §§ 829 I ZPO i.V.m. §§ 135, 136 BGB die Verfügung des D gegenüber G wirkungslos ist.

16 Vgl. BGHZ 46, 201 = **juris**byhemmer.

17 Vgl. auch JuS 1968, 544.

18 Zu weiteren Problemen im Umfeld des § 808 BGB vgl. Grüneberg, § 808, Rn. 4 / 5.

Dennoch ist hier zu berücksichtigen, dass D bei der Überweisung an S gutgläubig war, da er von dem Pfändungs- und Überweisungsbeschluss keine Kenntnis hatte. Deshalb sind zum Schutz des Drittschuldners (D) hier die §§ 404 ff. BGB entsprechend anzuwenden, denn der Drittschuldner soll durch die Forderungspfändung nicht benachteiligt werden. Nach richtiger Ansicht konnte D deshalb wegen §§ 362, 407 BGB analog gegenüber S erfüllen. Eine Vollstreckung des G gegen D ist damit nicht mehr möglich.[19]

hemmer-Methode: Die befreiende Drittleistung kann einen dankbaren Einstieg in eine bereicherungsrechtliche Klausur darstellen. Zwar wird der Schuldner von seiner Leistungspflicht frei, jedoch erhält der Gläubiger wie bei der Abtretung gegen den Leistungsempfänger einen bereicherungsrechtlichen Anspruch nach § 816 II BGB.

4. Die Ermittlung der erfüllten Forderung

Ermittlung der Forderung

In der Regel lässt sich durch Auslegung gem. §§ 133, 157 BGB ermitteln, auf welche Forderung der Schuldner zahlt. 209

Bsp.: S hat gegenüber G eine Darlehensschuld in Höhe von 10.000 € und gleichzeitig auch eine Kaufpreisschuld in Höhe von 1.512 €. Überweist S 1.512 € an G, so kann davon ausgegangen werden, dass S seine Kaufpreisschuld begleichen wollte.

Problem, wenn Anhaltspunkte fehlen

Anders ist es aber in obigem Beispiel, wenn S ohne Angaben 1.000,- € überweist. Auf welche der beiden Forderungen das Geld angerechnet werden soll, kann später entscheidend sein, da die Forderungen unter Umständen unterschiedlich gesichert sein können. So kann bezüglich des Darlehens eine Bürgschaft vorhanden sein, so dass sich mit einer Verringerung der gesicherten Forderung auch der Umfang der Bürgschaftsverbindlichkeit verringert, § 767 I BGB. 210

Tilgungsbest. ist nach h.M. WE; Anfechtung mögl.

Regelmäßig kann nach § 366 I BGB der Schuldner bestimmen, welche von mehreren Forderungen durch seine Leistung getilgt werden sollte. Eine rechtspolitisch umstrittene Ausnahme findet sich in § 367 I BGB bezüglich der vorrangigen Anrechnung der Leistung auf Zinsen und Kosten der Forderung. Bei der Tilgungsbestimmung handelt es sich nach h.M. um eine *einseitige empfangsbedürftige Willenserklärung*. Dies hat zur Folge, dass die Tilgungsbestimmung bei Vorliegen der entsprechenden Voraussetzungen auch anfechtbar ist.[20] 211

ggf. Auslegungsregel § 366 II BGB

Trifft der Schuldner aber keine Tilgungsbestimmung und kann auch durch Auslegung kein Wille des Schuldners ermittelt werden, so greift die Auslegungsregel des § 366 II BGB. Danach erfolgt die Tilgung anhand von vier Kriterien: 212

- ⇨ Fälligkeit
- ⇨ Größere Sicherheit: Entscheidend ist die wirtschaftliche Betrachtungsweise. So kann eine Hypothek an letzter Rangstelle weniger wert sein als ein Bürgschaftsanspruch gegen einen vermögenden Bürgen.
- ⇨ Lästigkeit: So kann z.B. eine Forderung höher verzinslich oder mit einer Vertragsstrafe belastet sein.
- ⇨ Alter: Maßgeblich ist die Entstehung, nicht die Fälligkeit der Forderung

19 Zu diesem Problem auch Thomas/Putzo, § 829, Rn. 37.

20 BGH, MDR 1989, 352 = jurisbyhemmer.

Grundsätzlich ist das vorhergehende Kriterium entscheidend, falls sich die Forderungen diesbezüglich unterscheiden. Ist eine Forderung fällig, die andere nicht, so kommt es auf die Sicherheit oder Lästigkeit nicht an.

Tilgungsreihenfolge als vernünftiger Parteiwille

Die in § 366 II BGB festgelegte gesetzliche Tilgungsreihenfolge beruht auf dem vermuteten vernünftigen Parteiwillen; sie ist also unanwendbar, wo sie zu Ergebnissen führt, die mit den berechtigten Interessen der Beteiligten offensichtlich unvereinbar sind.[21] 213

Lassen sich die Forderungen anhand dieser Kriterien nicht unterscheiden, so bestimmt § 366 II BGB a.E. eine verhältnismäßige Tilgung.

hemmer-Methode: Vergleichen Sie zur nachträglichen Tilgungsbestimmung das Skriptum Hemmer/Wüst, Bereicherungsrecht, Rn. 211, 213, 360. Der BGH lässt in den Grenzen von § 242 BGB die Möglichkeit zu, die Tilgungsbestimmung nachzuholen. Auch eine Änderung einer bereits getroffenen Tilgungsbestimmung kommt in Betracht.

II. Erfüllungssurrogate

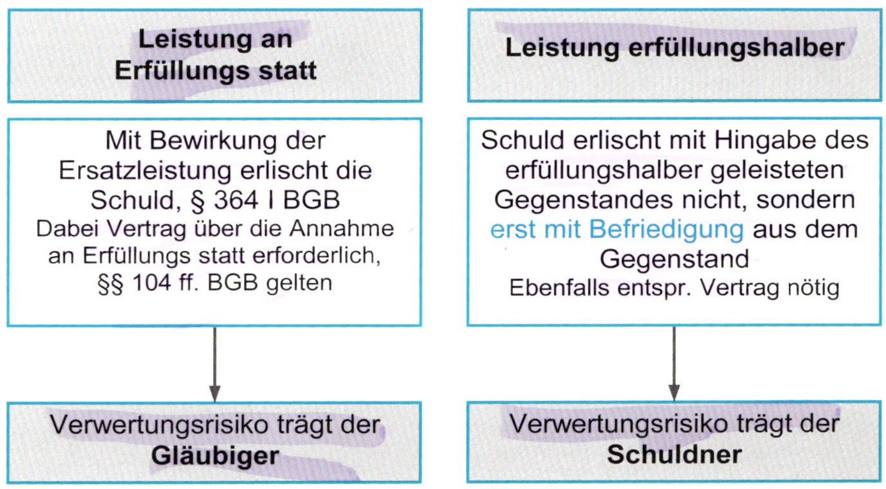

1. Leistung erfüllungshalber und an Erfüllungs statt, § 364 BGB

Bewirkung durch andere als geschuldete Leistung

Bisher wurden nur Fälle behandelt, bei denen der Schuldner die *geschuldete* Leistung bewirkt. Die Parteien können aber dem Schuldner die Befugnis einräumen, das Schuldverhältnis durch eine *andere* als die geschuldete Leistung zum Erlöschen zu bringen. 214

Bsp.: S ist zur Rückzahlung des Darlehens gegenüber G nicht imstande. Daher übereignet S dem G sein Kfz.

Diese Übereignung kann verschiedene Bedeutungen haben:

Zunächst kann es sich lediglich um eine *Sicherungsübereignung* handeln. Hier ist zumeist die Rückübertragung des Eigentums aufschiebend bedingt, d.h. bei vollständiger Tilgung der gesicherten Forderung fällt das Eigentum unmittelbar an den Sicherungsgeber zurück. Dies hätte zur Folge, dass S zunächst weiterhin aus § 488 I S. 2 BGB verpflichtet bliebe, G aber im Falle der Nichtzahlung sich aus dem Kfz befriedigen kann, weil damit der Bedingungseintritt erfolgt.

21 BGH, NJW 1969, 1846 = jurisbyhemmer.

Es kann auch lediglich eine Hingabe des Kfz dergestalt gewollt sein, dass G zunächst versuchen soll, aus dem Verkauf des Kfz Befriedigung zu erlangen. Nur wenn dies nicht möglich ist, kann G auf die Darlehensschuld zurückgreifen. In diesem Fall wurde das Auto *erfüllungshalber* geleistet. Die Leistung erfüllungshalber ist in § 364 II BGB lediglich erwähnt, nicht aber geregelt.

Schließlich kann die Übereignung des Autos auch eine Leistung *an Erfüllungs statt* darstellen, § 364 I BGB. Dann erlischt die ursprüngliche Forderung, als wäre nach § 362 BGB erfüllt worden.

Auslegung maßgeblich, im Zweifel erfüllungshalber

Welche der drei Formen von den Parteien gewollt ist, ist durch Auslegung (§§ 133, 157 BGB) zu ermitteln. Führt die Auslegung nicht zum Ziel, kann auf die Auslegungsregel des § 364 II BGB zurückgegriffen werden. 215

Geht der Schuldner gegenüber dem Gläubiger zu dessen Befriedigung eine neue Verbindlichkeit ein, so erfolgt dies im Zweifel nicht an Erfüllungs statt, sondern erfüllungshalber. Sicherungshalber kann damit nicht gemeint sein, da diese Hingabe nicht der „Befriedigung des Gläubigers" dient.

hemmer-Methode: In den Fällen, in denen mehrere verschiedene Lösungsmöglichkeiten in Betracht kommen, wird es in der Ausarbeitung der Lösung maßgeblich auf die Abgrenzung der verschiedenen Alternativen ankommen. Anhand der Informationen des Sachverhalts ist dann genau darzulegen, welche der verschiedenen Möglichkeiten (z.B. §§ 364 I, 364 II BGB oder Ersetzungsbefugnis) die richtige ist. Falsch wäre es deshalb, die Abgrenzung nur im Kopf zu vollziehen und dann lediglich das fertige Ergebnis auszuformulieren.

a) Abgrenzung zur Ersetzungsbefugnis des Schuldners

bei Ersetzungsbefugnis Einigung im Voraus

Bei der Ersetzungsbefugnis kann der Gläubiger zwar nur eine bestimmte Leistung verlangen, z.B. Übereignung einer bestimmten Sache, jedoch ist der Schuldner berechtigt, seiner Leistungsverpflichtung auch durch Erbringung einer anderen Sache, z.B. Geldzahlung, nachzukommen. Insoweit wird auch bei der Ersetzungsbefugnis der Schuldner durch Erbringung einer anderen als der geschuldeten Leistung frei. Nach h.M. gilt § 364 I BGB entsprechend. Entsprechend deshalb, weil eigentlich keine andere als die geschuldete Leistung erbracht wird, da eine Vereinbarung bereits getroffen wurde.[22] 216

kein Anspruch auf ersatzweise Leistung

Um eine „andere Leistung" handelt es sich deshalb, weil dem Gläubiger kein Anspruch auf Erbringung der ersatzweisen Leistung zusteht, der Schuldner vielmehr bei Unmöglichkeit der geschuldeten Leistung selbst dann nach § 275 I BGB frei wird, wenn die „Ersatzleistung" noch möglich sein sollte.[23] Im Unterschied zur Leistung an Erfüllungs statt wird über die erfüllende Wirkung der „Ersatzleistung" bereits mit Abschluss des die Schuld begründenden Vertrages Einigung erzielt. 217

Insoweit könnte man die Ersetzungsbefugnis auch als eine „vorweggenommene Einigung" i.S.v. § 364 I BGB bezeichnen.[24]

Abgrenzung

Die Ersetzungsbefugnis ihrerseits ist deshalb von der Wahlschuld (§ 262 BGB) und der Gattungsschuld abzugrenzen. Dies wird vor allem dann bedeutsam, wenn eine von mehreren denkbaren Leistungen unmöglich wird und es darauf ankommt, welche Einwendungen des Schuldners bestehen. 218

22 BGHZ 46, 338, 342 = jurisbyhemmer; Grüneberg, § 364, Rn. 1; a.A. Larenz, § 11 III: Danach wird der Schuldner gem. § 362 BGB frei, da bei der Ersetzungsbefugnis die Ersatzleistung der geschuldeten Leistung gleichsteht.

23 Larenz, SchR AT, § 11 III a.

24 Grüneberg, § 364, Rn. 1.

Bsp.: A bestellt schriftlich beim K-Versand ein Sonderangebot: Computer (Pentium 100) mit Bildschirm und Tastatur der Marke F. Der K-Versand hat sich dabei auf der Bestellkarte vorbehalten, Teile gleicher oder besserer Art und Güte zum gleichen Preis zu liefern, wenn das Angebot ausgeschöpft ist. Eine Angestellte vom K-Versand bestätigt die Bestellung telefonisch.

Der K-Versand schickt dem A nun den Computer der Marke F, Bildschirm und Tastatur sind jedoch (gleichwertig) von Marke M. K verlangt den Kaufpreis. A weigert sich.

Abwandlung: Wegen eines Feuers in der Lagerhalle sind nunmehr alle Computer der Marke F zerstört. K verweigert deshalb Lieferung, obwohl er in einer anderen Lagerhalle noch gleichwertige Computer der Marke M gelagert hat.

A könnte die Zahlung an K verweigern, wenn dieser noch nicht ordnungsgemäß erfüllt hat, § 320 BGB. Fraglich ist deshalb, ob K mit den Waren der Firma M erfüllen konnte.

⇨ *§ 364 I BGB*

Eine Annahme an Erfüllungs statt, § 364 I BGB, scheidet wegen der Weigerung des A aus.

⇨ *Wahlschuld*

K könnte aber erfüllt haben, wenn es sich bei den Computern der Marke F bzw. M um eine Wahlschuld handelte (§ 262 BGB). Dann müssten von Anfang an entweder Waren der Firma F *oder* der M geschuldet sein. K wollte sich aber für A erkennbar nicht diesbezüglich über das Sonderangebot hinaus verpflichten, sondern nur berechtigen: Geschuldet waren deshalb nur Waren des Herstellers F.

Durch die Klausel könnte aber eine Ersetzungsbefugnis Vertragsinhalt geworden sein. Dann hätten sich A und K im Voraus darauf geeinigt, dass K auch mit Waren der Firma M erfüllen könnte. Dies ist hier auch anzunehmen, denn die Klausel verstößt nicht gegen § 308 Nr. 4 BGB, weil mit der Lieferung gleichwertiger oder sogar höherwertiger Waren die Interessen des A ausreichend gewahrt sind. Dadurch, dass er den Bestellschein abgesendet und K die Bestellung angenommen hat, wurde die Ersetzungsbefugnis Vertragsinhalt. K hat damit auch mit den Waren der Firma M erfüllt, er hat somit einen Anspruch aus § 433 II BGB gegen A. 219

⇨ *Gattungsschuld*

In der *Abwandlung* ist fraglich, ob K von der Schuld frei geworden ist, § 275 I BGB. Bei Annahme einer Wahlschuld wäre K nur dann frei, wenn sowohl die Waren der Firma F *als auch* die Waren der Firma M zerstört worden wären. Eine Wahlschuld ist jedoch, wie bereits aufgeführt, nicht anzunehmen. Eine Befreiung nach § 275 I BGB wäre aber auch dann zu verneinen, wenn es sich bei den Computern der Firma F und M um Waren ein und derselben Gattung handeln würde. Dann käme § 275 I BGB nämlich nicht zur Anwendung, und K wäre weiter zur Leistung verpflichtet. 220

Dies ist aber nicht anzunehmen, da die Computer der Marke F von Anfang an als Sonderangebot eine sog. Vorratsgattungsschuld dargestellt haben. Das Sonderangebot soll nur solange gelten, wie der Vorrat reicht. Insoweit ist K also nach § 275 I BGB frei geworden, da es bei der Ersetzungsbefugnis in Hinblick auf Unmöglichkeit nur auf die Primärleistung, nicht aber auf die Ersatzleistung ankommt.[25]

Inzahlunggabe v. Kfz

Wichtiger Anwendungsfall einer Ersetzungsbefugnis ist nach der Rspr.[26] (bisher) die *Inzahlunggabe eines gebrauchten Kfz* bei Kauf eines neuen. 221

hemmer-Methode: In den Fällen, wo beim Kauf des einen Wagens ein anderer in Zahlung gegeben wird, muss im Einzelfall genau untersucht werden, was gewollt ist! Es kann sich hier sowohl um

- **einen Doppelkauf mit Aufrechnungsabrede,**
- **einen gemischten Vertrag mit Kauf- und Tauschelementen**
- **oder eine Ersetzungsbefugnis handeln.**

---

25 Grüneberg, § 262, Rn. 8.

26 BGH, **Life&LAW 07/2008, 429 ff.** = NJW 2008, 2028 ff. = **juris**byhemmer; BGH, **Life&LAW 04/2003, 225 [228 f.]** = NJW 2003, 505 ff. = **juris**byhemmer (nach a.A. handelt es sich hier um einen typengemischten Vertrag aus Kauf und Tausch, vgl. Medicus/Petersen, BR, Rn. 756.). **Unser Service-Angebot an Sie: kostenlos hemmer-club-Mitglied werden (www.hemmer-club.de) und Entscheidungen der Life&LAW lesen und downloaden.**

Bedeutung hat diese Unterscheidung im Hinblick auf die Rechte der Parteien bei Mängeln der Fahrzeuge.
Lesen Sie zur Vertiefung *Binder*, *Zur Inzahlungnahme gebrauchter Sachen vor und nach der Schuldrechtsreform am Beispiel des Autokaufs „Alt gegen Neu“, in NJW 2003, 393 ff.*

Exkurs: Agenturgeschäft

"Agentur-Vertrag" aus steuerlichen Gründen

221a Aus steuerrechtlichen Gründen wurde bis Mitte 1990 von einer weiteren Konstruktion Gebrauch gemacht: dem sog. Agentur-Vertrag. Denn der Autohändler erbrachte mit dem Verkauf des Neuwagens sowie mit dem Weiterverkauf des erhaltenen Altwagens jeweils eine umsatzsteuerpflichtige Leistung.

221b Nach dem Agentur-Modell trat der Verkäufer hinsichtlich des Altwagens lediglich als Vermittler zwischen dem Kunden (Käufer des Neuwagens) und dem dritten Käufer auf. Hierbei garantierte er dem Kunden einen Mindestpreis, in dessen Höhe der Kaufpreis hinsichtlich des Neuwagens gestundet wurde. Erzielte er (wie im Regelfall) hinsichtlich des Altwagens einen höheren Kaufpreis als den garantierten Mindestpreis, behielt er diese Differenz als Provision ein.

Diese Provision und der erhaltene Kaufpreis für den Neuwagen waren nun umsatzsteuerpflichtig. Die Umsatzsteuerschuld des Verkäufers war daher geringer als beim gewöhnlichen Modell der Inzahlunggabe.

§ 25a UStG

221c Allerdings hat der Gesetzgeber Mitte der 90er die Differenzbesteuerung gem. § 25a UStG eingeführt. Dies führte dazu, dass nun hinsichtlich des erworbenen und wieder veräußerten Altwagens nur noch die Differenz zwischen Einkaufs- und Verkaufspreis umsatzsteuerpflichtig ist. Dadurch wurde gesetzlich der Zustand eingeführt, der durch das Agentur-Modell herbeigeführt werden sollte. Das Agentur-Modell hatte damit zwischenzeitlich also seinen Zweck verloren.

seit 01.01.2002 „Renaissance“ des Agenturmodells

221d Die Bedeutung des Agenturmodells ist seit dem 01.01.2002 aber wieder deutlich angestiegen, da ein Verkäufer beim Verkauf des angenommenen Altwagens der strengen Haftung des Verbrauchsgüterkaufs (vgl. §§ 474 ff. BGB[27]) unterliegt.

Da beim Agenturmodell aber nicht der Händler, sondern der Neuwagenkäufer der Verkäufer des Altwagens ist, kann sich der Händler dieser strengen Haftung entziehen. Ist der Neuwagenkäufer als Verkäufer des Altwagens - wie regelmäßig - Verbraucher, so können die Mängelrechte beim Verkauf des „Gebrauchten“ in weitem Umfang abbedungen werden, was beim Verkauf durch den Händler nicht möglich wäre, § 476 I S. 1 BGB.

Problem: § 476 IV BGB

221e Strittig ist nun, ob in diesen Fällen eine unzulässige Umgehung der Verbrauchsgüterkaufvorschriften vorliegt, § 476 IV BGB.

In der Diskussion um die Neufassung des Kaufrechts im Zuge der Schuldrechtsmodernisierung ist für den Gebrauchtwagenhandel auf das Agenturgeschäft und die Gefahr einer Umgehung des angestrebten verstärkten Verbraucherschutzes hingewiesen worden.[28] Der in diesem Zusammenhang erhobenen Forderung, die Möglichkeit einer Umgehung der strengen Bestimmungen des Verbrauchsgüterkaufs durch ein Ausweichen auf Agenturgeschäfte von vornherein zu verhindern, ist der Gesetzgeber nicht gefolgt.

27 Vgl. Hemmer/Wüst, Schuldrecht BT I, Rn. 455 ff.

28 Reinking, DAR 2001, 8 [10].

Das lässt nur den Schluss zu, dass Agenturgeschäfte auch im Bereich des gewerblichen Handels mit gebrauchten Sachen Privater jedenfalls **nicht generell** als **Umgehungsgeschäfte** i.S.d. § 476 IV BGB angesehen werden können.[29]

Ansicht der Literatur

a) Nach einer im Schrifttum vertretenen Auffassung kann jedoch im Einzelfall eine Umgehung des für den Verbrauchsgüterkauf bezweckten Verbraucherschutzes anzunehmen sein, wenn das Agenturgeschäft missbräuchlich dazu eingesetzt wird, ein in Wahrheit vorliegendes Eigengeschäft des Unternehmers zu verschleiern.[30] *221f*

Entscheidende Bedeutung kommt hierbei auch der Frage zu, wie bei wirtschaftlicher Betrachtung die Chancen und Risiken des Gebrauchtwagenverkaufs zwischen dem bisherigen Eigentümer des Fahrzeugs und dem Fahrzeughändler verteilt sind.

aa) Hat der Händler den „Gebrauchten“, den er **„im Kundenauftrag“** weiterveräußert, in Zahlung genommen und dem Eigentümer des Fahrzeugs einen bestimmten Mindestverkaufspreis für das Altfahrzeug garantiert und den entsprechenden Teil des Kaufpreises für den „Neuen" gestundet hat, so gilt Folgendes:

Bei der gebotenen wirtschaftlichen Betrachtungsweise ist in diesen Fällen von einem Ankauf des Altfahrzeugs durch den Händler und nicht von einer Ersetzungsbefugnis auszugehen.

Das hat zur Folge, dass er beim Weiterverkauf des Gebrauchtwagens als dessen Verkäufer anzusehen ist und das gleichwohl gewählte Agenturgeschäft nach § 476 IV BGB keine Anerkennung finden kann.

bb) Hat dagegen der Neuwagenkäufer das Risiko des Weiterverkaufs seines bisherigen Fahrzeugs zu tragen, so ist das Agenturgeschäft auch bei wirtschaftlicher Betrachtungsweise zu akzeptieren; ein Umgehungstatbestand ist dann nicht anzunehmen.

221g

Ansicht des BGH

b) Der BGH hat diese Frage in Übereinstimmung mit der Vorinstanz (OLG Stuttgart[31]) dahingehend entschieden, dass die Gebrauchtwagenagentur nicht generell verboten werden könne.[32]

Schutz des Verbrauchers in Missbrauchsfällen

Nur in Missbrauchsfällen läge eine unzulässige Umgehung vor. Dies sei aber erst dann der Fall, wenn der Händler dem in Zahlung gebenden Verbraucher einen Mindestpreis garantiere und so das wirtschaftliche Risiko der Inzahlungnahme übernommen habe.[33]

Praxis-Tipp

> **Praxis-Tipp:** *Die Devise, die die Anwälte künftig dem Gebrauchtwagenhändler mit auf den Weg geben, wird also lauten:*
>
> *„Bieten Sie dem privaten Anbieter eines Autos nur einen Agenturvertrag an und handeln Sie beim Verkauf in dessen Namen. Und hüten Sie sich davor, dem Anbieter eines Gebrauchten das Unverkäuflichkeitsrisiko abzunehmen.“[34]*

hemmer-Methode: Nach einer M.M. stellen Agenturverträge generell eine unzulässige Umgehung i.S.d. § 476 IV BGB dar. Zulässig sollen Agenturgeschäfte nur dann sein, wenn der Agent kein unternehmerischer Verkäufer von Gebrauchtwagen sei.

---

29 So jetzt auch Reinking/Eggert, Der Autokauf, 8. Aufl., Rn. 976.

30 Müller, NJW 2003, 1975 (1978 f.); Reinicke/Tiedtke, Kaufrecht, Rn. 758.

31 OLG Stuttgart in **Life&LAW 11/2004, 723 ff.** = NJW 2004, 2169 f. = **juris**byhemmer.

32 BGH, NJW 2005, 1039 ff. = ZIP 2005, 442 ff. = **juris**byhemmer.

33 Katzenmeier, „Agenturgeschäfte im Gebrauchtwagenhandel“ in NJW 2004, 2632 f. (Zusammenfassung der Entscheidung des BGH, die nahezu komplett übereinstimmt mit der der Vorinstanz des OLG Stuttgart (**Life&LAW 11/2004, 723 ff.** = NJW 2004, 2169 f. = **juris**byhemmer).

34 Nach K. Schmidt, JuS 2006, 7.

Als Beispiel werden die Gebrauchtwagenmärkte am Wochenende genannt, bei denen ein Geschäftsmann sein Gelände als Stellplatz für Verkäufer vermietet. Selbst wenn der Vermieter ein Unternehmer ist, ist dies unschädlich, da er kein unternehmerischer Verkäufer sei.[35]. Dieser nur vereinzelt vertretenen Ansicht hat der BGH nun völlig zu Recht eine Absage erteilt und den Verbraucherschutz auf die oben beschriebenen Missbrauchsfälle beschränkt.

nach a.A. liegt niemals ein Umgehungsgeschäft i.S.d. § 476 IV BGB vor

c) Nach einer weiteren Ansicht ist ein Umgehungsgeschäft in solchen Drei-Personen-Verhältnissen stets zu verneinen. Der Verkäufer ist in den Missbrauchsfällen (Fallvariante 1) dem Dritten aber aus c.i.c. gem. §§ 280 I, 311 III S. 2 BGB zum Schadensersatz verpflichtet.[36] *221h*

Der dritte Käufer ist i.R. dieses Schadensersatzanspruches dann so zu stellen, als hätte er den „Gebrauchten" von einem Unternehmer i.R. eines Verbrauchsgüterkaufs erworben.

Der Schaden des Dritten besteht im wirksamen Ausschluss der Mängelrechte. Er ist nun über §§ 280 I, 311 II, 249 I BGB so zu stellen, als ob ein Verbrauchsgüterkauf vorliegen würde. In diesem Fall wäre der Gewährleistungsausschluss wegen § 476 I S. 1 BGB nämlich nicht wirksam gewesen, sodass der Dritte z.B. mindern oder zurücktreten könnte. Der Schaden besteht also konkret in der Höhe des Wertes der ihm genommenen Mängelrechte.

hemmer-Methode: Wie Sie sich hier entscheiden, ist im Ergebnis irrelevant. Sie müssen in einer Klausur nur die Problematik einer evtl. Umgehung erkennen und argumentieren.

Exkurs: Sonderfall, § 700 BGB

anders § 700 BGB

Nach § 700 BGB i.V.m. §§ 488 ff., 607 ff. BGB (unregelmäßiger Verwahrungsvertrag) wird der Empfänger der zu verwahrenden Sache deren Eigentümer. *222*

Er ist deshalb nicht verpflichtet (im Gegensatz zur sonstigen Verwahrung), die *gleiche*, bzw. *eine genau bestimmte* Sache wieder zurückzugewähren.

Hier ist die Interessenlage ähnlich wie bei der Ersetzungsbefugnis, denn der Schuldner kann zwischen verschiedenen erfüllungstauglichen Sachen gleicher Art, Güte und Menge wählen. Der Schuldner wird aber durch diese Regelung nicht nur berechtigt, sondern auch *verpflichtet*, eine andere Sache zurückzugewähren, bei der Ersetzungsbefugnis steht ihm dies frei.

Exkurs Ende

hemmer-Methode: Der unregelmäßige Verwahrungsvertrag ist schon (von den Bearbeitern meist unerkannt) Gegenstand von Examensklausuren gewesen: Sein Hauptanwendungsfall ist nämlich das Sparkonto. In diesem Zusammenhang geht es dann regelmäßig um Fragen des § 952 BGB [37] bzw. § 2301 BGB in Abgrenzung zu § 518 II BGB.

---

35 Hofmann in JuS 2005, 8 [11].

36 So auch Katzenmeier, „Agenturgeschäfte im Gebrauchtwagenhandel" in NJW 2004, 2632 f.

37 Vgl. Grüneberg, § 952, Rn. 3.

b) Die Leistung an Erfüllungs statt

§ 364 I BGB: Annahme v. anderer Leistung

Nimmt der Gläubiger eine andere als die geschuldete Leistung an Erfüllungs statt an, so erlischt gem. § 364 I BGB das Schuldverhältnis, d.h. der Anspruch auf die ursprüngliche Leistung. 223

gesonderter Vertrag notw. Vorauss. wirksame WE

Im Unterschied zur Erfüllung[38] tritt diese Wirkung aber nicht per se ein, sondern erfordert einen den Leistungsakt begleitenden besonderen Vertrag über die Annahme der erbrachten Leistung anstelle der geschuldeten, und dass dieser Leistungserbringung Erfüllungswirkung zukommen solle. Insoweit müssen auf beiden Seiten sämtliche Wirksamkeitsvoraussetzungen einer Willenserklärung erfüllt sein. 224

hemmer-Methode: Die Rechtsnatur dieser Parteivereinbarung i.S.v. § 364 I BGB ist umstritten.[39] Dabei handelt es sich jedoch - wie so oft - um einen rein akademischen Streit. In einer Klausur wird daher von Ihnen auch keine diesbezügliche Detailkenntnis verlangt. Wichtig ist aber, dass Sie sich merken, dass der Streit i.R.d. § 362 BGB, ob nämlich die Erfüllung ein Vertrag oder bloßer Tilgungsakt ist, gerade nicht bei § 364 BGB gilt. Dies deshalb, weil für § 364 BGB auf jeden Fall eine Vereinbarung notwendig ist; Geschäftsfähigkeit wird also auf beiden Seiten vorausgesetzt.

Problem: fehlerhafter Gegenstand

Die in den Klausuren problematischen Fälle ergeben sich dann, wenn der überlassene Gegenstand einen Fehler aufweist.

Bspe.:

- *Der an Erfüllungs statt abgetretenen Forderung steht eine dauerhafte Einrede entgegen.*
- *Der Motor des in Zahlung gegebenen Autos[40] muss ausgetauscht werden.*

§§ 365 i.V.m. 437 ff. BGB

Bei derartigen Fällen lebt die erloschene Forderung nicht automatisch wieder auf. Es besteht vielmehr eine Verpflichtung zur Wiederbegründung der Forderung. § 365 BGB verweist in diesem Zusammenhang auf die Mängelhaftung im Kaufvertragsrecht nach §§ 437 ff. BGB. 225

So kann der Verkäufer bei einem Sachmangel des in Zahlung gegebenen Kfz gem. §§ 365, 437 Nr. 1 BGB eigentlich zunächst Nacherfüllung verlangen. Freilich trifft dies die Interessenlage der Parteien wohl nur selten; es erscheint unangemessen, den technischen Laien dem Fachmann gegenüber zur Instandsetzung zu verpflichten. Demgemäß wird man die Erfüllungshaftung in der Mehrzahl der Fälle als konkludent abbedungen ansehen müssen („...und soweit nicht ein anderes bestimmt ist, ..."). Dem Händler bleiben dann aber selbstverständlich die Rechte aus § 437 Nr. 2 BGB, d.h. er kann den Minderwert des PKW vom Käufer in Geld verlangen.

Gleiches gilt bei einem gestohlenen Altwagen (Rechtsmangel), wenn dieser in Zahlung gegeben wird.

str. bei Schenkung

Dabei geht § 365 BGB von dem typischen Fall *voller Haftung* aus. Sehr umstritten ist daher die Anwendbarkeit, wenn es sich beim ursprünglichen Schuldverhältnis um ein Schenkungsversprechen handelt.

---

38 Vgl. oben, Rn. 197 ff.

39 Dazu Larenz, SchR AT, § 18 IV.

40 Nach der Rechtsprechung (zuletzt **BGH, Life&LAW 04/2003, 225 (228 f.)** = NJW 2003, 505 ff. = **juris**byhemmer) ist die Inzahlunggabe eines Autos als Wahrnehmung einer Ersetzungsbefugnis und daher als Leistung an Erfüllungs statt aufzufassen; vgl. Grüneberg, § 364, Rn. 5.

h.M.:
strenge Haftung über § 365 BGB

Hier würde der Schuldner für den ursprünglich geschuldeten Gegenstand lediglich nach §§ 521 bzw. 523 f. BGB haften, während er für die Leistung an Erfüllungs statt der strengen Verkäuferhaftung unterliegen soll. Dieser Wertungswiderspruch lässt es aber entgegen der wohl noch h.L.[41] angebracht erscheinen, die Anwendbarkeit des § 365 BGB auf die Fälle zu beschränken, dass die zu tilgende Forderung aus einem entgeltlichen Geschäft stammt. Der Schuldner aus einem Schenkungsversprechen haftet dann auch für die an Erfüllungs statt gegebene Leistung nur nach §§ 521 bzw. 523 f. BGB.[42] 226

Leistung an Erfüllungs statt: Schuldner haftet wie Verkäufer, § 365 BGB; bei Abtretung an Erfüllungs statt also wie Forderungsverkäufer (= Rechtskauf)

Nach §§ 365, 311a II BGB: *Nichtbestehen* der Forderung = Fall der anfänglichen Unmöglichkeit; bei Kenntnis / fahrlässiger Unkenntnis des Schuldners: SE statt der Leistung
Rechtsfolge: Erloschener Anspruch wird wieder begründet.

Vorsicht: Keine Haftung für die Durchsetzbarkeit der Forderung; diese trägt *immer* der Gläubiger!

c) Die Leistung erfüllungshalber

§ 364 II BGB, Erlöschen nicht durch Hingabe

Wird anstelle der geschuldeten Leistung eine andere Leistung *erfüllungshalber* hingegeben, so führt dies nicht zum Erlöschen der ursprünglich geschuldeten Leistung. 227

***Bsp.:** Will S seine Darlehensverbindlichkeit mit einem Scheck begleichen, so erlischt der Anspruch aus § 488 I S. 2 BGB nicht mit der Hingabe des Schecks, vgl. § 364 II BGB.*

Löst die Bank den Scheck ein, wird außer der Scheckverbindlichkeit auch die Darlehensschuld getilgt.

Verweigert die Bank die Einlösung mangels Deckung, besteht der Anspruch aus § 488 I S. 2 BGB unverändert fort.

Dennoch muss G zunächst versuchen, sich mit Hilfe des Schecks zu befriedigen. Solange er dies noch nicht versucht hat, ist die alte Schuld gestundet.[43] Nach a.A. entfällt für diesen Zeitraum lediglich die Klagbarkeit der Forderung.[44]

hemmer-Methode: Achtung! Der Erfüllungszeitpunkt beim Scheck spielt nicht nur in zivilrechtlichen Klausuren eine Rolle. Er war auch schon Gegenstand in schwierigen Strafrechtsklausuren, insbesondere bei Fragen des Betrugs (§ 263 StGB)[45], denn für die Beurteilung, ob bzw. wann den Betrogenen ein Schaden trifft, ist die richtige zivilrechtliche Einordnung des Schecks unerlässlich; hier müssen Sie dann ebenfalls die Vorschrift des § 364 II BGB kennen. Beachten Sie darüber hinaus, dass die Regelung des § 364 II BGB in der Steuerrechtsklausur (z.B. in der Wahlfachgruppe, vor allem aber im 2. Staatsexamen) gerade nicht maßgeblich ist: Ein (gedeckter) Scheck ist nämlich i.d.S. schon mit der Übergabe wirtschaftlich dem Empfänger zuzurechnen (anders aber wiederum beim Wechsel).

41 Vgl. Staudinger, § 365, Rn. 10.
42 Vgl. MüKo, § 365, Rn. 1.
43 BGH, NJW 1974, 1336 = jurisbyhemmer.
44 Vgl. Medicus, SchR AT, § 24 II S. 1.
45 Vgl. JuS 1990, 3656.

Zweifelhaft ist auch die Rechtsstellung des Gläubigers bezüglich des überlassenen Gegenstandes.

konkl. Absprache, dass Gläubiger treuhänderisch gebunden

Wird z.B. ein Auto erfüllungshalber für eine Darlehensschuld hingegeben, ist fraglich, welche Rechte dem Gläubiger zustehen. Teilweise wird vertreten, der Gläubiger sei lediglich zur Veräußerung bevollmächtigt (Veräußerung im Namen des Schuldners) oder ermächtigt (Veräußerung im eigenen Namen). Vorzugswürdig ist aber die Ansicht, nach der gleichzeitig mit der Übereignung zwischen den Parteien eine (konkludente) Absprache erfolgt, der zufolge der Gläubiger treuhänderisch gebunden ist.[46] 228

ggf. Haftung aus § 280 I BGB

Nach allen Meinungen kommt aber bei schuldhafter Pflichtverletzung bei Aufbewahrung und Verwertung des überlassenen Gegenstandes eine Haftung des Gläubigers aus § 280 I BGB in Betracht. Seit den Zeiten des RG ist nämlich anerkannt, dass zwischen den Parteien ein Rechtsverhältnis eigener Art zustande kommt, das einem Auftrag ähnelt.[47] 229

d) Die Behandlung von Geldschulden

Geldschulden; bei Barüberweisung nach h.M.: § 364 I BGB

Geldschulden können natürlich durch Barzahlung, d.h. Übereignung der erforderlichen Banknoten, §§ 929 ff. BGB, erfüllt werden. 230

hemmer-Methode: Durch den Einwurf von 650,- € in den privaten Hausbriefkasten tritt nach Ansicht des AG Köln jedoch keine Erfüllung ein.[48] Eine Geldschuld ist nämlich erst dann erfüllt, wenn der geschuldete Geldbetrag in die Verfügungsgewalt des Gläubigers gelangt ist. Der Briefkasten ist zur Aufnahme von größeren Geldbeträgen aber weder gedacht noch geeignet.[49]

Fraglich ist jedoch die Behandlung der Banküberweisungen. Strittig ist dabei die Rechtsnatur einer derartigen Überweisung. Der BGH sieht darin lediglich eine Leistung an Erfüllungs statt.[50] 230a

Demgegenüber handelt es sich nach der wohl h.M. um eine echte Erfüllung.[51]

Der Streit kann jedoch in der Klausur regelmäßig offen bleiben, da sich keine Unterschiede im praktischen Ergebnis ergeben.[52]

Berechtigung str., (+) bei Angabe in Geschäftsbriefen

Umstritten ist weiterhin die Frage, wann der Geldschuldner zu einer Banküberweisung berechtigt ist. Dies ist sicherlich dann der Fall, wenn der Gläubiger seine Bankverbindung in den Geschäftsbriefen angibt oder in der Vergangenheit Überweisungen widerspruchslos hingenommen hat.

Eröffnung v. Girokonto allein noch nicht ausreichend

Die Tatsache, dass der Gläubiger ein Girokonto eröffnet hat, reicht dagegen als Einverständnis mit einer Überweisung i.d.R. nicht aus. Bereicherungsrechtlich stellt sich dann die Frage, wer Leistungsempfänger ist.[53] Da bei Banküberweisungen die Bank lediglich Zahlstelle des Empfängers[54] ist, kann der rechtsgrundlos geleistete Geldbetrag regelmäßig vom Kontoinhaber kondiziert werden.

46 Vgl. Köhler, WM 1974, 246 f.

47 RGZ 160, 1 ff. = **juris**byhemmer; Grüneberg, § 364, Rn. 8.

48 AG Köln, **Life&LAW 10/2006, 653 ff.** = NJW 2006, 1600 = **juris**byhemmer.

49 Zur Vertiefung vgl. Wiese, „Gefährliche Hausbriefkästen", in NJW 2006, 1569 ff.

50 BGH, NJW 1953, 297.

51 MüKo, § 362, Rn. 17.

52 MüKo, § 362, Fn. 49.

53 Vgl. dazu Hemmer/Wüst, Bereicherungsrecht, Rn. 158 ff.

54 BGHZ 53, 142 = **juris**byhemmer.

hemmer-Methode: Vermeiden Sie bei Prüfung eines Kondiktions-anspruches bzgl. einer bestimmten Geldsumme die anfängerhafte Formulierung: „Erlangtes Etwas sind die 200 €". Bei Banküberweisungen erlangt der Empfänger einen Auszahlungsanspruch gegen seine Bank gem. §§ 700 I S. 1, 2, 3, 488 I S. 2, 697, 695 BGB, da das Giroguthaben einen Fall der unregelmäßigen Verwahrung darstellt.[55] Dieser ist dann Gegenstand der Kondiktion. Rechtsgrundlage ist der zwischen der Bank und dem Empfänger bestehende Girovertrag, der einen Zahlungsdiensterahmenvertrag i.S.d. § 675f II BGB darstellt.

Zahlung über PayPal

Wenn eine Geldforderung unter Verwendung des vom Zahlungsdienstleister PayPal betriebenen gleichnamigen Bezahlsystems zu entrichten ist, schreibt PayPal den Geldbetrag dem virtuellen PayPal-Konto des Gläubigers gut und belastet die vom Schuldner angegebene Zahlungsquelle. 230b

Erfüllung durch Gutschrift auf PayPal-Konto des Empfängers

Ab dem Zeitpunkt der Gutschrift kann der Gläubiger über das Guthaben verfügen, indem er es etwa auf sein bei PayPal hinterlegtes Bankkonto buchen lässt oder seinerseits für Zahlungen mittels PayPal verwendet. Bei diesem Zahlungsvorgang erlischt der Anspruch, indem der geschuldete Betrag dem virtuellen PayPal-Konto des Gläubigers vorbehaltlos gutgeschrieben worden ist.

hemmer-Methode: Die Erfüllungswirkung tritt also nicht erst durch die Weiterüberweisung vom PayPal-Konto auf das Bankkonto des Gläubigers ein. Die Überweisung auf das Bankkonto des Zahlungsempfängers bei einer mittels PayPal geleisteten Zahlung gehört nämlich nicht mehr zum Pflichtenkreis des Zahlers.
Bereits die vorbehaltlose Gutschrift auf dem PayPal-Konto, die (innerhalb des Bezahlsystems PayPal) auch zu Zahlungszwecken einsetzbar ist, steht dem Zahlungsempfänger zur freien Verfügung und führt nach dem insoweit maßgeblichen Willen der Kaufvertragsparteien zur Befriedigung des Leistungsinteresses des Zahlungsempfängers.
Träte Erfüllungswirkung erst bei einer Weiterüberweisung vom PayPal-Konto auf das Bankkonto des Zahlungsempfängers ein, hätte dieser es in der Hand, den Eintritt der Erfüllungswirkung nach Belieben zu verzögern, indem er den ihm gutgeschriebenen Betrag auf seinem virtuellen Konto beließe.

str., ob § 362 I BGB oder § 364 II BGB

Der BGH[56] lässt es dabei ausdrücklich offen, ob es sich bei der (vereinbarten) Bezahlung einer Geldschuld mittels PayPal unmittelbar um die Bewirkung der geschuldeten Leistung im Sinne des § 362 I BGB handelt[57] oder um eine Leistung erfüllungshalber (§ 364 II BGB).[58] Unbeschadet dieser rechtlichen Einordnung erlischt der Kaufpreisanspruch (ebenso wie bei Zahlungen im Lastschriftverfahren und bei Banküberweisungen), wenn der geschuldete Betrag dem PayPal-Konto des Verkäufers vorbehaltlos gutgeschrieben wird, sodass dieser den Zahlbetrag endgültig zur freien Verfügung erhält.[59]

Rechtsfolge der Rückbelastung bei Inanspruchnahme des PayPal-Käuferschutzes

Fraglich ist, ob sich an der Erfüllungswirkung etwas ändert, wenn der Schuldner den sog. PayPal-Käuferschutz in Anspruch nimmt und aufgrund eines erfolgreichen Käuferschutzantrags der geschuldeten Geldbetrag wieder dem PayPal-Konto gutgeschrieben wurde.

55 Vgl. Grüneberg, § 700, Rn. 1; Grüneberg, § 675f, Rn. 26.

56 **BGH, Life&LAW 04/2018, 228 ff.** = NJW 2018, 537 ff. = **juris**byhemmer sowie BGH, WM 2018, 37 ff. = **juris**byhemmer.

57 Staudinger, Vorbemerk. zu §§ 244-248 BGB, Rn. B 100.

58 Grüneberg, § 362, Rn. 12; Erman, § 364 BGB, Rn. 10; vgl. dazu die Rn. 214 ff. und 227 ff. in diesem Skript.

59 Vgl. auch jurisPK-BGB/Kerwer, 8. Aufl., § 362 BGB, Rn. 48 = **juris**byhemmer; Martens, JuS 2014, 200 (202).

nach BGH stillschweigende Wiederbegründung der Forderung

Nach Ansicht des BGH entfällt dadurch nicht die Erfüllungswirkung. Allerdings liegt in der Vereinbarung der Nutzung des Zahlungsdienstes von PayPal zugleich die stillschweigende Vereinbarung, dass die getilgte Kaufpreisforderung wiederbegründet wird, wenn das PayPal-Konto des Verkäufers nach einem erfolgreichen Antrag des Käufers auf Käuferschutz nach Maßgabe der PayPal-Käuferschutzrichtlinie rückbelastet und der Kaufpreis dem PayPal-Konto des Käufers wieder gutgeschrieben wird.

2. Hinterlegung, § 378 BGB[60]

hemmer-Methode: Vergleichen Sie dazu die Parallele im HGB in § 373 HGB! Lesen Sie dazu im Skript Hemmer/Wüst, Handelsrecht, die Rn. 310 ff.!

a) Allgemeines

§ 372 BGB, Hinterlegung

Für bestimmte Fallgestaltungen ist in §§ 372 ff. BGB die Hinterlegung geregelt: Der Schuldner kann so einen geschuldeten Gegenstand bei einer öffentlichen Stelle hinterlegen, wenn dieser *hinterlegungsfähig* ist und ein *Hinterlegungsgrund* vorliegt. Unter den Voraussetzungen des § 378 BGB (Ausschluss der Rücknahme) kommt der Hinterlegung dann sogar Erfüllungswirkung zu. Der Schuldner kann also nach einer Hinterlegung i.d.S. einwenden, dass seine Schuld nicht mehr besteht. 231

Bsp.: S verkauft an G ein Diamantcollier (Wert 100.000 €). Der S soll dies dem G zum vereinbarten Zeitpunkt (01.05.) übergeben. G kommt aber nicht, weil er den Termin vergessen hat. S fragt deshalb seinen Rechtsanwalt, was er nun tun kann, wenn er für den 02.05. eine Weltreise für mehrere Jahre gebucht hat und er das Collier voraussichtlich nicht mehr selbst an den G übergeben kann?

Für den S bieten sich hier verschiedene Möglichkeiten an, die für ihn aber nicht unbedingt gleich attraktiv sind.

S könnte das Collier z.B. verwahren, bis er wieder von der Weltreise zurückkommt. Dann läuft er aber Gefahr, seinerseits in Schuldnerverzug zu geraten (§ 286 BGB). In diesem Fall des eigenen Verzuges wäre er nicht nur bei Verschulden, sondern gem. § 287 S. 2 BGB sogar für den zufälligen Untergang der Sache haftbar. Diese Möglichkeit ist für den S also nicht attraktiv.

S könnte das Collier aber auch von einem bevollmächtigten Dritten verwahren und so bald wie möglich an den G übereignen lassen. Entstehende Mehrkosten müssten gem. § 304 BGB erstattet werden.

Für die Zeit des Annahmeverzuges wäre der S zwar in Hinblick auf eine Beschädigung oder den Untergang der Sache gem. § 300 BGB nur für Vorsatz und grobe Fahrlässigkeit haftbar. Ein grobes Verschulden des Dritten wäre ihm jedoch nach § 278 S. 1 Alt. 2 BGB zuzurechnen.

S selbst hätte kaum noch Einfluss auf die Geschehnisse während seiner Reise. Ein Haftungsrisiko ist also nicht auszuschließen. Zwar hätte wohl auch der S im Falle eines groben Verschuldens des Dritten gegen diesen Ansprüche aus § 280 I BGB, würde dann aber das Liquiditätsrisiko des Dritten tragen.

S ist deshalb zu raten, vor seiner Abreise „klare Verhältnisse" zu schaffen, also die kaufvertragliche Verpflichtung zu erfüllen, so dass aus seiner Sicht keine Verpflichtungen mehr bestehen. Er würde aber normalerweise erst von der Übergabeverpflichtung frei, wenn G tatsächlich Eigentum und Besitz am Collier erlangt hätte (§§ 433 I S. 1, 362 BGB). Wegen der Unerreichbarkeit des G ist dies aber nicht ohne weiteres möglich.

60 Vgl. hierzu auch Fest, Die Hinterlegung zum Zweck der Sicherheitsleistung und der Erfüllung, JA 2009, 258 ff.

Durch Hinterlegung erhält nun S unter den Voraussetzungen des § 378 BGB die Möglichkeit, den Vertrag durch die Übergabe des Colliers an einen Dritten, nämlich die Hinterlegungsstelle, zu erfüllen, noch bevor er auf Weltreise geht und ohne dass er die Sache dem G direkt übergeben muss. Auf der dinglichen Ebene erfolgt dies derart, dass in der Übergabe des Colliers gleichzeitig das Angebot auf Übereignung an den G liegt. Durch die tatsächliche Annahme des Colliers durch den G wird dann auch (konkludent) das dingliche Angebot angenommen.[61]

hemmer-Methode: Die Hinterlegung soll also den Schuldner, der in vielerlei Hinsicht von der Mitwirkung des Gläubigers abhängt, absichern. Gerade bei Sachen mit hohem Wert wird der Schuldner regelmäßig ein Interesse daran haben, die Sache schnell los zu werden, um einer Haftung zu entgehen. Stammt das Hindernis, das die ordnungsgemäße Erfüllung vereitelt, aus der Sphäre des Gläubigers, so wäre es unbillig, damit den Schuldner zu belasten.

b) Voraussetzungen

Die Hinterlegung nach §§ 372 ff. BGB erfordert eine *hinterlegungsfähige Sache* und einen *Hinterlegungsgrund*. 232

aa) Hinterlegungsfähigkeit

Geld, Wertpapiere, Urkunden u. Kostbarkeiten

Als hinterlegungsfähig bezeichnet § 372 S. 1 BGB Geld, Wertpapiere, sonstige Urkunden sowie Kostbarkeiten. 233

Kostbarkeiten: leicht aufzubewahren

Kostbarkeiten sind bewegliche Sachen, deren Wert im Verhältnis zu ihrem Umfang und ihrem Gewicht besonders hoch ist. Weiter müssen sie leicht aufzubewahren und unverderblich sein.[62] 234

Bsp.: *Gold, Edelsteine, Schmuck, Kunstwerke*

hemmer-Methode: Nur bei Gegenständen mit hohem Wert und geringen Ausmaßen ist der Aufwand gerechtfertigt, der mit der Hinterlegung verbunden ist: Bei Sachen von geringem Wert würde es am Schutzbedürfnis des Schuldners fehlen.
Bei Sachen mit großen Ausmaßen würden die tatsächlichen Möglichkeiten der Hinterlegungsstelle schnell gesprengt (so ist schon ein Pelzmantel im Verhältnis zum Wert zu groß[63]). Die Hinterlegung soll also vor allem praktikabel sein. Bedenken Sie dies, wenn Sie sich mit der Frage der Hinterlegungsfähigkeit einer Sache auseinandersetzen müssen: Die Beschränkung auf bestimmte Sachen ist ohne Frage notwendig.

sonst nur Selbsthilfeverkauf, § 383 BGB

Nicht hinterlegungsfähige Sachen kann der Schuldner nach § 383 I BGB jedoch bei Annahmeverzug des Gläubigers im Wege des Selbsthilfeverkaufs am Leistungsort öffentlich versteigern lassen und den dabei erzielten *Erlös* für den Gläubiger hinterlegen. 235

Die gleiche Möglichkeit hat der Schuldner in den Hinterlegungsfällen nach § 372 S. 2 BGB, wenn der Verderb der Sache zu befürchten ist oder die Aufbewahrung derselben mit unverhältnismäßigen Kosten verbunden ist.

61 Es handelt sich bei der Hinterlegung mit ausgeschlossener Rücknahme also um eine besondere Form der Übereignung für den, den es angeht, vgl. Grüneberg, v. § 372, Rn. 9; zwischen der Hinterlegungsstelle und dem Gläubiger (G) besteht dann ein sog. Besitzkonstitut (§ 868 BGB). Der G ist dementsprechend bereits mit Übergabe mittelbarer Besitzer des Colliers (anders Brox, Schuldrecht-AT, Rn. 173: Übereignung gem. §§ 929, 931 BGB). Eine Erfüllung tritt allerdings auch erst dann ein, wenn die Sache tatsächlich an den G ausgehändigt wurde, vgl. Grüneberg, § 378, Rn. 2; Brox, a.a.O.

62 Grüneberg, § 372, Rn. 3.

63 Grüneberg, § 372, Rn. 3.

Umwandlung in Geldschuld

Eine entsprechende, rechtmäßige Versteigerung wandelt die bisherige Sachleistungsschuld in eine reine Geldschuld um. Dementsprechend wird der Schuldner durch Hinterlegung des Erlöses nach § 378 BGB, durch Auszahlung des erzielten Geldbetrages an den Gläubiger (§ 362 BGB), aber auch durch eine Aufrechnung mit einer dem Schuldner zustehenden Gegenforderung von seiner Leistungspflicht (§ 389 BGB) frei.[64] 236

> **Bsp.:** *Bananengroßhändler B aus Bremen verkauft an X 30 Tonnen Bananen. Zum vereinbarten Zeitpunkt der Abnahme erscheint X jedoch nicht. B führt deshalb einen ordnungsgemäßen Selbsthilfeverkauf durch. Das erzielte Geld lässt der B nach § 372 BGB hinterlegen.*

bei fehlenden Voraussetzungen Schadensersatz mögl.

Sofern es jedoch an den Voraussetzungen eines rechtmäßigen Selbsthilfeverkaufs fehlt, hat sich der Schuldner durch die öffentliche Versteigerung zur Leistung unvermögend gemacht. Hat er das Unvermögen zu vertreten (§§ 276, 278 BGB; bei Gläubigerverzug ist aber wegen § 300 I BGB nur noch grobe Fahrlässigkeit und Vorsatz schädlich), so schuldet er dem Gläubiger Schadensersatz nach §§ 280 I, III, 283 BGB. 237

hemmer-Methode: Die Unmöglichkeit kann auch von Gläubiger und Schuldner gemeinsam zu vertreten sein. Es gelten dann die Grundsätze der von beiden Seiten zu vertretenden Unmöglichkeit.

bb) Hinterlegungsgründe

Hinterlegungsgründe

Als Hinterlegungsgründe werden in § 372 BGB die folgenden drei Alternativen genannt: 238

- *Annahmeverzug*

(1) Annahmeverzug des Gläubigers. Hier kommt es darauf an, dass die tatsächlichen Voraussetzungen des Annahmeverzugs auch wirklich vorliegen. Die irrige Annahme des Schuldners, die diesbezüglichen Voraussetzungen seien gegeben, reicht dagegen nicht aus.[65] 239

- *Erfüllung nicht mit Sicherheit mögl.*

(2) Der Schuldner kann aus einem anderen, in der Person des Gläubigers liegenden Grund, nicht oder nicht mit Sicherheit erfüllen.

> **Bsp.:** *Der Aufenthaltsort des Gläubigers ist unbekannt. Der Gläubiger ist geschäftsunfähig und hat noch keinen gesetzlichen Vertreter.*[66]

- *Ungewissheit über Gläubigeridentität*

(3) Ein Hinterlegungsgrund besteht auch dann, wenn der Schuldner seine Verbindlichkeit wegen einer nicht auf Fahrlässigkeit beruhenden Ungewissheit über die Person des Gläubigers nicht oder nicht mit Sicherheit erfüllen kann.

> **Bsp.:** *Bei einer Sachbeschädigung ist unklar, wer Eigentümer der Sache ist. Die Gültigkeit einer Einsetzung zum testamentarischen Alleinerben ist ungewiss.*

Zweifel v. Rechtskundigem ausr.

Diese Ungewissheit darf nicht auf Fahrlässigkeit beruhen. Sobald ein Rechtskundiger die Rechtslage als zweifelhaft bezeichnet hat, darf allerdings der Schuldner dieser Auskunft vertrauen, ohne dass gleichzeitig eine Verpflichtung zur Einholung einer entsprechenden Rechtsauskunft besteht.[67] Dies soll allerdings nicht für Zweifel eines Notars gelten, der gleichzeitig Schuldner ist. Ihn trifft eine umfassende Prüfungspflicht.[68] 240

---

64 Larenz, SchR AT, § 18 V a.

65 Grüneberg, § 372, Rn. 4.

66 Grüneberg, § 372, Rn. 5.

67 Grüneberg, § 372, Rn. 6.

68 Grüneberg, § 372, Rn. 6.

cc) Hinterlegungsstelle

Hinterlegung bei Amtsgericht oder nach Vereinbarung

Nach § 374 BGB hat die Hinterlegung bei der Hinterlegungsstelle des Leistungsortes zu erfolgen. 241

Hinterlegungsstelle ist das *Amtsgericht*.[69] Zulässig ist aber auch i.R.d. Vertragsfreiheit eine Vereinbarung über eine andere Hinterlegungsstelle.

Sonderfall Handelskauf

hemmer-Methode: Im Fall des Handelskaufes kann der Schuldner gem. § 373 I HGB die geschuldete Sache auch in einem öffentlichen Lagerhaus oder sonst in sicherer Weise hinterlegen.

Hinterlegung f. Gläubiger

Die Hinterlegung muss dabei *für den Gläubiger* erfolgen. Insoweit ähnelt das Hinterlegungsverhältnis einem Vertrag zugunsten Dritter.

c) Wirkung der Hinterlegung

Wirkungen

Nicht in §§ 372 ff. BGB geregelt sind sowohl das Verfahren als auch die dinglichen Wirkungen der Hinterlegung. Beides ist in Spezialgesetzen der Bundesländer geregelt. insichtlich der schuldrechtlichen Wirkung der Hinterlegung gilt es zu unterscheiden: 242

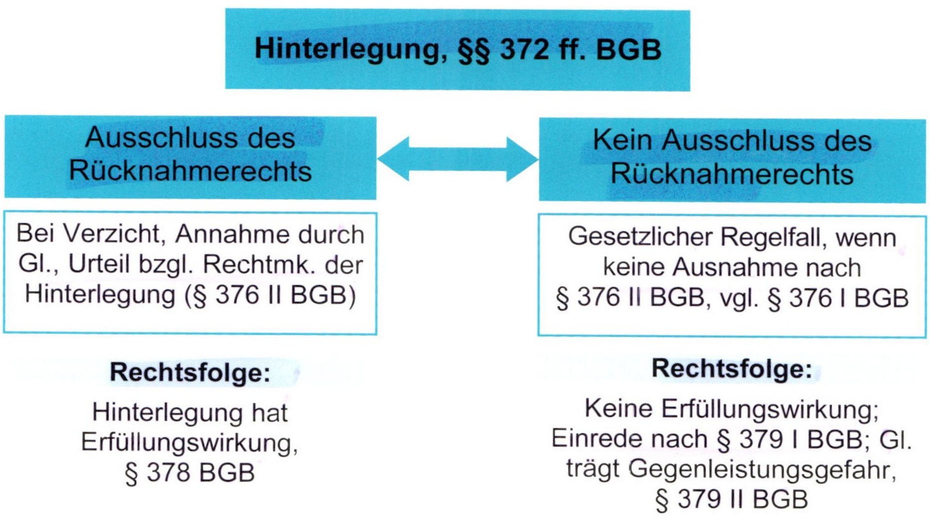

aa) Ausschluss der Rücknahme

bei Ausschluss d. Rücknahme befreiend

Ist die Rücknahme der hinterlegten Sache durch den Schuldner ausgeschlossen, so bestimmt § 378 BGB, dass der Schuldner von seiner Verbindlichkeit in gleicher Weise befreit wird, wie wenn er zur Zeit der Hinterlegung an den Gläubiger geleistet hätte. 243

Wann ein entsprechender Ausschluss der Rücknahme gegeben ist, ist in § 376 II BGB abschließend geregelt. 244

69 Für Bayern vgl. z.B. Art. 2 II BayHintG; für Baden-Württemberg vgl. z.B. § 1 II HintG; die Hinterlegungsgesetze der einzelnen Bundesländer finden Sie unter https://de.wikipedia.org/wiki/Hinterlegungsordnung.

Dies ist der Fall bei:

⇨ Verzicht des Schuldners auf die Rücknahme

⇨ Erklärung der Annahme durch den Gläubiger gegenüber der Hinterlegungsstelle

⇨ Feststellung der Rechtmäßigkeit der Hinterlegung aufgrund eines zwischen dem (möglichen) Gläubiger und Schuldner rechtskräftig ergangenen Urteils.[70]

bb) Berechtigung des Schuldners zur Rücknahme

i.d.R. Rücknahmerecht

Anders verhält es sich, wenn der Schuldner zur Rücknahme der hinterlegten Sache berechtigt ist. Dies stellt nach § 376 I BGB die Regel dar. 245

keine Endgültigkeit ⇨ Einrede

Da in diesen Fällen die Hinterlegung durch den Schuldner noch nicht endgültig ist, kann dieser von seiner Leistungspflicht auch noch nicht endgültig befreit sein.

Nach § 379 I BGB kann der Schuldner den Gläubiger zur Befriedigung lediglich auf die hinterlegte Sache verweisen. Insoweit steht dem Schuldner gegen das Erfüllungsverlangen des Gläubigers eine *Einrede* entgegen. Bereits deren **Bestehen hindert** auf Seiten des Schuldners den **Verzugseintritt.**[71]

hemmer-Methode: Denken Sie deshalb daran, dass die Frage nach einer wirksamen Hinterlegung auch Prüfungspunkt i.R. eines (Schadensersatz-)Anspruchs aus Verzug (§§ 280 I, II i.V.m. 286 BGB) sein kann: Der Schuldner befindet sich nämlich trotz erfolgter Hinterlegung der Sache in Verzug, wenn die Voraussetzungen für eine wirksame Hinterlegung gar nicht vorgelegen haben, also z.B. ein Annahmeverzug des Schuldners nur irrtümlich angenommen wurde. Die Hemmung des Schuldnerverzugs ist also davon abhängig, dass alle Voraussetzungen für die Hinterlegung vorgelegen haben.
Dieses Leistungsverweigerungsrecht des § 379 I BGB führt aber nicht zu einer Hemmung der Verjährung, da § 205 BGB lediglich für rechtsgeschäftlich vereinbarte Leistungsverweigerungsrechte gilt.[72]

Gefahrübergang, § 379 II BGB

In diesem Zusammenhang ist auch die Regelung des § 379 II BGB zu beachten, der zufolge ein Gefahrübergang auf den Gläubiger stattfindet. Darunter ist die Preisgefahr zu verstehen, so dass der Gläubiger zur Erbringung der Gegenleistung verpflichtet bleibt, wenn die Sache während der Hinterlegung untergeht oder verschlechtert wird.[73] 246

Die Regelung des § 379 II BGB läuft indessen leer, wenn die Hinterlegung aufgrund Annahmeverzugs des Gläubigers erfolgt ist, da dann bereits über §§ 326 II, 446 S. 3 BGB die Gefahr auf den Gläubiger übergeht. In diesem Fall sollten Sie die Regelung des § 379 II BGB aber dennoch (kurz!) erwähnen.

---

70 Ein in einem Prätendentenstreit (§ 75 ZPO) ergangenes Urteil reicht jedoch nicht aus, Grüneberg, § 376, Rn. 3; nach Thomas/Putzo, § 75, Rn. 1 entspricht jedoch die Möglichkeit für den Schuldner, gegen Hinterlegung des streitbefangenen Gegenstandes aus dem Prozess auszuscheiden, dem materiell-rechtlichen Weg des § 372 S. 2 BGB.

71 Vgl. Grüneberg, § 379, Rn. 1.

72 Vgl. Grüneberg a.a.O.

73 Grüneberg, § 279, Rn. 2.

d) Abgrenzungsfragen

aa) Hinterlegung als Primärpflicht

§§ 372 ff. BGB (-), wenn Hinterlegung Primärpflicht

Abzugrenzen ist die Hinterlegung nach §§ 372 ff. BGB von den Fällen, in denen die Hinterlegung *primäre Leistungspflicht* des Schuldners ist (§§ 432 I S. 2, 660 II HS 2, 1281 S. 2, 2039 S. 2 BGB). In diesen Fällen ist die Verpflichtung zur Hinterlegung meist an ein entsprechendes Verlangen des Gläubigers geknüpft. 247

§ 432 I S. 2 BGB

Hinterlegt z.B. der mehreren Gesamtgläubigern verpflichtete Schuldner den geschuldeten Gegenstand nach § 432 I S. 2 BGB, so hat er nach *§ 362 BGB* und nicht nach §§ 372 ff. BGB, insbesondere nicht nach §§ 378, 379 BGB, erfüllt. Jedoch ist auch in diesen Fällen eine analoge Anwendung der §§ 372 ff. BGB möglich.[74]

bb) Hinterlegung als Sicherheitsleistung

bei Sicherheitsleistung §§ 232 ff. BGB, 108 ff. ZPO

Von der Hinterlegung nach §§ 372 ff. BGB ist weiterhin die *Hinterlegung zu Sicherungszwecken* zu unterscheiden: Für diese gelten ausschließlich die §§ 232 ff. BGB, bzw. für die prozessuale Hinterlegung die §§ 108 ff. ZPO. Jedoch ist eine Umwandlung einer Hinterlegung als Sicherheitsleistung in eine Hinterlegung als Erfüllungssurrogat i.S.v. § 378 BGB möglich.[75] 248

hemmer-Methode: Die vorläufige Vollstreckbarkeit des Titels wird im Zivilprozess evtl. nur nach Maßgabe der §§ 708 ff. ZPO gegen Sicherheitsleistung ausgesprochen. Spätestens im Zweiten Examen gewinnt dieses Problem große Bedeutung. Die Vorschriften der §§ 372 ff. BGB haben damit jedoch nichts zu tun.

3. Aufrechnung, § 389 BGB[76]

a) Allgemeines

§§ 387 ff. BGB, Aufrechnung

Wird Leistung von Geld oder gattungsmäßig bestimmten Waren geschuldet, so kann der Schuldner, falls er gegen seinen Gläubiger eine gleichartige und fällige Forderung hat, seine Schuld dadurch tilgen, dass er mit seiner Forderung gem. §§ 387 ff. BGB aufrechnet. 249

Aufrechnung ist die wechselseitige Tilgung zweier sich gegenüberstehender Forderungen durch einseitiges Rechtsgeschäft.

Tilgungserleichterung u. Privatvollstr.

Sie besitzt eine doppelte Funktion. Zum einen bewirkt sie die *Tilgung der Hauptforderung* und ist damit ein Erfüllungssurrogat. Zugleich gibt sie dem Schuldner die Möglichkeit, seine Forderung im Wege der *Selbsthilfe* durchzusetzen.[77] Diese beiden Funktionen lassen sich mit den Schlagworten Tilgungserleichterung und *Privatvollstreckung* merken.

---

74 Grüneberg, vor § 372, Rn. 2.

75 Grüneberg, vor § 372, Rn. 3.

76 Vgl. dazu auch Lorenz, Grundwissen – Zivilrecht: Aufrechnung (§§ 387 ff.), JuS 2008, 951 ff.

77 Grüneberg, § 387, Rn. 1; BGH, NJW 1987, 2998 = jurisbyhemmer.

b) Abgrenzung

Die Aufrechnung ist von der *Anrechnung* und dem *Aufrechnungsvertrag* abzugrenzen. 250

aa) Anrechnung

bei Anrechnung nur eine Forderung

Bei der Anrechnung stehen sich nicht ursprünglich zwei Forderungen gegenüber, die nachträglich durch Verrechnung miteinander wechselseitig getilgt werden, sondern es besteht nur eine einzige Forderung, deren Betrag von vornherein um den anzurechnenden Betrag gemindert ist.[78] 251

Eine solche Anrechnung ist vorgesehen in §§ 326 II S. 2, 537 I S. 2, 615 S. 2, 616 S. 2, 649 S. 2, 2.HS BGB. Des Weiteren erfolgt sie bei der Vorteilsanrechnung im Rahmen einer Verpflichtung zum Schadensersatz, bei der Schadensberechnung nach der Differenztheorie und bei der Ermittlung der Bereicherung nach der Saldotheorie.[79]

Wichtig: Bei der Anrechnung finden die Aufrechnungsverbote weder direkte noch analoge Anwendung. Im Übrigen wird die Anrechnung ohne Parteierklärung im Prozess von Amts wegen berücksichtigt.

bb) Aufrechnungsvertrag

Aufrechnungsvertrag gegens. Erfüllungsvertrag

Die Aufrechnung kann, statt einseitig erklärt zu werden, auch durch eine Vereinbarung vorgenommen werden. Es handelt sich dabei um einen atypischen Vertrag nach § 311 I BGB, welcher sich als „gegenseitiger Erfüllungsersetzungsvertrag“ bezeichnen lässt.[80] 252

enge Voraussetzung d. §§ 387 ff. BGB nicht notw.

Ein Aufrechnungsvertrag ermöglicht die wechselseitige Tilgung zweier sich gegenüberstehender Forderungen, auch wenn die engen Voraussetzungen der §§ 387 ff. BGB nicht erfüllt sind.

Bsp.: Nach § 387 BGB muss der Aufrechnende Inhaber einer fälligen Forderung sein. Ist seine Forderung indes noch nicht fällig, bleibt es ihm unbenommen, mit dem „Aufrechnungsgegner“ einen Aufrechnungsvertrag zu schließen.

sogar: Inhaberschaft bzgl. Forderung nicht notw.

Die Möglichkeit eines derartigen Vertrages ist Ausfluss der Privatautonomie der Parteien. 253

Vorauss. für die Wirksamkeit einer Aufrechnung ist lediglich, dass beiderseits Forderungen bestehen, die auf gleichartige Leistungen gerichtet sind, und dass jede Vertragspartei über die von ihr zur Aufrechnung gestellte Forderung verfügen kann. Nicht erforderlich ist, dass die Vertragsparteien auch Inhaber der Forderungen sind.[81]

hemmer-Methode: Vom Aufrechnungsvertrag seinerseits zu unterscheiden ist ein Vertrag, in welchem einer der Parteien die Befugnis eingeräumt wird[82], einseitig die Aufrechnung erklären zu können, auch wenn nicht alle Voraussetzungen der §§ 387 ff. BGB gegeben sind. Ein derartiger Vertrag führt noch nicht zum Erlöschen der Forderungen. Dieses tritt vielmehr erst mit der späteren Ausübung des vertraglich eingeräumten Gestaltungsrechtes ein.

78 Larenz, a.a.O.

79 Vgl. Hemmer/Wüst/Gold, Bereicherungsrecht, Rn. 491 ff.

80 Z.T. wird der Aufrechnungsvertrag auch als gegenseitiger Erlassvertrag (vgl. unten, Rn. 290) gesehen, so Staudinger, vor § 387, Rn. 73.

81 Larenz, SchR AT, § 18 VI f.

82 Larenz, a.a.O.

c) Voraussetzungen

Voraussetzungen

Nach § 387 BGB sind folgende Voraussetzungen erforderlich: 254

- ⇨ **Gegenseitigkeit** der Forderungen
- ⇨ **Gleichartigkeit** des Leistungsgegenstandes
- ⇨ **Gültigkeit, Fälligkeit und Durchsetzbarkeit** der *Gegen*forderung (= *Aktiv*forderung, d.h. die Forderung, mit der aufgerechnet wird)
- ⇨ **Bestehen und Erfüllbarkeit** der *Haupt*forderung (= *Passiv*forderung, d.h. die Forderung, gegen die der Schuldner aufrechnet)
- ⇨ Nichteingreifen eines **Aufrechnungsverbots**

aa) Gegenseitigkeit der Forderungen

Der Gläubiger der einen muss Schuldner der anderen Forderung sein und umgekehrt.[83] 255

Gegenseitigkeit

D.h.: Die HauptFo. muss dem Aufrechnungsgegner, die GegenFo. dem Aufrechnenden gegen den anderen zustehen; **Ausnahmen:**

§ 407 BGB	§ 406 BGB	§§ 268 II, 1142 II, 1150, 1249 BGB
Aufrechnung **vor Kenntnis** der Abtretung ggü. Zedent, obwohl dieser nicht mehr Inhaber der Hauptforderung (Schuldnerschutz)	Erhaltung der Aufrechnungslage, daher AufR ggü. **Zessionar**, obwohl gegen diesen Gegenforderung nicht gerichtet (sondern weiterhin gegen Zedent)	Ablösungsberechtigung Dritter: Ausnahme, da gegen diesen Hauptforderung nicht gerichtet ist

„Gegenforderung notw.“

Meist wird der Anspruch des Aufrechnenden als „Gegenforderung“ oder „Aktivforderung“, der des Aufrechnungsgegners als „Hauptforderung“ oder „Passivforderung“ bezeichnet.

Bsp.: *A hat gegen B einen Darlehensrückzahlungsanspruch i.H.v. 1.000 €. Gleichzeitig schuldet er B aus einem Kaufvertrag 1.500 €. A möchte aufrechnen.*

Die *Hauptforderung* ist hier der Kaufpreisanspruch des B. Diesen will A durch Aufrechnung tilgen. *Gegenforderung* ist die Forderung des A aus dem Darlehensvertrag, mit welcher A gegen den Kaufpreisanspruch aufrechnet.

83 Larenz, SchR AT, § 18 VI a 1.

grds. Recht des Schuldners

Das Aufrechnungsrecht nach § 387 BGB steht nur dem Schuldner, nicht aber einem Dritten zu. Dieser kann lediglich nach § 267 BGB erfüllen. Dies gilt selbst dann, wenn dem Dritten über die Forderung die Verfügungsbefugnis zusteht.[84] 256

Bsp.: Der Bürge kann durch Aufrechnung mit einer eigenen Forderung gegen den Gläubiger nur seine Bürgenschuld, nicht aber die Hauptschuld tilgen.[85]

hemmer-Methode: Achten Sie in diesem Zusammenhang darauf, dass der Bürge dann, wenn zugunsten des *Gläubigers* eine Aufrechnungslage gegenüber dem Schuldner besteht, ein Leistungsverweigerungsrecht hat (§ 770 II BGB).
Besteht hingegen zugunsten des *Hauptschuldners* ein Aufrechnungsrecht, so ist strittig und vom BGH noch nicht entschieden, ob § 770 II BGB gelten soll oder nicht.[86]

ausnahmsweise auch Dritter

(1) Von diesem Grundsatz wird zugunsten bestimmter, sog. *ablöseberechtigter Dritter* eine Ausnahme gemacht: Diese können ebenfalls aufrechnen. Gesetzlich angeordnet ist dies in *§§ 268 II, 1142 II, 1150, 1249 BGB*. 257

Bsp.: G hat gegen S eine hypothekarisch gesicherte Forderung i.H.v. 20.000 € und betreibt die Zwangsvollstreckung. Das auf dem belasteten Grundstück befindliche Haus hat S an D vermietet. D wiederum betreibt einen Computerhandel und hat Kaufpreisansprüche gegen G i.H.v. 10.000 €.

D möchte mit seiner Kaufpreisforderung aufrechnen.

Hier fehlt es an der Gegenseitigkeit der Forderungen. Zwar ist G Schuldner des D, nicht aber D Schuldner des G. Nach dem oben Gesagten könnte D somit nicht aufrechnen.

Hier greift aber § 268 II BGB ein. D als Mieter ist nach § 268 I S. 2 BGB ablösungsberechtigt, da er durch die Zwangsvollstreckung Gefahr liefe, den Mietbesitz zu verlieren, wenn ihm der Ersteigerer des Grundstücks nach § 57 a ZVG kündigt. Damit hat D gem. § 268 II BGB auch die Möglichkeit, als Dritter gegen die Forderung des G aufzurechnen.

§ 406 und § 407 I BGB

(2) Zwei weitere *wichtige Ausnahmen* von dem Erfordernis der Gegenseitigkeit *bilden § 406* und *§ 407 I* BGB im Zusammenhang mit einer *Forderungsabtretung*. 258

Die §§ 404 ff. BGB basieren auf dem Grundgedanken, dass die ohne Mitwirkung des Schuldners erfolgende Forderungsabtretung dessen Rechtsstellung nicht verschlechtern dürfen.

Aufr. auch ggü. neuem Gläubiger

Dementsprechend regelt § 406 BGB, dass der Schuldner auch gegenüber dem neuen Gläubiger mit einer ihm gegen den Zedenten zustehenden Forderung aufrechnen kann, wenn die Aufrechnungslage bestanden hatte, als er von der Abtretung Kenntnis erlangt hat.

Wurde die Aufrechnung nach der Abtretung gegenüber dem Zedenten erklärt, so kann der Schuldner den Einwand des § 389 BGB auch dem Zessionar entgegenhalten, wenn er von der Abtretung keine Kenntnis hatte, § 407 I BGB.

hemmer-Methode: Nach § 422 II BGB kann ein Gesamtschuldner nicht die Forderung eines anderen Gesamtschuldners mit der Hauptforderung des Gläubigers aufrechnen.

84 Vgl. Grüneberg, § 387, Rn. 5.

85 RGZ 53, 404 = **juris**byhemmer.

86 Einerseits Grüneberg, § 770, Rn. 3, andererseits Grüneberg, § 387, Rn. 5.

bb) Gleichartigkeit des Leistungsgegenstandes

Gleichartigkeit notw., nicht Konnexität

Die miteinander aufzurechnenden Leistungen müssen gleichartig, also von derselben Beschaffenheit sein. 259

In den allermeisten Fällen wird es sich um Geldschulden handeln. Konnexität der Forderungen wie beim Zurückbehaltungsrecht nach § 273 BGB ist nicht erforderlich.[87]

Verneint wird in ständiger Rspr. die Gleichartigkeit zwischen einer Geldschuld und einem Befreiungsanspruch.[88]

Bsp.: *K kauft von V ein Grundstück, welches mit einer Hypothek i.H.v. 50.000 € zugunsten der B-Bank belastet ist. Beide vereinbaren, dass die Hypothek auf den Kaufpreis angerechnet wird. Die B-Bank verweigert aber wegen Zahlungsschwierigkeiten ihre nach § 415 BGB erforderliche Genehmigung der Schuldübernahme durch K. Nach Entrichtung des Kaufpreises stellt K erhebliche Feuchtigkeitsschäden am Haus fest und mindert den Kaufpreis um 50.000 €.*

keine Gleichartigkeit v. Befreiungsanspruch und Geldschuld

Hier wäre eine Aufrechnungsmöglichkeit für V günstig. Bei Zahlungsschwierigkeiten des K muss V damit rechnen, von der B-Bank in Anspruch genommen zu werden, da er dieser aufgrund der Genehmigungsverweigerung weiterhin persönlich verpflichtet ist. Durch die verweigerte Genehmigung der B ist gem. der Auslegungsregel des § 415 III BGB nur von einer Erfüllungsübernahme (§ 329 BGB) des K zugunsten des V auszugehen, V bleibt also gegenüber der Bank Schuldner, ihm steht aber gegen den K ein Befreiungsanspruch zu. 260

Demgegenüber steht aber dem K ein Minderungsbetrag i.H.v. 50.000 € zu. V läuft so also Gefahr, zweimal in Anspruch genommen zu werden: von der Bank und von K. Könnte V nun seinen Befreiungsanspruch gegen K (§ 329 BGB) mit dessen Anspruch aufrechnen, so verbliebe lediglich der Anspruch der Bank.

Befreiungsanspruch ist nicht auf Zahlung, sondern auf Tun gerichtet

Die Möglichkeit einer Aufrechnung wird aber in derartigen Fallgestaltungen wegen Verschiedenartigkeit des Leistungsgegenstandes von der h.M. verneint: Der Befreiungsanspruch ist kein Zahlungsanspruch; er ist vielmehr auf ein Tun gerichtet und wird nach § 887 ZPO vollstreckt. Auch sind die beiderseitigen Ansprüche nicht wirtschaftlich gleichartig, da der Schuldner i.d.R. dem Drittgläubiger den Geldbetrag nach § 270 I BGB auf seine Gefahr und Kosten zu übermitteln hat.[89] 261

Allerdings kommt in diesem Fall ein Zurückbehaltungsrecht nach § 273 BGB in Betracht, welches seinerseits aber Konnexität zwischen beiden Ansprüchen voraussetzt.

Sofern der Befreiungsanspruch (§ 329 BGB) des V gegen K an die B abgetreten wird, wandelt er sich in einen unmittelbaren Zahlungsanspruch der B gegen den K um.[90]

hemmer-Methode: Achten Sie darauf, dass der Befreiungsanspruch nur an den Gläubiger, nicht aber an einen anderen Dritten abgetreten werden kann, § 399 Alt. 1 BGB. Diesbezüglich besteht also die Abtretbarkeit nur bzgl. bestimmter Zessionare.[91]
In diesem Zusammenhang ist noch ein anderer Problemkreis von Bedeutung: Der Befreiungsanspruch kann sich auch anders in einen Zahlungsanspruch umwandeln: Liegt eine Erfüllungsübernahme vor, vgl. § 329 BGB, so erwirbt der Gläubiger keinen Anspruch, da es sich um keinen echten Vertrag zugunsten Dritter handelt.
Allerdings hat der Schuldner einen Anspruch gegen den Übernehmer auf Befreiung. Kommt dieser seiner Verpflichtung nicht nach, und zahlt der ursprüngliche Schuldner, wird die Schuldbefreiung unmöglich.

87 Larenz, SchR AT, § 18 VI a 2.
88 BGH, NJW 1983, 2438 = jurisbyhemmer.
89 BGHZ 25, 1 (7) = jurisbyhemmer; vgl. auch Geißler, JuS 1988, 452 (454).
90 BGHZ 35, 325 = jurisbyhemmer; trotz der Umwandlung steht einer solchen Abtretung § 399 BGB nicht entgegen, vgl. Grüneberg, § 399, Rn. 4.
91 Vgl. Grüneberg, § 399, Rn. 4.

Unter den Voraussetzungen von §§ 280 I, III, 283 BGB hat der Gläubiger dann einen Schadensersatzanspruch. Allerdings ist dabei ein Vertretenmüssen des Übernehmers zusätzliches Tatbestandsmerkmal, vgl. § 280 I S. 2 BGB.

Leistungsart kann verschieden sein

Nur die Gleichartigkeit des Leistungsgegenstandes ist erforderlich, nicht dagegen die der Leistungsmodalitäten. Damit hindert die Verschiedenheit der Leistungsart grds. die Aufrechnung nicht. 262

Auslegungshilfe, § 391 II BGB

Zu beachten ist aber die Auslegungshilfe des § 391 II BGB: Ist für die Leistung ein bestimmter Zeitpunkt oder ein bestimmter Ort vereinbart, so ist der Vertrag im Zweifel dahin auszulegen, dass die Aufrechnung mit einer Forderung, für die ein anderer Leistungsort besteht, ausgeschlossen ist.

cc) Gültigkeit, Fälligkeit und Durchsetzbarkeit der Gegenforderung 263

vollwirksame fällige Forderung notw.

Die Forderung, mit der der Schuldner aufrechnet, muss vollwirksam und **fällig** sein. Es muss sich um eine Forderung handeln, deren Erfüllung erzwungen werden kann. Damit scheiden Naturalobligationen aus. 264

Bestehen v. Einrede macht Aufr. unwirksam

Nach § 390 BGB darf der Gegenforderung auch keine Einrede entgegenstehen. Dabei macht schon das Bestehen der Einrede die Aufrechnung unwirksam, nicht erst deren Geltendmachung.[92]

hemmer-Methode: Ähnliches gilt beim Verzug. I.d.R. wirkt das Bestehen einer Einrede (z.B. Verjährung) verzugshindernd. Ausnahmen davon stellen insbesondere §§ 273, 1000 BGB dar.

Ausn. Verjährung, § 215 BGB

Eine Ausnahme gilt nach § 215 BGB für die Verjährung. Die Aufrechnung ist demnach auch mit einer (mittlerweile) verjährten Forderung möglich, sofern die Forderung bei Entstehen der Aufrechnungslage noch nicht verjährt war. 265

hemmer-Methode: Die erklärte Aufrechnung wird deshalb häufig zum Einfallstor für spezielle Fragen der Verjährung. Achten Sie deshalb bereits beim Lesen des Sachverhalts darauf, wann die Forderungen entstanden sind bzw. wann diese aufgerechnet werden.

dd) Bestehen und Erfüllbarkeit der Hauptforderung

bestehende Forderung Vorauss.

Die Hauptforderung, gegen die der Schuldner die Aufrechnung erklärt, muss bestehen (anderenfalls wäre der Aufrechnende schon gar nicht Schuldner) und **erfüllbar sein**. 266

Fälligkeit nicht Vorauss.

Nicht erforderlich ist, dass sie auch einklagbar, fällig und einredefrei ist. Dies erklärt sich schon daraus, dass der Schuldner auch eine noch nicht fällige Forderung bereits erfüllen oder auf die Geltendmachung einer Einrede verzichten kann. Ebenso steht es dem Schuldner frei, ob er eine Naturalobligation erfüllen will.

ggf. Kondiktion,§ 813 BGB

Zu beachten ist aber, dass eine Aufrechnung in Unkenntnis des Bestehens einer dauernden Einrede entsprechend § 813 I S. 1 BGB als rechtsgrundlose Leistung zurückgefordert werden kann, d.h. der Schuldner kann die Wiederherstellung seiner Aktivforderung verlangen.[93] Dies gilt freilich nicht für die häufigste dauernde Einrede, nämlich die der Verjährung, vgl. § 813 I S. 2 BGB i.V.m. § 214 II BGB. 267

92 Larenz, SchR AT, § 18 Fn. 55.

93 Larenz, SchR AT, § 18 VI S. 4.

ee) Nichtbestehen eines Aufrechnungsverbotes

Ausschluss der Aufrechnung

Auch wenn die oben genannten Voraussetzungen vorliegen, ist die Aufrechnung in einigen Fällen ausgeschlossen. 268

(1) Vertraglicher Ausschluss

vertraglicher Ausschluss

Die Aufrechnung kann durch eine entsprechende vertragliche Vereinbarung zwischen den Parteien ausgeschlossen werden. Eine gleichwohl erklärte Aufrechnung ist unwirksam.[94] 269

Privatautonomie; in § 391 II BGB vorausgesetzt

Die Zulässigkeit einer dahingehenden Vereinbarung wird in § 391 II BGB vorausgesetzt und ergibt sich im Übrigen aus der Privatautonomie.

aber: grds. nicht in AGB

In Allgemeinen Geschäftsbedingungen kann jedoch wegen § 309 Nr. 3 BGB die Aufrechnung mit einem unbestrittenen oder rechtskräftig festgestellten Anspruch nicht ausgeschlossen werden.

Ausschluss kann gegen Gesetz oder Treu u. Glauben verstoßen

Trotz eines kraft Individualvereinbarung geschaffenen Aufrechnungsverbots kann eine Aufrechnungsmöglichkeit bestehen. Nach § 556b II BGB bleibt es dem Mieter auch bei entgegenstehender Vereinbarung unbenommen, wegen einer Bereicherungsforderung wegen zu viel gezahlter Miete gegen die Mietforderung des Vermieters aufzurechnen. Voraussetzung ist nur, dass er seine Absicht dem Vermieter mindestens einen Monat zuvor in Textform (§ 126b BGB) anzeigt. Auch aus § 242 BGB kann sich die Unwirksamkeit eines vertraglichen Aufrechnungsverbots ergeben. Um einen Verstoß gegen Treu und Glauben annehmen zu können, kommt es aber - wie der BGH betont - auf die gesamten Umstände des Einzelfalles an.[95] 270

Bsp.: *A und B haben ein Aufrechnungsverbot vereinbart. Gegen eine Forderung des A will der B nun **mit** einer Schadensersatzforderung aus vorsätzlicher Vertragsverletzung aufrechnen. A entgegnet, dass die Aufrechnung vertraglich ausgeschlossen wurde.*

Die besonderen Umstände des Falles erlauben es ausnahmsweise, dass der B trotz des Aufrechnungsverbots gegen die Forderung des A aufrechnen kann, da es sich hier um eine *vorsätzliche* Schädigung handelt. Es wäre ein Verstoß gegen Treu und Glauben, wenn der A sich unter diesen Umständen auf das Aufrechnungsverbot berufen könnte.

Dieses Ergebnis könnte man aber im Einzelfall wohl auch im Wege ergänzender Vertragsauslegung erreichen.

hemmer-Methode: Wichtig ist hier, dass Sie in der Klausur das Bestehen eines Aufrechnungsverbotes zunächst überhaupt erkennen und den Fall nicht mit der umgekehrten Variante des § 393 BGB verwechseln (vgl. dazu Rn. 277 ff.). Ausdrücklich wird ein Aufrechnungsverbot im Sachverhalt fast nie erwähnt sein. Dann kann sich dieses als Fall des § 391 II BGB oder aber konkludent aus den Umständen ergeben (§§ 133, 157 BGB), so z.B., wenn der Gläubiger erkennbar auf sofortige Leistung in Natur angewiesen ist.

(2) Treu und Glauben

Ausschluss nach § 242 BGB

Der Übergang von einem vertraglich vereinbarten Aufrechnungsverbot zu einem aus den Grundsätzen von Treu und Glauben (§ 242 BGB) herzuleitenden ist fließend. 271

94 BGH, NJW 1984, 357 (358) = jurisbyhemmer.

95 BGH, LM § 387 Nr. 42.

Bsp.: Die Aufrechnung gegen Forderungen auf Herausgabe des aus einer Geschäftsbesorgung Erlangten mit Gegenforderungen, die mit der Geschäftsbesorgung nicht in Zusammenhang stehen, ist nach Treu und Glauben mit Rücksicht auf den Inhalt des Rechtsverhältnisses ausgeschlossen. Begründet wird dies auch mit einem konkludenten Aufrechnungsverbot oder mit einem schlichten Hinweis auf die Natur des Rechtsverhältnisses, in der Regel handelt es sich um ein Treuhandverhältnis.

ff) Gesetzliche Aufrechnungsverbote

gesetzliche Aufrechnungsverbote

Von den vertraglichen Aufrechnungsverboten sind die gesetzlichen zu unterscheiden. 272

(1) § 392 BGB

§ 392 BGB bzgl. arrestatorium (§ 829 I ZPO)

So begründet z.B. die in § 392 BGB erwähnte Beschlagnahme der Hauptforderung unter bestimmten Voraussetzungen ein Aufrechnungshindernis.

§ 392 BGB betrifft die Beschlagnahme der Hauptforderung, gegen die aufgerechnet wird. Die Vorschrift ist damit eine Konkretisierung des in § 829 I S. 1 ZPO angeordneten Verbotes an den Schuldner, die Forderung zu erfüllen (sog. arrestatorium). Über § 392 BGB erstreckt sich somit das arrestatorium auch auf das Erfüllungssurrogat der Aufrechnung.[96] 273

nur, wenn Aufrechnungslage nach Beschlagnahme entsteht

Da § 392 BGB jedoch nur für den Fall ein Aufrechnungsverbot anordnet, wenn der Schuldner seine Forderung nach der Beschlagnahme erworben hat oder wenn seine Forderung erst nach der Beschlagnahme und später als die in Beschlag genommene Forderung fällig geworden ist, ist in § 392 BGB - ähnlich wie in § 406 BGB - der Grundsatz enthalten, dass dem Schuldner eine einmal bestehende Aufrechnungslage erhalten bleiben muss. 274

Das Aufrechnungsverbot gilt also nicht, wenn im Zeitpunkt der Beschlagnahme die Aufrechnungslage bereits gegeben war oder eine begründete Aussicht auf Aufrechnung bestand. Es genügt, dass im Zeitpunkt der Beschlagnahme die Gegenforderung ihrem Rechtsgrund nach gegeben war, sofern sie spätestens gleichzeitig mit der Hauptforderung fällig geworden ist.[97]

(2) § 394 S. 1 BGB

§ 394 S. 1 BGB

Nach § 394 S. 1 BGB ist die Aufrechnung gegen eine unpfändbare Forderung ausgeschlossen, soweit die Unpfändbarkeit reicht. 275

§ 394 BGB ergänzt die §§ 850 ff. ZPO ⇨ Existenzminimum soll erhalten bleiben

Durch § 394 S. 1 BGB werden die §§ 850 ff. ZPO ergänzt. Zweck dieser Regelung ist es, den Schuldner davor zu schützen, dass ihm sein Existenzminimum über eine Aufrechnung entzogen wird. Ansonsten würde der Schuldner zum Sozialfall, was mittelbar eine Gläubigerbegünstigung durch den Staat bedeuten würde.

Unpfändbar sind z.B. das Arbeitseinkommen bis zu einer bestimmten Höhe (§§ 850 i.V.m. 850c ZPO), Geldrenten nach §§ 843, 844 BGB (§ 850b Nr. 1 ZPO), unabtretbare Forderungen (§ 851 ZPO) oder vertraglich anerkannte Pflichtteilsansprüche (§ 852 I ZPO).

96 Grüneberg, § 392, Rn. 1.

97 Grüneberg, § 392, Rn. 1.

Jedoch sind auch von dieser Regel gewisse Ausnahmen zu machen:

Ausnahmen wiederum: Treu u. Glauben

Auch das an sich unabdingbare Aufrechnungsverbot des § 394 BGB steht unter dem Vorbehalt von Treu und Glauben (§ 242 BGB).[98] So geht der BGH in ständiger Rspr. davon aus, dass **mit** einer Forderung aus *vorsätzlich* begangener unerlaubter Handlung auch gegen eine unpfändbare Forderung aufgerechnet werden kann, wenn beide Forderungen demselben Lebensverhältnis entstammen.[99] 276

Bsp.: Der Arbeitgeber kann gegenüber seinem Arbeitnehmer mit dem gesamten Arbeitseinkommen aufrechnen, falls ihm der Arbeitnehmer etwa wegen eines Diebstahls aus § 823 I BGB verpflichtet ist.

(3) § 393 BGB

§ 393 BGB bei vors. unerl. Handlung, nicht bei Fahrl.

Von großer Klausurrelevanz ist das Aufrechnungsverbot des § 393 BGB. Danach kann ***gegen*** eine Forderung, die aus einer *vorsätzlich* begangenen unerlaubten Handlung resultiert, nicht aufgerechnet werden. § 393 BGB betrifft also die Hauptforderung und richtet sich gegen den Schädiger. 277

hemmer-Methode: Falsch ist daher der Satz: „Gegen deliktische Ansprüche findet keine Aufrechnung statt". Das Aufrechnungsverbot des § 393 BGB bezieht sich nur auf eine Deliktshaftung für *vorsätzliches* Handeln. Die Aufrechnung gegen eine auf Fahrlässigkeit beruhende Deliktshaftung bleibt daher von § 393 BGB unberührt.

Aufr. durch Geschädigten jedoch mögl.

§ 393 BGB soll dazu beitragen, dass der durch eine vorsätzlich begangene unerlaubte Handlung *Geschädigte* ohne Erörterung etwaiger Gegenansprüche des Schädigers zu seinem Recht kommt.[100] Von § 393 BGB unberührt bleibt deshalb die Aufrechnung des Geschädigten *mit* einer Forderung aus einer vorsätzlich begangenen unerlaubten Handlung.[101] (vgl. Rn. 270 und Rn. 276) 278

Bsp.: A hat gegen B eine uneinbringliche Kaufpreisforderung von 5.000 €. Aus Ärger will A es dem B „heimzahlen" und verprügelt ihn. Die dadurch verursachten Krankenhauskosten belaufen sich ebenfalls auf 5.000 €. B verlangt von A 5.000 €. A dagegen möchte mit seiner Kaufpreisforderung aufrechnen.

Hier scheidet wegen § 393 BGB eine Aufrechnung seitens des A aus. Die Hauptforderung stammt aus einer vorsätzlich begangenen unerlaubten Handlung.

Dagegen bliebe dem B unbenommen, gegenüber einer Inanspruchnahme aus der Kaufpreisforderung die Aufrechnung mit seinem Schadensersatzanspruch gegen A zu erklären. Eine dahingehende Verpflichtung des B ist jedoch wegen des Rechtsgedankens des § 393 BGB abzulehnen.

nach h.M. gilt § 393 BGB auch, wenn beide Forderungen vors. deliktisch sind

Umstritten ist, ob § 393 BGB Anwendung findet, falls die Gegenforderung ebenfalls auf einer vorsätzlich begangenen unerlaubten Handlung beruht. Nach h.M. hat § 393 BGB dann ein Aufrechnungsverbot für *beide* Forderungen zur Folge.[102] Nach der Gegenansicht ist jedoch kein Grund ersichtlich, in diesen Fällen § 393 BGB anzuwenden, zumal wenn die beiden Forderungen einem einheitlichen Lebensvorgang entspringen (z.B. einer Rangelei).[103] 279

98 Grüneberg, § 394, Rn. 2.

99 So bereits RGZ 85, 108 (117) = **juris**byhemmer; BGHZ 30, 36 = **juris**byhemmer.

100 BGH, NJW 1987, 2998 = **juris**byhemmer.

101 Grüneberg, § 393, Rn. 2.

102 BGH, **Life&LAW 12/2009, 804 ff.** = BB 2009, 2209 ff. = **juris**byhemmer.

103 Larenz, SchR AT, § 18 VI b 1.

hemmer-Methode: Problembewusstsein schaffen! Ein examensrelevantes Sonderproblem besteht für den Fall, dass die deliktischen Ansprüche mit solchen aus Verletzung vertraglicher Pflichten (§ 280 BGB) konkurrieren, z.B. wenn der Arbeitnehmer dem Arbeitgeber eine Maschine vorsätzlich zerstört. Dann darf der Schutzzweck des § 393 BGB natürlich nicht dadurch umgangen werden, dass der Arbeitnehmer ausdrücklich *nur* gegen die Forderung aus *§ 280 I* BGB aufrechnet:
Die parallel dazu bestehenden deliktischen Ansprüche wären nämlich wegen der Anspruchsgrundlagenkonkurrenz davon ebenfalls erfasst, denn trotz mehrerer Anspruchsgrundlagen liegt hier nur ein einziger Verfügungsgegenstand vor – der Schuldner braucht deshalb ja auch nur einmal zu zahlen.[104]
Anders ist es jedoch dann, wenn von Anfang an *nur* eine vertragliche Schadensersatzforderung besteht und eine deliktische Haftung gar nicht erst vorhanden ist, z B. dann, wenn eine Haftung über § 280 I i.V.m. § 278 BGB entsteht, nicht aber über § 823 BGB (weil es an einem Eigenverschulden fehlt) und auch nicht über § 831 BGB (da kein Verrichtungsgehilfe gegeben ist).

d) Die Aufrechnungserklärung

Aufrechnungserklärung notw.

Erst die Aufrechnungserklärung entfaltet die Wirkungen der Aufrechnung, § 388 BGB. 280

eins. empfangsbed. WE

Sie stellt eine einseitige, empfangsbedürftige Willenserklärung dar. Da der Aufrechnende zugleich seine Gegenforderung verliert, kann ein beschränkt Geschäftsfähiger nicht wirksam aufrechnen. Er benötigt hierzu die Einwilligung seines gesetzlichen Vertreters. Ohne diese Einwilligung ist die Aufrechnung nicht schwebend unwirksam, sondern gem. § 111 BGB nichtig.

hemmer-Methode: Die Aufrechnung durch einen Vertreter ohne Vertretungsmacht ist gem. § 180 S. 1 BGB ebenfalls nichtig und nicht schwebend unwirksam nach § 177 I BGB.

unwiderrufl. u. unbedingt, § 388 S. 2 BGB

Als Gestaltungsrecht ist die Aufrechnung gem. § 388 S. 2 BGB unwiderruflich und unbedingt zu erklären. Da die Aufrechnung ohne Mitwirkung des Aufrechnungsgegners erfolgt, soll dieser zumindest eindeutig wissen, woran er ist. Sinn und Zweck der Regelung ist damit die Vermeidung von Rechtsunsicherheit. 281

Ausnahme: Potestativbedingung

Anders ist es jedoch dann, wenn die Bedingung von dem Verhalten des Aufrechnungsgegners selbst abhängt, sog. *Potestativbedingung*. Zwar handelt es sich auch dabei um eine echte Bedingung i.S.v. § 158 BGB, jedoch ist das Bedingungsverbot hier teleologisch zu reduzieren, da in diesem Fall auf Seiten des Aufrechnungsgegners keine Ungewissheit entstehen kann, denn er bestimmt den Eintritt der Bedingung selbst. 282

A erklärt gegenüber B die Aufrechnung mit einer Forderung aus Werkvertrag, wenn dieser nicht bis zu einem bestimmten Zeitpunkt eine Kaufpreisforderung des A erfüllt hat.

Hier hat es B also selbst in der Hand, ob die Aufrechnung mit der Werkvertragsforderung erfolgt oder nicht. Ein Raum für Ungewissheit auf Seiten des B verbleibt nicht.

Weiterhin ist im Prozess eine *Eventualaufrechnung* zulässig. 283

104 So z.B. auch das Abgrenzungskriterium zum Streitgegenstandsbegriff, vgl. Thomas/Putzo Einl. II, Rn. 7 ff.: Alle materiell-rechtlichen Ansprüche aus dem Sachverhalt können nur einheitlich für alle denkbaren Anspruchsgrundlagen abgetreten werden. Gleiches muss selbstverständlich auch für die Erfüllung gelten. Zum Problem der Anspruchsgrundlagenkonkurrenz auch Hemmer/Wüst, Deliktsrecht I, Rn. 7 ff.

Eventualaufrechnung im Prozess zulässig

Bsp.: Der Beklagte bestreitet den vom Kläger vorgebrachten Anspruch. Hilfsweise, also für den Fall, dass er mit seinem Bestreiten nicht gehört wird, erklärt er die Aufrechnung mit einer ihm gegen den Kläger zustehenden Forderung.

Eine derart bedingte Aufrechnung ist hier zulässig. Es handelt sich um eine innerprozessuale Rechtsbedingung, d.h. durch die Bedingung wird keine für den Aufrechnungsgegner schädliche Unsicherheit geschaffen, weil ihr Eintritt oder Ausfall noch im Prozess selber geklärt wird.[105] Außerdem ergibt sich die Zulässigkeit einer hilfsweisen Aufrechnung im Prozess auch aus § 45 III GKG (Schönfelder, Nr. 115).

Soweit der Beklagte die Aufrechnung im Prozess geltend gemacht hat, erwächst eine Entscheidung, dass die Gegenforderung ***nicht*** besteht, bis zur Höhe des aufgerechneten Betrages in Rechtskraft, § 322 II ZPO. Dies gilt erst recht für den Fall, dass die Forderung nach Aufrechnung ***nicht mehr*** besteht. 284

e) Wirkung der Aufrechnung

Die Aufrechnung hat gem. § 389 BGB das *Erlöschen* von Haupt- und Gegenforderung zur Folge, soweit diese „sich decken“. Der Primäranspruch ist damit insoweit gescheitert. 285

Erlöschen von Forderung ex tunc

Dabei wirkt die Aufrechnung auf den Zeitpunkt zurück, in welchem sich Haupt- und Gegenforderung erstmals aufrechenbar gegenüberstanden: Wer weiß, dass er aufrechnen kann, braucht sich wirtschaftlich nicht mehr als Schuldner zu fühlen, auch wenn er die Aufrechnung nicht sogleich erklärt hat.[106] Daraus folgt auch, dass Vertragsstrafen, Zinsansprüche und Verzugsfolgen ex tunc entfallen.[107]

Umstritten ist, ob eine in Unkenntnis der Aufrechnungsmöglichkeit erbrachte Leistung *zurückgefordert* werden kann.

str. Anwendbarkeit v. § 813 BGB; Aufrechnung aber keine Einrede

Teilweise wird dies mit einer entsprechenden Anwendung des § 813 I BGB für zulässig erachtet.[108] Dies kann aber nicht überzeugen: Bei der Aufrechnung handelt es sich um ein Gestaltungsrecht und nicht um eine Einrede. Das Aufrechnungsrecht gewährt nicht die Möglichkeit, die Befriedigung des Gläubigers zu verweigern, sondern nur, sie auf einem anderen Weg als durch Leistung herbeizuführen. 286

Ist der Gläubiger aber auf dem einen oder anderen Wege befriedigt, so muss es dabei sein Bewenden haben.[109]

hemmer-Methode: Schon das Bestehen einer Aufrechnungslage an sich kann in der Klausur für einen Dritten von zentraler Bedeutung sein. So steht z.B. einem Bürgen gem. § 770 II BGB ein Leistungsverweigerungsrecht zu, sofern sich der Gläubiger durch Aufrechnung gegenüber dem Hauptschuldner befriedigen kann. Ähnliche Bestimmungen finden sich in §§ 1137 I S. 1, 1211 I S. 1 BGB und § 128 II HGB.[110]

f) Sonderproblem: Aufrechnung bei unterschiedlicher Rechtswegzuständigkeit

Aufrechnung bei anderer Rechtswegzuständigkeit

Ein Sonderproblem, das bereits Gegenstand von Klausuren des Ersten Examens war, ist die Frage, ob im Prozess mit einer Forderung aufgerechnet werden kann, die einer anderen Rechtswegzuständigkeit unterliegt. 287

105 Jauernig, ZPO, § 45 II.

106 Grüneberg, § 389, Rn. 2.

107 BGHZ 80, 278 = jurisbyhemmer; ein Zinsschadensersatzanspruch aus § 717 II ZPO entfällt aber nicht rückwirkend (vgl. dazu BGH, **Life&LAW 04/2009, 247 ff.** = WM 2009, 273 f. = jurisbyhemmer.

108 Staudinger, § 389, Rn. 5 ff.

109 Larenz, SchR AT, § 18 VI, Fn. 75.

110 **Bis 31.12.2023:** § 129 III HGB a.F.

Bsp.: Das Land X verklagt den B auf Rückzahlung zu viel geleisteter Subventionen. Der B bestreitet in der Verhandlung vor dem VG das Bestehen des Anspruchs.

Sollte das Gericht jedoch zu einer anderen Auffassung gelangen, rechne er hilfsweise mit einem Anspruch aus Amtspflichtverletzung gegen das Land X auf. B erläutert daraufhin dem Gericht den Sachverhalt, der der Amtspflichtverletzung zugrunde lag. Das Land X bestreitet die Zuständigkeit des Verwaltungsgerichts für die Aufrechnung.

Ausnahme, § 17 II S. 2 GVG

Das Prinzip der Eventualaufrechnung selbst ist zulässig, da sie von einer innerprozessualen Bedingung (nämlich der Rechtsauffassung des Gerichts) abhängt. Problematisch ist jedoch, dass gem. § 71 I Nr. 2 GVG nicht das Verwaltungsgericht, sondern das Landgericht (als Zivilgericht) für die Frage zuständig ist, ob der geltend gemachte Anspruch aus Amtshaftung (§ 839 BGB, Art. 34 GG) besteht. 288

1. Nach früherer Ansicht war deshalb die Aufrechnung mit Ansprüchen einer anderen Rechtswegzuständigkeit nur dann möglich, wenn die Gegenforderung unanfechtbar oder aber rechtskräftig festgestellt war.[111]

grds. mögl., § 17 II S. 1 GVG

2. Durch die Neufassung von § 17 II S. 1 GVG, der sowohl für Zivil- als auch für Verwaltungsgerichte (vgl. § 173 VwGO) gilt, hat aber nunmehr das im Fall zuständige Verwaltungsgericht *den gesamten* Rechtsstreit unter allen in Betracht kommenden rechtlichen Gesichtspunkten zu entscheiden. 289

a) Dazu gehören nach einer z.T. vertretenen Ansicht auch Fragen der Aufrechnung.[112] Das Verwaltungsgericht könnte also eigentlich nach dieser Ansicht auch das Bestehen und die Höhe der Forderung aus Amtspflichtverletzung beurteilen.

b) Nach ganz h.M.[113] kann aber mit § 17 II GVG eine Aufrechnung mit einer rechtswegfremden Forderung nicht begründet werden. Bei der Aufrechnung handelt es sich nämlich nicht um einen rechtlichen Gesichtspunkt, sondern um einen eigenen neuen Anspruch.

c) Dieser Streit bedarf hier jedoch keiner Entscheidung, da im vorliegenden Fall jedenfalls die Regelung des § 17 II S. 2 GVG zu beachten ist, wonach die Zuständigkeit gerade nicht in Fragen der Amtspflichtverletzung begründet sein soll (Art. 34 S. 3 GG). Hier besteht vielmehr ein Vorrang des ordentlichen Rechtswegs, was sich mit der Regelung im Grundgesetz (Art. 34 S. 3 GG) begründen lässt, die nicht durch eine einfachgesetzliche Regelung umgangen werden kann.

4. Erlassvertrag, § 397 BGB

a) Allgemeines

Erlassvertrag, § 397 BGB: Verfügungsvertrag

Der Erlassvertrag nach § 397 I BGB bewirkt das Erlöschen des Schuldverhältnisses i.e.S., d.h. des einzelnen Leistungsanspruchs. Es handelt sich dabei um einen *Verfügungsvertrag*. Der Erlassvertrag selbst bringt die Schuld zum Erlöschen. 290

Daraus folgt aber zugleich, dass dem Erlass nach § 397 BGB grds. ein Kausalgeschäft zugrunde liegt. Regelmäßig wird es sich dabei um einen Schenkungsvertrag nach § 516 BGB handeln. Da mit dem Abschluss des Erlassvertrages die Schenkung bewirkt wird, schadet nach § 518 II BGB das Fehlen notarieller Beurkundung nicht.

111 Kopp, § 40 VwGO, Rn. 45.

112 Baumbach/Lauterbach/Albers/Hartmann; ZPO, § 17 GVG, Rn. 6.

113 Vgl. dazu BVerwG, NJW 1999, 160 = jurisbyhemmer; BAG in NZA 2001, 1158 f.; Thomas/Putzo, § 145 ZPO, Rn. 24.

Während das Gesetz sonst eine *einseitige Erklärung* des Berechtigten zur Aufgabe seiner Rechtsstellung genügen lässt (§§ 376 II Nr. 1, 768 II, 875, 928, 959, 1064, 1168 II, 1255 BGB), ist zum Verzicht auf eine Forderung der Abschluss eines *Vertrages* erforderlich.[114]

bei nichtigem Kausalgeschäft Kondizierung mögl.

Aus dem Charakter des Erlassvertrages als Verfügungsvertrag folgt zugleich, dass die Unwirksamkeit des Kausalgeschäftes nicht zur Unwirksamkeit des Erlasses führt. Die Schuld ist auch bei nichtigem Kausalvertrag erloschen.

Jedoch steht dem Gläubiger in diesem Fall ein Kondiktionsanspruch gem. § 812 I S. 1 Alt. 1 BGB zu. Der Inhalt dieses Kondiktionsanspruches geht auf die vertragliche Wiederbegründung der erloschenen Forderung.

b) Voraussetzungen

aa) Vertrag

Verzichtswille muss eindeutig sein

Wie bereits festgestellt, ist zum wirksamen Verzicht auf eine Forderung der Abschluss eines Vertrages erforderlich. 291

In diesem muss der Wille des Gläubigers zum Verzicht auf die Forderung eindeutig festzustellen sein.

nicht zug. Dritter möglich, ggf. Umdeutung

Der Vertrag kann nur zwischen Gläubiger und Schuldner geschlossen werden. Ein Erlassvertrag zugunsten Dritter ist nicht möglich, da dies einer Verfügung zugunsten Dritter gleichkäme. 292

Jedoch kann diesbezüglich eine Umdeutung in ein unbefristetes *pactum de non petendo* zugunsten des Dritten vorgenommen werden.[115]

hemmer-Methode: Unter einem pactum de non petendo wird eine Vereinbarung verstanden, in der sich der Gläubiger (befristet oder unbefristet) verpflichtet, von einem Anspruch gegen den Schuldner keinen Gebrauch zu machen, ihn insbesondere nicht einzuklagen.

bzgl. Ausnahme i.d.R. § 151 BGB

Das Erlassangebot des Gläubigers bedarf grds. der Annahme durch den Schuldner, jedoch liegen hier regelmäßig die Voraussetzungen des § 151 S. 1 BGB vor, so dass die Annahme nicht empfangsbedürftig ist.[116]

Bsp.: K hat gegen B einen titulierten Anspruch i.H.v. 30.000,- €. Da B diese Forderung aus finanziellen Gründen nicht begleichen kann, schreibt er dem K, dass der ihm zur Abgeltung aller Ansprüche als Einmalzahlung 8.000,- € anbieten könne. Zu diesem Zweck hat B einen Scheck in dieser Höhe beigelegt. K löst den Scheck zunächst ein und erklärt dann dem B, dass er mit diesem Vergleichsvorschlag keinesfalls einverstanden sei. Wie ist die Rechtslage?

Die Forderung könnte gem. § 397 I BGB durch Erlass erloschen sein.

Das Angebot zum Erlass muss nach allgemeiner Meinung nicht vom Gläubiger ausgehen. Damit hat B ein wirksames Angebot abgegeben.

114 Larenz, SchR AT, § 19 I a.

115 Grüneberg, § 397, Rn. 3; unten, Rn. 295.

116 Grüneberg, § 397, Rn. 6.

Fraglich ist, ob in der widerspruchslosen Scheckeinlösung eine Annahme des K zu sehen ist. Dies ist nach der Rechtsprechung des BGH dann zu bejahen, wenn ein Scheck zum Zwecke der Erfüllung übergeben wird und deutlich gemacht wird, dass dieser nur bei Annahme des Vertragsangebots eingelöst werden darf ***und*** außerdem der Anbietende auf den Zugang der Annahme verzichtet hat.[117]

Geht das Angebot vom Gläubiger der Forderung aus, ist nach der Verkehrssitte der Zugang der Annahmeerklärung gem. § 151 S. 1 BGB entbehrlich.

Geht aber das Angebot – wie hier – vom Schuldner aus, entspricht es nicht der Verkehrssitte, dass die Annahme nicht dem Antragenden gegenüber zu erklären wäre.[118]

Im vorliegenden Fall liegt auch kein Verzicht auf die Annahmeerklärung vor, da B dem K eine Einmalzahlung *als Vergleich* angeboten hat. Er hätte deutlich zum Ausdruck bringen müssen, dass er in der Scheckeinreichung eine Annahme des Angebots sehe. Diese Zweifel gehen zu Lasten des B.

Außerdem fehlt im vorliegenden Fall der Annahmewille des K, da bei einer ***titulierten*** Forderung i.H.v. 30.000,- € die Einlösung eines Schecks i.H.v. 8.000,- € vom objektiven Empfängerhorizont ohne weitere Erklärungen nicht als Annahme verstanden werden konnte, §§ 133, 157 BGB.

Damit hat der K das Erlassangebot des B auch noch nach Scheckeinlösung ablehnen können. Die Forderung ist in Höhe von 22.000,- € noch nicht erloschen.

hemmer-Methode: Diese Entscheidung des OLG Koblenz in NJW 2003, 758 [759] ist absolut zu begrüßen. Anderenfalls liefen viele Gläubiger mit der Einlösung eines Schecks ohne Vorwarnung in eine sog. „Regressfalle". Diesem Trick wurde hiermit eine klare Absage erteilt.

bb) Forderung

bed. Forderung ausr.

Weitere Voraussetzung für den Erlass ist das Bestehen einer Forderung. Dabei ist ausreichend, dass die Forderung lediglich bedingt oder befristet entstanden oder dem Rechtsgrund nach angelegt ist. 293

auch Erlass künftiger Forderung mögl.

Der BGH hat auch den Erlassvertrag über eine *künftige Forderung* zugelassen.[119] Ebenso wie die Abtretung einer künftigen Forderung stellt auch deren Erlass eine Verfügung über dieselbe dar.

Wirkung des Erlassvertrages über eine künftige Forderung ist, dass diese gar nicht erst zur Entstehung gelangt.

§ 400 BGB analog

In analoger Anwendung des § 400 BGB soll der Verzicht auf künftige Forderungen jedoch insoweit unwirksam sein, als diese unpfändbar sind.[120] Der (nachträgliche) Erlass einer bereits erloschenen Forderung ist nicht möglich.[121]

(-) bei unverzichtbaren Ansprüchen

Soweit der Erlass *unverzichtbare Ansprüche* betrifft, ist er ebenfalls unwirksam. So ist der Verzicht auf den künftigen gesetzlichen Unterhalt durch die §§ 1360a III, 1361 IV S. 4, 1614 I, 1615a BGB eingeschränkt. Ferner ist der Verzicht auf den tarifmäßigen (künftigen) Lohnanspruch und auf künftige Ansprüche auf Lohnfortzahlung im Krankheitsfall unwirksam.[122] 294

117 Vgl. BGH in NJW 2001, 2324, 2325 = **juris**byhemmer.

118 Vgl. OLG Koblenz, NJW 2003, 758 [759].

119 BGHZ 40, 330 = **juris**byhemmer; in RGZ 148, 257 (262) wurde dies verneint, ähnlich Staudinger, § 397, Rn. 59; MüKo, § 397, Rn. 5.

120 Medicus, SchR AT, § 27 I S. 1 a.

121 Grüneberg, § 397, Rn. 2.

122 MüKo, § 397, Rn. 14; der nach Beendigung des Arbeitsverhältnisses erklärte Verzicht auf einen bereits entstandenen Lohnanspruch wird dagegen in BAG, NJW 1977, 1213 = **juris**byhemmer für wirksam erachtet.

c) Abgrenzung

AufhebungsV. wirkt bzgl. des gesamten Schuldverhältnisses

Als Verzicht auf eine einzelne Forderung unterscheidet sich der Erlass- 295
vertrag dadurch vom *Aufhebungsvertrag*, dass letzterer ein Schuldverhältnis insgesamt (sog. Schuldverhältnis i.w.S.) beendet.[123]

Erlassvertrag ⟷ **Aufhebungsvertrag**

Erlassvertrag	Aufhebungsvertrag
§ 397 I BGB; führt zum Erlöschen einer einzelnen Forderung, d.h.: eines Schuldverh. **i.e.S.**	Nicht gesetzl. geregelt; Privatautonomie, § 311 I BGB. Führt zur Beseitigung des Vertragsverhältnisses als ganzes (z.B.: Arbeitsvertrag): Schuldverh. **i.w.S.**

pactum de non petendo ist Einrede

Vom *pactum de non petendo* unterscheidet er sich dadurch, dass die- 296
ses für den Schuldner lediglich eine Einrede gegen die Forderung begründet, sie aber nicht zum Erlöschen bringt.

hemmer-Methode: Seien Sie mit der Annahme eines Erlassvertrages in der Klausur zurückhaltend. Grundsätzlich ist der auf den Forderungsverzicht hingehende Wille nicht zu vermuten, so dass Sie besondere Anhaltspunkte im Sachverhalt zu einer dahingehenden Annahme benötigen. Oft kommt jedoch ein Erlassvertrag im Zusammenhang mit prozessualen Vergleichen zustande, wonach auf über den verglichenen Anspruch hinaus bestehende (etwaige) Forderungen verzichtet wird.

5. Die vertragliche Aufhebung, § 311 I BGB

AufhebungsV.

Stellt der Erlass den Verzicht auf eine einzelne Forderung dar, so 297
bringt der Aufhebungsvertrag das Schuldverhältnis i.w.S. zum Erlöschen.[124]

hemmer-Methode: Eigentlich stellt der Aufhebungsvertrag kein Erfüllungssurrogat dar, denn der Gläubiger erhält für seinen Primäranspruch keinerlei Befriedigung. Ihm geht vielmehr i.R.d. Gesamtbeendigung der schuldrechtlichen Beziehungen auch seine einzelne Forderung verloren. Wegen der Ähnlichkeit mit dem Erlassvertrag soll der Aufhebungsvertrag aus Gründen des Zusammenhangs an dieser Stelle mit abgehandelt werden.

§ 311 I BGB

Die Zulässigkeit eines Aufhebungsvertrages ergibt sich aus der Pri- 298
vatautonomie, § 311 I BGB. Fraglich ist, ob ein Aufhebungsvertrag formbedürftig ist.

Bsp.: *K kauft von V ein Grundstück. Der Kaufvertrag wird notariell beurkundet. Noch vor der Auflassung einigt sich K, der kein Interesse mehr an dem Grundstück hat, mit V hinsichtlich der Aufhebung des Kaufvertrages.*

grds. formfrei

Ausschlaggebend für die Lösung dieser Fälle ist die Frage, ob der Aufhebungsvertrag gem. § 311b I S. 1 BGB formbedürftig ist oder nicht. Dies wird nach allgemeiner Meinung[125] verneint. Der Aufhebungsvertrag begründet hier weder eine Übertragungs- noch eine Erwerbspflicht i.S.d. § 311b I S. 1 BGB.

123 Dazu sogleich, Rn. 297 ff.

124 Grüneberg, § 305, Rn. 7.

125 BGHZ 83, 398 = jurisbyhemmer.

anders bei AWR

Anders entscheidet die h.M. aber, wenn der Auflassungsempfänger durch Stellung des Eintragungsantrags durch den Erwerber oder durch Eintragung einer Auflassungsvormerkung bereits ein *Anwartschaftsrecht* erworben hat. Hier ist nach h.M. der Aufhebungsvertrag formbedürftig, da er zur Beseitigung des Anwartschaftsrechtes als wesensgleichem Minus zum Eigentum am Grundstück führt. 299

Nach a.A. ist der Aufhebungsvertrag nicht formbedürftig, da auch die Aufhebung der Vormerkung über § 875 BGB entsprechend formlos möglich ist.[126]

Grds. ist Aufhebungsvertrag formfrei;
jedoch möglicherweise **§ 311b I S. 1 BGB** anzuwenden

e.A.

<u>Auslegung, §§ 133, 157 BGB:</u>
- wenn *nur Aufhebung* vereinbart: Rückübertragungspflicht aus § 812 I S. 2 Alt. 1, bei gesetzl. Verpflichtung § 311 b I S. 1 aber nicht anwendbar
- wenn *auch Rückübertragung* vereinbart: § 311b I S. 1 BGB (+)

a.A.

Beide Fälle praktisch schwer zu unterscheiden; Rückübertragungspflicht ergibt sich auch bei fehlender Einigung jedenfalls mittelbar aus dem Aufhebungsvertrag; unterschiedliche Behandlung widerspricht dem in § 311b I S. 1 BGB niedergelegten Übereilungsschutz
⇨ § 311b I S. 1 BGB generell (+)

Ein Aufhebungsvertrag kann jede Art von Schuldverhältnissen erfassen.

ggf. bereicherungsrechtl. Rückabwicklung

Im obigen Beispiel handelte es sich um einen Grundstückskaufvertrag. Hier entstanden aufgrund der fehlenden beiderseitigen Erfüllung noch keine Rückabwicklungsfragen. Hätte aber z.B. K bereits den Kaufpreis geleistet, würde sich die Frage stellen, nach welchen Vorschriften dieser zurückzugewähren ist. Vertretbar ist es, hier lediglich nach Bereicherungsrecht abzuwickeln (§ 812 I S. 2, Alt. 1 BGB), da mit der Aufhebung des Vertrages der Rechtsgrund für die Leistung später weggefallen ist. 300

nach Parteiwillen aber i.d.R. §§ 346 ff. BGB

I.d.R. entspricht es aber dem Parteiwillen, ein vertragliches Rückgewährschuldverhältnis zu begründen, auf welches die §§ 346 ff. BGB anzuwenden sind.[127] Dies hat zur Folge, dass V für die Rückgewähr ggf. nach § 347 I S. 1 BGB für nicht gezogene Nutzungen haftet und sich v.a. nicht auf Entreicherung gem. § 818 III BGB berufen kann.

Dauerschuldverhältnis Wirkung ex nunc

Bei Dauerschuldverhältnissen wirkt ein Aufhebungsvertrag grds. nur für die Zukunft. Bereits entstandene oder bis zum vereinbarten Endtermin noch entstehende Rechte und Pflichten bleiben i.d.R. unberührt. 301

Letztendlich kommt es aber auf den Parteiwillen im Einzelfall an, so dass sich durch Auslegung auch eine Rückwirkung des Aufhebungsvertrages ergeben kann.

hemmer-Methode: Besondere praktische Bedeutung hat der Aufhebungsvertrag im Arbeitsrecht, wo die Parteien des Arbeitsvertrages (vgl. § 611a BGB) das Arbeitsverhältnis zu einem bestimmten, meist in der Zukunft liegenden Zeitpunkt aufheben.

126 BGH, NJW-RR 1988, 265 = **juris**byhemmer; a.A. Reinicke/Tiedtke, NJW 1982, 2281.

127 BGH, JZ 1978, 683 = **juris**byhemmer.

Eine rückwirkende Aufhebung ist nur möglich, soweit das Arbeitsverhältnis außer Vollzug gesetzt worden ist. Jedoch sind an den Aufhebungsvertrag strenge Anforderungen zu stellen, da er nicht zu einer Aushebelung der Kündigungsschutzbestimmungen des Arbeitnehmers führen darf. Hieraus erklärt sich auch die nach § 623 BGB erforderliche Schriftform für Kündigung und Aufhebungsverträge.

III. Ausgeübte Gestaltungsrechte

Unter einem Gestaltungsrecht wird das einer Person zustehende Recht verstanden, durch einseitigen Gestaltungsakt (meist eine empfangsbedürftige Willenserklärung) ein Rechtsverhältnis zwischen ihr und einer anderen Person entweder zustande zu bringen oder inhaltlich näher zu bestimmen, es zu ändern oder aufzuheben.[128] 302

Gestaltungsrechte wirken auf die Rechtsposition des Empfängers ohne dessen Zutun ein. Deshalb muss sich die beabsichtigte Rechtsänderung klar und unzweideutig aus der Erklärung ergeben und kann auch nicht von Bedingungen abhängig gemacht werden. Eine Ausnahme gilt nur dort, wo der Eintritt der Bedingung ausschließlich vom Willen des Erklärungsempfängers abhängt, sog. Potestativbedingung.[129]

Zu den Gestaltungsrechten, die zur Aufhebung eines Rechtsverhältnisses führen können, zählen der Widerruf, die Anfechtung, der Rücktritt und die Kündigung. Sie alle gehorchen einer einheitlichen Systematik - die wirksame Ausübung hat jeweils folgende Voraussetzungen:

⇨ Gestaltungsgrund

⇨ Gestaltungserklärung

⇨ Fristgemäße Ausübung

⇨ Nichteingreifen eines Ausschlussgrundes

1. Die Anfechtung, § 142 BGB

a) Einordnung

§ 142 BGB, Anfechtung

Systematisch gehört die Anfechtung in den Bereich der *fehlerhaften Willenserklärung*. 303

Sie befindet sich im Spannungsfeld zwischen der Schutzwürdigkeit des *Erklärenden* und der Schutzwürdigkeit des *Erklärungsempfängers*. Der Gesetzgeber hat bei der erforderlichen Interessenbewertung eine differenzierte Lösung gewählt. Er hat weder die Nichtigkeit noch die endgültige Wirksamkeit der Willenserklärung angeordnet. Der Erklärende hat die Wahl, das Rechtsgeschäft aufrecht zu erhalten oder durch eine Anfechtungserklärung zu Fall zu bringen. *Die Willenserklärung ist gültig, aber vernichtbar*.

128 Dieses Skript behandelt den *Primär*anspruch – genauer: dessen Erlöschen aufgrund rechtsvernichtender Einwendungen. Deshalb interessiert in diesem Zusammenhang vorwiegend die das Schuldverhältnis aufhebende Wirkung der Gestaltungsrechte. Die weiteren Rechtsfolgen eines ausgeübten Gestaltungsrechts werden in unserem Skriptenprogramm an jeweils klausurgerechter Stelle ausführlich behandelt.

129 Auch rein innerprozessuale Bedingungen sind zulässig – Sie erkennen: Immer dann, wenn die Ausübung des Gestaltungsrechts *nicht* zu einer dem Erklärungsgegner unzumutbaren Schwebelage führt, kann teleologisch reduziert werden.

Den Interessen des auf die Gültigkeit der WE vertrauenden Erklärungsempfängers wird in dreifacher Weise Rechnung getragen:

⇨ durch die abschließende Normierung der Anfechtungsgründe (§§ 119 I, II, 120, 123 BGB)[130]

⇨ durch die kurz bemessene Anfechtungsfrist in § 121 I S. 1 BGB („unverzüglich")

⇨ durch die Schadensersatzpflicht des Erklärenden unter den Voraussetzungen des § 122 BGB

b) Rechtsfolge

Rechtsfolge = § 142 I BGB: angefochtenes Rechtsgeschäft **ex tunc nichtig**, als sei es nie vorgenommen worden (rechtsvernichtende Einwendung!)

Ausnahmen von ex-tunc-Wirkung:

fehlerhafter Gesellschaftsvertrag | fehlerhafter Arbeitsvertrag

⇨ Rückabwicklung nach **§§ 812 ff. BGB problematisch** und v.a. wegen eventueller Berufung auf Entreicherung, § 818 III BGB oft **unbillig** ⇨ zum Schutz der Gesellschaftsgläubiger bzw. des Arbeitnehmers Auflösung der Gesellschaft gem. § 723 I S. 2 BGB bzw. des Arbeitsverhältnisses durch Kündigung mit **ex-nunc-Wirkung**

aa) Grundsatz

Nach § 142 I BGB ist das angefochtene Rechtsgeschäft nichtig. Die 304
Anfechtung stellt gegen den Primäranspruch eine *rechtsvernichtende Einwendung* dar.

Der Primäranspruch auf Erfüllung geht unter den Voraussetzungen des § 122 BGB in einen Schadensersatzanspruch über.

Nichtigkeit ex tunc

Das wirksam angefochtene Rechtsgeschäft ist als von Anfang an nichtig anzusehen, § 142 I BGB. Das Rechtsgeschäft wird behandelt, als sei es überhaupt nicht vorgenommen worden (ex-tunc-Wirkung der Anfechtung).

bb) Ausnahmen

Von der ex-tunc-Wirkung der Anfechtung werden im Arbeits- und Gesellschaftsrecht wichtige Ausnahmen gemacht.

130 Zusätzliche Anfechtungsgründe finden sich aber noch im Erbrecht.

(1) Arbeitsverträge, § 611a BGB

Ausn.: ArbeitsR wegen § 818 III BGB

Ausnahmen von der Rückwirkung werden allgemein für Arbeitsverhältnisse anerkannt, die bereits in Vollzug gesetzt worden sind. Bei Rückwirkung der Anfechtung hätte der Arbeitnehmer nur einen Anspruch aus § 812 I S. 1 Alt. 1 BGB. Da die Herausgabe der geleisteten Arbeit nicht möglich ist, wäre der Ausgleichsanspruch des Arbeitnehmers wegen der möglichen Einrede des Arbeitgebers nach § 818 III BGB gefährdet. 305

Deshalb wird für die Vergangenheit der Arbeitsvertrag als wirksam fingiert (sog. Lehre vom „fehlerhaften Arbeitsvertrag“, oftmals fälschlich als faktischer Arbeitsvertrag bezeichnet). Er bildet bezüglich der schon geleisteten Arbeit einen Rechtsgrund i.S.v. §§ 812 ff. BGB.

hemmer-Methode: Die Anfechtung macht den Vertrag zwar gem. § 142 I BGB nichtig. Jedoch kann diese Nichtigkeit nicht für die Vergangenheit geltend gemacht werden, da der in Vollzug gesetzte Arbeitsvertrag als wirksam *fingiert* wird.

Eine Ausnahme von dem Rückwirkungsverbot wird jedoch dann gemacht, wenn das Arbeitsverhältnis zwischenzeitlich außer Funktion gesetzt wurde.

***Achtung**: keine Übertragbarkeit dieser Grundsätze auf Miet- und Pachtverträge (h.M.)*

Eine Verallgemeinerung der arbeitsrechtlichen Anfechtungsregeln auf andere Dauerschuldverhältnisse wie etwa Miet- oder Pachtverträge wird von der h.M., der sich nun auch ausdrücklich der BGH angeschlossen hat, abgelehnt.[131]

hemmer-Methode: Die Lehre vom sog. fehlerhaft wirksamen Arbeitsverträge stellt ein examenswichtiges Sonderproblem dar. Beachten Sie dabei die verschiedenen Gründe, die zur Unwirksamkeit des Arbeitsverhältnisses führen können. Lesen Sie zur Vertiefung dieses Problemkreises HEMMER/WÜST, Arbeitsrecht, Rn. 301 ff.

(2) Gesellschaftsverträge

Ausn.: GesellschaftsR

Die zweite Ausnahme bildet die Anfechtbarkeit eines Gesellschaftsvertrages. Befindet sich die Gesellschaft noch im Gründungsstadium, gelten die allgemeinen Regeln. Anders verhält es sich bei einer vollzogenen Gesellschaft. Auch hier finden die Grundsätze der „fehlerhaften Gesellschaft“ Anwendung. 306

Die Gesellschaft wird sowohl im Innen- als auch im Außenverhältnis als *wirksam* behandelt. Dadurch soll dem Verkehrsschutzinteresse zugunsten Dritter und dem Bestandsschutzinteresse der Gesellschafter Rechnung getragen werden. Der Gesellschafter, der die Anfechtbarkeit seiner Willenserklärung geltend machen will, muss bei der GbR kündigen (§ 725 BGB[132]) bzw. bei der OHG auf *Auflösung* klagen (139 HGB[133]).

hemmer-Methode: Die Notwendigkeit, auf Auflösung zu klagen, ist nicht immer interessengerecht. Mit der Möglichkeit einer außerordentlichen Kündigung ist dem betroffenen Gesellschafter gerade dann gedient, wenn es ihm auf einen möglichst schnellen Austritt aus der Gesellschaft ankommt. Dies ist z.B. dann der Fall, wenn ein Gesellschafter durch arglistige Täuschung, § 123 BGB, zum Vertragsschluss gebracht wurde.[134]

131 BGH, **Life&LAW 01/2009, 1 ff.**

132 **Bis 31.12.2023**: § 723 BGB a.F.

133 **Bis 31.12.2023**: § 133 HGB a.F.

134 Ausführlich zur fehlerhaften Gesellschaft und ihren verschiedenen Fallvariationen HEMMER/WÜST, Gesellschaftsrecht, Rn. 73 ff.

cc) Kausal- und Erfüllungsgeschäft

grds. Verpflichtungsgesch., aber auch Verfügungsgesch. mögl.

Die anfechtbare und damit vernichtbare Willenserklärung kann Teil des schuldrechtlichen Kausalgeschäftes, aber auch des dinglichen Verfügungsgeschäftes sein.[135] 307

Bsp.: V hat dem K eine Armbanduhr verkauft und übereignet.

Liegt der Anfechtungsgrund im Kausalgeschäft (Kaufvertrag), so steht dem V nach erfolgter Anfechtung ein Rückübereignungsanspruch aus § 812 I S. 1 Alt. 1 BGB zu (Abstraktionsprinzip).

War lediglich die Übereignung anfechtbar, so kann V nach § 985 BGB Herausgabe verlangen (z.B. V hat sich vergriffen und eine andere als die gekaufte Armbanduhr übereignet). Der Kaufvertrag kann bezüglich der verwechselten Armbanduhr kein Recht zum Besitz i.S.d. § 986 BGB geben, da die übereignete nicht die verkaufte Uhr ist. Ansprüche aus § 861 BGB oder § 1007 BGB bestehen nicht, da trotz Anfechtbarkeit eine freiwillige Besitzaufgabe vorliegt.

hemmer-Methode: Bei Grundstücken besteht in diesem Fall ein Anspruch auf Grundbuchberichtigung, § 894 BGB.

Sowohl § 985 BGB als auch § 812 I BGB gelten, wenn im Falle der „Fehleridentität" Kausal- und Erfüllungsgeschäft angefochten werden.

dd) § 142 II BGB

Bösgläubigkeit, § 142 II BGB

Die Anfechtung hat bei Verfügungsgeschäften die Folge, dass der Rechtserwerb als von Anfang an nichtig gilt. Hat der Erwerber inzwischen eine Verfügung zugunsten eines Dritten getroffen, stellt diese nunmehr die eines Nichtberechtigten dar. Es finden die Vorschriften über den gutgläubigen Erwerb Anwendung (§§ 932 ff., 892 BGB). § 142 II BGB zerstört dabei nach erfolgter Anfechtung die Gutgläubigkeit, falls der Dritte die *Anfechtbarkeit* des Verfügungsgeschäftes kannte oder kennen musste. 308

hemmer-Methode: § 142 II BGB ist eine examenswichtige Vorschrift, die Sie sich unbedingt im Zusammenhang mit den Vorschriften über die Bösgläubigkeit merken sollten.[136] Das Zitieren der Vorschrift ersetzt unnötige eigene Begründungen, warum eine Bösgläubigkeit vorgelegen habe.
Achten Sie aber bei der Anwendung von § 142 II BGB besonders darauf, ob für die *jeweils betroffene* Gutglaubensvorschrift *positive* Kenntnis notwendig ist (so z.B. § 892 BGB), oder ob auch *grob fahrlässige* Unkenntnis ausreicht (§ 932 II BGB).

ee) Anfechtung nichtiger Rechtsgeschäfte

Doppelnichtigkeit

Die Anfechtung ist nicht dadurch ausgeschlossen, dass das Rechtsgeschäft aus einem anderen Grund nichtig ist, z.B. nach §§ 106 - 108 BGB. Nach der heute h.M. (Kipp´sche Lehre von der „Doppelwirkung im Recht"[137]) bedeutet die Nichtigkeit des Rechtsgeschäfts nichts anderes als dessen Nichtgeltung im Hinblick auf einen bestimmten Nichtigkeitsgrund.[138] Dies ist vor allem wegen der Wirkung des § 142 II BGB bedeutsam. 309

135 Vgl. zum Problem der Anfechtbarkeit von Kausal- und Erfüllungsgeschäft: Grundmann, JA 1985, 80 ff.

136 Insbes. §§ 932, 892 BGB, 366 HGB bei gutgl. Erwerb, ferner die §§ 893, 936, 1007, 1032, 1138, 1155, 1207, 1244 BGB.

137 Kipp in Festschrift für Martitz, 1911, Seite 211 ff.; vgl. dazu auch Schmelz, „Lehre von der Doppelwirkung im Recht", JA 2006, 21 ff.

138 Grüneberg, vor § 104, Rn. 35.

Bsp.: Der 17-jährige V übereignet ohne Zustimmung seiner Eltern eine ihm gehörende Vase an K. Seine Einigungserklärung ist mit einem zur Anfechtung berechtigenden Irrtum (Alter der Vase) behaftet. K veräußert die Sache an D weiter.

V könnte einen Anspruch aus § 985 BGB gegen D haben. Dazu müsste er noch Eigentümer der Vase sein.

Sein Eigentum hat er nicht durch Übereignung an K verloren, da die Übereignung für V nicht lediglich rechtlich vorteilhaft ist, § 107 BGB.

D könnte aber nach §§ 929, 932 BGB gutgläubig Eigentum erworben haben, da der Eigentumserwerb bei einem 17-Jährigen nicht nach § 935 BGB (i.V.m. § 828 BGB entsprechend) ausgeschlossen ist. Es sind dabei zwei Fälle zu unterscheiden:

(1) Kennt D die Minderjährigkeit des V, so erkennt er die Nichtigkeit der Übereignung an K. Damit war er nicht gutgläubig in Bezug auf die Eigentümerstellung des K.

(2) Kennt D aber nicht die Minderjährigkeit des V, sondern nur die Anfechtbarkeit der Übereignung, dann kann V die Sache von D nur herausverlangen, *wenn* er die Einigung anficht, da D hinsichtlich der Anfechtbarkeit bösgläubig ist, § 142 II BGB.

Nur wenn D gutgläubig hinsichtlich beider Umstände ist, erwirbt er sicher nach §§ 929 S. 1, 932 I S. 1 BGB.

Sonderfall: fingierte Wirksamkeit

Einen Sonderfall stellt dabei die Problematik dar, ob ursprünglich nichtige Rechtsgeschäfte, die als wirksam fingiert werden, noch angefochten werden können. 310

Bsp.: Ein nach § 117 BGB nichtiges Rechtsgeschäft über eine Forderung kann durch gutgläubigen Erwerb gem. § 405 BGB als wirksam fingiert werden. Fraglich ist, ob es angefochten werden kann.

Dies ist im Ergebnis zuzulassen, da es sich bei der gutgläubig erworbenen und als bestehend fingierten Forderung um ein Minus gegenüber dem ursprünglichen und nach § 117 BGB nichtigen Vertrag handelt.

ff) Teilanfechtung

Teilanfechtung setzt Teilbarkeit voraus

Möglich ist aufgrund des Rechtsgedanken des § 139 BGB auch eine Teilanfechtung. 311

hypothetischer Parteiwille auf Geltung des Rumpfvertrages gerichtet

Voraussetzung hierfür ist aber, dass das Rechtsgeschäft teilbar ist und die Parteien diesen „teilvernichteten“ Rumpfvertrag geschlossen hätten.

Bleiben diesbezüglich Zweifel, so ist von der Gesamtnichtigkeit des Vertrages auszugehen, § 139 BGB.

hemmer-Methode: Dieser Grundsatz kann auf alle anderen Gestaltungsrechte übertragen werden.

c) Voraussetzungen einer wirksamen Anfechtung - Überblick

Voraussetzungen

Die Anfechtung ist in den §§ 119 - 124 BGB und den §§ 142 - 144 BGB geregelt. Für eine wirksame Anfechtung ist erforderlich: 313

Voraussetzungen der Anfechtung

(1)	Anfechtungsgrund	§§ 119-123 BGB (Besonderheiten im ErbR: §§ 2078 f. BGB)
(2)	Kausalität	Anf.-Grund kausal für *diese* konkrete WE
(3)	Anfechtungserklärung	§§ 104 ff. BGB gelten
(4)	Richtiger Anfechtungsgegner	§ 143 BGB; bei empfangsbedürftigen WE'en ggü. Erklärungsempfänger, § 143 II, III BGB
(5)	Anfechtungsfrist	§§ 121, 124 BGB; § 2082 BGB
(6)	Kein Ausschluss	§ 144 BGB; auch § 242 BGB

d) Die Anfechtungsgründe im Einzelnen

Man unterscheidet als Anfechtungsgründe: 314

1. Fehler bei der Willens*äußerung*

⇨ Inhaltsirrtum, § 119 I Alt. 1 BGB

⇨ Erklärungsirrtum, § 119 I Alt. 2 BGB

⇨ Übermittlungsirrtum, § 120 BGB

Diesen Anfechtungsgründen ist gemeinsam, dass der objektive Tatbestand der Erklärung vom subjektiv Gewollten abweicht.

2. Fehler bei der Willens*bildung*

⇨ Eigenschaftsirrtum, § 119 II BGB: Hier will der Erklärende das Erklärte. Aber bei der Willensbildung ist ein Fehler unterlaufen. Dieser sog. Motivirrtum ist nur unter den engen Voraussetzungen des § 119 II BGB beachtlich. 315

3. Sonstige Anfechtungsgründe:

⇨ Anfechtung wegen Täuschung oder Drohung, § 123 BGB: § 123 BGB betrifft den Bereich der Willensbildung. Die Willenserklärung ist nur dann Ausdruck wirklicher rechtsgeschäftlicher Selbstbestimmung, wenn sich die Willensbildung frei von Täuschung oder Drohung vollzogen hat. 316

Fehler bei der:

Willensäußerung	Willensbildung
• Inhaltsirrtum, § 119 I Alt. 1 BGB • Erklärungsirrtum, § 119 I Alt. 2 BGB • Übermittlungsirrtum, § 120 BGB (Sonderfall des Erklärungsirrtums) • § 2078 I BGB	• Eigenschaftsirrtum, § 119 II BGB (als ausnahmsw. beachtl. Motivirrtum) • Anfechtung wegen arglistiger Täuschung oder widerrechtlicher Drohung, § 123 BGB • § 2078 II BGB: Bei Testamentsanfechtung jeder Motivirrtum beachtlich

Auslegung *vor* Anfechtung, §§ 133, 157 BGB bei Feststellung, ob überhaupt Inkongruenz von Wille und Erklärung (= Irrtum) gegeben ist

aa) Fehler bei der Willensäußerung

(1) Abgrenzungsfragen

(a) Vorrang der Auslegung

Auslegung vorrangig

Fehler bei der Willensäußerung beinhalten eine Abweichung von Willen und Erklärung. Es muss also festgestellt werden, was Inhalt des Willens und was Inhalt der Erklärung ist. Es besteht daher das *Primat der Auslegung.* 317

Danach folgt die Prüfung, ob die Inkongruenz von Wille und Erklärung nach § 119 I BGB oder § 120 BGB beachtlich ist.

Bsp.: *V will dem K eine Maschine für 11.000 € anbieten; er verschreibt sich und verlangt 10.000 €. K weiß aus der Vorkorrespondenz, dass V 11.000 € haben will und nimmt das Angebot an. V ficht den Vertrag an.*

Der Kaufvertrag könnte nach Anfechtung nichtig sein, § 142 I BGB.

Als Anfechtungsgrund kommt ein Erklärungsirrtum nach § 119 I Alt. 2 BGB in Betracht. Erste Voraussetzung ist ein Abweichen von Wille und Erklärung. Dies ist durch Auslegung zu ermitteln. Die Auslegung erfolgt normativ vom objektiven Empfängerhorizont aus, §§ 133, 157 BGB.

Es kommt nicht auf den buchstäblichen Wortlaut der Erklärung an, notwendig ist nur, dass der Anfechtungswille klar zur Geltung kommt. Kann der K bei der Auslegung des Vertragsangebotes des V auch bei Anwendung der ihm zumutbaren Sorgfalt den wirklichen Willen nicht erkennen, ist die objektive Bedeutung der Erklärung zu ermitteln. K kannte den Willen des V. Es fehlt daher an der Schutzwürdigkeit des K, da er wegen seiner Kenntnis nicht auf das von V tatsächlich Erklärte vertrauen durfte. Es liegt keine Inkongruenz von Wille und dem mit der Erklärung erreichten rechtsgeschäftlichen Erfolg vor. Damit scheidet ein Anfechtungsrecht des V aus.

hemmer-Methode: V hat im Beispielsfall keinen Nachteil. Der Kaufvertrag kam in Höhe von 11.000 € zustande. V durfte die Vertragsannahme des K so verstehen. Anfechtungsberechtigt könnte K sein, wenn er die Annahme nur in Höhe von 10.000 € erklären wollte. Den Interessen des K trägt der Gesetzgeber dadurch Rechnung, indem er den Irrtum des K als Inhaltsirrtum nach § 119 I Alt. 1 BGB für beachtlich erklärt.
Führt die Auslegung dazu, dass das tatsächlich Erklärte günstiger ist als das wirklich Gewollte, scheidet i.d.R. eine Anfechtung aus. K hat dann keinen vernünftigen Grund, seine Erklärung durch Anfechtung zu vernichten.[139]

(b) Falsa demonstratio non nocet

falsa demonstratio

Ein Sonderfall der Auslegung ist die Regel der *falsa demonstratio non nocet*. Die empfangsbedürftige Willenserklärung wird selbst gegen ihren eindeutigen Wortlaut i.S.d. Gewollten ausgelegt, wenn der Wille des Empfängers mit dem des Erklärenden übereinstimmt. 318

Letztlich folgt dies aus § 133 BGB, wonach nicht an dem buchstäblichen Sinne des Ausdrucks zu haften ist, sondern der wirkliche Wille zu erforschen ist.

Bsp.: *K und V sind sich über den Verkauf der Parzelle a einig. Sie benennen aber irrtümlich im notariell beurkundeten Kaufvertrag Parzelle b. K verlangt nun Übereignung der Parzelle b.*

139 RGZ 128, 121 = jurisbyhemmer.

K könnte einen Anspruch aus § 433 BGB auf Auflassung der Parzelle b haben.

K und V müssten sich über den Verkauf der Parzelle b geeinigt haben. Erklärt haben K und V den Verkauf der Parzelle b. Der Wille beider ging aber auf den Verkauf der Parzelle a. Daher haben weder V noch K auf das Erklärte vertrauen dürfen. Es bleibt bei §§ 133, 157 BGB, wonach der wirkliche Wille maßgebend ist. 319

Ein Anspruch auf Übereignung der Parzelle b scheidet mangels Einigung aus.

hemmer-Methode: Auch hier bedarf es keiner Anfechtung, da die Parteien nicht durch ihre irrtümliche Erklärung gebunden wurden.
Die Examensrelevanz dieser Rechtsfigur liegt in der Frage, ob K Übereignung der Parzelle a verlangen kann. Ein Anspruch des K könnte an der Formbedürftigkeit der Einigung 311b I S. 1 scheitern.[140] Etwas anderes kann sich dann nur noch aus den Grundsätzen der „*falsa demonstratio non nocet*" ergeben. Auch bei formbedürftigen Rechtsgeschäften ist nämlich eine unbewusste Falschbezeichnung unschädlich, wenn sich die Parteien über das eigentlich Gewollte tatsächlich einig waren. Im Anwendungsbereich der falsa demonstratio ist die Andeutungstheorie nicht anwendbar![141]

(c) Versteckter Dissens, § 155 BGB

versteckter Dissens

Dissens bedeutet, dass zwei *ausgelegte* Erklärungen nicht übereinstimmen. 320

Altes Schulbeispiel.: *Ein Schweizer und ein Franzose schlossen in einem dritten Land über „Franken" einen Vertrag; jeder meinte dabei seine Heimatwährung.[142]*

Schon in diesem Schulbeispiel ist der Dissens fraglich. Ein französischer Franc hat ein Viertel des Wertes eines Schweizer Frankens. Durch den Vergleich mit dem Marktwert der vereinbarten Gegenleistung lässt sich i.d.R. auch hier durch Auslegung ermitteln, auf welche Währung sich die Erklärung bezog (objektiver Empfängerhorizont). Es liegt ein Anfechtungsgrund nach § 119 I Alt. 1 BGB vor.

hemmer-Methode: Dieses Beispiel zeigt, dass ein echter Dissens in der Klausur nur sehr selten vorkommen wird. Es wird jedoch regelmäßig von Ihnen gefordert, den Dissens als gerade nicht bestehend abzulehnen. Punkten Sie deshalb in einer Klausur, indem Sie den Dissens in den Fällen, in denen er möglicherweise in Betracht kommt, anprüfen, im Ergebnis aber ablehnen.

(2) Die Irrtümer des § 119 I BGB

(a) Abgrenzung

§ 119 I BGB

Man unterscheidet zwischen *Inhaltsirrtum* und *Erklärungsirrtum*. Beim Inhaltsirrtum wird die gewollte Erklärung abgegeben, doch *bedeutet* diese etwas anderes, als der Erklärende gemeint hat, § 119 I 1. Alt BGB. 321

Beim Erklärungsirrtum setzt der Erklärende ein *anderes Erklärungszeichen* als er beabsichtigt hat, § 119 I Alt. 2 BGB. Beide Irrtumsarten gehen ineinander über. In der Klausur kann dann evtl. dahingestellt bleiben, um welche Irrtumsart es sich handelt.

140 Vgl. Hemmer/Wüst, BGB-AT II, Rn. 96.

141 Vgl. BGH, **Life&LAW 06/2008, 371 ff.** = NJW 2008, 1658 ff. = **juris**byhemmer.

142 Medicus/Petersen, BR, Rn. 125 ⇨ seit Einführung des Euro leider nicht mehr zeitgerecht, aber immer noch sehr lehrreich.

hemmer-Methode: Die Begrifflichkeiten Inhalts- und Erklärungsirrtum sind äußerst unglücklich, haben sich aber inzwischen eingebürgert. Rechtlich handelt es sich nämlich bei beiden Fällen des § 119 I BGB um „Inhaltsirrtümer", da in beiden Fällen der Erklärende eine Willenserklärung mit dem besagten Inhalt nicht abgeben wollte. Bei § 119 I Alt. 1 BGB wäre es daher verständlicher, von einem Bedeutungsirrtum zu sprechen.
Halten Sie sich in der Klausur aber an die bekannten Begrifflichkeiten und halten Sie die beiden Fälle – wenn möglich – auch auseinander.

Bsp.: Autokonzern A verschickt mit Hilfe der EDV-Anlage an seine Vertragshändler ein Angebot über die Lieferung ihres neuen Modells. Bei der Eingabe des Textes verschreibt sich der Angestellte B.

Stellt man darauf ab, dass die Bedienungshandlung die Erklärung nicht begründet, sondern nur vorbereitet, liegt ein Inhaltsirrtum vor.

Sieht man in der Bedienung die Abgabe der Erklärung, liegt ein Erklärungsirrtum vor. Beides ist mit entsprechender Begründung vertretbar. Da beide die gleiche Rechtsfolge haben, sind lange Ausführungen zu vermeiden.

(b) Der Inhaltsirrtum, § 119 I Alt. 1 BGB

Inhaltsirrtum

Der äußere Tatbestand der Erklärung entspricht dem Willen des Erklärenden; dieser irrt aber über die Bedeutung oder Tragweite der Erklärung. 322

Bsp.(1): Bestellung von 25 Gros Rollen WC-Papier (= 3600 Rollen) in der Annahme, es handle sich um 25 große Rollen.

Hier benutzt der Erklärende einen Begriff in Unkenntnis seiner objektiven Bedeutung, sog. Verlautbarungsirrtum.

Bsp.(2): Verkauf des Grundstücks mit der Flurbezeichnung X in der Annahme, Vertragsgegenstand sei das dem gleichen Verkäufer gehörende Nachbargrundstück Y. (Unterscheide davon den Fall der falsa demonstratio. Dort gingen V und K von demselben Grundstück aus.)

K befindet sich in einem Irrtum über den Geschäftsgegenstand, sog. Identitätsirrtum (vgl. im Folgenden). K erklärt den Kauf des Grundstücks X. Sein Wille geht auf den Kauf des Grundstücks Y.

Der Erklärende kann entsprechend dem Grundsatz der Privatautonomie zusätzlich zu den essentialia negotii weitere Punkte zum Gegenstand seiner Erklärung machen. Irrt er über einen solchen Punkt, liegt ein nach § 119 I Alt. 1 BGB erheblicher Inhaltsirrtum vor.[143] 323

Bsp.: K kauft von V eine Ware „Qualität wie gehabt". Dabei glaubte er, er habe früher erste Qualität bezogen, während er in Wahrheit zweite Qualität hatte.

auch bei individ. Eigenschaften

Bei der Qualität handelt es sich um eine Eigenschaft einer Sache. Ein Irrtum über solche Eigenschaften ist unter den Voraussetzungen des § 119 II BGB erheblich.

Hier wurde aber die Eigenschaft der Qualität auch Inhalt der rechtsgeschäftlichen Erklärung. Ein Inhaltsirrtum kann nach § 119 I BGB ausnahmsweise vorliegen, wenn die Vorstellungen über die Eigenschaften zur Individualisierung des Geschäftsgegenstandes erforderlich sind. Im Beispielsfall handelt es sich um einen Gattungskauf. Die Qualitätsbezeichnung dient der näheren Bestimmung der Ware. Die Erklärung des K hatte eine andere Folge, als er wollte. K kann daher nach § 119 I Alt. 1 BGB anfechten.

143 Grundlegend Lessmann, JuS 1969, 529; missverständlich Grüneberg, § 119, Rn. 17.

sog. erweiterter Inhaltsirrtum heute abzulehnen

Aufgrund dieser Überlegung hat die frühere Rechtsprechung einen Irrtum über den Inhalt der Erklärung auch bejaht, wenn ein irriger Beweggrund in der Erklärung selbst oder in den entscheidenden Vorverhandlungen erkennbar hervorgetreten ist. Der Beweggrund sei zum Bestandteil der Erklärung geworden (sog. erweiterter Inhaltsirrtum).[144] 324

Grund:
keine Umgehung v. § 119 II BGB

Dies ist abzulehnen.[145] Allein aus der Tatsache, dass man bei den Vertragsverhandlungen seine Beweggründe dem Vertragspartner mitteilt, kann die gesetzgeberische Wertung zwischen § 119 I BGB und § 119 II BGB nicht umgangen werden. Der Motivirrtum soll nur unter den Voraussetzungen des § 119 II BGB erheblich sein. 325

In diesem Bereich sind die Übergänge vom Motivirrtum zum Inhaltsirrtum kraft Privatautonomie fließend.

Diskutiert wird vor allem die Behandlung des

⇨ Rechtsfolgeirrtums

⇨ Identitätsirrtums

⇨ Kalkulationsirrtums

(c) Irrtum über die Rechtsfolge der Erklärung

Rechtsfolgeirrtum

Beim Rechtsgeschäft bestimmen die gewählten Erklärungszeichen, welche Rechtsfolgen eintreten. Nicht jeder derartige Rechtsfolgenirrtum kann aber ein Anfechtungsrecht nach § 119 I Alt. 1 BGB begründen. Dies ist eine Frage der Wertung. 326

Ließe man die Anfechtung wegen eines Irrtums über jede weitere Rechtsfolge zu, würde dies zu einer unerträglichen Unsicherheit im Rechtsverkehr führen.[146]

Man unterscheidet:

Ein *Inhaltsirrtum* liegt nur dann vor, wenn es sich gerade um die Rechtsfolgen handelt, auf deren Herbeiführung die Erklärung nach ihrem Inhalt *unmittelbar* gerichtet ist.[147] 327

> ***Bsp.:*** *G verkauft seine Gastwirtschaft „nebst Zubehör". Er hat dabei angenommen, der Ausdruck „Zubehör" umfasse nur die fest eingebauten Gegenstände, nicht aber das sonstige Mobiliar.*
>
> Hier hat G etwas anderes erklärt, als er erklären wollte. Dass mit dem Verkauf des Zubehörs auch das Mobiliar übergeht, ist direkte Folge der Erklärung. G irrt sich über den Sinngehalt des Wortes „Zubehör". G hat daher ein Anfechtungsrecht nach § 119 I Alt. 1 BGB.

Rechtsfolgen nicht abhängig vom Willen
⇨ Anfechtung (-)

Dagegen besteht kein Anfechtungsrecht, wenn es sich um weitere Rechtsfolgen handelt, die *unabhängig vom Willen des Erklärenden* durch die Rechtsordnung an das abgeschlossene Rechtsgeschäft geknüpft werden, sog. Irrtum über gesetzliche Rechtsfolgen. 328

hemmer-Methode: Der wohl wichtigste Fall des unbeachtlichen gesetzlichen Rechtsfolgeirrtums ist neben § 164 II BGB (lesen!) die Frage, ob ein Irrtum über die Bedeutung des *Schweigens* (insbes. im Handelsverkehr, z.B. im kaufmännischen Bestätigungsschreiben[148]) anfechtbar ist.

144 RGZ 64, 268 = **juris**byhemmer.

145 Allgemeine Meinung: Larenz AT, § 20 II a.

146 Larenz, § 20 II a.

147 Medicus/Petersen, BR, Rn. 133.

148 Dazu schon Hemmer/Wüst, Primäranspruch I, Rn. 146, sowie Hemmer/Wüst, Handelsrecht, Rn. 255 ff.

Beachten Sie dabei den Unterschied, ob der Schweigende über die rechtliche *Bedeutung* des Schweigens irrt[149] oder über den damit verbundenen *tatsächlichen Inhalt* der Erklärung.[150] Während im ersten Fall einheitlich von einem unbeachtlichen Rechtsfolgeirrtum ausgegangen wird, ist im zweiten Fall strittig, ob jemand, der schweigt, stärker an seine Willenserklärung gebunden werden kann als jemand, der eine ausdrückliche Erklärung abgibt.

(d) Der Identitätsirrtum

Identitätsirrtum

Der Irrtum über die Person des Geschäftspartners oder über den Gegenstand des Vertrages ist grundsätzlich nach § 119 I Alt. 1 BGB zu behandeln. 329

Bsp.: *A will für Malerarbeiten den ihm bekannten Malermeister M beauftragen; er beauftragt aber fälschlich Malermeister N.*

A hat den Geschäftspartner falsch individualisiert. Er hat ein Anfechtungsrecht nach § 119 I Alt. 1 BGB.

Die Grenze zwischen Identitäts- und Eigenschaftsirrtum ist fließend.

Bsp.: *V bietet dem K Pferd P 1 an. K nimmt das Angebot an, da er glaubt, es handle sich um das Rennpferd P 2. K ficht den Vertrag an.*

Der Kaufvertrag könnte durch Anfechtung rückwirkend nichtig sein, § 142 I BGB.

K hat die Anfechtung gegenüber V erklärt, § 143 I BGB.

Abgrenzung zu § 119 II BGB

Als Anfechtungsgrund könnte K einen Inhaltsirrtum geltend machen. Hat K das Pferd P 1 noch nie zuvor gesehen, ist der Name das einzige Identifizierungsmerkmal. Irrt er über diese Identifizierung, liegt ein Inhaltsirrtum nach § 119 I Alt. 1 BGB vor. Anders aber, wenn V das Pferd dem K vorgeführt hat. Dann war das Pferd bereits individualisiert. Die Rennpferdtauglichkeit bildete lediglich ein Motiv für K, das Pferd zu kaufen. K hätte aber in diesem Fall ein Anfechtungsrecht nach § 119 II BGB, da er sich über eine verkehrswesentliche Eigenschaft geirrt hat.[151]

(e) Kalkulationsirrtum

Kalkulationsirrtümer

Beim Kalkulationsirrtum irrt der Erklärende über einen Umstand (Rechnungsfaktor), den er seiner Berechnung zugrunde legt. 330

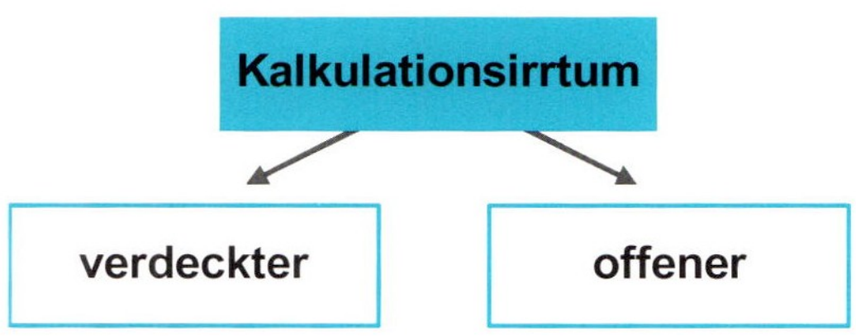

Man unterscheidet den *internen* (verdeckten) und den *externen* (offenen) Kalkulationsirrtum. In der Praxis wie auch im Examen hat die Behandlung dieses Irrtums erhebliche Bedeutung.

149 Der Schweigende denkt also fälschlicherweise, es könne an das Schweigen gar keine Rechtsbindung angeknüpft werden.

150 Z.B. wenn der Schweigende denkt, mit dem Schweigen käme der Vertrag über 100 Säcke Mehl zustande, stattdessen erfolgt er über 1000 Säcke.

151 Larenz AT, § 20 IIa.

(aa) Interner (verdeckter) Kalkulationsirrtum

Beim verdeckten Kalkulationsirrtum wird dem Empfänger lediglich das *Ergebnis* der Kalkulation mitgeteilt. Diese Form des Kalkulationsirrtums ist nach h.M. ein unbeachtlicher Motivirrtum, der nicht zur Anfechtung berechtigt.[152] 331

wenn intern, § 119 I BGB grds. (-)

Bsp.: *U macht der Wohnbau-GmbH ein Angebot über Erdaushubarbeiten für die neue Wohnsiedlung X in Höhe von 400.000 €. U ist der Meinung, dass Erdbewegungen von 100.000 m³ erforderlich sind. In Wirklichkeit sind aber Erdbewegungen von 120.000 m³ nötig.*

Es besteht Einigkeit, dass es sich hier um einen Fehler bei der Willensbildung handelt. Wille und Erklärung stimmen überein. Ein Anfechtungsrecht nach § 119 I Alt. 1 BGB scheidet aus. Zu prüfen bleibt, ob die Voraussetzungen des § 119 II BGB vorliegen.

auch bei fahrlässiger Unkenntnis

Bei derselben Risikoverteilung bleibt es nach Ansicht des BGH dann, wenn der Erklärungsempfänger den Kalkulationsirrtum des Erklärenden hätte erkennen können, ohne dass er ihn positiv erkannt hat.[153]

Ausnahme bei Kenntnis d. anderen

Heftig umstritten ist hingegen der sog. erkannte interne Kalkulationsirrtum. In der Literatur wird vertreten, dass eine Anfechtung in Analogie zu § 119 I BGB eröffnet sei, da das Vertrauen des Erklärungsempfängers in dieser Konstellation nicht schutzwürdig sei.[154] Nach anderer Ansicht sind diese Fälle außerhalb der §§ 119 ff. BGB zu lösen. Dieser Meinung hat sich zuletzt auch der BGH angeschlossen.

Bsp.: *Der Geschäftsführer G der W-GmbH hat in einem Privatgespräch von U erfahren, dass dieser von 100.000 m³ Erdbewegungen ausgeht.*

Die W-GmbH hat den Irrtum des U erkannt. Das Wissen des G wird nach §§ 166 I BGB, 35 I GmbHG der W-GmbH zugerechnet. Nach überwiegender Ansicht in der Literatur steht dem U ein Anfechtungsrecht analog § 119 I 1. Alt. BGB zu. Der BGH lehnt hingegen eine Anfechtung ab:

auch bei gemeinsamer Berechnung beachtlich

Haben die Parteien den richtig errechneten Preis vereinbart, so stellt der genannte Preis eine falsa demonstratio dar. Einer Anfechtung bedarf es nicht. 332

(bb) Der externe (offene) Kalkulationsirrtum

offener Kalkulationsirrtum str.

Umstritten ist die Behandlung des externen Kalkulationsirrtums. Hier wurde die Kalkulationsgrundlage in die Vertragsverhandlungen eingeführt. 333

Bsp.: *Das Angebot an die W-GmbH lautet: Erdaushubarbeiten für Wohnsiedlung X. Kosten pro m³: 4,- €. Insgesamt zu erledigende Arbeiten: 100.000 m³. Höhe des Preises: 40.000,- €.*

alte Rspr.: erweiterter Inhaltsirrtum

Die frühere Rspr. des RG nahm hier einen erweiterten Inhaltsirrtum an. Die fehlerhafte Kalkulation wäre zum Gegenstand von Vertragsverhandlungen gemacht worden, so dass ein Anfechtungsrecht nach § 119 I Alt. 1 BGB bestünde.

h.M.: bloßer Motivirrtum

Dies wird mit Recht abgelehnt.[155] Auch der offene Kalkulationsirrtum ist ein Motivirrtum. Er betrifft die Willensbildung, nicht den Erklärungsinhalt. K wollte ein Angebot über 40.000 € abgeben und tat dies auch.

152 Vgl. zum Ganzen JuS 1991, L 66 = jurisbyhemmer.

153 BGH, NJW-RR 1995, 1360 = jurisbyhemmer.

154 Vgl. Wieser, NJW 1972, 708 (709 f.).

155 Heiermann, BB 1984, 1838.

Auch passt die Rechtsfolge der Anfechtung nicht, da sie keinen Vertrag über 400.000 € zustande bringt, sondern nur den geschlossenen Vertrag beseitigen und zur bereicherungsrechtlichen Rückabwicklung nach §§ 812 ff. BGB führen würde.

Auch der BGH verneint in diesen Konstellationen ein Anfechtungsrecht aus § 119 I BGB und schließt sich der h.M. in der Literatur an.[156]

Bei der Lösung ist vielmehr zu unterscheiden:[157]

Einzelfall maßgeblich

Die *Auslegung* kann ergeben, dass nicht der falsch addierte Endbetrag das Angebot darstellt, sondern die Einzelbeträge oder die Methode der Preisberechnung. 334

Bsp.: *U macht der W-GmbH das Angebot: Ich muss 150.000 m³ Erdreich bewegen. Ich fordere pro m³ 4 €. Daher verlange ich 400.000 €.*

ggf. falsa demonstratio

Sind U und W sich darüber einig, dass nicht der Endpreis, sondern der Einzelpreis maßgeblich ist, ist nach den Grundsätzen der falsa demonstratio non nocet von dem tatsächlich Gewollten, also 4 € x 150.000 (m²) = 600.000 € auszugehen. Einer Anfechtung bedarf es nicht mehr.[158]

anders bei Perplexität

Ergibt die Auslegung, dass sich das Angebot aus Endbetrag *und* Einzelbeträgen zusammensetzt, besteht ein unlösbarer Widerspruch. Es bedarf keiner Anfechtung, da ein solches Angebot wegen *Perplexität* nichtig ist. 335

sonst Motivirrtum

Die übrigen Fälle stellen einen *Motivirrtum* dar, der nur unter den - hier nicht vorliegenden - Voraussetzungen des § 119 II BGB bzw. des § 123 I Alt. 1 BGB zur Anfechtung berechtigt.

evtl. SGG, § 313 II, I BGB

Nach Meinung des BGH[159] soll eine Anpassung nach den Grundsätzen der Störung der Geschäftsgrundlage (§ 313 II, I BGB) in Frage kommen, wenn feststeht, dass der Kunde den Vertrag auch zu dem richtig berechneten höheren Preis abgeschlossen hätte oder wenn die Ablehnung durch ihn aufgrund sonstiger besonderer Umstände unredlich wäre.

Dies ist aber i.d.R. zu verneinen, sodass das Risiko des „sich Verrechnens" derjenige trägt, der den Rechenfehler gemacht hat.

Kalkulationsirrtum = Anfechtungsgrund?

Externer KI	**Interner KI**
• zunächst: häufig hilft **Auslegung**, §§ 133, 157 BGB • WE i.d.R. nicht **perplex** und damit nichtig • Fehler bei Willensäußerung, **§ 119 II BGB** passt daher nicht	• §§ 119 ff. BGB direkt (-) • Sonderfall: Erklärungsgegner hat erkannt, dass Berechnung nicht stimmen kann: dann soll Anfechtung nach § 119 I Alt. 1 BGB analog möglich sein (str.)
• RG wollte **§ 119 I Alt. 1 BGB** anwenden, da Berechnungsgrundlage zum Inhalt der WE gemacht wurde **Kritik:** WE umfasst nur das *Ergebnis* der Berechnung!	**Kritik:** Anfechtbarkeit ist in den §§ 119 ff. BGB *nicht* davon abhängig, ob Erklärungsgegner Willensmangel erkannt hat!

156 **BGH in Life&LAW 12/1998, 753 ff.** = NJW 1998, 3192 ff. = **juris**byhemmer.

157 Medicus/Petersen, BR, Rn. 134.

158 Vgl. JuS 1991, L 66 = **juris**byhemmer.

159 BGH, NJW 1981, 1551 = **juris**byhemmer.

(f) Sonderprobleme bei automatisierten Erklärungen

automatisierte Erklärungen

Aufgrund der zunehmenden Automatisierung des Schriftverkehrs beim Abschluss von Verträgen gewinnt die Frage an Bedeutung, wie fehlerhafte Willenserklärungen, die von Datenverarbeitungsanlagen erzeugt wurden, zu behandeln sind. 336

hemmer-Methode: Lesenswert zur automatisierten Willenserklärung ist der Aufsatz von Paulus, Die automatisierte Willenserklärung, in JuS 10/2019, 960 ff., sowie der Beitrag von Specht/Herold, Roboter als Vertragspartner, in MMR 2018, 40 ff.

Die Fehlerquelle kann dabei sowohl auf der Seite desjenigen liegen, der ein Vertragsangebot automatisiert abgibt, als auch auf der Seite des anderen, bei dem eine automatisierte Annahme erfolgte.

hemmer-Methode: Der BGH bejaht nun das Vorliegen eines Erklärungsirrtums im Falle einer falschen Kaufpreisauszeichnung im Internet, die auf einen im Bereich des Erklärenden aufgetretenen Fehler im Datentransfer zurückzuführen ist.[160]

trennen:
Vorbereitung u Erklärungshandlung

(aa) Erfolgt der Fehler aufgrund fehlerhafter Bedienung, liegt ein Fehler in der Erklärungshandlung vor, der grds. als Erklärungsirrtum nach § 119 I Alt. 2 BGB zur Anfechtung berechtigt.[161]

(bb) Beruht der Fehler hingegen auf der Eingabe von falschem Datenmaterial, so liegt ein Fehler der Erklärungsvorbereitung, also ein Motivirrtum vor, bei dem die Anfechtung ausscheidet.[162]

Zu prüfen ist aber vorweg stets, ob Angebot und Annahme überhaupt inhaltsgleich sind bzw. ob der Vertrag überhaupt zustande gekommen ist.

> *Bsp.: A bietet dem Händler H den Kauf eines Fernsehers über 500 € an. Wegen eines Softwarefehlers ergeht eine automatisierte Annahme i.H.v. 5.000 €. A schickt dem H den Fernseher und verlangt 5.000 €.*
>
> Mit der „Annahme" des H ist kein Vertrag zustande gekommen, da Angebot und Annahme nicht kongruent sind. Anders wäre es lediglich dann, wenn man die Grundsätze der falsa demonstratio hier anwenden würde, was im Falle derart krasser Abweichung wohl auch anzunehmen ist. Ein Rückgriff auf § 150 II BGB wäre dann nicht notwendig.

hemmer-Methode: In Grenzfällen empfiehlt es sich im Wesentlichen die gleichen Grundsätze wie beim Kalkulationsirrtum anzulegen: Maßgeblich ist, ob der andere die fehlerhafte Kalkulation erkennen konnte oder nicht.

(cc) Ebenfalls ein unbeachtlicher Motivirrtum soll vorliegen, wenn fehlerhafte Software auf Grund eines Programm- oder Programmierungsfehlers mit richtigen Daten falsche Berechnungen anstellt.[163] Dies entspricht nämlich wertungsmäßig dem (internen) Kalkulationsirrtum, bei dem die hM auch sonst eine Anfechtbarkeit nach § 119 I BGB ablehnt (vgl. Rn. 330 ff.).[164]

160 Lesen Sie hierzu **BGH, Life&LAW 04/2005, 221 ff.** = NJW 2005, 976 ff. = **juris**byhemmer.

161 Grüneberg, § 119, Rn. 10.

162 Grüneberg, § 119, Rn. 10.

163 MüKo, § 119, Rn. 47; Musielak, JuS 2014, 491 (493).

164 So Paulus, Die automatisierte Willenserklärung, JuS 10/2019, 960 (964).

(dd) Etwas anderes gilt nach Ansicht des BGH dann, wenn fehlerhafte Software richtig eingegebene Daten falsch (programmintern) übermittelt (und z.B. bei Eingabe von „100 Euro" später einfach mit „10 Euro" als Kalkulationsgröße weiterrechnet) und auf dieser Grundlage eine automatisierte Willenserklärung erzeugt. Wegen der Vergleichbarkeit mit § 120 BGB soll in einem derartigen Fall ausnahmsweise doch eine Anfechtung nach § 119 I Alt. 2 BGB möglich sein.[165]

(g) Der Erklärungsirrtum, § 119 I Alt. 2 BGB

Erklärungsirrtum; äußerer Tatbestand entspricht nicht dem Willen

Ein Erklärungsirrtum liegt vor, wenn schon der *äußere Erklärungstatbestand* nicht dem Willen des Erklärenden entspricht. Er gibt seine Willenserklärung in einer Form ab, in der er sie nicht abgeben wollte. Er *verspricht*, *verschreibt* oder *vergreift* sich. 337

Zweifelhaft ist die Anwendung des § 119 I Alt. 2 BGB bei:

⇨ abredewidrig ausgefülltem Blankett

⇨ automatisierten Erklärungen

(aa) Das abredewidrig ausgefüllte Blankett

abredewidrige Ausfüllung von Blanketturkunde

Ein Erklärungsirrtum kann dann entstehen, wenn jemand eine Blanketturkunde unterzeichnet und es einem anderen überlässt, den Urkundentext bzw. Teile davon nachträglich herzustellen. 338

> ***Bsp.:*** *K kauft bei V Möbel für 5000 €. Er unterzeichnet ein Darlehensformular, das V vereinbarungsgemäß mit 5000 € ausfüllen soll. V schreibt jedoch 7000 €.*

Vorrang der Auslegung

> Hier bedarf es keiner Anfechtung des K. Schon die Auslegung ergibt, dass das Gewollte gilt. V ist in Bezug auf den abredewidrig ausgefüllten Text der Urkunde nicht schutzwürdig, vgl. § 173 BGB analog.

anders bei schutzbedürftigen Dritten

Ein anderer, der das Formular nicht ausgefüllt hat, ist im Vertrauen auf das Erklärte zu schützen, wenn er die abredewidrige Ausfüllung weder kannte noch kennen musste (Rechtsgedanke des Art. 10 WG). 339

> ***Abwandlung:*** *Handelt es sich bei dem von K unterschriebenen Formular um einen Darlehensantrag an die Bank, den V abredewidrig mit 7000 € ausfüllt, kommt ein Vertrag zwischen K und B über 7000 € zustande. Fraglich ist, ob K anfechten kann.*

> Nach früherer Auffassung sollte der K seine Willenserklärung nach § 119 I Alt. 2 BGB anfechten können. Dies ist abzulehnen.

mit abredewidrigem Ausfüllen muss gerechnet werden

> Es liegt zwar ein Erklärungsirrtum vor. K hat etwas erklärt, was er nicht erklären wollte. Aber K ist nicht schutzwürdig, weil er bei Unterzeichnung damit rechnen musste, dass das Formular abredewidrig ausgefüllt wird. Eine ähnliche Interessenlage ist bei §§ 172 II, 173 BGB gegeben.

> Die Vollmacht bleibt dem gutgläubigen Dritten gegenüber bis zur Rückgabe oder Kraftloserklärung der Urkunde bestehen. Entsprechend dieser Wertung kann sich daher auch der Unterzeichner einer Blanketturkunde gegenüber einem gutgläubigen Dritten nicht darauf berufen, die Urkunde sei abredewidrig ausgefüllt (§§ 172 II, 173 BGB analog).

hemmer-Methode: Ähnliche Probleme ergeben sich bei der Regelung des § 181 BGB und den Grundsätzen des Missbrauchs der Vertretungsmacht in HEMMER/WÜST, BGB-AT I, Rn. 251, 256.

165 BGH, **Life&LAW 04/2005, 221 ff.** = NJW 2005, 976 ff. = **juris**byhemmer.

(bb) Fehlendes Erklärungsbewusstsein: § 119 I Alt. 2 BGB gilt analog

fehlendes Erklärungsbewusstsein Anfechtung § 119 I BGB analog

Ein examenstypischer Problemkreis ist die Anfechtungsmöglichkeit bei *fehlendem Erklärungsbewusstsein.* 400[166]

Die h.M. lässt zwar nicht die Wirksamkeit der Willenserklärung entfallen (Erklärungstheorie), aber es besteht die Möglichkeit einer Anfechtung analog § 119 I Alt. 2 BGB.

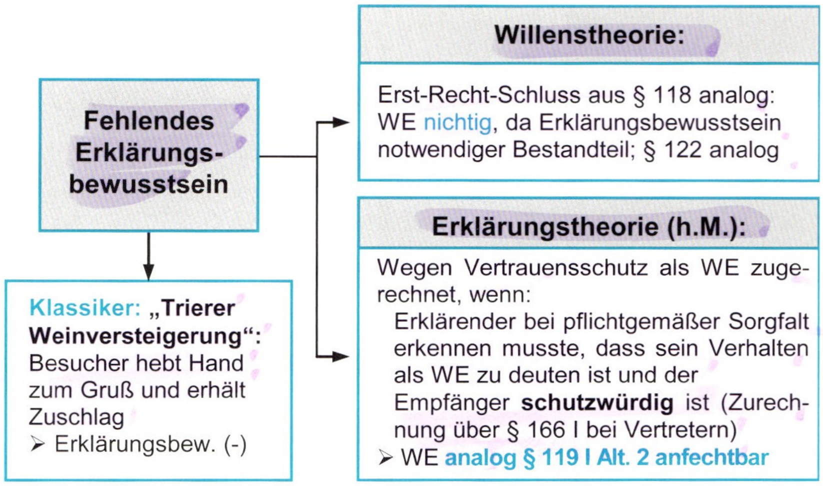

hemmer-Methode: Zum Problem des fehlenden Erklärungsbewusstseins lesen Sie ausführlich Hemmer/Wüst, BGB-AT I, Rn. 60 ff.

(3) Der Übermittlungsirrtum, § 120 BGB

§ 120 BGB: Risiko der Falschübermittlung trägt grds. Erklärender, aber Anfechtung

§ 120 BGB stellt die falsch übermittelte Erklärung dem Irrtum in der Erklärungshandlung nach § 119 I Alt. 2 BGB gleich. Den Erklärenden trifft somit das Risiko der Fehlübermittlung. Er kann aber anfechten, wenn er eine Erklärung dieses Inhalts nicht abgeben wollte. Er wird so gestellt, als hätte er sich selbst versprochen.[167] 401

fremde WE; z.B. Bote, aber nicht Vertreter

Es muss sich um die Übermittlung einer *fremden* Willenserklärung handeln. Damit kommt als Übermittler nur ein Erklärungs*bote* in Betracht. Grund: Der Vertreter gibt eine eigene Willenserklärung ab (vgl. auch § 166 I BGB).

Abweichen v. Gewolltem

Das vom Erklärungsboten gesetzte Erklärungszeichen muss vom Willen des Erklärenden abweichen. Dies ist auch der Fall, wenn an einen falschen Adressaten übermittelt wird.[168]

Der Erklärungsbote muss die Erklärung *unbewusst* falsch übermitteln.

> ***Bsp.:*** *V will K seinen PKW für 6000 € verkaufen. V beauftragt B, dies dem K mitzuteilen. Um V zu schädigen, bietet B dem K den PKW für 4000 € an.*

unbewusste Falschübermittlung sonst § 177 BGB analog

> Hier hat B überhaupt keine Erklärung des V (also eines anderen) übermittelt. Er hat seinen eigenen Willen an die Stelle des Erklärenden V gesetzt. Dies entspricht der Situation des falsus procurator.

166 Die Randnummern 340-399 wurden aufgrund einer umfassenden Umstellung aus dem Skript herausgenommen.

167 Grüneberg, § 120, Rn. 1.

168 MüKo, § 120, Rn. 5.

Der vorsätzlich falsch übermittelnde Bote ist daher wie ein vollmachtloser Vertreter zu behandeln. V kann gem. § 177 BGB analog genehmigen, andernfalls haftet der Bote gem. § 179 I BGB analog.[169]

(4) Kausalität

Kausalität notwendig

Anfechtbar ist eine Erklärung nach §§ 119 I, 120 BGB nur, wenn der Irrtum für sie ursächlich war (vgl. § 119 I BGB a.E.). Die Kausalität spielt in zweifacher Hinsicht eine Rolle. 402

subj. Erheblichkeit

Zum einen muss anzunehmen sein, dass der Erklärende die Willenserklärung „bei Kenntnis der Sachlage“ nicht abgegeben hätte. Diese *subjektive Erheblichkeit* des Irrtums ist zu verneinen, wenn der Erklärende auch ohne den Irrtum die Erklärung abgegeben hätte.

obj. Erheblichkeit

Der Irrtum muss auch *objektiv erheblich* sein („bei verständiger Würdigung des Falles“). Entscheidend ist, ob der Irrende als ein verständiger Mensch und „frei von Eigensinn, subjektiven Launen und törichten Anschauungen“[170] die Abgabe der Willenserklärung unterlassen hätte.

bb) Fehler bei der Willensbildung: Eigenschaftsirrtum, § 119 II BGB

(1) Einordnung

§ 119 II BGB; Eigenschaften außerhalb d. Erklärung

Beim Eigenschaftsirrtum stimmen Wille und Erklärung überein. Der Erklärende irrt nicht über den Erklärungsinhalt oder die Erklärungshandlung, sondern über Eigenschaften des Geschäftsgegenstandes und damit über die *außerhalb* der Erklärung liegende Wirklichkeit. 403

beachtlicher Motivirrtum

Bei § 119 II BGB handelt es sich um einen beachtlichen *Motivirrtum*, da beim Eigenschaftsirrtum der Irrtum „außerhalb“ der Willenserklärung liegt.[171] Unter Motiven versteht man alle Vorüberlegungen und Gründe, die zur Abgabe einer rechtsgeschäftlichen Willenserklärung veranlassen. Sie sind die Ursachen zur Bildung des Geschäftswillens. Der Irrtum betrifft also nur die Willensbildung. Der Inhalt der Willenserklärung selbst ist irrtumsfrei.

> ***Bsp.:*** *Vorstellungen über Sachverhalte (vgl. Beispielsfall zum Kalkulationsirrtum), Rechtslage (vgl. Problematik des Rechtsfolgeirrtums), Beschaffenheit der Sache, Erwartungen in Bezug auf den Eintritt künftiger Ereignisse, u.Ä.*

Ein Irrtum über ein solches Motiv ist *grundsätzlich unbeachtlich*. Eine Ausnahme davon ist der Eigenschaftsirrtum i.S.d. § 119 II BGB.

hemmer-Methode: Im Studium lernt jeder den Satz: „Der Motivirrtum ist unbeachtlich“! Dieser Merksatz ist gefährlich bzw. sogar falsch.
Neben beachtlichen Motivirrtümern im Erbrecht (vgl. z.B. § 2078 II BGB) sind auch im BGB-AT Motivirrtümer geregelt, die zur Anfechtung berechtigen und damit beachtlich sind.
Auch im Fall der arglistigen Täuschung gem. § 123 I Alt. 1 BGB betrifft der dadurch begründete Irrtum nur die Willensbildung. Die Willenserklärung als solche ist aber irrtumsfrei.
Und auch bei der Störung der Geschäftsgrundlage nach § 313 II BGB kann ein beachtlicher Motivirrtum vorliegen.
Richtig wäre daher der Merksatz, wenn man ihn wie folgt formulieren würde: „Im Rahmen von § 119 I BGB sind Motivirrtümer unbeachtlich“!

---

169 Grüneberg, § 120, Rn. 3; dies ist aber strittig, denn nach a.A. soll § 122 BGB analog gelten.

170 RGZ 62, 206 = jurisbyhemmer.

171 Grüneberg, Überbl v § 119, Rn. 23 sowie ausführlich MüKo/*Armbrüster*, BGB, 9. Auflage 2021, § 119, Rn. 113.

(2) Begriffe des § 119 II BGB

(aa) Eigenschaft

Eigenschaften = alle wertbildenden Faktoren

Eigenschaften einer Person oder Sache sind neben den auf der natürlichen Beschaffenheit beruhenden Merkmalen auch die tatsächlichen oder rechtlichen Verhältnisse und Beziehungen zur Umwelt, soweit sie nach der Verkehrsanschauung für die Wertschätzung oder die Verwendbarkeit von Bedeutung sind („*wertbildende Faktoren*"). Dieser weite Eigenschaftsbegriff wird von der h.M. eingeschränkt. 404

Unter § 119 II BGB fallen nur solche rechtlichen oder tatsächlichen Verhältnisse, die den Gegenstand oder die Person *unmittelbar* kennzeichnen, nicht Umstände, die sich nur mittelbar auf die Bewertung auswirken.[172]

> **Bsp.:** *Echtheit des Gemäldes[173], Alter des Kunstwerkes, Lage und Bebaubarkeit des Grundstücks.*

hemmer-Methode: Achten Sie in der Klausur darauf, dass der Wert *selbst* gerade kein wertbildender Faktor ist. Vielmehr stellt er *die Summe* aller wertbildenden Faktoren dar. Kauft der A also ein Gemälde im Wert von 1.000 € für 5.000 €, weil er sich über den Wert geirrt hat, kann er nicht nach § 119 II BGB anfechten.
Hier liegt nur ein unbeachtlicher Motivirrtum vor. Prüfen Sie dann aber, ob der Geschäftsgegner den Irrtum verursacht hat, dann kommen nämlich noch § 123 BGB, c.i.c. (§§ 280 I, 311 II BGB) und ggf. § 826 BGB in Betracht.

(bb) Verkehrswesentlichkeit

früher obj. verkehrswesentlich

Die Verkehrswesentlichkeit einer Eigenschaft sollte nach der früher herrschenden *objektiven Theorie* unabhängig vom konkreten Geschäft bestimmt werden. 405

heute: konkr. Geschäft maßgebl.

Heute befindet sich die *Lehre vom geschäftlichen Eigenschaftsirrtum* im Vordringen. Danach muss die Eigenschaft in dem konkreten Rechtsgeschäft als wesentlich vereinbart worden sein. Es genügen aber auch stillschweigende Vereinbarungen; dafür soll sogar ausreichen, dass die betreffenden Eigenschaften bei entsprechenden Verträgen üblicherweise erwartet werden. Im praktischen Ergebnis stimmen beide Ansätze weitgehend überein.[174]

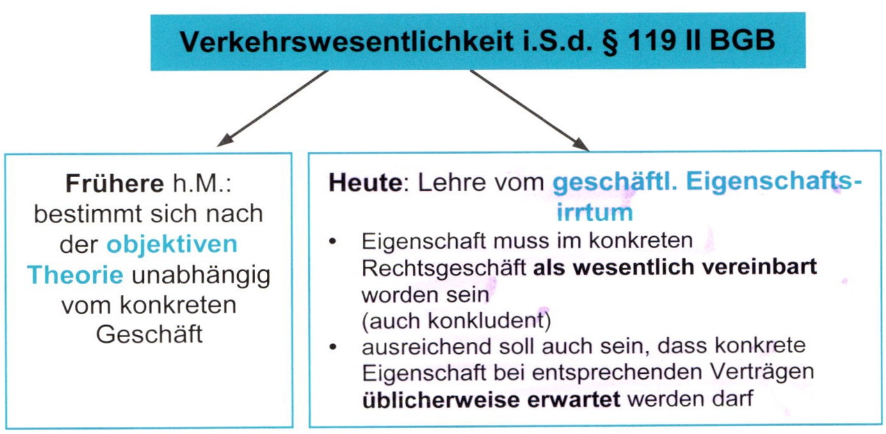

172 Grüneberg, § 119, Rn. 24.

173 Vgl. dazu die lesenswerte Besprechung des „Elvis-Falls" (OLG Düsseldorf, NJW 1992, 1326) von Becker/Eberhard, JuS 1992, 461.

174 Grüneberg, § 119, Rn. 25.

(cc) Sachen

Sache = alles, was Gegenstand von Rechten sein kann

Sachen i.S.d. § 119 II BGB sind entgegen dem insoweit missverständlichen Wortlaut nicht nur körperliche Gegenstände (vgl. § 90 BGB), sondern jeder Gegenstand, der von der Verkehrsanschauung als Objekt des Rechtsverkehrs anerkannt ist, z.B. Rechte oder auch Sachgesamtheiten wie ein Unternehmen.[175] 406

Daraus folgt, dass der Rang einer Hypothek oder die Höhe des Erbteils Sacheigenschaften sind.

(3) Kausalität des Irrtums

subj. u. obj. Kausalität

Auch für § 119 II BGB ist die Kausalität zwischen dem Irrtum und der Abgabe der Willenserklärung erforderlich. Die Kausalität setzt sich wie bei § 119 I BGB aus einer subjektiven und einer objektiven Komponente zusammen (vgl. Rn. 402).

(4) Einzelerläuterungen

(aa) Verkehrswesentliche Eigenschaften einer Person

Eigenschaften v. Person

I.d.R. kommen Eigenschaften des *Geschäftspartners* in Betracht. Als verkehrswesentliche Eigenschaften kommen je nach Lage des Falles in Frage: Geschlecht, Alter, Sachkunde, Vertrauenswürdigkeit, Kreditwürdigkeit u.Ä. 407

hemmer-Methode: Abzugrenzen ist der Irrtum über eine verkehrswesentliche Eigenschaft der Person vom Identitätsirrtum. Letzterer stellt keinen Irrtum über eine Eigenschaft dar, vielmehr wurde die Person falsch individualisiert; dies führt zu § 119 I Alt. 1 BGB.

auch Eigenschaften Dritter

Nach Sinn und Zweck des Geschäftes kann auch die Eigenschaft eines *Dritten* erheblich sein.

> ***Bsp.:*** *K kauft bei V einen LKW. Um den Kauf zu finanzieren, schließt K mit seiner Bank einen Darlehensvertrag zur Begleichung der Kaufpreisforderung ab. Von diesem Zahlungsweg ging V aus.*
>
> Bestehen hier Bedenken bezüglich der Solvenz des Kreditinstituts, ist diese Eigenschaft der Bank für die Anfechtung des Kaufvertrages erheblich. Voraussetzung ist, dass die Leistungsfähigkeit der Bank von V in irgendeiner Weise dem Vertrag erkennbar zugrunde gelegt worden ist.[176] Hieran sind keine strengen Anforderungen zu stellen.

Problem: Bürgschaft

Einen wichtigen Anwendungsfall stellt die *Übernahme einer Bürgschaft* dar. Hier kann der *Gläubiger* des Darlehensvertrages anfechten, wenn für die Hingabe des Darlehens die Solvenz des Bürgen ausschlaggebend war. 408

Irrt aber der *Bürge* über die Leistungsfähigkeit des Hauptschuldners, so besteht für ihn grundsätzlich kein Anfechtungsgrund nach § 119 II BGB.

Natürlich ist die Zahlungsfähigkeit des Schuldners eine verkehrswesentliche Eigenschaft für den Bürgen. Es ist aber gerade der Sinn der Bürgschaft, insbesondere bei Insolvenz für die Schuld des Hauptschuldners aufzukommen.[177]

175 Grüneberg, § 119, Rn. 27.

176 Soergel, § 119, Rn. 38.

177 Grüneberg, § 119, Rn. 26.

Die Anfechtung ist daher zwar nicht tatbestandlich ausgeschlossen, wäre mit dem Sinn und Zweck der Bürgschaft aber unvereinbar und daher treuwidrig.

Gesellschaftsvertrag

Auch bei einem Gesellschaftsvertrag kann der Irrtum über die Eigenschaft der Person ein Anfechtungsrecht begründen. Es finden dann aber die Vorschriften über die fehlerhafte Gesellschaft Anwendung, d.h. trotz Anfechtung (§ 142 I BGB) gilt die Gesellschaft für die Vergangenheit als wirksam. 409

(bb) Verkehrswesentliche Eigenschaften einer Sache

Eigenschaften v. Sachen

Eigenschaft *einer Sache* ist jeder wertbildende Faktor. Dagegen ist der Wert selbst oder der Marktpreis keine Eigenschaft i.S.d. § 119 II BGB.

str. bzgl. mittelbaren Eigenschaften

Streitig ist die von der Rspr. durchgeführte Unterscheidung in unmittelbare und mittelbare Eigenschaften des Geschäftsgegenstandes.

Bsp.: *A ist Inhaber einer Hypothek am Hausgrundstück des E in Höhe von 250.000 €. A verkauft diese Hypothek für 230.000 € an B. Später stellt sich heraus, dass das Grundstück des E infolge Schwammbefalls des Hauses weit weniger wert ist. B möchte den Kauf der Hypothek anfechten.* 410

Rspr.:
§ 119 II BGB (-)

Die Rspr. geht davon aus, dass B nicht anfechten kann. Der Schwammbefall des Hauses ist unmittelbar nur eine Eigenschaft des Grundstücks selbst; für das *Recht* an dem Grundstück ist er nur eine mittelbare Eigenschaft. Eine Anfechtung nach § 119 II BGB scheidet demnach aus.

Nach den Regeln des erweiterten Inhaltsirrtums hat aber die frühere Rspr. eine Anfechtung nach § 119 I Alt. 1 BGB zugelassen. Der BGH löst diese Fälle über die Grundsätze der Störung der Geschäftsgrundlage, § 313 BGB.

hemmer-Methode: Bei der Auslegung der Beschaffenheit i.S.d. § 434 I BGB zeigt sich der BGH inzwischen großzügiger und lässt auch lediglich mittelbare Beziehungen der Sache zu ihrer Umwelt für das Vorliegen eines Mangels genügen.[178]

Lit.: wirtschaftliche Betrachtung

Diese Rspr. wird in der Lit. überwiegend abgelehnt. Die Lit. stellt auf den Sicherungscharakter der Hypothek ab. Inwieweit die Hypothek als Sicherungsmittel tauglich ist, hängt entscheidend von der wirtschaftlichen Bewertung des Grundstücks ab.

Wertbildende Faktoren des Grundstücks sind daher auch unmittelbare Eigenschaften der Hypothek.[179]

hemmer-Methode: Die gleiche Problematik ergibt sich bei einem Irrtum über die Mieterträge eines verkauften Hauses, auf die sich gem. § 1123 BGB der Haftungsverband der Hypothek erstreckt.

Nach einer im Vordringen befindlichen Meinung wird die Unterscheidung in unmittelbare und mittelbare Eigenschaften ganz abgelehnt. Entscheidend soll sein, dass sich das Rechtsgeschäft auf die Sache oder Person als eine solche mit der bestimmten Eigenschaft bezieht.[180] Diese Beziehung kann sich entweder aus der Erklärung der Parteien oder aus dem Geschäftstyp ergeben.

Zwar berechtigt eine derartige Aufnahme in die Erklärung nicht zur Anfechtung nach § 119 I Alt. 1 BGB (so aber die Lehre vom Irrtum über die Sollbeschaffenheit), aber zu einer Anfechtung nach § 119 II BGB.

178 Vgl. dazu Hemmer/Wüst, Schuldrecht BT I, Rn. 92 f.

179 Larenz AT, § 20 II b.

180 Medicus/Petersen, BR, Rn. 140.

(5) Verhältnis zu anderen Rechtsinstituten

In einer Vielzahl von Fällen ist der § 119 II BGB tatbestandsmäßig neben anderen Rechtsinstituten gegeben. Problematisch kann dieses Nebeneinander dann werden, wenn sich die jeweiligen Rechtsfolgen widersprechen. Relevant ist v.a. das Verhältnis zu § 311a BGB und zum besonderen Leistungsstörungsrecht (Gewährleistung), sowie zum nun in § 313 BGB kodifizierten Wegfall der Geschäftsgrundlage. 411

hemmer-Methode: Zum Ausschluss des Anfechtungsrechts nach § 119 II BGB lesen Sie ausführlich Tyroller, Die Konkurrenzen im Zivilrecht – Teil III, Life&LAW 10/2010, 703 ff.

(aa) § 119 II BGB und § 311a BGB

Die Folgen anfänglicher Unmöglichkeit regeln § 311a BGB und § 275 BGB. Demnach ist ein Vertrag, der auf eine Leistung gerichtet ist, die wegen § 275 I - III BGB nicht erfüllt zu werden braucht, wirksam, § 311a I BGB. Der Anspruch auf die Primärleistung ist aber ausgeschlossen. 412

„Nichterfüllungsschaden“

Nach § 311a II BGB haftet der Schuldner soweit er bei Vertragsschluss weiß oder wissen muss, dass seine Leistungspflicht unerfüllbar ist, dem Gläubiger auf Schadensersatz statt der Leistung. Ersatzfähig ist also der früher so genannte Nichterfüllungsschaden – das positive Interesse.

Es ist also letztlich ein Motivirrtum des Schuldners (über das Vorliegen / Nichtvorliegen des Leistungshindernisses), der zum Ersatz des positiven Interesses führt, wenn der Schuldner den Irrtum zu vertreten hat.

Hat er den Irrtum über die Leistungsmöglichkeit *nicht* zu vertreten, scheidet nicht nur die Primärpflicht (wegen § 275 I - III BGB), sondern auch der Sekundäranspruch nach § 311a II BGB aus. Der Schuldner wird also ersatzlos frei.

Canaris sieht hierin einen Wertungswiderspruch zur Anfechtung nach § 119 II BGB, die – unabhängig vom Verschulden des Irrenden – zu einer Ersatzpflicht nach § 122 BGB führt.[181]

Dem Vorschlag, i.R.d. § 311a II BGB im Falle der nicht zu vertretenden Unkenntnis des Schuldners vom Leistungshindernis § 122 BGB für entsprechend anwendbar zu erklären, ist der Reformgesetzgeber allerdings nicht gefolgt.[182]

§ 122 BGB gibt nur negatives Interesse

Könnte der Schuldner nun mit der Begründung anfechten, das Leistungshindernis sei ihm unbekannt gewesen, und stelle eine verkehrswesentliche Eigenschaft i.S.v. § 119 II BGB dar, so hätte dies für ihn schlimmstenfalls eine Ersatzpflicht in Höhe des negativen Interesses nach § 122 I BGB zur Folge.

Der von *Canaris* angestellte Wertungsvergleich ist zweifelhaft: Bei § 311a II BGB geht es nicht darum, dass eine Seite die Leistungspflicht aufgrund eines Willensmangels beseitigt; vielmehr ist die Leistungspflicht schon kraft Gesetzes unwirksam, § 275 I BGB bzw. kann durch Erhebung der Einrede nach § 275 II, III BGB undurchsetzbar werden.

181 Canaris, JZ 2001, 499 (507 f.).

182 Grüneberg, § 311a, Rn. 14.

Zudem wäre es widersprüchlich, dem Schuldner einerseits für den Fall des Irrtums über die Leistungsmöglichkeit das Anfechtungsrecht nach § 119 BGB zu versagen, ihm aber andererseits die Schadensersatzpflicht nach § 122 BGB aufzuerlegen.[183]

⇨ § 311a BGB vorrangig

Eine Anfechtung ist deshalb unzulässig. Zum einen handelt es sich bei § 311a BGB um eine gegenüber § 119 II BGB speziellere Norm, die in ihrem Anwendungsbereich vorrangig gilt.

hemmer-Methode: Vor allem aber ist eine Anfechtung durch den Schuldner, die nur das Ziel hat, dem Gläubiger entstandene Schadensersatz- oder Gewährleistungsansprüche zu entziehen, abzulehnen.

(bb) § 119 II BGB und §§ 437 ff. BGB

§§ 437 ff. BGB spezieller

Die Anfechtung ist grundsätzlich ausgeschlossen, *wenn* die Vorschriften des kaufvertraglichen Mängelrechts eingreifen. 413

hemmer-Methode: Ausführlich hierzu Tyroller, Die Konkurrenzen im Zivilrecht – Teil II, Life&LAW 06/2010, 413 ff.

§ 438 BGB ⇔ § 121 BGB

(1) Durch die Zulassung der Anfechtung würde die Verjährung der Mängelansprüche (§ 438 I BGB) umgangen, da der Käufer bis zu zehn Jahre nach Vertragsschluss anfechten kann (vgl. § 121 II BGB), sofern er dies gem. § 121 I BGB unverzüglich nach Kenntniserlangung tut.

Die Verjährung des Nacherfüllungsanspruchs beginnt hingegen kenntnisunabhängig mit der Übergabe bzw. Ablieferung zu laufen (§ 438 II BGB) und beträgt beim Kauf von Grundstücken oder Baustoffen fünf Jahre (§ 438 I Nr. 2 BGB) und im Übrigen zwei Jahre (§ 438 I Nr. 3 BGB). Wäre das Anfechtungsrecht nicht auf Konkurrenzebene ausgeschlossen, so könnte der Käufer trotz Verjährung des Nacherfüllungsanspruchs und der damit einhergehenden Unwirksamkeit des Rücktritts gem. §§ 438 IV S. 1, 218 I S. 1 BGB immer noch anfechten, wenn er seinen Irrtum erst einige Jahre nach der Übergabe bemerkt hat.

§ 442 I S. 2 BGB

(2) Außerdem sind gem. § 442 I S. 2 BGB die Ansprüche des Käufers wegen eines Mangels grundsätzlich ausgeschlossen, wenn dem Käufer bei Vertragsschluss ein Mangel grob fahrlässig unbekannt geblieben ist (§ 442 I S. 2 BGB).

hemmer-Methode: Beim Verbrauchsgüterkauf passt dieses Argument nicht, da § 442 BGB hier nicht anwendbar ist, vgl. § 475 III S. 2 BGB.

Für die Anfechtung spielt es hingegen keine Rolle, ob sich der Käufer schuldlos, fahrlässig oder sogar grob fahrlässig geirrt hat. Ließe man die Anfechtung zu, so würde dadurch die Wertung des § 442 I S. 2 BGB unterlaufen werden.

Nacherfüllung vorrangig

(3) Das gewichtigste Argument gegen die Zulassung des Anfechtungsrechts ist allerdings der Grundsatz des Vorrangs der Nacherfüllung bzw. das sog. „Recht zur zweiten Andienung“ des Verkäufers.

Durch das Anfechtungsrecht könnte sich der Käufer sofort vom Vertrag lösen, ohne dem Verkäufer zuvor eine Frist zur Mängelbeseitigung setzen zu müssen. Dies würde gegen die Regelung der §§ 437 Nr. 2, 323 I BGB verstoßen, wonach grundsätzlich der Rücktritt erst möglich ist, wenn der Käufer dem Verkäufer zuvor erfolglos eine angemessene Frist zur Nacherfüllung gesetzt hat.

183 Grüneberg, § 311a, Rn. 14 a.E.

Wegen dieser Umgehungsgefahr der Wertungen des Mängelrechts versagt daher die h.M. dem Käufer zu Recht die Anfechtung nach § 119 II BGB wegen Irrtums über die Mangelfreiheit der Kaufsache.

Bsp.: *V verkauft dem K seinen PKW. K geht davon aus, dass das Fahrzeug 3 Jahre alt ist; in Wirklichkeit ist der PKW 6 Jahre alt. Im Vertrag wurde auf das Alter kein Bezug genommen.*

Die Mängelrechte greifen hier nicht ein. Es liegt kein Mangel vor, da der PKW so beschaffen ist, wie er nach dem Vertrag beschaffen sein sollte. Eine Abweichung der Ist- von der Sollbeschaffenheit liegt nicht vor.

Das Alter des PKW ist aber eine verkehrswesentliche Eigenschaft. Daher kann K den Kaufvertrag nach § 119 II BGB anfechten.

⇨ Zeitpunkt des Ausschlusses

maßgeblicher Zeitpunkt

Liegt aber ein Sach- oder Rechtsmangel i.S.v. §§ 434 f. BGB vor, ist fraglich, ab wann die Anfechtbarkeit ausgeschlossen ist. 414

Bsp.: *K bestellt bei V 1000 Kofferradios. V bestätigt den Auftrag und verweist auf seine Lieferzeit von fünf Wochen. K ist damit einverstanden. Nach einer Woche erfährt K, dass die bestellten Radios aufgrund eines Fabrikationsfehlers nicht den normalen Empfangsbereich aufweisen. K möchte anfechten.*

Der Empfangsbereich eines Radios ist eine verkehrswesentliche Eigenschaft. K könnte nach § 119 II BGB anfechten.

h.M.:
Übergang der Preisgefahr

§ 119 II BGB könnte aber durch die §§ 437 ff. BGB ausgeschlossen sein. Die Radios weisen einen Sachmangel i.S.d. § 434 I S. 2 Nr. 2 BGB auf.

Da das Sachmängelrecht gem. § 434 BGB einen Mangel zum Zeitpunkt der Übergabe voraussetzen, gilt der Vorrang der Mängelrechte auch erst ab diesem Zeitpunkt.[184]

Nach überzeugender Ansicht hingegen ist § 119 II BGB bereits ab Vertragsschluss ausgeschlossen.

Hauptgrund für den Ausschluss der Mängelrechte ist der Vorrang der Nacherfüllung, der den Verkäufer gerade davor schützen soll, den Erfüllungsanspruch auf die Gegenleistung vorschnell zu verlieren. Daher soll er die Möglichkeit haben, vor einer „Vernichtung" des Vertrages den Mangel der Kaufsache zu beseitigen. Wenn dem Verkäufer ein Nacherfüllungsrecht aber nach Übergabe der mangelhaften Sache zusteht, dann muss ihm dieses Recht erst Recht vor der Übergabe zustehen.

Könnte ein Käufer vor Gefahrübergang wegen eines erkannten Irrtums über die Mangelfreiheit anfechten und damit die Vertragsdurchführung zum Scheitern bringen, so würde dadurch die gesetzgeberische Wertung vom Vorrang der Nacherfüllung völlig unterlaufen werden.[185]

hemmer-Methode: Wie Sie sich hier entscheiden, spielt keine Rolle, solange Sie Ihre Meinung begründen.

⇨ Anfechtung durch den Verkäufer

Anfechtung durch Verkäufer grds. möglich

Zwischen der Mängelhaftung nach §§ 437 ff. BGB und einem Anfechtungsrecht des *Verkäufers* nach § 119 II BGB besteht grds. kein Konkurrenzverhältnis, da die Mängelrechte allein dem Käufer, nicht aber dem Verkäufer zustehen. 415

184 BGHZ 34, 32 (35 ff.).

185 So Reinicke/Tiedtke, Kaufrecht, Rn. 799.

Grenze, § 242 BGB

Allerdings kann der Verkäufer nicht nach § 119 II BGB anfechten, wenn er sich dadurch seiner gesetzlich angeordneten (Nach)Erfüllungspflicht entzieht. Eine derartige Anfechtung wäre rechtsmissbräuchlich, § 242 BGB.

Grundsätzlich haftet der Verkäufer auf Erfüllung (§ 433 I S. 2 BGB) bzw. Nacherfüllung (§§ 437 Nr. 1, 439 BGB) und gegebenenfalls auf Schadensersatz statt der Leistung.

Durch eine Anfechtung würde er den Vertrag aber zerstören. Dann würde er allenfalls auf das *negative Interesse* haften (§ 122 BGB). Insoweit darf also eine rechtsmissbräuchliche Anfechtung durch den Verkäufer nicht ermöglicht werden.

Es gibt aber auch Fälle, in denen der Käufer einer mangelhaften Sache keine Mängelrechte geltend machen wird (z.B. bei Lieferung eines wertvolleren aliuds, § 434 III BGB). Eine Anfechtung seitens des Verkäufers ist in diesem Fall auch nicht rechtsmissbräuchlich.

(cc) § 119 II BGB und sonstiges Leistungsstörungsrecht

⇨ Werkvertragliche Mängelrechte

ebenso bei Werkvertrag

Da die Mängelrechte im Werkvertragsrecht mit denen des Kaufrechts nahezu übereinstimmen, ist das Anfechtungsrecht des Bestellers nach § 119 II BGB ausgeschlossen, soweit das Merkmal des Werks, auf das sich der Irrtum bezieht, in den Bereich der Mängelhaftung fällt.[186] Hinsichtlich der Konkurrenz von § 119 II BGB und Mängelrecht beim Werkvertrag gelten die kaufrechtlichen Grundsätze entsprechend. 416

Ließe man das Anfechtungsrecht zu, so würden die Wertung in § 634a BGB (Verjährung der Mängelrechte) sowie der Vorrang der Nacherfüllung vor Loslösung vom Vertrag (§§ 634 Nr. 3, 323 I BGB) unterlaufen.

Wegen der gesetzlich geregelten Vorleistungspflicht des Werkunternehmers (der Werklohn wird erst nach Abnahme fällig, § 641 I BGB) muss das Anfechtungsrecht des Bestellers in zeitlicher Hinsicht schon vor der Abnahme ausgeschlossen sein.

⇨ Reisevertragliche Mängelrechte

ebenso beim Reisevertrag

Die §§ 651c - g BGB enthalten eine in sich geschlossene, abschließende Regelung für Mängelrechte im Rahmen des Reisevertragsrechts. 416a

Daher kann auch der Reisende bei einem Irrtum über die Mangelfreiheit nicht nach § 119 II BGB anfechten. Eine Zulassung der Anfechtung würde v.a. der Abhilfemöglichkeit des Reiseveranstalters gem. § 651c II BGB, der vorherigen Fristsetzung zur Abhilfe vor Ausspruch der Kündigung gem. § 651e II S. 1 BGB und der Verjährung gem. § 651g II BGB zuwiderlaufen.

Auch im Reisevertragsrecht sind die Mängelrechte daher „leges speciales“ gegenüber § 119 II BGB. § 119 II BGB muss in zeitlicher Hinsicht dabei bereits ab Vertragsschluss ausgeschlossen sein, da im Reisevertragsrecht das Mängelrecht bereits ab diesem Zeitpunkt zur Anwendung kommt.[187]

186 Grüneberg, Vorb v § 633, Rn. 15.

187 Grüneberg, Vorb v §§ 651c – g, Rn. 9.

⇨ Mietvertragliche Gewährleistung

str. bei Miete

Strittig ist dagegen das Verhältnis Anfechtung und Mängelhaftung beim Mietvertrag. 417

keine Wandelung mögl. aber h.M.: Rechte d. Mieters ausreichend

Zum einen wird argumentiert, dass die Mängelhaftung das Anfechtungsrecht nicht verdränge, da im Mietrecht die Mängelansprüche keine Möglichkeit zur Vertragsauflösung bieten.[188]

Dagegen sprechen jedoch die Vorschriften über die Kündigung, §§ 543 II S. 1 Nr. 1, 569 BGB. Sie legen fest, unter welchen Voraussetzungen sich der Mieter vom Vertrag lösen kann und regeln auch die Rückabwicklung des Vertrages.

Insbesondere soll beim Irrtum über Merkmale, die das Kündigungsrecht begründen (§ 543 II S. 1 Nr. 1 BGB), keine Rückabwicklung über das Bereicherungsrecht erfolgen.

Richtiger Ansicht nach ist daher auch bei der Miete die Anfechtung nach § 119 II BGB ausgeschlossen. Die Rechte des Mieters sind hinreichend durch die Gewährleistungsrechte geschützt.[189] Außerdem würden ansonsten die strengen Voraussetzungen des außerordentlichen Kündigungsrechts des § 543 II Nr. 1 BGB ausgehöhlt.

⇨ Allgemeines Leistungsstörungsrecht

wenn Umgehung des allgemeinen Nacherfüllungsrechts: § 119 II BGB (-)

Auch dem neuen allgemeinen Leistungsstörungsrecht liegt ein genereller Nacherfüllungsanspruch zu Grunde. Dies macht das Erfordernis der Nachfristsetzung in den Normen, die Schadensersatz statt der Leistung gewähren deutlich. Soweit möglich und zumutbar, soll eben zunächst versucht werden, den vertraglich vereinbarten Erfolg doch noch herbeizuführen. Umginge man durch eine Anfechtung nach § 119 II BGB dieses Prinzip, scheidet sie ebenfalls aus. 418

(dd) § 119 II BGB und c.i.c. (§§ 280 I, 311 II, 241 II BGB)

Vertragsaufhebung wg. vorvertragl. Pflichtverletzung: Verhältnis zur Anfechtung

Liegt die vorvertragliche Pflichtverletzung in der Erweckung oder Aufrechterhaltung eines Irrtums der anderen Seite, kann sich aus §§ 280 I, 311 II, 241 II Var. 3 BGB i.V.m. § 249 I BGB ein Anspruch auf Vertragsaufhebung ergeben;[190] die auf die Vertragsaufhebung gerichtete Willenserklärung der pflichtverletzenden Partei ist die Gewährung von Schadensersatz im Wege der Naturalrestitution, § 249 I BGB.[191] 419

Probleme ergeben sich nun im Verhältnis zur Anfechtung. Mit §§ 280 I, 311 II, 249 I BGB kann ebenso wie mit der Anfechtung das Unwirksamwerden des Vertrages erreicht werden. Fallentscheidend wird dies, wenn etwa die Ausschlussfrist für die Anfechtung (z.B.: § 121 BGB) verstrichen, der Anspruch aus § 280 BGB aber noch nicht verjährt ist.

Ob die §§ 280 I, 311 II, 249 I BGB neben den §§ 119 ff. BGB anwendbar sind, wird – wie bislang die Frage der Anwendbarkeit der c.i.c. in diesen Fällen – auch weiter umstritten sein.

188 RGZ 157, 174 = jurisbyhemmer.

189 Otto, JuS 1985, 852 f.; Grüneberg, § 119, Rn. 28 a.E.; a.A. Grüneberg, § 536, Rn. 12.

190 Vgl. zu den Rechtsfolgen des § 280 I BGB bei vorvertraglichen Pflichtverletzungen Rn. 265 ff.

191 Grüneberg, § 311, Rn. 16.

h.M.: uneingeschränkte Anwendbarkeit neben den §§ 119 ff. BGB

Die h.M. ging bisher davon aus, dass die c.i.c., gerichtet auf Vertragsaufhebung wegen § 249 I BGB uneingeschränkt neben den Anfechtungsbestimmungen anwendbar ist. Hierfür werden verschiedene Argumente angeführt, die sich auch nach Integration der c.i.c. über § 311 BGB in den § 280 I BGB beibehalten lassen: *419a*

Der Anspruch aus §§ 280 I, 311 II BGB (c.i.c.) und die §§ 119 ff. BGB haben eine völlig unterschiedliche Schutzrichtung: Während es bei § 280 I BGB um den Schutz des Vermögens geht, sollen die §§ 119 ff. BGB die Willensfreiheit schützen.

Dieser Schutz über das Anfechtungsrecht ist unabhängig von der wirtschaftlichen Nachteiligkeit des Rechtsgeschäfts, während ein auf Vertragsaufhebung gerichteter Schadensersatzanspruch aus c.i.c. den Eintritt eines Vermögensschadens voraussetzt.

BGH: c.i.c. neben Anfechtung anwendbar

(1) Der BGH hat ausdrücklich klargestellt, dass die §§ 280 I, 311 II, 249 I BGB nur dann einen Anspruch auf Vertragsaufhebung gewähren, wenn ein Vermögensschaden vorliegt: *419b*

Es muss durch die Pflichtverletzung zu einem wirtschaftlich nachteiligen Vertragsschluss und damit zu einem Vermögensschaden gekommen sein, was i.d.R. der Fall sein wird. [192]

hemmer-Methode: Bei der Bejahung des Vermögensschadens ist der BGH aber großzügig. Ähnlich wie bei § 263 StGB im berühmten Melkmaschinenfall des BGH zum „subjektiven Schadenseinschlag“[193] bejaht der BGH das Vorliegen eines Vermögensschadens schon dann, wenn der Geschädigte (nur) in seinen Vermögensdispositionen beeinträchtigt ist. Dass die Leistung und die Gegenleistung aus dem geschlossenen Vertrag gleichwertig sind, lässt den Schaden nicht entfallen. Es genügt, dass die Leistung subjektiv für die Zwecke des Geschädigten nicht voll brauchbar ist. Maßgeblich ist dabei aber nicht die rein subjektiv willkürliche Sicht des z.B. Käufers; erforderlich ist vielmehr, dass auch die Verkehrsanschauung den Vertragsschluss als unvernünftig, den konkreten Vermögensinteressen nicht angemessen und damit als nachteilig ansieht.

nach a.A. ist die c.i.c. neben den Anfechtungsregeln nicht anwendbar

(2) Während die wohl h.L. dieser Rechtsprechung zustimmt[194], gibt es auch deutlich kritische Stimmen, die dem BGH eine „Scheinargumentation“ vorwerfen. *419c*

Die Ausführungen zum Vermögensschaden sind äußerst zweifelhaft. Zum einen ist für die Naturalrestitution kein Vermögensschaden erforderlich, sondern nur für den Schadensersatz in Geld, vgl. § 253 I BGB.

Zum anderen ist das Argument, dass die Anfechtung einen solchen gerade nicht voraussetzt, sehr formal.

Der Anfechtungsberechtigte wird freilich nur dann anfechten, wenn die fragliche Willenserklärung für ihn nachteilig ist. Dies ist zwar keine Voraussetzung der Anfechtung, in der Praxis aber die absolute Regel. Warum sollte denn sonst getäuscht werden?

Dass §§ 280 I, 311 II BGB nur das Vermögen schützen, die §§ 123, 124 BGB hingegen die freie Willensbildung, sei ebenfalls - jedenfalls seit dem 01.01.2002 nicht mehr vertretbar. Gem. § 241 II BGB ist im vorvertraglichen Schuldverhältnis auf die **Interessen des anderen Teils Rücksicht** zu nehmen.

192 Ausführlich **Tyroller, *„Die Loslösung vom Vertrag“*, Life&LAW 08/2007, 562 (567 f.)**; Hemmer/Wüst, Schuldrecht AT, Rn. 194 ff.; zum Verhältnis c.i.c. ⇔ Arglist vgl. auch BGH, **Life&LAW 11/2007, 730 ff.** = NJW 2007, 3057 ff. = **juris**byhemmer.

193 BGHSt 16, 321 ff. = **juris**byhemmer; Tröndle/Fischer, StGB, 54. Auflage 2007, § 263, Rn. 87.

194 Vgl. die Nachweise bei Grüneberg, § 276, Rn. 65.

Dass es sich dabei nur um Vermögensinteressen handeln soll, ist nicht zwingend. Im Gegenteil: Auch die freie Willensbildung des Vertragspartners sei ein zu berücksichtigendes Interesse. Damit bestehe die vom BGH proklamierte unterschiedliche Schutzrichtung in Wahrheit gar nicht.[195]

hemmer-Methode: Wie Sie sich hier im Ergebnis entscheiden, ist unwichtig. Es kommt lediglich darauf an, dass Sie argumentieren.
Für den BGH, der einen Vermögensschaden zur Abgrenzung verlangt, spricht Folgendes: Liegt ein solcher nicht vor, besteht in der Tat die Gefahr, in vielen Fällen zur Vertragsaufhebung zu gelangen, die typische Fälle der Anfechtung sind.
Gegen den BGH spricht, dass die Bejahung des Schadens mit subjektivem Schadenseinschlag letztlich doch nichts anderes ist als der Schutz der freien Willensbildung. Der Vorwurf der Scheinargumentation steht also nicht zu Unrecht im Raum.
Relevant wird diese Frage aber für Sie in der Klausur erst dann, wenn entweder die Anfechtungsfrist verstrichen ist oder nur eine fahrlässige Täuschung vorliegt.
Besteht hingegen (noch) die Möglichkeit der Anfechtung, so können Sie im Examen auch eine Scheindiskussion führen und die Entscheidung, welcher Ansicht Sie folgen - natürlich erst nach vorheriger Erörterung des Meinungsstandes - im Ergebnis auch dahinstehen lassen.

(ee) § 119 II BGB und § 313 BGB (SGG)[196]

Rechtsfolge der SGG ist nach § 313 I BGB grundsätzlich ein Anspruch auf Vertragsanpassung. Ist eine Anpassung des Vertrags nicht möglich oder einem Teil nicht zumutbar, so kann der benachteiligte Teil auch vom Vertrag zurücktreten, bzw. (bei Dauerschuldverhältnissen) außerordentlich kündigen, § 313 III BGB. 420

⇨ Abgrenzung – Typische Fälle

⇨ Grundsatz: Vorrang des § 119 II BGB

Vorrang d. § 119 II BGB

Auch die Voraussetzungen der SGG sind im Bereich des Motivirrtums häufig gegeben. 421

Da die SGG gegenüber der Anfechtung jedoch subsidiär ist, scheidet eine Anwendung der Grundsätze der SGG aus, wenn man in diesen Fällen eine Anfechtung bejaht.[197] Beim Kalkulationsirrtum ist jedoch i.d.R. keine Anfechtungsmöglichkeit gegeben; diese Fälle werden daher i.R.d. SGG gelöst.

⇨ Irrtum über mittelbare Eigenschaften

bei mittelbaren Eigenschaften je nach Ansicht mögl.

Schwierigkeiten bereitet die Behandlung eines Irrtums über mittelbare Eigenschaften. Die Voraussetzungen der SGG sind in diesen Fällen grundsätzlich gegeben. Fraglich ist, ob dem Käufer ein Anfechtungsrecht nach § 119 II BGB zusteht. 422

Bejaht man mit der Lit. die Anfechtbarkeit, würde die Anwendung der SGG ausscheiden. Da aber das tatsächliche Vorliegen des § 119 II BGB gerade strittig ist, muss die Abgrenzung zwischen SGG und § 119 II BGB hier von der Rechtsfolgenseite vorgenommen werden. Dann sprächen die besseren Rechtsgründe für die SGG. Gegen § 119 II BGB spricht die Haftung aus § 122 BGB, außerdem das grundsätzlich für die Anfechtung geltende Alles-oder-Nichts-Prinzip.

195 Vgl. hierzu Lorenz/Riehm, Lehrbuch zum neuen Schuldrecht, Rn. 372 [381 ff.]

196 Vgl. ausführlicher Hemmer/Wüst, Schuldrecht AT, Rn. 622 ff.

197 Medicus/Petersen, BR, Rn. 162.

Für die Anwendung der SGG spricht die flexiblere Handhabung der Opfergrenze (Vertragsanpassung). Außerdem ist die Vertragsanpassung in den meisten Fällen sachgerecht, z.B. eine Minderung des Vertragswertes um 10 %. Daher ist der Rspr. zu folgen, die eine Anfechtbarkeit nach § 119 II BGB ablehnt und die SGG anwendet (a.A. vertretbar).

⇨ **Beiderseitiger beachtlicher Motivirrtum nach § 119 II BGB**

str. beiderseitiger Motivirrtum

Ebenfalls strittig ist das Verhältnis bei einem *beiderseitigen beachtlichen Motivirrtum i.S.d § 119 II BGB.* 423

> *Bsp.: V verkauft an K einen Ring als „vergoldet". Später stellt sich für beide heraus, dass er aus massivem Gold ist.*

h.M.: (-), keine Zufallsergebnisse ⇨ Störung d. GG

Hier wird die Anfechtbarkeit über § 119 II BGB von e.A. verneint. Denn es beruht auf Zufall, wer zuerst anficht und damit nach § 122 BGB zum Ersatz des negativen Interesses verpflichtet ist. Die Anwendung des § 313 II BGB wird daher als sachgerechter angesehen.[198] 424

Dagegen lässt sich anführen, dass stets derjenige anfechten wird, zu dessen Nachteil die Wirklichkeit von der gemeinsamen Vorstellung abweicht.

Dann ist es aber auch nicht unbillig, wenn er den aus der Anfechtung erwachsenden Vorteil mit der Pflicht zum Ersatz des negativen Interesses bezahlt.[199]

§ 313 II BGB erfasst daher nach überzeugender Ansicht lediglich Motivirrtümer, die kein Anfechtungsrecht begründen.

(ff) Das Verhältnis von § 119 II BGB zu § 321 BGB

Konkurrenz von § 119 II BGB u. § 321 BGB

Unter einer verkehrswesentlichen Eigenschaft i.S.d. § 119 II BGB ist auch die Kreditwürdigkeit einer Person zu verstehen. Es besteht daher ein Konkurrenzverhältnis zwischen § 119 II BGB und § 321 BGB. 425

> *Bsp.: A gewährt dem B ein Darlehen. Dabei hat sich A über die Kreditwürdigkeit des B geirrt.*

Bis zum 31.12.2001 galt § 119 II BGB, wenn der Vermögensverfall schon bei Vertragsschluss vorlag, und § 321 BGB ausweislich seines eindeutigen Wortlauts, wenn er erst *später* eingetreten ist. Dies hat die Schuldrechtsreform geändert. **Entscheidend** ist nun **nicht mehr**, **wann** der **Vermögensverfall** des Vertragspartners **eintritt**, **sondern wann** der **Gläubiger davon erfährt**.

Nach teilweise vertretener Ansicht sollen § 321 BGB und § 119 II BGB nebeneinander parallel zur Anwendung kommen.[200] Argumentiert wird damit, dass die Verfasser des Schuldrechtsmodernisierungsgesetzes von der parallelen Anwendbarkeit der §§ 119 BGB und 321 BGB ausgegangen sind.[201]

Hiergegen spricht, dass dem Vorleistungspflichtigen nicht die sofortige Möglichkeit gegeben werden soll, Vorleistungsverpflichtungen, die er ungeprüft eingegangen ist, nachträglich über § 119 II BGB zu beseitigen.

198 Larenz, AT, § 20 III.

199 Medicus/Petersen, BR, Rn. 162.

200 Medicus/Petersen, Bürgerliches Recht, 22. Auflage, Rn. 143; MüKo, § 312 BGB, Rn. 39.

201 BT-Drucks. 14/6040, Seite 179.

Das Rücktrittsrecht des § 321 II BGB setzt nämlich voraus, dass dem Schuldner zuvor eine Frist gesetzt werden muss, wegen der Gefährdung des Anspruchs Sicherheit zu leisten. Hierzu muss der Gläubiger dem Schuldner eine angemessene Frist setzen, § 321 II S. 1 BGB. Erst nach erfolglosem Ablauf der Frist kann der Gläubiger zurücktreten, § 321 II S. 1 BGB.

Diese Möglichkeit der Sicherheitsleistung würde dem Schuldner aber genommen, wenn der Gläubiger nach Kenntnis von der Vermögensverschlechterung anfechten könnte. Vor der Anfechtung ist nämlich eine Fristsetzung nicht erforderlich.

Nach zutreffender Ansicht wird das Anfechtungsrecht nach § 119 II BGB vom insoweit vorrangigen Rücktrittsrecht des § 321 II BGB aus Konkurrenzgründen verdrängt; § 321 II BGB ist somit eine „lex specialis“.[202]

cc) Anfechtung wegen Täuschung oder Drohung, § 123 BGB

(1) Einordnung

§ 123 BGB, Freiheit d. Willensentscheidung

§ 123 BGB schützt die Freiheit der Willensentschließung. Die Willenserklärung ist nur dann Ausdruck wirklicher Selbstbestimmung, wenn sich die Willensbildung frei von Täuschung oder Drohung vollzogen hat. 426

Es handelt sich also bei § 123 BGB ebenfalls um einen Motivirrtum. § 123 BGB gilt für alle Arten von Willenserklärungen, empfangsbedürftige und nicht empfangsbedürftige, ausdrückliche und konkludente.

Ausschluss der Arglistanfechtung ist unwirksam

Ein im Voraus vertraglich vereinbarter Ausschluss der Anfechtung wegen arglistiger Täuschung ist mit dem von § 123 BGB bezweckten Schutz der freien Selbstbestimmung unvereinbar und deshalb unwirksam, wenn die Täuschung von dem Geschäftspartner selbst oder von einer Person verübt wird, die nicht Dritter i.S.d. § 123 II BGB ist.

hemmer-Methode: Das Recht zur Arglistanfechtung ist – anders als § 119 II BGB – vom Mängelrecht nicht ausgeschlossen. Dies hat der BGH kürzlich zum Verhältnis § 123 I BGB ⇔ § 543 BGB erstmals ausdrücklich bestätigt.[203]

(2) Die arglistige Täuschung

(a) Voraussetzungen

ähnlich § 263 StGB

Tatbestandlich weist die arglistige Täuschung i.S.d. § 123 BGB eine ähnliche Struktur auf wie § 263 StGB. 427

***Objektive* Voraussetzungen sind:**

- ⇨ Täuschungshandlung
- ⇨ Irrtum
- ⇨ Abgabe einer Willenserklärung

202 Bamberger/Roth/Grothe, § 321 BGB, Rn. 2; Huber/Faust, Schuldrechtsmodernisierung, Seite 181 ff.

203 BGH, **Life&LAW 01/2009, 1 ff.**

Alle drei Tatbestandsmerkmale sind durch das weitere Merkmal der *Kausalität* verbunden (vgl. Wortlaut des § 123 I BGB). Die Täuschungshandlung muss zu einem Irrtum beim Erklärenden führen. Dieser Irrtum muss für die Abgabe einer Willenserklärung ursächlich sein. 428

hemmer-Methode: Keine Voraussetzung des § 123 BGB ist ein Schaden und eine Schädigungsabsicht. Insoweit unterscheidet sich die Anfechtung nach § 123 BGB auch von der Vertragsaufhebung über §§ 280 I, 311 II, 241 II Var. 3 BGB (c.i.c.) i.V.m. § 249 I BGB. Bei der c.i.c. ist ein Schaden erforderlich. Dies ist neben den unterschiedlichen Schutzzwecken der Grund, warum man nach h.M. die c.i.c. i.V.m. der Naturalrestitution und §§ 123, 142 I BGB nebeneinander zulässt.

Subjektiv **muss vorliegen:**

⇨ Arglist

Voraussetzungen:

Merkhilfe: § 123 I Alt. 1 BGB mit ähnlicher Struktur wie § 263 StGB

- **Täuschungshandlung**: jedes *widerrechtliche* (ungeschriebenes Tatbestandsmerkmal) Handeln oder Unterlassen

  Kausalität
- Dadurch entstandener **Irrtum**

  Kausalität
- Irrtumsbedingte **Abgabe einer WE**

- **Arglist**: wissentliches und willentliches Verursachen der Abgabe der täuschungsbedingten WE *(entspricht etwa Vorsatz i.R.d. § 263 StGB)*

(b) Täuschungshandlung und Arglist

(aa) Täuschungshandlung

Täuschungshandlung

Es kommt jedes Verhalten in Betracht, durch das Tatsachen vorgespiegelt, entstellt oder unterdrückt werden. Das Verhalten kann in einer positiven Erregung des Irrtums oder durch Unterlassen der Aufklärung liegen.[204] 429

Positives Tun

- *positives Tun*

Erfolgt die Täuschung durch positives Tun, muss sie sich auf objektiv nachprüfbare Tatsachen beziehen. Subjektive Werturteile oder reklamehafte Anpreisungen begründen kein Anfechtungsrecht.[205] 430

> ***Bsp.:*** *Unrichtige Angaben über wertbildende Merkmale des Vertragsgegenstandes, über die Grundlage der Preisberechnung, Alter eines Teppichs, Kilometerstand eines PKW*

auch konkludent

Eine Täuschung ist ebenfalls durch konkludentes Verhalten möglich.

> ***Bsp.:*** *Wer auf Kredit kauft, erklärt durch den Vertragsschluss, dass er den Kaufpreis zahlen wolle und könne.*

204 Grüneberg, § 123, Rn. 2.

205 Abweichend von diesem Grundsatz statuiert *§ 434 I S. 3 BGB* eine *Gewährleistungshaftung* des Verkäufers für Werbungsaussagen.

Unterlassen

Unterlassen; Voraussetzung ist aber Aufklärungspflicht

Täuschung durch Verschweigen von Tatsachen bedeutet wissentliches, stillschweigendes Dulden eines fremden Irrtums. 431

Grundsätzlich ist aber jeder für sich selbst verantwortlich (Privatautonomie!).

Es besteht denn auch *keine allgemeine Aufklärungspflicht*, den anderen auf mit einem Rechtsgeschäft verbundenen Risiken hinzuweisen. Für den Täuschenden muss eine besondere Rechtspflicht zur Aufklärung bestehen, damit das Unterlassen dem Tun gleichgestellt werden kann.

Ob eine solche Pflicht besteht, richtet sich nach Treu und Glauben, § 242 BGB. Entscheidend ist, ob der andere unter Berücksichtigung der Verkehrsanschauung redlicherweise eine Aufklärung erwarten durfte.[206] Es sind alle Umstände des Einzelfalles heranzuziehen, so dass sich eine Verallgemeinerung verbietet.

> **Bspe.:** *Verschweigen eines Unfalls bei Verkauf eines Pkws. Das zu verkaufende Haus ist ohne Baugenehmigung errichtet worden. Die verkaufte Hypothek ist wertlos.*
>
> *Der Mieter ist verpflichtet, den Vermieter vor Abschluss eines Gewerberaummietvertrages über außergewöhnliche Umstände aufzuklären, mit denen der Vermieter nicht rechnen kann und die offensichtlich für diesen von erheblicher Bedeutung sind („Thor Steinar“).*[207]

In den Beispielsfällen besteht i.d.R. eine *Aufklärungspflicht*. Es handelt sich um solche Umstände, die den Vertragszweck vereiteln oder erheblich gefährden könnten (und somit für den anderen Teil von ausschlaggebender Bedeutung sind).

hemmer-Methode: Machen Sie sich Ihre strafrechtlichen Kenntnisse zu Nutze. Umstände, die eine Garantenstellung (i.R.v. § 263 StGB) zu begründen vermögen, konstituieren regelmäßig auch eine Aufklärungspflicht für § 123 BGB. D.h.: Sie können auch auf Ihr Wissen zu Überwacher-/ Beschützergarant, Ingerenz, etc. zurückgreifen!

(bb) Widerrechtlichkeit

Täuschung ipso facto widerrechtlich
Ausnahme: unzulässige Frage

Die Täuschungshandlung muss widerrechtlich sein. Die Täuschung ist i.d.R. ipso facto rechtswidrig. Eine Ausnahme liegt vor, wenn eine gestellte Frage *unzulässig* ist. 432

Bei unzulässigen Fragen darf der Befragte die Antwort nicht nur verweigern, sondern auch eine unrichtige Antwort geben, also täuschen.[208]

Ein zugkräftiges und vielseitig verwendbares Argument gegen ein Fragerecht ist das grundrechtlich geschützte Persönlichkeitsrecht. Fragen, die die Intimsphäre betreffen, können höchstens durch überaus wichtige Interessen des Fragenden gerechtfertigt sein. Letztlich haben Sie hier eine Interessenabwägung zwischen den oftmals berechtigten Interessen des Fragenden und dem Recht auf informelle Selbstbestimmung des anderen zu treffen.

hemmer-Methode: Besondere Bedeutung hat die Unzulässigkeit von Fragen im Zusammenhang mit der Eingehung eines Arbeitsvertrages. Lesen Sie hierzu ausführlich HEMMER/WÜST, Arbeitsrecht, Rn. 320 ff.

---

206 Grüneberg, § 123, Rn. 5.

207 **BGH, Life&LAW 01/2011, 9 ff.** = NJW 2010, 3362 ff. = **juris**byhemmer.

208 Grüneberg, § 123, Rn. 10.

Arbeitsvertrag

Ein häufiges Problem stellt dabei die Frage dar, welche Fragen des Arbeitgebers der Arbeitnehmer bei den Vertragsverhandlungen falsch beantworten darf. 433

Bspe.: *Vorstrafen, die keine Arbeitsplatzrelevanz haben, müssen dem Arbeitgeber nicht angegeben werden.*

Auch bereits eingestellte Ermittlungsverfahren müssen dem Arbeitgeber nicht mitgeteilt werden. Eine diesbezügliche Frage wäre unzulässig und darf wahrheitswidrig beantwortet werden.[209]

Nach der politischen Einstellung darf nur gefragt werden, wenn es sich um sog. „Tendenzbetriebe“ i.S.d. § 118 I BetrVG handelt.

Ob die Frage nach der Schwerbehinderteneigenschaft zulässig ist oder eine gem. §§ 7 I, 1 AGG unzulässige Diskriminierung darstellt, wurde vom BAG zuletzt offen gelassen.[210]

Im bestehenden Arbeitsverhältnis ist die Frage nach der Schwerbehinderung jedenfalls nach sechs Monaten, d.h. ggf. nach Erwerb des Behindertenschutzes gemäß §§ 85 ff. SGB IX, zulässig. Das gilt insbesondere zur Vorbereitung von beabsichtigten Kündigungen.[211]

hemmer-Methode: Kündigt der Arbeitgeber dem AN, der die Schwerbehinderteneigenschaft zur Vorbereitung einer Kündigung im bestehenden Arbeitsverhältnis verschwiegen hat, ohne vorherige Zustimmung des Integrationsamtes, so ist dem Arbeitnehmer in der Regel unter dem Gesichtspunkt von Treu und Glauben aufgrund rechtsmissbräuchlichen Verhaltens gem. § 242 BGB verwehrt, sich auf den Sonderkündigungsschutz als Schwerbehinderter und damit die Unwirksamkeit der Kündigung gem. § 85 SGB IX, § 134 BGB zu berufen.
Der Arbeitnehmer hat nämlich durch das Leugnen seiner anerkannten Schwerbehinderung AG in dem Glauben bestärkt, er könne ohne die Beteiligung des Integrationsamtes wirksam kündigen. Dadurch wurde AG davon abgehalten, vor der Kündigung die Zustimmung des Integrationsamtes einzuholen.

Schwangerschaft

Bsp.: *Die schwangere S bewirbt sich beim Betrieb des B um eine Sekretärinnenstelle. Auf die Frage, ob sie schwanger sei, antwortet die S wahrheitswidrig mit „nein“. Als B dies herausbekommt, ficht er den Arbeitsvertrag an.*

Abwägung: Recht auf Selbstbestimmung u. Interessen d. Arbeitgebers

Eine Anfechtung des B kommt hier nicht in Betracht, da seine Frage unzulässig war.[212] Die Täuschung war damit nicht rechtswidrig.

Die Frage nach der Schwangerschaft vor Einstellung der Bewerberin (§ 6 I S. 2 AGG) ist als Fall einer unmittelbaren Diskriminierung gem. § 7 I i.V.m. §§ 3 I S. 2, 2 I Nr. 1 AGG grds. unzulässig, sodass die Arbeitnehmerin ein „Recht zur Lüge“ hat.[213]

Fraglich ist lediglich, ob § 8 I AGG eine Frage nach der Schwangerschaft rechtfertigen kann. Teilweise wird dies in Abkehr zur bisherigen Rechtsprechung von der Lehre bejaht.[214]

Dies ist aber aus folgenden Gründen eindeutig abzulehnen:

⇨ Das BAG hielt aber lange Zeit dazu am Anfechtungsrecht des Arbeitgebers fest, wenn die Bewerberin aufgrund der Schwangerschaft für die angestrebte Arbeit objektiv ungeeignet ist[215]. Nur für diesen Fall besteht auch eine Offenbarungspflicht (s.o.), deren Verletzung durch eine falsche Antwort eine rechtswidrige arglistige Täuschung darstellen würde.

---

209 BAG, **Life&LAW 06/2013, 411 ff.** = BAG, NZA 2013, 429 ff. = **juris**byhemmer.

210 BAG, **Life&LAW 02/2012, 91 ff.** = BAG, NZA 2012, 34 ff. = **juris**byhemmer.

211 BAG, **Life&LAW 07/2012, 488 ff.** = BAG, NZA 2012, 555 ff. = **juris**byhemmer.

212 BGHZ 87, 397 = **juris**byhemmer.

213 Lesen Sie dazu auch BAG, **Life&LAW 10/2003, 695 ff.** = NZA 2003, 899) sowie Tyroller, Das AGG, **Life&LAW 10/2006, 712 (713 und 719)**.

214 Pallasch, Diskriminierungsverbot wegen Schwangerschaft bei der Einstellung, NZA 2007, 306 (310).

215 Vgl. Grüneberg, § 123, Rn. 10 a.E.

Das BAG[216] hat daher entschieden, dass die Frage nach der Schwangerschaft vor Einstellung einer Arzthelferin ausnahmsweise dann gerechtfertigt ist, wenn sie objektiv dem gesundheitlichen Schutz der Bewerberin und des ungeborenen Kindes dient!

⇨ Der EuGH hat nun aber entschieden, dass Art. 2 I und III der Richtlinie 76/207/EWG verbieten, eine Schwangere deshalb nicht auf eine ***unbefristete*** Stelle einzustellen, weil sie für die Dauer der Schwangerschaft wegen eines aus ihrem Zustand folgenden gesetzlichen Beschäftigungsverbots (vgl. §§ 3, 4 MuSchG) auf dieser Stelle von Anfang an nicht beschäftigt werden darf[217].

⇨ Daraus lässt sich schließen, dass dann auch eine Frage nach der Schwangerschaft **in diesem Fall** unzulässig wäre.

Konsequenz der neuen EuGH-Entscheidung ist daher, dass die Frage nach der Schwangerschaft unzulässig ist und damit ein **„Recht zur Lüge“** besteht**, selbst wenn die Bewerberin für die Dauer ihrer Schwangerschaft von Anfang an objektiv nie in der Lage war, das Arbeitsverhältnis zu erfüllen!**

⇨ Nach Ansicht der Literatur kann daher die Frage nach der Schwangerschaft nur noch zulässig sein, wenn es um eine befristete Beschäftigung geht.[218]

Dem hat sich das BAG nun ausdrücklich angeschlossen, sodass eine Frage nach der Schwangerschaft auch bei fehlender objektiver Eignung der Arbeitnehmerin ausgeschlossen ist. Eine Anfechtung wegen Arglist scheidet demnach aus.

hemmer-Methode: Eine Anfechtung nach § 119 II BGB scheitert, da es sich bei der Schwangerschaft nicht um eine verkehrswesentliche Eigenschaft handelt, weil sie nur von vorübergehender Dauer ist.[219]

Stasi-Mitarbeit

Bsp.: *Die wahrheitswidrige Beantwortung der Frage nach einer Mitarbeit für das Ministerium für Staatssicherheit der ehemaligen DDR kann bei einer Einstellung in den öffentlichen Dienst die Anfechtung des Arbeitsvertrages wegen einer arglistigen Täuschung gem. §§ 123, 142 BGB rechtfertigen.*

Die Anfechtung ist jedoch ausgeschlossen (§ 242 BGB), wenn die Rechtslage des Getäuschten im Zeitpunkt der Anfechtung nicht mehr beeinträchtigt ist.[220]

(b) Arglist

bzgl. Arglist ist dolus eventualis Vorauss.

Der Täuschende muss arglistig handeln, d.h. der Täuschende muss die Unrichtigkeit seiner Angaben kennen und das Bewusstsein haben, dass der andere Teil durch die Täuschung zur Abgabe einer Willenserklärung bestimmt wird. Dazu genügt jeweils *dolus eventualis*. 434

Bsp.: *Autohändler V verkauft dem K einen Pkw, den er kurz zuvor in Zahlung genommen hat. Auf die Frage der Unfallfreiheit des Wagens erklärt V, ohne bisher eine nähere Prüfung durchgeführt zu haben, er wisse genau, dass dieser Wagen noch keinen Unfall hatte. Als K später zufällig erfährt, dass der Pkw bereits einen schweren Heckschaden erlitten hat, möchte er anfechten.*

In Betracht kommt eine Anfechtung gem. § 123 I Alt. 1 BGB aufgrund arglistiger Täuschung.

216 NJW 1994, 148 = **juris**byhemmer.

217 EuGH, **Life&LAW 05/2000, 311 ff.** = NZA 2000, 255 ff.

218 Vgl. Stürmer, NZA 2001, 526 ff. (530), „Bewerbung und Schwangerschaft“.

219 Grüneberg, § 119, Rn. 26.

220 BGH, **Life&LAW 01/1999, 24 ff.**

Problem: „Angaben ins Blaue“

Fraglich ist hier die Arglist. Man könnte an bedingten Vorsatz des V denken. Näher liegt es jedoch, das Verhalten des V als bewusste Fahrlässigkeit zu qualifizieren. Nach st. Rspr. des BGH handelt V aber auch dann arglistig, wenn er in bewusster Unkenntnis der Tatsachen „ins Blaue hinein“ Behauptungen aufstellt, die sich als unrichtig erweisen.[221]

K kann nach § 123 I Alt. 1 BGB anfechten.

hemmer-Methode: Anknüpfungspunkt der Arglist bei Behauptungen „ins Blaue hinein“ ist das Bewusstsein des Täuschenden von seiner eigenen Unkenntnis.
Folglich muss Arglist nicht bzgl. der Unfallfreiheit, sondern bzgl. der Behauptung trotz Wissens um die eigene Unkenntnis vorliegen. Beachten Sie dabei, dass bei den Antworten „ins Blaue hinein“ die Abgrenzung zu einem Anspruch auf Vertragsaufhebung aus c.i.c. besonders relevant ist. Für die c.i.c. reicht nämlich - im Gegensatz zu § 123 BGB - Fahrlässigkeit aus.

keine Bereicherungsabsicht notw.

Eine Bereicherungsabsicht ist nicht erforderlich. Denn § 123 I BGB verlangt keinen Vermögensschaden. Entsprechend braucht der Wille des Täuschenden nicht darauf gerichtet sein, sich auf Kosten des Getäuschten zu bereichern. 435

Die Person des Täuschenden

(aa) Täuschung durch einen Dritten

Person d. Täuschenden

Täuscht bei einer empfangsbedürftigen Willenserklärung der Erklärungsempfänger, so kann der Getäuschte immer anfechten. 436

Täuscht ein Dritter, so besteht ein Anfechtungsrecht nur, wenn der Erklärungsempfänger die Täuschung kannte oder kennen musste, § 123 II S. 1 BGB. Es geht dabei also um die Frage, ob das Verhalten eines Dritten „zugerechnet“ werden soll.

Problem: Dritte i.S.v. § 123 II BGB; Vertreter ist Nichtdritter

Fraglich ist, wer als Dritter i.S.d. § 123 II S. 1 BGB anzusehen ist. Nicht ausreichend ist es, auf Personenverschiedenheit abzustellen. Es fragt sich, wann ein gutgläubiger Erklärungsempfänger sich das Verhalten eines anderen zurechnen lassen muss. Augenfällig ist dies bei dem Vertreter. Sein Verhalten muss der Vertretene sich grds. zurechnen lassen (vgl. §§ 164, 166 BGB). Er ist damit stets sog. Nichtdritter.

Im Übrigen bestehen Abgrenzungsschwierigkeiten.

Bsp.: *S möchte von seiner Bank G ein Darlehen. Zur Sicherung der Darlehensforderung soll S einen Bürgen benennen. S wendet sich daraufhin an B und spiegelt diesem erhebliches Anlagevermögen vor. B übernimmt daraufhin die Bürgschaft. Als S nicht zahlt, nimmt G den B in Anspruch. B weigert sich zu zahlen, da S ihn über dessen Vermögensverhältnisse getäuscht hat.*

G könnte einen Anspruch gegen B aus § 765 BGB haben. Mangels Anhaltspunkten im Sachverhalt muss die Formwirksamkeit des Bürgschaftsvertrages, § 766 BGB, unterstellt werden.

Bürgschaftsvertrag

Der Bürgschaftsvertrag könnte nach § 142 I BGB nichtig sein, falls B wirksam angefochten hätte. Die Anfechtungserklärung ist in der Zahlungsverweigerung zu sehen, § 143 I BGB.

221 BGHZ 63, 386.

Als Anfechtungsgrund kommt § 123 I Alt. 1 BGB in Betracht. S hat dem B erhebliches Vermögen vorgespiegelt; damit hat er konkludent zum Ausdruck gebracht, dass der B durch die Bürgschaftsübernahme keinen Nachteil erleiden werde. S hat auch arglistig gehandelt. Der Tatbestand des § 123 I Alt. 1 BGB ist gegeben.

Hauptschuldner als Dritter i.S.v. § 123 II BGB

Da die G-Bank von der Täuschungshandlung des S weder Kenntnis hatte noch hätte Kenntnis haben müssen, § 123 II BGB, ist die Anfechtung nur möglich, wenn S nicht Dritter i.S.v. § 123 II BGB ist.

Der Begriff des Dritten i.S.d. § 123 II BGB ist im Gesetz nicht geregelt. Nach h.M. ist negativ abzugrenzen. Dritter i.S.v. § 123 II BGB ist nur der am Geschäft Unbeteiligte. Kein Dritter ist, wer auf Seiten des Erklärungsgegners steht und maßgeblich am Zustandekommen des Vertrages mitgewirkt hat (laienhaft auch „Lagertheorie“).[222] Nach dem BGH ist dies zumindest immer dann der Fall, wenn der Gläubiger bei Zugrundelegung einer Haftung aus c.i.c. das Verschulden des Dritten als Erfüllungsgehilfen i.S.v. § 278 S. 1 Alt. 2 BGB zugerechnet bekäme.[223] Der Rechtsgedanke des § 278 S. 1 Alt. 2 BGB (nicht aber die Vorschrift selbst) soll also ebenfalls ein Abgrenzungskriterium sein.

S steht hier aber nicht im „Lager“ der G, er wäre kein Erfüllungsgehilfe gewesen. Beide stehen auf verschiedenen Seiten mit jeweils unterschiedlichen Interessen. S nimmt eigene Interessen wahr, wenn er sich um einen Bürgen bemüht. Damit ist S Dritter i.S.d. § 123 II BGB. Eine Anfechtung scheidet mangels Kenntnis der G von der Täuschung aus. 437

hemmer-Methode: Vermeiden Sie das pauschale Zitieren der „Lagertheorie“, sondern stellen Sie auf den Zurechnungsgedanken ab.
Insbesondere das Verhältnis zwischen Hauptschuldner, Gläubiger und Bürgen ist ein besonders vielschichtiger Rechtskomplex, bei dem sich Probleme verschiedener Teilrechtsbereiche in Examensarbeiten miteinander verbinden lassen, z.B.

- **BGB-AT (Sittenwidrigkeit der Hauptschuld nach § 138 BGB, Anfechtung der Bürgschaft nach §§ 119, 123 I, II BGB).**
- **allgemeines und besonderes Schuldrecht (Widerruf nach § 355 BGB i.V.m. § 495 BGB; Abgrenzung von Garantievertrag, Schuldübernahme und Bürgschaft; Vertragsaufhebung über §§ 280 I, 311 II BGB (c.i.c.); Akzessorietät der Bürgschaft von der Hauptforderung, Formfragen, selbstschuldnerische Bürgschaft, etc.).**
- **Handelsrecht (insbes. bei Formbedürftigkeit §§ 350, 343 HGB; Fragen der Kaufmannseigenschaften, Rechtsscheinhaftung, selbstschuldnerische Bürgschaft, vgl. § 349 HGB, etc.).**

Achten Sie deshalb darauf, dass Ihnen die Einordnung des § 123 I, II BGB in dieses Gesamtgefüge von Problemen geläufig ist: Der Bürgschaftsvertrag darf aus klausurtaktischer Sicht i.d.R. nicht an § 123 BGB scheitern, sonst würden viele der Folgeprobleme gar nicht mehr relevant werden.

(bb) § 123 II S. 2 BGB

§ 123 II S. 2 BGB bei 4 Personen

Einen Sonderfall regelt § 123 II S. 2 BGB. Für das Vorliegen dieser Fallkonstellation müssen 4 Personen beteiligt sein. Es kommt eine Anfechtung dann in Betracht, wenn ein anderer aus der Erklärung unmittelbar ein Recht erworben hat und dieser Begünstigte die Täuschung kannte oder kennen musste. Die Anfechtung ist dann dem Begünstigten gegenüber zu erklären[224] und wirkt nur ihm gegenüber. 438

Bsp.: Der unbeteiligte A täuscht arglistig die Versicherung V. Aus dem zwischen M und V geschlossenen Lebensversicherungsvertrag (= Vertrag zugunsten Dritter) erwirbt F unmittelbar ein Recht.

V kann hier gegenüber F nur nach § 123 II S. 2 BGB anfechten, wenn F die Täuschung kannte oder kennen musste.

222 Grüneberg, § 123, Rn. 13.

223 Grüneberg, § 123, Rn. 13.

224 Erklärung der Anfechtung s.u., Rn. 451 ff.

(3) Widerrechtliche Drohung

(a) Einordnung

widerrechtl. Drohung

Die widerrechtliche Drohung setzt keinen Irrtum voraus. Das Anfechtungsrecht besteht, da in unzulässiger Weise auf die freie Willensbildung des Erklärenden eingewirkt worden ist. 439

(b) Drohung

Def.

Unter Drohung ist das in Aussicht stellen eines zukünftigen Übels zu verstehen, auf dessen Eintritt der Drohende Einfluss zu haben vorgibt. 440

psychische Zwangslage

Voraussetzung ist eine *psychische Zwangslage* (= vis compulsiva). Bei unwiderstehlichem Zwang (= vis absoluta) liegt schon mangels Handlungswillens keine Willenserklärung vor, die man anfechten könnte.[225]

Übel ist jeder materielle od. ideelle Nachteil

Als Übel kommt jeder materielle oder ideelle Nachteil in Betracht, der den Adressaten, einen Verwandten oder eine andere nahestehende Person treffen soll, falls die Willenserklärung nicht abgegeben wird. Eine besondere Intensität des Nachteils ist nicht zu fordern.

> ***Bspe.:*** *Drohung mit Strafanzeige, Drohung mit Kündigung eines Darlehens*

Abhängigkeit d. Übels v. Willen des Drohenden

Das zukünftige Übel muss aus der Sicht des Bedrohten *vom Willen des Drohenden abhängig* sein. Ob der Drohende objektiv Einfluss auf den Eintritt des Übels hat, ist unerheblich. Es genügt auch nicht der Hinweis auf eine objektive Zwangslage. Hier gibt der Drohende nicht vor, Einfluss auf den Eintritt des Übels zu haben.

auch durch Dritten, § 123 II BGB gilt nicht

Achtung, häufiger Fehler: Die Person des Drohenden ist gleichgültig. Die Drohung kann auch von einem Dritten ausgehen. Die Beschränkung des § 123 II BGB (nochmals lesen!) gilt für den Fall der Drohung nicht.

(c) Kausalität der Drohung

Kausalität notw.

Die Drohung muss für die Willenserklärung des Bedrohten kausal sein; dies ist allein aus der Sicht des Bedrohten zu beurteilen. 441

225 Brox, AT, Rn. 414.

(d) Widerrechtlichkeit der Drohung

Die Beeinflussung des Willens durch Drohung muss widerrechtlich sein. 442

Diese Voraussetzung ist in drei Fallgruppen erfüllt.[226]

(aa) Widerrechtlichkeit des Mittels

widerrechtliches Mittel

Bei Drohung mit einem rechtswidrigen Verhalten ist die Willensbeeinflussung widerrechtlich, auch wenn sie der Durchsetzung eines erlaubten Zwecks, z.B. eines bestehenden Anspruchs, dient. 443

Bsp.: G droht seinem säumigen Schuldner Schläge an, falls dieser im Laufe der nächsten Woche nicht zahlen würde.

(bb) Widerrechtlichkeit des Zwecks

widerrechtlicher Zweck

Widerrechtlichkeit ist gegeben, wenn der erstrebte Erfolg rechtswidrig ist. Dabei ist es unerheblich, ob auch das eingesetzte Mittel rechtswidrig ist oder nicht. 444

Bsp.: K droht dem D mit einer Strafanzeige bezüglich des von D begangenen Diebstahls, falls D ihm nicht bei einem Betrug Beihilfe leistet.

(cc) Widerrechtlichkeit der Zweck-Mittel-Relation

widerrechtliche Zweck-Mittel-Relation

Mittel und Zweck sind für sich betrachtet nicht anstößig. Jedoch verstößt deren Kombination - die Benutzung dieses Mittels zu diesem Zweck - gegen das Anstandsgefühl aller billig und gerecht Denkenden. 445

Bsp.: S schuldet G 10.000,- € aus Darlehensvertrag. G fordert daraufhin von S die Übereignung seines Pkws zur Sicherheit. Ansonsten würde er ihn wegen einer von S begangenen Steuerhinterziehung anzeigen. S übereignet daraufhin den PKW.

Die Einigungserklärung nach § 929 BGB könnte wegen widerrechtlicher Drohung anfechtbar sein, § 123 I Alt. 2 BGB. Die angedrohte Strafanzeige ist ein empfindliches Übel und damit eine Drohung. Fraglich ist die Widerrechtlichkeit der Drohung.

Das Mittel (die Strafanzeige) ist für sich rechtmäßig.

Der Zweck, eine Sicherheit zu erlangen, ist ebenfalls für sich betrachtet rechtmäßig.

Es ist aber die Zweck-Mittel-Relation verwerflich. G durfte den Zweck nicht mit diesem Mittel verfolgen, da **kein innerer Zusammenhang** zwischen der anzuzeigenden Straftat und dem erstrebten Sicherungsmittel bestand.

S kann die Sicherungsübereignung gem. § 123 I Alt. 2 BGB anfechten.

(e) Subjektive Voraussetzung

subj. Element

Subjektiv ist der Wille des Drohenden erforderlich, den Entschluss des Bedrohten zu bestimmen. Dagegen kommt es auf das Bewusstsein der Rechtswidrigkeit und auf ein Verschulden des Drohenden nicht an, da Ziel des § 123 BGB ist, die Entschließungsfreiheit zu schützen.[227] 446

226 Grüneberg, § 123, Rn. 19 ff.

227 Brox, AT, Rn. 421.

(4) Konkurrenzen

(a) Irrtumsanfechtung

§ 123 BGB neben § 119 BGB (+); Wahlrecht

Neben § 123 BGB kann eine Anfechtung wegen Irrtums (§ 119 BGB) bestehen. Der Erklärende kann wählen, welches Anfechtungsrecht er ausüben möchte. 447

(b) Mängelrechte

kein Ausschluss durch Gewährleistung

Im Gegensatz zu § 119 II BGB wird § 123 BGB nicht durch das Mängelrecht (z.B. §§ 437 ff. BGB) ausgeschlossen. Es besteht kein Anlass zu einer Begünstigung des betrügerischen Verkäufers durch Beschränkung des Käufers auf die Mängelrechte. 448

(c) §§ 280 I, 311 II BGB (c.i.c.)

Strittig ist das Verhältnis von § 123 BGB und c.i.c.[228]

str. bzgl. c.i.c. wegen Verjährung

Hat jemand einen Vertrag infolge einer Täuschung /Drohung geschlossen, ist die Rechtsfolge der c.i.c. in Verbindung mit § 249 S. 1 BGB die Aufhebung des Vertrages (sog. Naturalrestitution). Ansprüche aus c.i.c. entstehen schon aus fahrlässigem Verhalten und unterliegen grundsätzlich der regelmäßigen (dreijährigen) Verjährungsfrist, § 195 BGB. Dies führt zu einem möglichen Wertungswiderspruch zu § 123 BGB, der Arglist voraussetzt und nach § 124 BGB verfristet (Abs. 1: grundsätzlich innerhalb eines Jahres, aber absolute Ausschlussfrist von 10 Jahren nach Abs. 3). 449

Teilweise wird daher gefordert, die c.i.c. restriktiv anzuwenden. Eine Vertragsauflösung käme nur dann in Betracht, wenn bei fahrlässig unrichtiger Auskunft den Vertragspartner eine besondere Aufklärungspflicht trifft.[229] 450

nach h.M. nebeneinander (+)

Dies ist abzulehnen. Bei restriktiver Anwendung der c.i.c. würde der vorsätzlich Getäuschte u.U. schlechter stehen als der fahrlässig Getäuschte. Bei letzterem greift § 123 I BGB nicht ein, da es an der Arglist fehlt.

Über die c.i.c. i.V.m. § 249 I BGB könnte dann mindestens 3 Jahre (unter bestimmten Umständen sogar 10 bzw. 30 Jahre, vgl. §§ 199 III, II BGB[230]) lang Aufhebung des geschlossenen Vertrages verlangt werden.

Der vorsätzlich Getäuschte wäre durch § 124 BGB eingeschränkt. Außerdem verfolgen § 123 BGB und c.i.c. *verschiedene Schutzzwecke*. § 123 BGB schützt die Willensfreiheit, die c.i.c. das Vermögen. Daher ist die c.i.c. unabhängig vom Vorliegen des § 123 BGB möglich.[231] In der Literatur wird aber zum Teil erwogen, die Vorschrift des § 124 BGB auf die c.i.c. dann entsprechend anzuwenden. Dies lehnte der BGH aber zu Recht ab![232]

hemmer-Methode: Wiederholen Sie nochmals die Ausführungen bei Rn. 419 ff.

---

228 Ausführlich hierzu Tyroller, Die Konkurrenzen im Zivilrecht Teil I, **Life&LAW 03/2010, 194 ff.**

229 Medicus/Petersen, BR, Rn. 150; gegen die Anwendbarkeit der c.i.c. Weiler in ZGS 2002, 249 [250 f.].

230 Zur Verjährung eingehend unter Rn. 651 ff.

231 Vgl. zuletzt in diesem Sinne auch BGH in **Life&LAW 03/1998, 146 ff.** = NJW 1998, 302 = **juris**byhemmer; besprochen von Grigoleit, NJW 1999, 900.

232 BGH, NJW 2006, 845 [847].

(d) Unerlaubte Handlung

daneben auch DeliktsR

Aus diesen Gründen sind neben §§ 123, 124 BGB auch die Vorschriften über unerlaubte Handlungen anwendbar. 450

So ist über §§ 823 II BGB, 240 StGB i.V.m. 249 I BGB bzw. § 826 BGB auch dann eine Vertragsaufhebung des abgenötigten Vertrages möglich, wenn die Anfechtungsmöglichkeit nach § 124 BGB verfristet ist.[233]

Erfüllt die Täuschung (Drohung) den Tatbestand einer unerlaubten Handlung, kann der Getäuschte dem Anspruch des Vertragspartners auch nach Ablauf der Anfechtungsfrist die Einrede aus § 853 BGB entgegenhalten.[234] Gerade hier zeigt sich die Bedeutung der §§ 823 ff. BGB neben § 123 BGB.

e) Die Anfechtungserklärung, § 143 BGB

Anfechtungserklärung, § 143 BGB

Die Anfechtung muss erklärt werden. Sie ist eine *einseitige empfangsbedürftige (vgl. § 143 I BGB) Willenserklärung.* Sie bedarf keiner Form. Der Gebrauch des Wortes „Anfechtung" o.Ä. ist nicht erforderlich. Als Willenserklärung ist die Anfechtungserklärung auslegungsfähig und auslegungsbedürftig. 451

hemmer-Methode: So kommt es in Klausuren häufig vor, dass eine Vertragspartei „den Vertrag anficht *und* Schadensersatz begehrt". Hier müssen Sie das Vorbringen unter Erforschung des wahren Willens auslegen, § 133 BGB. Meist wird die für den Erklärenden günstigste Möglichkeit gewollt sein.
Dies wird i.d.R. der Schadensersatz sein, da dieser weiter gehende Rechte gibt. Außerdem wäre der Anfechtende durch die Anfechtung an die Rückabwicklung gebunden. Ein Übergang auf z.B. Schadensersatz statt der Leistung ist nicht mehr möglich.

Nach h.M. ist die Angabe des *Anfechtungsgrundes* nicht erforderlich. Allerdings ist erforderlich, dass die Erklärung erkennen (§ 157 BGB analog[235]) lässt, dass die Partei das Geschäft wegen eines Willensmangels nicht gelten lassen will.

hemmer-Methode: Die Frage, welche Ansprüche an den genauen Inhalt einer Anfechtungserklärung zu stellen sind (insbesondere die Frage nach Angabe des Anfechtungsgrundes), sollte in einer Klausur nicht zu sehr ausgebreitet werden. Sie laufen sonst Gefahr, sich selbst zu verunsichern.
Häufig will der Klausurersteller mit der Formulierung „Der Käufer ficht den Kaufvertrag an" an dieser Stelle gerade kein Problem schaffen. Sie sollen sich vielmehr mit den wesentlichen Problemen der Klausur befassen. Achten Sie deshalb darauf, dass Sie sich nicht aus der Klausur hinausargumentieren.

Eventualanfechtung

Eine Anfechtungserklärung ist wegen ihres Gestaltungscharakters nach allgemeiner Meinung aber grundsätzlich *bedingungsfeindlich.*[236]

---

233 Dazu schon ausführlich in Hemmer/Wüst, Deliktsrecht I, Rn. 147.

234 Grüneberg, § 123, Rn. 26.

235 **Hinweis:** § 157 BGB kann nur analog angewendet werden, da die Anfechtung ein einseitiges Rechtsgeschäft ist, § 157 BGB aber von der Auslegung von Verträgen spricht. Aufgrund der Empfangsbedürftigkeit der Erklärung und der damit verbundenen Schutzwürdigkeit des Empfängers besteht aber eine vergleichbare Interessenlage. Es entspricht jedoch mittlerweile nahezu allgemeiner Meinung, dass § 157 BGB auch auf **empfangsbedürftige** Willenserklärungen angewendet werden kann. Umgekehrt ist § 133 BGB auch nicht nur auf Willenserklärungen, sondern auch auf Verträge anwendbar.[235] Aus diesem Grund werden die §§ 133, 157 BGB bei Verträgen bzw. empfangsbedürftigen Willenserklärungen stets zusammen zitiert. Bei nicht empfangsbedürftigen Willenserklärungen (z.B. Testament) wäre dagegen das Zitat des § 157 BGB grob falsch.

236 BGH, NJW-RR 2007, 1282 ff. = **juris**byhemmer.

Diese Bedingungsfeindlichkeit, die nur bei der Aufrechnung in § 388 S. 2 BGB ausdrücklich normiert ist, soll verhindern, dass der Erklärungsempfänger über den Eintritt der Gestaltungswirkung im Unklaren gelassen wird. Da die Gestaltungserklärung „Kündigung" den Vertrag beendet, wäre eine Rechtsunsicherheit über den Eintritt eben dieser Wirkung unerträglich.

zulässig sind Rechtsbedingungen

Zulässig sind hingegen Bedingungen, die nicht zur Rechtsunsicherheit führen. Dies wäre der Fall, wenn es sich um eine Bedingung handelt, deren Eintritt von einer Rechtsfrage abhängig gemacht wird (sog. **Rechtsbedingung**). Über den Eintritt dieser Bedingung entscheidet dann nämlich im Streitfalle das Gericht, sodass keine Rechtsunsicherheit entsteht. *451a*

Zulässig ist daher die *Eventualanfechtung* für den Fall, dass das Rechtsgeschäft nicht den behaupteten Inhalt hat oder nicht ohnehin schon nichtig ist.

Hierin liegt keine unzulässige Bedingung, da hierdurch keine Rechtsunsicherheit eintritt. Streiten die Parteien über die Auslegung eines Rechtsgeschäfts und will die eine Partei an den Vertrag nur gebunden sein, wenn er in ihrem Sinne ausgelegt wird, und ficht sie anderenfalls das Rechtsgeschäft vorsorglich an, wird die Anfechtungserklärung nicht von einem zukünftigen ungewissen Ereignis abhängig gemacht.[237]

aa) Die Anfechtungsberechtigung

berechtigt ist Irrender bzw. Getäuschter

Anfechtungsberechtigt ist i.d.R. derjenige, in dessen Person der Anfechtungsgrund gegeben ist, also der Irrende, Getäuschte, Bedrohte. Das Anfechtungsrecht ist vererblich, aber nicht übertragbar. *452*

Von diesem Grundsatz gibt es einige Ausnahmen:

(1) Stellvertretung

anders bei Vertretung

Bei der Stellvertretung ist grds. nur der Vertretene anfechtungsberechtigt. Die Vertretungsmacht kann aber auch dem Vertreter die Befugnis einräumen, die Anfechtungserklärung im Namen des Vertretenen abzugeben. *453*

(2) § 318 II BGB

§ 318 II BGB

Bei der Leistungsbestimmung durch Dritte steht das Anfechtungsrecht nicht dem Dritten, sondern allein den Vertragspartnern zu, da die Bestimmung nur für diese Rechtswirkungen entfaltet.[238] *454*

bb) Der Anfechtungsgegner

Anfechtungsgegner ist derjenige, gegenüber dem die Anfechtungserklärung abzugeben ist. Dies regelt § 143 BGB. *455*

Anfechtung grds. ggü. Vertragspartner

Bei einem Vertrag ist der Vertragspartner der Anfechtungsgegner, § 143 II BGB.

Bei einem *einseitigen empfangsbedürftigen Rechtsgeschäft* (z.B. Kündigungserklärung) ist es die Person, gegenüber der die Erklärung abzugeben war, § 143 III S. 1 BGB.

237 Zuletzt BGH, **Life&LAW 07/2017, 449 ff.** = **juris**byhemmer.

238 Grüneberg, § 318, Rn. 2.

Bei einem *einseitigen, nicht empfangsbedürftigen Rechtsgeschäft* muss gegenüber demjenigen angefochten werden, der aufgrund des Rechtsgeschäftes unmittelbar einen Vorteil erlangt hat, § 143 IV S. 1 BGB.

hemmer-Methode: Eine wichtige Ausnahme von diesen Grundsätzen stellt die Anfechtung der betätigten Vollmacht bei der Vertretung dar, denn hier ist nach h.M. nicht allein gegenüber dem Vollmachtsempfänger, sondern auch gegenüber dem Geschäftspartner anzufechten.[239] Denken Sie außerdem daran:
Auch wenn für den anderen Teil ein Vertreter aufgetreten ist, ist Anfechtungsgegner der Vertragspartner. Allerdings kann die Anfechtung auch dem Vertreter gegenüber wirksam erklärt werden, wenn er zur Entgegennahme wirksam bevollmächtigt ist, sog. passive Stellvertretung, vgl. § 164 III BGB. Auch in den Fällen der Abtretung der vertraglichen Rechte, beim Vertrag zugunsten Dritter und bei der Schuldübernahme bleibt der ursprüngliche Schuldner der Anfechtungsgegner.

f) Ausschlussgründe für die Anfechtung

Ausschlussgründe:

Die Anfechtung ist ausgeschlossen, wenn die Anfechtungserklärung nicht fristgerecht erfolgt, oder der Anfechtungsberechtigte das Rechtsgeschäft bestätigt hat. *456*

aa) Verfristung der Anfechtung

hemmer-Methode: Sprechen Sie niemals von „Verjährung" des Anfechtungsrechts. Verjähren können gem. § 194 BGB nämlich nur Ansprüche. Die Anfechtung ist aber ein Gestaltungsrecht.

Verfristung

Für die Frage der Fristgebundenheit der Anfechtung ist zwischen den Anfechtungsgründen nach §§ 119, 120 BGB und § 123 BGB zu unterscheiden. Der Grund für diese Differenzierung liegt in der unterschiedlichen Schutzwürdigkeit des Anfechtungsgegners. *457*

In den Fällen der §§ 119, 120 BGB darf der Anfechtungsgegner darauf vertrauen, dass das Rechtsgeschäft fehlerfrei zustande gekommen ist. Dementsprechend ist die Anfechtungsfrist nach § 121 BGB regelmäßig kürzer bemessen als bei § 124 BGB. Bei § 123 BGB hat der Erklärungsempfänger die Fehlerhaftigkeit der Willenserklärung vorsätzlich herbeigeführt.

Die Ausschlussfrist des § 124 BGB dient somit nicht dem Schutz des Täuschenden oder Drohenden, sondern lediglich der Sicherheit des Rechtsverkehrs.

(1) Die Frist des § 121 BGB

§ 121 BGB: unverzüglich

Die Anfechtung nach §§ 119, 120 BGB muss gem. § 121 BGB unverzüglich (ohne schuldhaftes Zögern) erfolgen. Die Frist beginnt mit der Kenntnis des Anfechtungsgrundes. Bei der Anfechtung unter Abwesenden genügt die Rechtzeitigkeit der Absendung der Anfechtungserklärung, § 121 I S. 2 BGB. *458*

Damit trägt der Anfechtungsgegner das Verspätungsrisiko. Da die Anfechtungserklärung aber zugehen muss, § 130 I S. 2 BGB, bleibt das *Verlustrisiko* beim Anfechtenden.

aber: max. zehn Jahre

Sind seit der Abgabe der anfechtbaren Willenserklärung zehn Jahre verstrichen, ist die Anfechtung in jedem Falle ausgeschlossen, § 121 II BGB.

239 Dazu unten, Rn. 533.

hemmer-Methode: Beachten Sie nochmals bei der Darstellung der Frage, ob eine Anfechtung fristgerecht erfolgt ist oder nicht, die richtige Wortwahl: Die Frist des § 121 BGB ist nämlich keine Frage der Verjährung, sondern eine *Ausschlussfrist*. Nur *Ansprüche* unterliegen der Verjährung. Die Anfechtung ist aber gerade kein Anspruch, sondern ein Gestaltungsrecht.[240] Fehler, die hier gemacht werden, wiegen schwer. Der berechtigte Kommentar des Korrektors lautet dann: „Grundlegender Fehler; dem Bearbeiter ist der Unterschied Ausschlussfrist/Verjährung nicht bekannt!"

(2) Die Frist des § 124 BGB

§ 124 BGB, ein Jahr

Die Anfechtungsfrist beträgt bei einer nach § 123 BGB anfechtbaren Willenserklärung ein Jahr, § 124 I BGB. 459

Die Frist beginnt bei Kenntniserlangung über die Täuschung oder bei Wegfall der Zwangslage, § 124 II BGB. Auch hier ist die Anfechtung nach zehn Jahren endgültig ausgeschlossen, § 124 III BGB.

bb) Die Bestätigung des Rechtsgeschäftes, § 144 BGB

§ 144 BGB, Bestätigung v. anfechtbarem RGeschäft

Wird das anfechtbare Rechtsgeschäft vom Anfechtungsberechtigten bestätigt, ist die Anfechtung gleichfalls ausgeschlossen, § 144 I BGB. 460

nicht empfangsbed. WE

Die Bestätigung ist eine nicht empfangsbedürftige (strittig) Willenserklärung des Anfechtungsberechtigten, wodurch dieser *auf sein Anfechtungsrecht verzichtet*. Der Bestätigungswille erfordert Kenntnis des Anfechtungsgrundes. Der für das Rechtsgeschäft bestimmten Form bedarf es nicht.

Die Bestätigung eines anfechtbaren Rechtsgeschäfts setzt keine ausdrückliche Erklärung voraus, sondern kann auch durch schlüssige Handlungen erfolgen. Es genügt ein **Verhalten, das den Willen offenbart**, **trotz Kenntnis der Anfechtbarkeit an dem Rechtsgeschäft festzuhalten**, d.h. das Rechtsgeschäft ungeachtet des Anfechtungsgrundes gelten zu lassen.

Weil ein Anfechtungsberechtigter nicht ohne weiteres auf seine bestehenden Befugnisse oder Gestaltungsmöglichkeiten verzichten wird, sind an die Annahme einer Bestätigung durch schlüssiges Verhalten strenge Anforderungen zu stellen.[241] Eine stillschweigende Kundgabe eines Bestätigungswillens liegt daher nur dann vor, wenn jede andere - den Umständen nach einigermaßen verständliche - Deutung des Verhaltens des Anfechtungsberechtigten ausscheidet.

Kenntnis vom Anfechtungsrecht ist Grundvoraussetzung

Eine Bestätigung setzt grds. voraus, dass der Bestätigende vom Bestehen seines Anfechtungsrechts Kenntnis hatte.

> *Bsp.: K war bei Abschluss eines notariell beurkundeten Grundstückskaufvertrages im Irrtum. K bemerkt den Irrtum, fordert von V aber dennoch die Auflassung.*
>
> Im Verlangen nach der Auflassung des Grundstücks liegt konkludent die Bestätigung des anfechtbaren Kaufvertrages. K hat keine Möglichkeit mehr, anzufechten.

umstritten: nur Anfechtungsrecht oder auch weitere Rechte ausgeschlossen?

Umstritten ist, ob durch die Bestätigung eines anfechtbaren Rechtsgeschäfts nur das Anfechtungsrecht oder auch noch das Rücktrittsrecht bzw. ein auf Vertragsaufhebung gerichteter Schadensersatzanspruch (vgl. § 249 I BGB) ausgeschlossen ist.

240 Grüneberg, § 194, Rn. 3.

241 BGHZ 110, 220 (220) = jurisbyhemmer; BGH, NJW 1971, 1785 (1800) = jurisbyhemmer; BGH, NJW 2012, 296 = jurisbyhemmer.

Reichsgericht

Nach der Rechtsprechung des Reichsgerichts soll eine Bestätigung i.S.d. § 144 I BGB entweder die Bedeutung eines Verzichts auf die schuldrechtliche Rückgängigmachung des Vertrags haben oder mindestens dazu führen, dass dem Anspruch hierauf der Einwand der unzulässigen Rechtsausübung entgegensteht.[242]

Literatur

Nach einhelliger Auffassung in der Literatur soll sich aus einer Auslegung im Einzelfall ergeben können, dass die Bestätigung einen Verzicht auf einen bestehenden Schadensersatzanspruch enthalte[243] bzw. der Anfechtungsberechtigte den Abschluss eines Erlassvertrags anbiete, der alle Ansprüche aus dem Anfechtungstatbestand erlöschen lasse.[244] Vereinzelt wird noch weitergehend die Meinung vertreten, dass der Wille des Bestätigenden i.d.R. auf Beseitigung aller aus dem Anfechtungstatbestand folgenden Ansprüche geht.[245]

hemmer-Methode: Das Rücktrittsrecht selbst ist natürlich kein Anspruch, sondern ein Gestaltungsrecht. Da aber nach erklärtem Rücktritt ein Anspruch auf Rückabwicklung besteht (§ 346 I BGB), ist durch den Erlassvertrag auch dieser Rückabwicklungsanspruch ausgeschlossen.

BGH

Der BGH hält im Ausgangspunkt die Auffassung der Literatur für zutreffend, wonach es einer Auslegung im Einzelfall bedarf, ob in der Bestätigungserklärung zugleich ein - von dem Vertragspartner anzunehmendes - Angebot auf Abschluss eines Erlassvertrags enthalten ist. Je nach Inhalt des geltend gemachten Schadensersatzanspruchs lassen sich aber für bestimmte Fallkonstellationen Auslegungsregeln aufstellen

konkludentes Erlassangebot

Da es im Recht der Schuldverhältnisse keinen einseitigen Verzicht auf einen Anspruch gibt, setzt das Erlöschen eines Schadensersatzanspruchs das Zustandekommen eines Erlassvertrags i.S.d. § 397 I BGB voraus.[246]

Allerdings liegt in der Bestätigungserklärung in aller Regel ein konkludentes - von dem Anfechtungsgegner anzunehmendes - Angebot des Bestätigenden auf Abschluss eines Erlassvertrags i.S.d. § 397 BGB bezogen auf solche Schadensersatzansprüche, die darauf zielen, ihn wegen des die Anfechtung begründenden Umstandes so zu stellen, wie er stünde, wenn der Vertrag nicht zustande gekommen wäre. Der Anfechtungsgegner muss nach einer Bestätigung des Vertrags nämlich i.d.R. nicht mehr mit der Geltendmachung von Ansprüchen rechnen, die auf Rückabwicklung des Vertrags gerichtet sind.

konkludente Annahme und Entbehrlichkeit des Zugangs, § 151 S. 1 BGB

Liegt ein entsprechendes Erlassangebot des Bestätigenden vor, bedarf es zur Wirksamkeit des Erlassvertrags zusätzlich der Annahme der Erklärung durch den anderen Teil. Insoweit bestehen aber keine hohen Anforderungen. Zwar genügt für einen Annahmewillen ein bloßes Schweigen grundsätzlich nicht. Die Untätigkeit des Erklärungsgegners kann aber regelmäßig als Bestätigung des Annahmewillens gewertet werden. Auf den Zugang der Annahmeerklärung hat der Anfechtungsberechtigte konkludent verzichtet; jedenfalls ist ein Zugang nach der Verkehrssitte nicht zu erwarten und damit gemäß § 151 S. 1 BGB entbehrlich.

hemmer-Methode: Merken Sie sich als kurze Zusammenfassung, dass in der Bestätigungserklärung zugleich ein - von dem Vertragspartner anzunehmendes - konkludentes Angebot auf Abschluss eines Erlassvertrags enthalten ist, in welchem er auf Ansprüche verzichtet, die auf Rückabwicklung des Vertrags gerichtet sind.

242 Vgl. RG, JW 1911, 398 (399).

243 So z.B. Grüneberg, § 144, Rn. 38.

244 So z.B. jurisPK-BGB/Illmer, § 144 BGB, Rn. 11 = jurisbyhemmer.

245 Erman/Arnold, BGB, § 144 BGB, Rn. 5.

246 BGH, **Life&LAW 05/2016, 295 ff.** = **juris**byhemmer; BGH, NJW 2015, 2872 ff. = **juris**byhemmer.

Hingegen erstreckt sich das Angebot auf Abschluss eines Erlassvertrags nicht auf solche Rechte und Schadensersatzansprüche, bei denen sich der Anfechtungsberechtigte „auf den Boden des Vertrags stellt" (z.B. Minderung oder „kleiner" Schadensersatz).

anders § 141 BGB, Neuvornahme

Die Bestätigung des anfechtbaren Rechtsgeschäftes ist von der Bestätigung eines nichtigen Geschäftes zu unterscheiden (vgl. § 141 I BGB). Es handelt sich um keine Neuvornahme des Rechtsgeschäftes. Anders ist es, wenn K hier bereits angefochten hat. Dann ist der Kaufvertrag nichtig, § 142 I BGB. Ein wirksamer Vertragsschluss ist dann nur durch Neuvornahme möglich, § 141 BGB. Dann ist u.U. die Form des § 311b I S. 1 BGB erforderlich. 461

g) Einzelfragen der Anfechtung

aa) Willensmängel bei der Bevollmächtigung

Willensmängel bei Bevollmächtigung

Hier besteht das Problem, ob ein Fehler im Innenverhältnis auch auf das Außenverhältnis Auswirkungen hat. Diesbezüglich ähnelt die Fallkonstellation dem Gesellschaftsvertrag. 462

Dort erfolgte die Lösung über die Grundsätze der fehlerhaften Gesellschaft.

Bsp.: *A erteilt dem V Innenvollmacht für den Kauf eines Pkws. Dabei will A die Vollmacht auf 3.000 € begrenzen, verspricht sich aber und erteilt Vollmacht in Höhe von 5.000 €. V kontrahiert darauf namens des A mit B über 5.000 €. A will anfechten.*

Eine Anfechtung des Kaufvertrages scheidet wegen § 166 I BGB aus. Es ist auf die Person des Vertreters abzustellen. In seiner Person liegt kein Anfechtungsgrund vor. V hat sich nicht geirrt.

A könnte aber seine Vollmachtserteilung nach § 119 I Alt. 2 BGB anfechten.

Risiko bei Dritten bzgl. Solvenz des Vertreters

Aber: Nach betätigter Vollmacht (vorher genügt Widerruf, vgl. § 168 S. 2 BGB) wirkt sich die Anfechtung der Bevollmächtigung nachteilig für den Geschäftsgegner aus. Dieser trägt das Risiko der Zahlungsunfähigkeit des Vertreters hinsichtlich des Anspruchs aus § 179 BGB. Denn der Vertreter hat aufgrund der ex-tunc-Wirkung der Anfechtung als Vertreter ohne Vertretungsmacht gehandelt. 463

⇨ e.A.: keine Anfechtung möglich

Teilweise wird daher eine rückwirkende Anfechtung der betätigten Innenvollmacht abgelehnt. Dies wird damit begründet, dass § 166 I BGB bei Willensmängeln grundsätzlich auf die Person des Vertreters abstellt. Wenn der Vertretene durch Anfechtung der Bevollmächtigung das vom Vertreter geschlossene Geschäft zu Fall bringen könnte, würde er durch die Arbeitsteilung eine zusätzliche Anfechtungsmöglichkeit erhalten.[247] 464

h.M.: Anfechtung ist möglich

Dies ist abzulehnen. Die Vollmachtserteilung ist ein einseitiges, vom Vertretergeschäft getrenntes Rechtsgeschäft. Sie muss deshalb bei Irrtum des Vollmachtgebers auch selbständig angefochten werden können (h.M.).[248] Den schutzwürdigen Interessen des Geschäftspartners wird besser bei der Frage Rechnung getragen, wer der Anfechtungsgegner ist.

A hat sich versprochen. Ein Anfechtungsgrund nach § 119 I Alt. 2 BGB besteht.

Anfechtungsgegner str.

Str. ist, wer Anfechtungsgegner ist, § 143 I, III BGB.

247 Brox, AT, Rn. 528.
248 Grüneberg, § 167, Rn. 3.

e.A.:
Anfechtung ggü. beiden möglich

Teilweise wird der Wortlaut des § 143 III S. 1 BGB so verstanden, dass die bei der Erteilung der Vollmacht bestehende Wahlmöglichkeit nach § 167 I BGB auch für die Person des Anfechtungsgegners gilt und zwar unabhängig davon, wem gegenüber die Vollmachtserteilung tatsächlich erfolgt ist. Danach ist gegenüber beiden die Anfechtung möglich. 465

a.A.:
Vertreter

Nach a.A. ist für die Bestimmung des Anfechtungsgegners die tatsächliche Vornahme der ursprünglichen Willenserklärung ausschlaggebend, d.h. Anfechtungsgegner ist bei einer Innenvollmacht der Vertreter. Dieser wird durch die Anfechtung zum Vertreter ohne Vertretungsmacht und haftet dem B dann aus § 179 BGB, hat aber seinerseits gegen A den Regressanspruch aus § 122 BGB.

h.M.:
auch gegenüber Drittem notwendig

Es bestehen jedoch Bedenken gegenüber diesen Ansichten, da dem Dritten sein schon begründeter Anspruch entzogen werden könnte, ohne dass er davon etwas erfahren müsste. Er hätte auch keinen Schadensersatzanspruch gegen den Vertretenen. Deshalb muss die betätigte Innenvollmacht (zumindest) auch dem Dritten gegenüber angefochten werden.[249] Die Anfechtung hat zwar zunächst nur den Sinn, die Innenvollmacht zu beseitigen, jedoch zielt sie zugleich auf die Vernichtung des Vertretergeschäftes.

Dem muss die Regelung bzgl. des Anfechtungsgegners und damit auch die unmittelbare Ersatzpflicht des Vertretenen nach § 122 I BGB entsprechen. Dies entspricht auch den Interessen des „falsus procurator". Er wird aus der Rückabwicklung nach Anfechtung herausgehalten, er hat nichts veranlasst.

Ergebnis: A kann gegenüber B nach § 119 I Alt. 2 BGB anfechten.

bb) Anfechtbarkeit eines Vertragsschlusses aufgrund Schweigens

Anfechtung v. Schweigen als WE

Schweigen ist i.d.R. keine Willenserklärung. Hiervon gibt es aber praktisch wichtige Ausnahmen. 466

Die Erklärungswirkung des Schweigens beruht z.T. auf ausdrücklichen gesetzlichen Vorschriften (fingierte Willenserklärungen; z.B. §§ 108 II S. 2, 177 II S. 2 BGB, § 362 I HGB) oder auf Treu und Glauben (z.B. Schweigen auf ein kaufmännisches Bestätigungsschreiben). Es fragt sich, inwieweit ein solcher Vertragsschluss anfechtbar ist.

Schweigen als Ablehnung (-)

Wird Schweigen nach Ablauf einer bestimmten Frist vom Gesetz als *Ablehnung* fingiert (so z.B. §§ 108 II S. 2, 177 II S. 2, 415 II S. 2 BGB), kommt es auf Willensmängel nicht an.[250] Selbst wenn ein ausdrücklich erklärtes „Nein" anfechtbar wäre, gilt dies nicht für das kraft Schweigens fingierte „Nein":

hemmer-Methode: Eine Anfechtung des fingierten „Nein" führt noch nicht zur Fiktion eines „Ja", und für die ausdrückliche Erklärung eines „Ja" ist es nach Ablauf der Frist, die eine Ablehnung fingiert, jedoch zu spät.[251]

bei Zustimmung

Sofern das Schweigen als *Zustimmung* fingiert wird,[252] ist zu unterscheiden:[253]

Bsp.: Handelsmakler M bietet dem K an, für dessen Möbelfabrikation Rohstofflieferungen zu vermitteln. K schreibt daraufhin an M, er solle den Kauf von Eichenholz vermitteln. M antwortet auf das Schreiben nicht. K macht daraufhin seinen Verzugsschaden geltend.

---

249 Medicus/Petersen, BR, Rn. 96.
250 Grüneberg, vor § 116, Rn. 12.
251 Medicus/Petersen, BR, Rn. 53.
252 Z.B. §§ 416 I S. 2, 516 II S. 2, 1943 BGB, 362 I, 377 II HGB.
253 Ermann, § 119, Rn. 23.

grds. unbeachtlicher Rechtsfolgeirrtum

Durch das Schweigen des M ist ein Geschäftsbesorgungsvertrag über die Vermittlung des Kaufes von Eichenholz zustande gekommen, § 362 I S. 2 HGB. Dieser könnte rückwirkend entfallen sein, wenn M die Möglichkeit hätte, anzufechten, § 142 I BGB. Hier kommt bei M lediglich ein Inhaltsirrtum über die Rechtsfolge seines Schweigens in Betracht. Diese ist aber vom Gesetz angeordnet. Eine Anfechtung ist ausgeschlossen (unbeachtlicher Rechtsfolgeirrtum).

hemmer-Methode: Obwohl der *Irrtum über die Bedeutung des Schweigens* einen Fall fehlenden Erklärungsbewusstseins darstellt, führt er weder zur Unwirksamkeit noch zur Anfechtbarkeit des Vertrages. Eine andere Auffassung wäre mit dem Zweck des § 362 I HGB unvereinbar und würde die Vorschrift gerade ihres wesentlichen Anwendungsbereiches berauben.

anders bzgl. Inhalt

Im Übrigen bleibt das Anfechtungsrecht bestehen. Die Irrtumsanfechtung ist daher zulässig, wenn ein Kaufmann, der ein kaufmännisches Bestätigungsschreiben erhalten hat, auf dieses Schreiben in Kenntnis der Rechtsfolge, also bewusst, schweigt, weil er den Inhalt des Schreibens missverstanden hat. 467

Ansonsten würde dem Schweigen eine größere Bedeutung zugemessen werden als der ausdrücklichen Willenserklärung. Gleiches gilt natürlich auch i.R.d. § 362 HGB.[254]

hemmer-Methode: Machen Sie sich noch einmal den Unterschied zwischen Schweigen als Ablehnung und Schweigen als Zustimmung deutlich. Während beim Schweigen als Ablehnung generell keine Anfechtung möglich ist, kann ein zustimmendes Schweigen insoweit angefochten werden, als es auch eine ausdrücklich erklärte Zustimmung wäre. Eine Anfechtung wegen eines bloßen Rechtsfolgeirrtums über die Bedeutung des Schweigens ist dagegen nicht möglich.

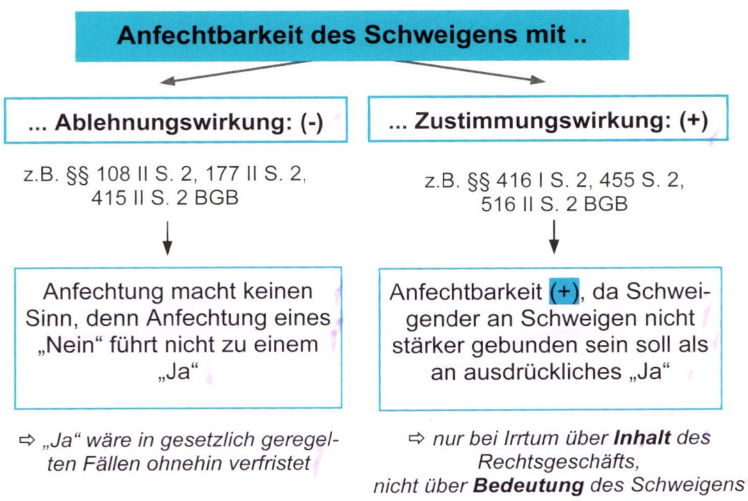

cc) Anfechtung von Rechtsscheintatbeständen

Anfechtung bei Rechtsschein

Ein weiteres examenswichtiges Problem stellt die Frage dar, ob Rechtsscheintatbestände angefochten werden können. 468

Besondere Bedeutung kommt dieser Frage bei der Duldungs- und Anscheinsvollmacht zu. Nach übereinstimmender Ansicht ist eine Anfechtung zumindest in Hinblick auf die Anscheinsvollmacht nicht möglich, da sie eine Rechtsscheinvollmacht und gerade keine schlüssig erteilte Vollmacht darstellt.[255] Eine rückwirkende Anfechtung des Rechtsscheins ist damit nicht möglich.[256]

254 Vgl. Baumbach/Hopt, § 362, Rn. 6.

255 Zu Fragen der Qualifikation von Duldungs- und Anscheinsvollmacht vgl. JuS 1989, L 49 = **juris**byhemmer.

256 Grüneberg, § 173, Rn. 17.

Betrachtet man die Duldungsvollmacht ebenfalls als Rechtsscheinsvollmacht,[257] so gilt bezüglich der Nichtanfechtbarkeit das Gleiche. Geht man indessen mit einer anderen Ansicht davon aus, dass es sich um eine schlüssige Bevollmächtigung handelt, so wäre eine Anfechtbarkeit noch möglich. Immerhin wird nach dieser Ansicht nicht auf eine Willenserklärung verzichtet.[258] 469

hemmer-Methode: Der Streit hinsichtlich der rechtlichen Qualifikation der Duldungsvollmacht hat regelmäßig keine große Bedeutung. Bei der Frage der Anfechtbarkeit ist er indessen entscheidend. Für den BGH sprechen in letzter Konsequenz die besseren Argumente, denn einerseits fehlt dem Vertretenen der Bevollmächtigungswille. Außerdem ist die schlüssige Bevollmächtigung sonst nur schwer von der nachträglichen Genehmigung abzugrenzen.
Schließlich stellt sich bei der Mindermeinung noch das Problem, wer dann Adressat der konkludenten Bevollmächtigung sein sollte: der Vertreter oder der Geschäftsgegner, der auf das Bestehen der Vollmacht vertraut.

dd) Die Anfechtung der dinglichen Erklärung

Auslegung der Anfechtungserklärung

Durch Auslegung der *Anfechtungserklärung* ist zu ermitteln, ob (auch) das dingliche Rechtsgeschäft angefochten wird. 470

Bsp.: V hat schon übereignet. V erklärt, er will den Kaufvertrag anfechten und die Sache zurückhaben.

Ist auch das dingliche Rechtsgeschäft anfechtbar (Fehleridentität), so entspricht es dem Willen des V, den Herausgabeanspruch nach § 985 BGB zu erlangen. Seine Erklärung ist dahin gehend auszulegen, dass er auch die Übereignung anfechten will. Das Abstraktionsprinzip steht dem nicht entgegen. Dieses besagt lediglich, dass ein Fehler, der dem Kausalgeschäft anhaftet, nicht ohne weiteres die Unwirksamkeit des Erfüllungsgeschäftes verursacht.

Anfechtungsgrund

Die Anfechtung der dinglichen Einigung ist aber nur dann erfolgreich, wenn auch für sie ein Anfechtungsgrund gegeben ist. Es gilt das Abstraktionsprinzip. *Anfechtbar* ist immer das Geschäft, auf welches sich der Anfechtungsgrund bezieht.

Entscheidend ist, ob der Anfechtungsgrund kausal für das jeweilige Rechtsgeschäft ist. Bei der Anfechtung nach § 123 BGB ist das i.d.R. sowohl beim Kausal- als auch beim Erfüllungsgeschäft der Fall. Man spricht dann von „Fehleridentität".

hemmer-Methode: Falsch wäre es, bei Anfechtung des Grundgeschäfts auch automatisch die Anfechtung des abstrakten dinglichen Rechtsgeschäfts anzunehmen und dies allein mit der Fehleridentität zu begründen. Der Begriff Fehleridentität besagt nur, dass beide Rechtsgeschäfte am gleichen Mangel leiden können. Immer ist aber eine ausdrückliche (oder wenigstens konkludente) Anfechtung beider Rechtsgeschäfte, also auch des dinglichen Rechtsgeschäfts notwendig. Falsch ist deshalb in der Klausur die Formulierung: „Der Fehler des Grundgeschäfts schlägt auf das dingliche Rechtsgeschäft automatisch durch (Fehleridentität)."

str. bei § 119 II BGB

Strittig ist die Behandlung der Anfechtung des dinglichen Rechtsgeschäftes i.R.d. § 119 II BGB.[259] 471

257 So u.a. die Rechtsprechung und ein beachtlicher Teil der Literatur, vgl. JuS 1989, L 49 = jurisbyhemmer.

258 So z.B. Grüneberg, § 173, Rn. 10 a.E.

259 Vgl. dazu Grundmann, JA 1984, 80 ff.

Bsp. (Leibl-Fall):[260] *V verkauft an A ein Gemälde für 10.000 €. Die Übereignung erfolgt vier Wochen später, da das Gemälde sich noch als Leihgabe bei einer Ausstellung befindet. V geht davon aus, dass es sich bei dem Gemälde um ein Bild des Malers Frank Duveneck handelt. In Wahrheit stammt es von dem weitaus berühmteren Maler Wilhelm Leibl. V ficht „den Kaufvertrag" an und verlangt Herausgabe des Bildes, da er bei Kenntnis von der Urheberschaft das Bild auch nicht seinem Wert entsprechend veräußert hätte.*

V könnte einen Herausgabeanspruch aus § 985 BGB haben. Dazu müsste er Eigentümer des Bildes sein.

V hat an K das Bild gem. §§ 929 ff. BGB übereignet. Die Übereignung könnte aber durch die Anfechtung des V nach § 142 I BGB rückwirkend entfallen sein. Die Einigung ist als Willenserklärung gem. §§ 119 ff. BGB anfechtbar. Während sich die Anfechtung des Kaufvertrags allein auf das Grundgeschäft bezieht, kann dagegen die Erklärung des V, er verlange Herausgabe des Bildes, nur so verstanden werden, dass auch das dingliche Rechtsgeschäft angefochten werden soll, §§ 133, 157 BGB (laiengünstige Auslegung).

Als Anfechtungsgrund kommt § 119 II BGB in Betracht.

Einigung auch von Fehlvorstellung erfasst

V hat sich beim Kaufabschluss über eine verkehrswesentliche Eigenschaft, die Urheberschaft des Bildes als wertbildenden Faktor, geirrt. Fraglich ist, ob sich dieser Irrtum auch auf die Einigungserklärung i.S.d. § 929 BGB bezieht.

Man könnte argumentieren, dass die Eigentumsübertragung sich darin erschöpft, die Verpflichtung aus dem Kaufvertrag zu erfüllen. Die Übereignung wäre somit an sich wertneutral. Dabei wird aber nicht berücksichtigt, dass auch die Einigungserklärung des V von der Fehlvorstellung beeinflusst war. Umstritten ist, wann auch das dingliche Rechtsgeschäft nach § 119 II BGB anfechtbar ist.

e.A.:
nur Kausalgeschäft anfechtbar

Die M.M. (sog. „Lehre vom verfügungsrechtlichen Minimalkonsens")[261] begrenzt die Anfechtbarkeit nach § 119 II BGB auf das Verpflichtungsgeschäft. Begründet wird dies damit, dass es außer den Parteien, dem Vertragsgegenstand und der Herbeiführung der Rechtsänderung keine verkehrswesentlichen Eigenschaften gibt, die Inhalt des Verfügungsgeschäfts seien.

Für diese Ansicht spricht der Wortlaut des § 119 II BGB, wonach der Eigenschaftsirrtum als Inhaltsirrtum gilt.

h.M.: Fehleridentität, da gemeinsame Fehlerquelle

Nach zutreffender h.M. handelt es sich aber beim Eigenschaftsirrtum entgegen dem Wortlaut des § 119 II BGB um einen beachtlichen Motivirrtum bei der Willensbildung (s.o.).

Dann kann das Abstraktionsprinzip einem „Durchschlagen" dieses Irrtums auf das Verfügungsgeschäft nicht entgegenstehen, wenn die irrige Annahme einer bestimmten Sacheigenschaft auch die Abgabe der Übereignungserklärung „motiviert" hat.[262]

Voraussetzung ist lediglich, dass der Irrtum nach § 119 II BGB auch für die Abgabe der dinglichen Einigungserklärung mitbestimmend (kausal) war, wenn also eine sog. *gemeinsame Fehlerquelle* bzgl. der beiden Rechtsgeschäfte vorhanden ist.

V hat die Anfechtung des dinglichen Rechtsgeschäfts auch erklärt. Seine Erklärung „ich fechte den Kaufvertrag an und verlange Herausgabe des Bildes" kann nur so ausgelegt werden (§§ 133, 157 BGB), dass auch die dingliche Einigungserklärung angefochten werden sollte.

260 Nach BGH, NJW 1988, 2597 ff. = jurisbyhemmer.

261 Vgl. dazu Bayerle, JuS 2009, 1079 (1081); Grigoleit, AcP 199 (1999), 379 (393 ff.).

262 So auch BGH, NJW 1988, 2597 ff. = jurisbyhemmer.

hemmer-Methode: An die Auslegung laienhafter Erklärungen im Sachverhalt denken! Der Laie, der i.d.R. das Abstraktionsprinzip nicht kennt, wird regelmäßig erklären, er fechte „den Kaufvertrag" an. Jedenfalls dann, wenn Rechtsberatung vorher nicht stattgefunden hat und er „Herausgabe der Sache verlangt", ergibt die Auslegung regelmäßig, dass auch die Anfechtung des dinglichen Rechtsgeschäfts miterklärt wurde.

Danach hat V auch die dingliche Einigung wirksam angefochten.

V kann von K nach § 985 BGB Herausgabe verlangen, da K auch kein Recht zum Besitz hat (die Anfechtungserklärung bezieht sich ja auch auf den Kaufvertrag).

Daneben besteht auch ein Herausgabeanspruch aus § 812 I S. 1 Alt. 1 BGB.

Anmerkung: Der *Käufer* kann das dingliche Rechtsgeschäft nur anfechten, wenn er auch den Kaufvertrag anfechten kann. Ansonsten könnte der Käufer die Einschränkungen der Mängelrechte der §§ 437 ff. BGB (vgl. dazu Rn. 416 ff.) zu leicht umgehen.

h) Sonderregelungen des Irrtums

Sonderregelungen

Sonderregelungen für Irrtümer finden sich außer in § 1314 II BGB vor allem im Erbrecht. Im Erbrecht sind Gesichtspunkte des Verkehrs- und Vertrauensschutzes weniger dringlich als bei Rechtsgeschäften unter Lebenden. Die erbrechtliche Irrtumsregelung ist daher weitaus großzügiger als die bei §§ 119 ff. BGB [263] 472

aa) §§ 2078 ff. BGB, §§ 2281 ff. BGB

§§ 2078, 2281 ff. BGB

Zur Anfechtung berechtigt *jeder Motivirrtum* des Erblassers, § 2078 II BGB. 473

Unbewusste Erwartungen sind erheblich, § 2079 BGB (bloßes Nichtbedenken eines Umstandes).

Es ist *keine verständige Würdigung* der Umstände erforderlich (von Todes wegen darf man unvernünftig sein).

§§ 2082, 2283 BGB beinhalten günstigere *Anfechtungsfristen* als § 121 I BGB.

Grundsätzlich gibt es *keine Schadensersatzpflicht* nach § 122 BGB, § 2078 III BGB (auch nicht beim Erbvertrag oder gemeinschaftlichen Testament).

Anfechtungsberechtigter ist nicht der Erblasser (er kann widerrufen), sondern derjenige, dem die Aufhebung unmittelbar zustatten käme, § 2080 I BGB.[264] Eine Ausnahme gilt i.R.d. Erbvertrages, da aufgrund dessen erhöhter Bindungswirkung ein Widerruf ausscheidet, vgl. § 2281 BGB.

Die *Anfechtungserklärung* ist in den Fällen des § 2081 BGB gegenüber dem Nachlassgericht abzugeben, § 2081 BGB. In anderen als in § 2081 BGB genannten Fällen ist weiter § 143 BGB einschlägig. Anfechtungsgegner ist dann jeder, der aufgrund der Anfechtung einen Nachteil erleidet.[265]

263 Vgl. Medicus/Petersen, BR, Rn. 146 ff.

264 Vgl. aber Hemmer/Wüst, Erbrecht, Rn. 94.

265 Grüneberg, § 2081, Rn. 6 f.

bb) § 1949 BGB

Nach § 1949 I BGB führt bei Annahme der Erbschaft der bloße *Motivirrtum über den Berufungsgrund* zur Nichtigkeit. 474

cc) § 1954 BGB

§ 1954 BGB enthält eine Sonderregelung hinsichtlich der Fristen. 475

dd) § 2308 BGB

Anfechtung d. Ausschlagung

Nach § 2308 BGB soll ein als Erbe berufener Pflichtteilsberechtigter die Ausschlagung der Erbschaft dann anfechten können, wenn die Ausschlagung wegen irrtümlich angenommener Beschränkung oder Beschwerung erfolgt ist. 476

hemmer-Methode: Auch die Aufhebung der Ehe wegen Irrtums nach § 1314 II BGB war schon Gegenstand von Examensklausuren. Danach berechtigt der täuschungsbedingte Irrtum über eine persönliche Eigenschaft des anderen Ehegatten (z.B. Homosexualität) zur Aufhebung der Ehe, § 1314 II Nr. 3 BGB. Streng genommen handelt es sich dabei aber nicht um eine Anfechtung, da die Gestaltungswirkung vom Erlass eines Aufhebungsurteils abhängt.
Danach hat die Eheaufhebung aber nur Wirkung *ex nunc* als Rechtskraft des Aufhebungsurteils, vgl. § 1313 S. 2 BGB. Wichtig ist dies gerade in Fällen, wo ein Ehegatte über § 1357 BGB für ein Geschäft des anderen Ehegatten mitverpflichtet wurde und der Betroffene durch Anfechtung die Wirkung des § 1357 BGB nachträglich, also *ex tunc*, beseitigen will.

2. Rücktritt

hemmer-Methode: Zum Rücktritt lesen Sie ausführlich HEMMER/WÜST Schuldrecht AT, Rn. 459 bis 577!

Auch der Rücktritt ist ein Gestaltungsrecht. Es gilt das oben zu den Gestaltungsrechten allgemein Gesagte. 477

Voraussetzungen

Voraussetzung des Rücktritts ist ein Rücktrittsrecht und dessen Ausübung durch einseitige, empfangsbedürftige WE (§ 349 BGB).

Liegen beide vor, so erlischt der Primäranspruch (1. Wirkung) und es entsteht, (2.) soweit schon Leistungen ausgetauscht wurden, ein Rückgewährschuldverhältnis. Dessen Behandlung richtet sich dann nach §§ 346 ff. BGB.

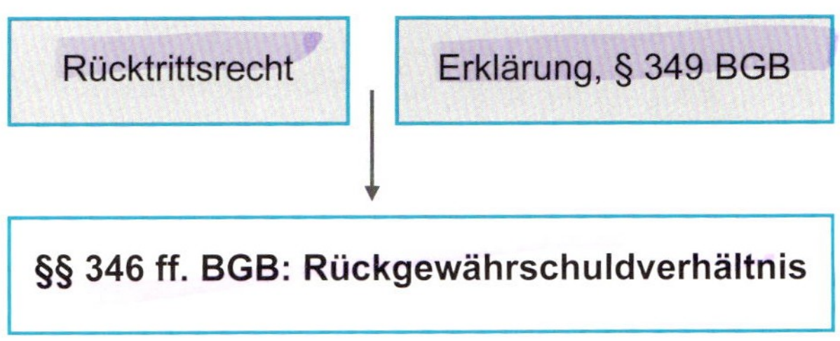

Ziel: Rückabwicklung

Der **Rücktritt** hat das Ziel, die vor Vertragsschluss bestehende Rechtslage wieder herzustellen. 478

rechtsvernichtende Einwendung

Seine Erklärung (§ 349 BGB) stellt eine rechtsvernichtende Einwendung dar: Durch den Rücktritt werden die primären Leistungspflichten mit Wirkung *ex nunc* aufgehoben, soweit sie noch nicht erfüllt oder auf andere Weise erloschen waren, sog. *Befreiungswirkung*.

Rückgewährschuldverhältnis

Gleichzeitig führt der Rücktritt über die Verpflichtung zur Rückgewähr bereits empfangener Gegenstände zur Begründung eines *Rückgewährschuldverhältnisses*.

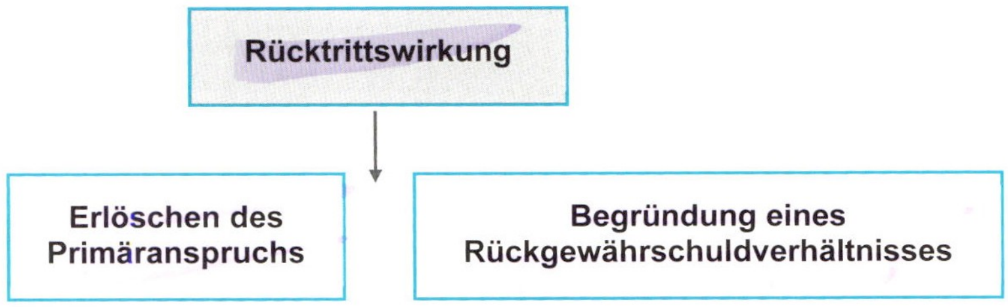

a) Rücktrittsrecht

Das Rücktrittsrecht kann auf *vertraglicher Vereinbarung* oder auf *Gesetz* beruhen. 479

aa) Vertraglicher Rücktrittsvorbehalt

Vereinbarung

Im Vertrag muss zumindest einer Partei ein Rücktrittsrecht eingeräumt sein. In Einzelfällen kann es angebracht sein, den (mutmaßlichen) Parteiwillen im Wege ergänzender Vertragsauslegung zu ergründen. 480

AGB ⇨ § 308 Nr. 3 BGB

Handelt es sich um eine Vereinbarung im Rahmen von Allgemeinen Geschäftsbedingungen, so ist das Klauselverbot des § 308 Nr. 3 BGB zu beachten. 481

Demnach kann das Rücktrittsrecht durch AGB nur für einen sachlich gerechtfertigten und im Vertrag angegebenen Grund vereinbart werden. Für die wirksame Vereinbarung eines Rücktrittsrechtes in gegenüber einem Unternehmer verwendeten AGB ist wegen § 310 I BGB der weiter gefasste Kontrollmaßstab des § 307 I, II BGB maßgeblich.

bb) Gesetzliche Rücktrittsrechte

Ein Rücktrittsrecht kann sich auch direkt aus dem Gesetz ergeben. Zu nennen sind die folgenden Normen: 482

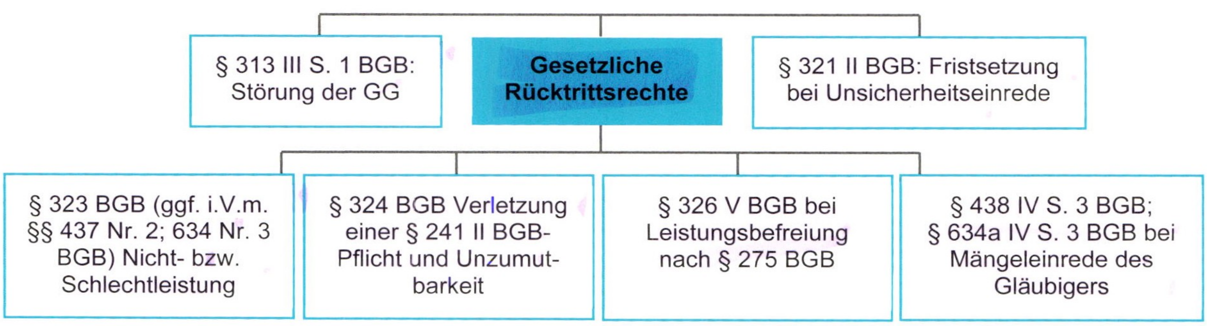

Sie alle geben ein *verschuldensunabhängiges* Rücktrittsrecht.

(1) § 323 BGB – Rücktritt wegen nicht oder nicht vertragsgemäß erbrachter Leistung

Reaktionsmöglichkeit auf Pflichtverletzung

Neben dem Anspruch auf Schadensersatz ist der Rücktritt vom Vertrag die wohl wichtigste Reaktionsmöglichkeit des Gläubigers auf Pflichtverletzungen des Schuldners. Dem trägt in allererster Linie § 323 BGB Rechnung: Erbringt der Schuldner seine Leistung bei einem gegenseitigen Vertrag nicht oder nicht ordnungsgemäß kann der Gläubiger nach erfolglosem Ablauf einer angemessenen Nachfrist zurücktreten. 483

Für einen Rücktritt nach § 323 BGB müssen folgende Voraussetzungen erfüllt sein:

TB § 323 BGB

- ⇨ Bestehen eines synallagmatischen Vertrags,
- ⇨ Fälliger und durchsetzbarer Anspruch
- ⇨ Nichtleistung bzw. nicht vertragsgemäße Leistung
- ⇨ Erfolgloser Ablauf einer angemessenen Nachfrist
- ⇨ Kein Ausschluss des Rücktrittsrechts, § 323 VI BGB; § 218 I S. 1 BGB

(a) Gegenseitiger Vertrag

„do ut des“

Zwischen den Parteien muss ein gegenseitiger Vertrag bestehen. Das ist der Fall, wenn die jeweiligen Hauptpflichten im Synallagma stehen, wenn also die Parteien ihre Verbindlichkeit gerade der Gegenleistung wegen eingegangen sind („do ut des“). 484

Parteiwille maßgeblich

Alle entgeltlichen Verträge sind gegenseitige Verträge, z.B. Kauf-, Miet-, Werk-, Dienstvertrag etc.

Nach der Grundkonzeption nichtsynallagmatisch sind z.B. Bürgschaft, zinsloses Darlehen und Auftrag. Doch kann nach dem Parteiwillen auch hier ein Gegenseitigkeitsverhältnis begründet werden.

> **Bsp.:** *B bürgt für einen Kredit des S dem A gegenüber. Im Gegenzug zahlt A dem B für die Laufzeit des Kredits einen monatlichen Zins.*

nicht nötig, dass gerade verletzte Pflicht synallagmatisch!

Zu beachten ist, dass die verletzte Pflicht nicht im Synallagma stehen muss. Entscheidend ist nur, dass der Vertrag „an sich“ gegenseitig ist.

(b) Fälliger und durchsetzbarer Anspruch

vollwirksamer Anspruch

Die Leistung muss fällig und zugleich vollwirksam sein. Das Bestehen einer Einrede schließt das Rücktrittsrecht auch dann aus, wenn der Schuldner die Einrede zunächst nicht geltend macht. Erforderlich ist nur, dass er dies im Prozess dann nachholt. 485

Einredefreiheit

Erhebt nämlich der Schuldner eine ihm zustehende Einrede gegen den Anspruch des Gläubigers, kann der Schuldner nicht zur Leistung verurteilt werden. Kann der Schuldner jedoch nicht zur Erbringung der Leistung verurteilt werden, kann der Gläubiger auch keine an die Leistungspflicht anknüpfenden „Ersatzrechte“ geltend machen.

Besonderheiten bei §§ 273, 320 BGB

Besonderheiten gelten aber für das Zurückbehaltungsrecht des § 273 BGB und der Einrede des nichterfüllten Vertrags, § 320 BGB. Im Rahmen von § 320 BGB muss der Gläubiger seine Fähigkeit und Bereitschaft zur Leistung als materielle Voraussetzung seines Rücktrittsrecht beweisen. Anders ist dies bei § 273 BGB: Hier kann der Rücktrittsberechtigte schließlich die Einrede nach § 273 III BGB durch Sicherheitsleistung abwehren.

§ 323 IV BGB: Rücktritt vor Fälligkeit

Nach § 323 IV BGB kann der Gläubiger aber auch dann schon zurücktreten, wenn offensichtlich ist, dass die Voraussetzungen des Rücktritts eintreten werden. Hiervon werden v.a. die Fälle der Vertragsaufsage bzw. Erfüllungsverweigerung erfasst.[266]

> **Bsp.:** *Architekt A hat Bauaufsicht und Koordinierung für ein Projekt der Bausanierung übernommen. Noch bevor die Bauarbeiten beginnen, kommt es zu schweren Unstimmigkeiten zwischen Bauherr H und A. A kündigt dem H an, er könne „sich einen anderen Trottel suchen. Ihn werde er auf der Baustelle jedenfalls nicht sehen."*

hemmer-Methode: Das Rücktrittsrecht nach § 323 IV BGB kann aber nicht mehr ausgeübt werden, wenn die Leistung fällig geworden ist. Die Wirksamkeit eines Rücktritts bestimmt sich ab diesem Zeitpunkt nach § 323 I und II BGB.[267]

(c) Nichtleistung bzw. nicht vertragsgemäße Leistung

nicht für Fälle des § 275 BGB!

§ 323 BGB erfasst nicht alle Arten von Pflichtverletzungen. Anders, als es der Wortlaut suggeriert, regelt die Norm nicht die Fälle des wegen § 275 I - III BGB dauerhaften Ausbleibens der Leistung. § 323 I BGB fordert eine Nachfristsetzung, setzt also die Nachholbarkeit der Leistung voraus.

Eine Fristsetzung zur Erbringung einer unerbringbaren Leistung wäre aber wenig sinnvoll. Bei Entfallen der Leistungspflicht nach § 275 BGB ist das Rücktrittsrecht in § 326 V BGB geregelt, wonach zwar § 323 BGB anwendbar ist, aber mit der Maßgabe, dass die Fristsetzung entbehrlich ist. Dasselbe gilt, wenn sich erst während des Laufs einer Nachfrist die Unmöglichkeit herausstellt. Dann kann es für das Rücktrittsrecht des Gläubigers nicht darauf ankommen, dass er aus „formalen" Gründen den Ablauf der gesetzten Frist abwartet. 486

Leistungsverzögerung und Schlechtleistung

Lediglich der Rücktritt wegen Verzögerung der Leistung und wegen Schlechtleistung werden also von § 323 BGB erfasst. Das entspricht hinsichtlich der verletzten Pflicht genau den Voraussetzungen die § 281 I S. 1 BGB für den Anspruch Schadensersatz statt der Leistung aufstellt.

hemmer-Methode: Die Wertung, die hinter § 323 BGB steht, ist, dass der Gläubiger die versprochene Leistung nicht oder jedenfalls nicht so wie geschuldet erhält. Es ist unerheblich, welche Gründe dies haben mag, und ob der Schuldner diese zu vertreten hat. Relevant ist allein die objektive Pflichtverletzung.
Das Rücktrittsrecht nach § 323 BGB ist also verschuldensunabhängig.

(aa) „Nicht-rechtzeitig-Leistung"

§ 323 I BGB erfasst in seiner 1. Alternative die nicht rechtzeitige Erbringung der noch nachholbaren Leistung. 487

≠ Verzug

Keine Voraussetzung für das *verschuldensunabhängige* Rücktrittsrecht nach § 323 BGB ist der Verzug des Schuldners. Die Leistung muss lediglich fällig und zum vertraglich versprochenen Zeitpunkt nicht erbracht worden sein.

(bb) Schlechtleistung

Die Schlechterfüllung bringt § 323 I BGB mit den Worten „nicht vertragsgemäß erbracht" zum Ausdruck. 488

266 Vgl. Grüneberg, § 323, Rn. 23.

267 BGH, **Life&LAW 10/2012, 699 ff.** = ZIP 2012, 1463 ff. = **juris**byhemmer.

hemmer-Methode: Oft wird es über die Mängelrechte (§ 437 Nr. 2 BGB bzw. § 634 Nr. 3 BGB) zur Anwendung des § 323 BGB kommen!

jede Leistungspflicht

Die Schlechtleistung kann in der Verletzung einer Haupt-, sie kann aber auch in der Verletzung einer Nebenleistungspflicht liegen. Entscheidend ist, dass es sich um eine echte *Leistungs*pflicht, nicht etwa um eine bloße Schutzpflicht, oder gar um eine Naturalobligation handelt.

§ 323 BGB gilt also nur für Pflichten, auf deren Erbringung der Gläubiger einen Erfüllungsanspruch (Primäranspruch) hat. Für Verletzung anderer Pflichten nach § 241 II BGB ist § 324 BGB die speziellere Norm.[268]

Die Abgrenzung kann im Einzelfall durchaus anspruchsvoll sein:

Bsp.: Die allgemeine aus § 242 BGB abgeleitete Aufklärungspflicht über vertragswesentliche Umstände ist nicht leistungsbezogen und nicht klagbar. Der Gläubiger hat keinen Primäranspruch. Schließen die Parteien jedoch einen gesonderten Beratungs-/ Auskunftsvertrag, dann ist die Aufklärung sogar (synallagmatische) Hauptpflicht. Dazwischen liegt ein weites Feld, das den Parteien kraft Parteiautonomie zugänglich ist, und vom Bearbeiter ggf. im Wege ergänzender Vertragsauslegung erschlossen werden muss.

(d) Erfolgloser Ablauf einer angemessenen Nachfrist

Nachfristsetzung

Weitere Voraussetzung von § 323 I BGB ist, dass der Gläubiger dem Schuldner eine angemessene Frist zur Nacherfüllung gesetzt hat, und dass der Schuldner diese erfolglos hat verstreichen lassen. 489

Angemessenheit

Zweck der Fristsetzung ist es, im Wege der Nacherfüllung doch noch den ursprünglichen Leistungserfolg möglich zu machen. Eine *angemessene* Nachfrist ist also grundsätzlich so bemessen, dass der Leistungserfolg auch erreicht werden kann. Allerdings gilt dies nur unter der Einschränkung, dass der Schuldner schon Leistungsbemühungen angestellt hat.

Nicht notwendig ist, dass die Frist ausreicht, erst noch mit der Leistungshandlung zu beginnen und sie dann noch vollenden zu können.[269] Entscheidend sind objektive Kriterien, die von der Natur des Schuldverhältnisses und der erkennbaren Interessenlagen der Parteien abhängen.

frühestens ab Fälligkeit

Frühester Zeitpunkt einer zulässigen Fristsetzung ist der Zeitpunkt der Fälligkeit der Leistung: Eine Fristsetzung vor Fälligkeit der Leistung hat keine rechtliche Wirkung, da der Schuldner nicht zu einer Leistung aufgefordert werden kann, die er mangels Fälligkeit noch gar nicht zu erbringen braucht.

Dabei ist auch irrelevant, ob der Endtermin der gesetzten Frist vor oder nach dem Fälligwerden liegt; entscheidend ist auf den Zeitpunkt der Fristsetzung abzustellen.

hemmer-Methode: Das gilt nach Ansicht des BGH auch dann, wenn bereits vor Fälligkeit ernsthafte Zweifel an der Leistungsfähigkeit oder der Leistungswilligkeit des Schuldners bestehen.[270]

Möglich ist es aber die Fristsetzung mit dem fälligkeitsauslösenden Ereignis zu verbinden.[271]

268 Vgl. Grüneberg, § 323, Rn. 6.

269 Vgl. Grüneberg, § 323, Rn. 14.

270 **BGH, Life&LAW 10/2012, 699 ff.** = ZIP 2012, 1463 ff. = **juris**byhemmer.

271 Vgl. Grüneberg, § 323, Rn. 12.

bei zu kurzer Fristbemessung Anpassung

Ist die vom Gläubiger gesetzte Frist unangemessen kurz, so ist die Fristsetzung nicht gänzlich unwirksam. Die Frist wird vielmehr auf eine objektiv angemessene Zeit verlängert.[272] 490

Bsp.: *Die A-GmbH erteilt der Werbeagentur B am 01.03. den Auftrag einen TV-Spot für ihre neuen Produkte zu entwickeln (Werkvertrag nach §§ 631 ff. BGB) Für Anfang Mai ist die erste Ausstrahlung geplant, deshalb einigt man sich, dass die Arbeiten bis zum 10.04. abzuschließen seien. Am 11.04. hat die B immer noch nicht geleistet.*

a) *Die A möchte nun nach § 323 BGB vom Vertrag zurücktreten. Sie fordert deshalb B auf, ihr das gesamte Filmmaterial in Endfassung bis Ablauf des nächsten Tages (12.04.) vorzulegen. Die Arbeiten stehen kurz vor dem Abschluss. B könnte bis zum 15.04. vollständig leisten.*

Die Fristsetzung im Fall a) zum Ablauf des folgenden Tages ist zwar unangemessen kurz, das heißt aber nicht, dass die Frist gar keine Wirkung hat, sie setzt vielmehr eine angemessene Nachfrist in Gang. Unter Abwägung der beteiligten Interessen erscheint eine Frist bis zum 20.04. den Umständen angemessen.

Diese Frist muss A im Fall abwarten, und der B so Gelegenheit geben, doch noch zu erfüllen.

b) *A setzt B eine Nachfrist bis zum 20.04. B macht geltend, die Produktion eines Fernseh-Spots im vorgesehenen Umfang nehme mindestens eine Zeit von fünf Wochen in Anspruch, sie sei aber aufgrund anderer Termine noch nicht dazu gekommen, mit den Arbeiten zu beginnen.*

Auch die Frist bis zum 20.04. wäre nicht angemessen, wenn sie dem B Zeit für eine völlige Neuherstellung des Werbefilms geben sollte. Jedoch ist Sinn der Fristsetzung dem Schuldner eine *letzte* Leistungschance zu geben, also nur die Möglichkeit eine begonnene Leistungshandlung zu vollenden.

Dass B hier mit der Anfertigung des Werbefilms überhaupt noch nicht begonnen hat, fällt allein in deren Risikobereich. Eine bereits begonnene Filmproduktion hätte durchaus bis zum 20.04. fertig gestellt werden können; insofern ist die gesetzte Frist angemessen i.S.d. 323 I BGB.

strittig bei sofortigem Leistungsverlangen

Strittig ist die Rechtslage, wenn der Gläubiger sofortige Leistung verlangt. Früher wurde überwiegend vertreten, dass in diesem Fall überhaupt keine Frist in Gang gesetzt wird.

nach Ansicht des BGH wird auch bei sofortigem Leistungsverlangen eine angemessene Frist in Gang gesetzt

Nach inzwischen geänderter Rechtsprechung des BGH stellt die Aufforderung zur „sofortigen", „umgehenden", „prompten" Leistung etc. die Setzung einer zu kurzen Frist dar, die allerdings dazu führt, dass dadurch eine angemessene Frist in Gang gesetzt wird.[273]

Wortlaut des § 323 I BGB

Auszugehen ist vom Wortlaut des Gesetzes. Dem Begriff der Fristsetzung lässt sich nicht entnehmen, dass die maßgebliche Zeitspanne nach dem Kalender bestimmt sein muss oder in konkreten Zeiteinheiten anzugeben ist. Eine in dieser Weise bestimmte Frist verlangt § 323 I BGB nicht.

Vielmehr kann die Dauer einer Frist grundsätzlich auch durch einen unbestimmten Rechtsbegriff bezeichnet werden; dies ist insbesondere bei rechtsgeschäftlichen Fristen häufig der Fall.

Nach allgemeiner Meinung ist eine Frist ein Zeitraum, der bestimmt oder bestimmbar ist.[274] Mit der Aufforderung, die Leistung oder die Nacherfüllung „in angemessener Zeit", „umgehend" oder „so schnell wie möglich" zu bewirken, wird eine zeitliche Grenze gesetzt, die aufgrund der jeweiligen Umstände des Einzelfalls bestimmbar ist.

---

272 Vgl. Grüneberg, § 323, Rn. 14.

273 BGH, **Life&LAW 07/2015, 471 ff.** = **juris**byhemmer; BGH, **Life&LAW 11/2009, 721 ff.** = NJW 2009, 3153-3154 = **juris**byhemmer.

274 RGZ 120, 355 (362); Grüneberg, § 186, Rn. 3.

Zweck der Fristsetzung

Auch der Zweck der Fristsetzung erfordert es nicht, dass der Gläubiger für die Nacherfüllung einen bestimmten Zeitraum oder einen genauen (End-)Termin angibt.

Dem Schuldner soll mit der Fristsetzung vor Augen geführt werden, dass er die Leistung nicht zu einem beliebigen Zeitpunkt bewirken kann, sondern dass ihm hierfür eine zeitliche Grenze gesetzt ist.

Dieser Zweck wird bereits durch die Aufforderung, innerhalb „angemessener Frist", „unverzüglich" oder – wie hier – „umgehend" zu leisten, hinreichend erfüllt.

Nach den Gesetzesmaterialien sollte die Fristsetzung im Übrigen auch nicht zu einer Hürde werden, an der der Käufer aus formalen Gründen scheitere.[275]

Für eine Fristsetzung nach § 323 I BGB genügt es deshalb, wenn der Gläubiger durch das Verlangen nach sofortiger, unverzüglicher oder umgehender Leistung oder durch vergleichbare Formulierungen deutlich macht, dass dem Schuldner für die Erfüllung nur ein begrenzter Zeitraum zur Verfügung steht.

hemmer-Methode: Die Rechtsprechung des BGH ist inzwischen als gefestigt zu bezeichnen, weil der BGH seine Entscheidung aus dem Jahr 2009 im Jahr 2015 erneut bestätigt hat.[276]
Beim Verbrauchsgüterauf ist eine Fristsetzung generell entbehrlich. Nach § 475 V BGB muss der Unternehmer die Nacherfüllung innerhalb einer angemessenen Frist durchführen, wobei die Art der Sache sowie der Zweck, für den der Verbraucher die Sache benötigt, zu berücksichtigen sind. Daran anknüpfend bestimmt § 475d I Nr. 1 BGB, dass eine Fristsetzung für die Erklärung des Rücktritts entbehrlich ist, wenn der Unternehmer trotz Ablaufs einer angemessenen Frist die Nacherfüllung nicht vorgenommen hat.
Vgl. dazu Hemmer/Wüst/Tyroller, Schuldrecht BT I, Rn. 465 ff.

AGB ⇨ keine Anpassung der Frist

Wenn die Frist durch Allgemeine Geschäftsbedingungen gesetzt wurde, steht einer Anpassung der Frist das Verbot der geltungserhaltenden Reduktion entgegen.[277]

> ***Bsp.:** Nachdem B zum Fälligkeitszeitpunkt nicht geliefert hat, schickt ihm A eine vorformulierte Erklärung, nachdem er im eine "letzte Frist" bis Ablauf des folgenden Tages setze.*
>
> Die Umstände sollen ergeben, dass eine angemessene Frist zwei Wochen betrage. Eine Ingangsetzung einer solchen Frist ist wegen dem Verbot der geltungserhaltenden Reduktion bei AGB nicht möglich. Die Fristsetzung des A deshalb vollkommen unwirksam.
>
> Nach § 306 II BGB tritt an die Stelle unwirksamer Vertragsbestimmungen das dispositive Gesetzesrecht. Bezüglich der Fristdauer existieren aber keine gesetzlichen Regelungen. Eine Anpassung der zu kurzen Frist entfällt deshalb.

(aa) Abmahnung an Stelle der Fristsetzung

Abmahnung, wenn Frist nach Art der Leistung nicht passend

Nach § 323 III BGB ist in Fällen in denen eine Fristsetzung nach der Art der Pflichtverletzung nicht in Betracht kommt, stattdessen eine Abmahnung auszusprechen. Hierher gehören vor allem verhaltensbedingte Leistungsstörungen.[278] 491

> ***Bsp.:** Verletzung der Leistungspflicht des AN, durch mangelhafte Arbeit*

275 BT-Drs. 14/6040, S. 185.

276 BGH, **Life&LAW 07/2015, 471 ff.** = **juris**byhemmer.

277 Vgl. OLG Hamm in NJW-RR 1995, 503 = **juris**byhemmer. Nach BGH, NJW 1988, 2597 = **juris**byhemmer.

278 Vgl. dazu Hemmer/Wüst, Schuldrecht AT, Rn. 479.

(bb) Entbehrlichkeit der Fristsetzung

Unmöglichkeit der Zweckerreichung

Eine Fristsetzung ist entbehrlich, wenn der mit ihr verfolgte Zweck nicht (mehr) erreicht werden kann. Im Wesentlichen sind dies die in § 323 II BGB geregelte Fälle. Möglich ist aber auch, dass der Schuldner auf sie verzichtet hat oder die Vertragsparteien das Fristsetzungserfordernis gemeinsam abbedungen haben. Dies folgt schon aus dem Grundsatz der Vertragsautonomie aber auch aus dem Gedanken, dass durch die Nachfristsetzung der Schuldner geschützt werden soll, dieser aber auf seinen Schutz selbstverständlich verzichten kann. 492

§ 323 II Nr. 1 – 3 BGB; ungeschrieben: Verzicht

⇨ Ernsthafte und endgültige Erfüllungsverweigerung, Nr. 1

⇨ Relatives Fixgeschäft, Nr. 2

⇨ Besondere Umstände, Nr. 3

⇨ Verzicht bzw. Parteivereinbarung (in AGBen § 309 Nr. 4 BGB beachten)

hemmer-Methode: Diese Ausnahmefälle sind in den einschlägigen Fällen entsprechend auf die Entbehrlichkeit der Abmahnung (vgl. § 323 III BGB) zu übertragen.

⇨ Ernsthafte und endgültige Erfüllungsverweigerung, § 323 II Nr. 1 BGB

Erfüllungsverweigerung

Eine ernsthafte und endgültige Erfüllungsverweigerung seitens des Schuldners macht die Fristsetzung entbehrlich. Alles andere wäre unnötige Förmelei. Voraussetzung ist aber, dass der Schuldner wirklich „das letzte Wort" gesprochen hat.[279] 493

Allein die Erklärung des Schuldners, er werde zum Fälligkeitszeitpunkt nicht leisten können, begründet keine ernsthafte und endgültige Leistungsverweigerung im Sinne des § 323 II Nr. 1 BGB.[280]

Bsp.: A erwirbt beim Vertragshändler V einen neuen Porsche Boxster mit umfangreicher Sonderausstattung. Als V den Wagen dann vom Hersteller erhält, gefällt er ihm so gut, dass er beschließt ihn für sich zu behalten. Er erklärt dem A, „er könne sich den Vertrag an den Hut stecken, mit ihm wolle er sowieso nichts mehr zu tun haben".

Anders aber, wenn der V vorsichtig bei A anfragt ob dieser „sich auch wirklich sicher sei, ob er den Wagen wolle", er, V würde ihn nämlich gerne behalten. Hier muss A eine Frist bestimmen (die in casu wohl auch zum Erfolg führen wird).

⇨ Relatives Fixgeschäft, § 323 II Nr. 2 BGB

genau bestimmte Leistungszeit

Wurde ein genau bestimmter Leistungstermin oder ein genau bestimmter Leistungszeitraum bestimmt, und leistet der Schuldner zu diesem nicht, kann der Gläubiger ohne zusätzliche Fristsetzung vom Vertrag nach § 323 I, II Nr. 2 BGB zurücktreten. 494

hemmer-Methode: Ist wenigstens eine der beiden Vertragsparteien Kaufmann (vgl. § 345 HGB), so gilt beim Vorliegen eines Fixgeschäfts § 376 HGB als „lex specialis".

≠ absolutes Fixgeschäft

In der Klausur müssen Sie das relative Fixgeschäft regelmäßig vom absoluten Fixgeschäft abgrenzen. Bei diesem gilt § 323 BGB nicht, da die Nichtleistung zum vereinbarten Termin Unmöglichkeit zu Folge hat. Ein Rücktrittsrecht des Vertragspartners kann sich dann aber über § 326 V BGB ergeben.

279 Vgl. Grüneberg, § 323, Rn. 18 und § 281, Rn. 14.

280 BGH, **Life&LAW 10/2012, 699 ff.** = ZIP 2012, 1463 ff. = jurisbyhemmer.

Bsp.: Auf den Willen eines relativen Fixgeschäftes können Klauseln wie „prompt“, „präzis“, „fix“, „spätestens“ i.V.m. einer konkreten Leistungszeit hindeuten. Auch „just-in-time“-Geschäfte sind regelmäßig relative Fixgeschäfte.

⇨ **Vorliegen besonderer Umstände, § 323 II Nr. 3 BGB**

Generalklausel

Als Auffangtatbestand dient § 323 II Nr. 3 BGB: Die Fristsetzung kann entbehrlich sein bei Vorliegen besonderer Umstände unter Abwägung der beiderseitigen Interessen.[281] *495*

§ 323 II Nr. 3 BGB ist nur bei Schlechtleistung anwendbar

Diese Ausnahme gilt aber nur für die Pflichtverletzung „Schlechtleistung“. Im vorliegenden Fall der nicht (rechtzeitigen) Leistung gilt § 323 II Nr. 3 BGB nicht (mehr).

Bei der Abwägung muss insbesondere geprüft werden, ob das Interesse des Gläubigers am Fortbestand des Vertrags **infolge der Schlechtleistung** entfallen ist.[282]

§ 323 II Nr. 3 BGB ist insbesondere einschlägig bei Arglist des Verkäufers. Entschieden wurde dies vom BGH für den Fall des vom Verkäufer arglistig verschwiegenen Mangels. In solch einem Fall ist es dem Käufer nicht mehr zumutbar, den arglistig handelnden Verkäufer zur Nacherfüllung aufzufordern.[283]

Hat der Verkäufer beim Abschluss eines Kaufvertrags eine Täuschungshandlung begangen, so ist in der Regel davon auszugehen, dass die erforderliche Vertrauensgrundlage beschädigt ist. In solchen Fällen hat der Käufer ein berechtigtes Interesse daran, von einer weiteren Zusammenarbeit mit dem Verkäufer Abstand zu nehmen, um sich vor eventuellen neuerlichen Täuschungsversuchen zu schützen.

hemmer-Methode: Es ist umstritten, ob die Begrenzung des § 323 II Nr. 3 BGB auf die Schlechtleistung außerhalb des Anwendungsbereichs der Verbraucherrichtlinie sinnvoll ist, da die Parallelnorm zum Schadensersatz § 281 II Alt. 2 BGB sowohl auf die Nichtleistung als auch die nicht vertragsgemäße Leistung anwendbar ist. Da sich beim Schadensersatz statt der ganzen Leistung über § 281 I S. 2, V BGB bei der Nichtleistung faktisch die Rechtsfolgen des Rücktritts herleiten lassen, wird vertreten, im Rahmen eines Verbrauchergeschäfts auch § 281 II Alt. 2 BGB nicht anzuwenden. Außerhalb des Verbrauchervertrages soll hingegen der Rücktritt analog § 281 II Alt. 2 BGB weiterhin ohne Fristsetzung möglich sein.[284]
Diese Ansicht ist nicht überzeugend. Zum einen ist die Planwidrigkeit der Regelungslücke mehr als zweifehlhaft. Zum anderen ist die Interessenlage nicht vergleichbar, weil der Rücktritt – anders als der Anspruch auf Schadensersatz – unabhängig vom Vertretenmüssen ist. Eine Ungleichbehandlung ist daher sachlich gerechtfertigt.

(e) Kein Ausschluss des Rücktrittsrechts

Schließlich darf das Rücktrittsrecht des Gläubigers nicht ausgeschlossen sein. *496*

eigene Vertragstreue

Für das Rücktrittsrecht aus § 323 BGB ist die eigene Vertragstreue des Gläubigers zu fordern. Dieses Merkmal lässt sich aus § 242 BGB ableiten, wird aber auch durch § 320 BGB (s.o.) impliziert.

281 Vgl. Grüneberg, § 323, Rn. 22.

282 BGH, **Life&LAW 10/2012, 699 ff.** = ZIP 2012, 1463 ff. = **juris**byhemmer.

283 BGH, **Life&LAW 03/2007, 214** = NJW 2007, 835 ff. = **juris**byhemmer sowie BGH, ZIP 2008, 460 ff. = **juris**byhemmer; HEMMER/WÜST, Schuldrecht AT, Rn. 385.

284 Riehm, NJW 2014, 2065 ff.

Das ungeschriebene Merkmal der eigenen Vertragstreue ist allerdings nur zu prüfen, wenn nicht das Gesetz selbst bereits die Folgen eines "vertragsuntreuen" Verhalten des Gläubigers für dessen Rücktrittsrecht geregelt hat, so z.B. in § 323 VI BGB.[285]

(aa) § 323 VI BGB

Alles-oder-Nichts-Prinzip des Rücktritts

Beim Rücktritt gilt (anders als beim Schadensersatzanspruch, für den § 254 BGB gilt) das Alles-oder-Nichts-Prinzip. Es erscheint unbillig, dem Gläubiger auch dann ein Rücktrittsrecht zuzusprechen, wenn er sich im Annahmeverzug befindet oder für den zum Rücktritt berechtigenden Umstand allein oder weit überwiegend verantwortlich ist. In diesen Fällen, muss dem Gläubiger das Risiko einer ausbleibenden Leistung zugewiesen werden: 497

1. Alternative: Verantwortlichkeit des Gläubigers

Verantwortlichkeit des Gläubigers

§ 323 VI Alt. 1 BGB versagt dem Gläubiger das Recht zum Rücktritt, wenn er für den Rücktrittsgrund allein oder weit überwiegend verantwortlich ist. 498

§ 276 BGB direkt (-)

Wann dies der Fall ist, lässt sich dem BGB nicht unmittelbar entnehmen. Da der Gläubiger grundsätzlich keine Verpflichtung zur Leistung zu erbringen hat, ist § 276 BGB nämlich nicht direkt anwendbar.

Verstoß gegen echte Rechtspflicht

Eine Verantwortlichkeit des Gläubigers ist aber jedenfalls dann anzunehmen, wenn er eine allgemeine Rechtspflicht verletzt hat , z.B. im Falle eines deliktischen Handelns i.S.d. §§ 823 ff. BGB. Gleiches gilt, wenn dem Gläubiger die schuldhafte Verletzung einer vertraglichen Pflicht (auch i.S.v. § 241 II BGB) vorzuwerfen ist. In diesen Fällen liegt ein echtes Verschulden des Gläubigers vor.

> **Bsp.:** *Der Käufer einer Sache schleicht sich nachts in das Lager des Verkäufers und zerstört dort vorsätzlich die noch nicht übereignete Kaufsache.*

untechnisches Verschulden

Ansonsten kommt aber bloß ein untechnisches Verschulden in Betracht: Darunter versteht man nicht einen Verstoß gegen eine Rechtspflicht, sondern gegen eine bloße Obliegenheit; man spricht auch von einem „Verschulden gegen sich selbst“.

§ 276 BGB analog (+)

Für den Maßstab der anzulegenden Sorgfalt sind nach h.M. dann aber doch die zu §§ 276 ff. BGB entwickelten Grundsätze analog anzuwenden. Auch § 278 BGB gilt analog, so dass der Gläubiger auch für ein Fehlverhalten seiner Hilfspersonen einzustehen hat.

weit überwiegendes „Verschulden“

§ 323 VI 1. Alt. BGB betrifft auch den Fall, dass der Gläubiger die Unmöglichkeit *weit überwiegend* zu vertreten hat. Hiermit sind solche Konstellationen gemeint, in denen ein Mitverschuldensanteil des Schuldners zwar besteht, jedoch hinter den weit überwiegenden Verschuldensanteil (mindestens 80% bis 90%) des Gläubigers zurücktreten muss.[286]

NICHT: „beiderseitige Unmöglichkeit“

hemmer-Methode: Lassen Sie sich durch den Gesetzeswortlaut nicht verwirren. Der Gesetzgeber wollte die Fallgruppe der beiderseits zu vertretenden Unmöglichkeit auch weiterhin der Rechtsprechung und Literatur überlassen.
Fälle „weit überwiegender“ Verantwortlichkeit des Gläubigers sind nur solche, in denen der Mitverschuldensbeitrag des Schuldners gering und daher zu vernachlässigen ist.
Lesen Sie dazu ausführlich HEMMER/WÜST, Schuldrecht AT, Rn. 336 ff.

285 Vgl. Grüneberg, § 323, Rn. 29.
286 Vgl. Grüneberg, § 323, Rn. 29.

2. Alternative: Annahmeverzug

Gläubigerverzug, § 293 BGB

§ 323 VI Alt. 2 BGB regelt den Fall, dass der Gläubiger sich im Zeitpunkt des zum Rücktritt berechtigenden Umstands im Annahmeverzug (§ 293 BGB) befindet. 499

Sinn der Norm: kein Rücktritt nach Übergang der Preisgefahr auf den Gläubiger

§ 323 VI BGB, der dem Wortlaut des § 326 II S. 1 BGB entspricht, zeigt gerade, dass in den Fällen, in denen die Preisgefahr auf den Gläubiger übergegangen ist, der Rücktritt ausgeschlossen ist.

auch in anderen Fällen des Preisgefahrüberganges ist der Rücktritt ausgeschlossen

Es gibt aber neben § 326 II S. 1 BGB noch weitere Fälle des Preisgefahrübergangs auf den Gläubiger (z.B. §§ 446 S. 1 und S. 3, 447 I, 644 I S. 2, 645 BGB).

In diesen Fällen muss der Rücktritt freilich auch ausgeschlossen sein. Begründen lässt sich dies entweder mit einer analogen Anwendung des § 323 VI BGB analog. Vertretbar ist es auch, das Rücktrittsrecht im Wege einer teleologischen Reduktion ausschließen.[287]

(bb) Ausschluss des Rücktrittsrechts nach § 218 I S. 1 BGB

Rücktritt kann nicht verjähren (Gestaltungsrecht)

Der Rücktritt ist kein Anspruch, sondern ein Gestaltungsrecht und kann demzufolge auch nicht verjähren, vgl. § 194 I BGB. Dennoch muss die Verjährung als dauerhafte Einrede gegen den Primäranspruch auch das Rücktrittsrecht nach § 323 BGB, das an das Bestehen eines durchsetzbaren Leistungsanspruchs geknüpft ist, berühren. 500

aber über § 218 I BGB dennoch abhängig von Verjährung des Leistungsanspruchs

Deshalb normiert § 218 I BGB für den Rücktritt einen Ausschlusstatbestand, für den Fall, dass der Leistungs- bzw. Nacherfüllungsanspruches verjährt ist.

Eine wichtige examensrelevante Ausnahme von § 218 I BGB findet sich in §§ 218 I S. 3, 216 II S. 2 BGB für den Fall des Eigentumsvorbehaltes. Diese Norm bestimmt, dass der Verkäufer auch bei Verjährung der gesicherten Kaufpreisforderung noch vom Vertrag zurücktreten kann.

(f) § 323 V BGB, Sonderregelung für Teilleistung und Schlechtleistung[288]

Besonderheiten ergeben sich im Rahmen von § 323 BGB, wenn der Schuldner schon einen Teil der Leistung erbracht hat, oder wenn er schlecht leistet. 501

(aa) § 323 V S. 1 BGB, Teilleistung

Teilrücktritt als Normalfall

Hat der Schuldner nur eine Teilleistung erbracht und liegen die Voraussetzungen des § 323 BGB im Übrigen vor, kann der Gläubiger ohne weiteres vom betroffenen Vertragsteil zurücktreten. 502

Rücktritt vom gesamten Vertrag zusätzliche Voraussetzungen

§ 323 V BGB indes normiert erhöhte Anforderungen für den Rücktritt vom gesamten Vertrag, die zusätzlich zu den übrigen Voraussetzungen des § 323 BGB zu prüfen sind.

---

287 Vgl. Staudinger, § 326, Rn. 31; Meier, JURA 2002, 118 [124]; Lettl, JuS 2004, 314 [315]; Hennrichs/Kordes, JA 2005, 269 [271]; der Ansatz von Mansel/Stürner, die in diesem Fall bereits die Pflichtverletzung ablehnen (JuS 2006, 608 [610]), ist wenig überzeugend, da der Preisgefahrübergang nichts daran ändert, dass der Erfolgseintritt unmöglich geworden ist. Gerade dies stellt die relevante Pflichtverletzung dar. Diese Ansicht vermengt daher Fragen der Preisgefahr mit denen der Leistungsgefahr.

288 Ausführlich hierzu Hemmer/Wüst, Schuldrecht AT, Rn. 500 ff.

objektiver Interessenfortfall

Ein Rücktritt vom gesamten Vertrag ist demnach nur möglich, wenn der Gläubiger an der Teilleistung kein Interesse hat. Da der Gesetzgeber den Rücktritt vom gesamten Vertrag (vgl. „nur") als Ausnahme konzipiert hat, ist ein echter, objektiver Interessenfortfall zu fordern.

hemmer-Methode: Seien Sie unbedingt genau und legen Sie ggf. aus, welche Rechtsfolge der Gläubiger anstrebt. Will er vom Vertrag überhaupt los? Oder will er nur die noch ausstehenden Teile nicht mehr annehmen? Oft verbirgt sich hinter dieser Frage *die* für die Klausur entscheidende Weichenstellung.

(bb) § 323 V S. 2 BGB, Schlechtleistung

Schlechtleistung: § 323 BGB grds. (+), es sei denn besondere Umstände

Im Fall der Schlechtleistung kann der Gläubiger nur dann nach § 323 I BGB vom Vertrag zurücktreten, wenn die Pflichtverletzung nicht unerheblich ist. Der Wortlaut von § 323 V S. 2 BGB macht deutlich, dass das Regel-Ausnahme-Verhältnis im Vergleich zur Teilleistung gerade umgekehrt ist. Mit anderen Worten: 503

Grundsätzlich ist der Rücktritt wegen einer Schlechtleistung möglich, es sei denn besondere Umstände lassen die Pflichtverletzung als unwichtig erscheinen.

Bsp.: A verkauft B ein neues Cannondale Mountainbike für 6.500 €. Unter dem Tretlager befindet sich ein winziger, mit dem bloßen Auge kaum auszumachender Kratzer.

(2) § 326 V BGB, Rücktritt bei Ausschluss der Leistungspflicht

Unmöglichkeit der Leistung ⇨ Rücktrittsrecht des Gläubigers

§ 326 V BGB gewährt dem Gläubiger ein Rücktrittsrecht, wenn der Schuldner nach § 275 BGB von der Leistungspflicht befreit ist. 504

„Lückenfüllung" für § 323 BGB i.V.m. § 275 I BGB

Mit § 326 V BGB hat der Gesetzgeber eine Lücke geschlossen, die § 323 BGB für den Fall der Unmöglichkeit lässt: § 275 BGB bestimmt, dass der Anspruch auf Leistung erlischt; da ein erloschener Anspruch aber denknotwendig nicht fällig sein kann, würde § 323 BGB „nicht greifen".[289]

außerdem Frist sinnlos

Zudem wäre das Tatbestandsmerkmal der Fristsetzung aus § 323 I BGB zur Erbringung einer unmöglichen Leistung sinnlos.

„Brückennorm"

In Konsequenz verzichtet § 326 V BGB für die Fälle des § 275 I – III BGB auf die Fristsetzung und erklärt dann den so modifizierten § 323 BGB für entsprechend anwendbar.

Danach ergeben sich für ein **Rücktrittsrecht nach § 326 V** BGB die **folgenden Voraussetzungen:**

- ⇨ Bestehen eines synallagmatischen Vertrags
- ⇨ Ausschluss der Leistungspflicht des Schuldners nach § 275 BGB
- ⇨ Kein Ausschluss des Rücktrittsrechts, § 323 VI BGB; § 218 I S. 1 BGB

hemmer-Methode: Für den Fall der Unmöglichkeit nach § 275 I BGB ist § 326 V BGB also lex specialis zu § 323 BGB. Seine Bedeutung erschöpft sich aber darin, eine Brücke zu § 323 BGB zu bilden. Macht man sich dies klar, darf § 326 V BGB keine eigenständigen Probleme bereiten: Rekapitulieren Sie die einschlägigen Voraussetzungen.

289 § 323 BGB setzt einen fälligen, einredefreien Leistungsanspruch voraus, s.o. Rn. 483.

(a) Bestehen eines synallagmatischen Vertrags

§ 326 V BGB ist nur im gegenseitigen Vertrag anwendbar. 505

(b) Ausschluss der Leistungspflicht des Schuldners nach § 275 BGB

Entscheidendes Merkmal von § 326 V BGB ist der Ausschluss der Leistungspflicht nach § 275 I – III BGB. 506

§ 275 BGB erfasst verschiedene Fälle, die früher unter wechselnder Begrifflichkeit i.R.d. Unmöglichkeit behandelt wurden:

- ⇨ Tatsächliche Unmöglichkeit, Abs. 1
- ⇨ Faktische Unmöglichkeit, Abs. 2
- ⇨ Moralische Unmöglichkeit, Abs. 3

Die Norm greift also immer dann, wenn der Schuldner von seiner Primärleistung befreit wird. Welcher der verschiedenen Tatbestände i.R.d. § 275 BGB einschlägig ist, ist für die Anwendung von § 326 V BGB unerheblich, eine ausführliche Abgrenzung kann deshalb auch *in diesem Zusammenhang* dahinstehen.[290]

(c) Kein Ausschluss des Rücktrittsrechts, § 323 VI BGB; § 218 I S. 1 BGB

Zu § 323 VI BGB gilt das oben zu § 323 BGB Ausgeführte. Eigenständige Probleme weist § 326 V BGB hier nicht auf. 507

Auch § 323 V BGB gilt i.R.d. Verweisung des § 326 V BGB. Der Rücktritt nach § 326 V BGB ist also ausgeschlossen, wenn eine nur unerhebliche qualitative Unmöglichkeit vorliegt oder der Gläubiger bei einer Teillieferung keinen Interessenfortfall hinsichtlich der ganzen Leistung nachweisen kann.

speziell: § 218 I S. 2 BGB

Für § 218 BGB findet sich eine Spezialregelung: Nach § 275 I – III BGB sind die Leistungsansprüche ausgeschlossen – sie können demzufolge auch nicht mehr verjähren. § 218 I S. 1 BGB wäre deshalb nicht anwendbar. Um dieses Ergebnis zu vermeiden, bestimmt § 218 I S. 2 BGB, dass der Rücktritt auch dann unwirksam ist, wenn der Anspruch auf Leistung oder Nacherfüllung verjährt *wäre*.

(d) Anwendungsbereich von § 326 V BGB

Auf den ersten Blick erscheint § 326 V BGB ziemlich sinnlos: Wird der Schuldner nach §§ 275 I – III BGB von seiner Leistungspflicht befreit, so erlischt die Pflicht zur Gegenleistung nach § 326 I S. 1 HS 1 BGB ja ganz von selbst. Hat er die Gegenleistung schon erbracht, so besteht gem. § 323 IV BGB ipso iure ein Rückforderungsanspruch. 508

Bleibt der Gläubiger indes nach § 326 II S. 1 BGB verpflichtet, so kann er auch nach §§ 326 V, 323 VI BGB nicht zurücktreten.

290 Näher zu § 275 BGB unter Rn. 583 und insbesondere in Hemmer/Wüst, Schuldrecht AT, Rn. 15.

Wozu also § 326 V BGB?

Rücktritt hat weitergehende Wirkung

§ 326 I S. 1 HS 1 BGB lässt *die Gegen*leistung nur nach § 275 BGB ausgeschlossenen Pflicht automatisch entfallen. Der Rücktritt wandelt nach §§ 346 ff. BGB hingegen das gesamte Schuldverhältnis in ein Rückgewährverhältnis um.

D.h. will der Gläubiger sich gänzlich vom Schuldner lösen, nutzt ihm § 326 I S. 1 HS 1 BGB nicht sehr viel, da der weiterhin bestehende Vertrag noch immer Schutz- und Nebenpflichten entfalten kann. Diese beseitigt endgültig nur der (vollzogene) Rücktritt.

unbehebbarer Mangel

Praktisch wichtig wird § 326 V BGB indes bei der *Schlechtleistung*, wenn diese auf einem *unbehebbaren* Mangel beruht. Gem. § 326 I S. 2 BGB entfällt in diesem Fall nämlich die Gegenleistung nicht automatisch. Dies wäre nämlich gleichbedeutend mit einer gesetzlichen Minderung und widerspräche damit § 437 Nr. 2 BGB.[291]

Daher kann der Käufer den bereits gezahlten Kaufpreis auch nicht sofort nach § 326 IV BGB zurückverlangen - er muss erst gem. § 437 Nr. 2 Alt. 1 BGB i.V.m. § 326 V BGB vom Vertrag zurücktreten.

hemmer-Methode: Nach § 326 IV BGB kann der Gläubiger auch vom Vertrag Abstand nehmen, das heißt einfach „nichts tun" und für den Fall, dass er seine (Gegen-) Leistung schon erbracht hat, diese zurückfordern.

Teilunmöglichkeit

Wichtig ist § 326 V BGB auch in den Fällen der **Teilunmöglichkeit**. In diesem Fall erlischt nämlich gem. §§ 326 I S. 1 HS 2, 441 III BGB die Gegenleistung nur teilweise. Will der Käufer aber vom ganzen Vertrag loskommen, so braucht er hierfür ein Rücktrittsrecht, welches ihm § 326 V BGB gibt; allerdings nur unter der einschränkenden Voraussetzung des Interessenfortfalles, vgl. § 323 V S. 1 BGB (s.o.)!

(3) Rücktritt wegen Verletzung einer Pflicht nach § 324 BGB

Nebenpflichten i.S.v. § 241 II BGB

Im Fall von § 324 BGB beklagt sich der Gläubiger nicht über die Leistung an sich, sondern über ein sonstiges Verhalten des Schuldners. 509

Bsp.: *A hat den Raumausstatter B beauftragt, in seiner Wohnung Teppichboden zu verlegen. B erledigt seine Arbeit sehr gewissenhaft. Da er starker Raucher ist, will er trotz der Bitten des A, in seiner Wohnung nicht „diesen schrecklichen Geruch zu verbreiten", nicht von seiner Arbeitszigarette lassen.*

Dies erbost A, der konsequenter Nichtraucher ist, so sehr, dass er B am liebsten sofort wieder los würde, und ein Konkurrenzunternehmen beauftragen möchte.

Abwandlung (1): *B raucht und stinkt nicht nur, er wirft die abgerauchten Sargnägel auch einfach auf den Teppichoden. Beschädigt wird dieser dabei allerdings nicht.*

Abwandlung (2): *A, der starkes Bronchialasthma hat, muss sich während der Arbeit des B in denselben Räumen aufhalten und erleidet einen Anfall. Dennoch weigert sich B, von seinen Zigaretten zu lassen.*

TB

Die **Voraussetzungen des § 324 BGB** sind:

- ⇨ Vorliegen eines gegenseitigen Vertrags
- ⇨ Verletzung einer Pflicht i.S.v. § 241 II BGB
- ⇨ Unzumutbarkeit für Gläubiger

291 Danach hat der Käufer nämlich die *Wahl*, ob er vom Vertrag zurücktreten, mindern oder (Nr. 3) Schadensersatz verlangen will.

(a) Bestehen eines synallagmatischen Vertrags

§ 324 BGB ist nur im gegenseitigen Vertrag anwendbar. 510

(b) Pflichtverletzung i.S.v. § 241 II BGB

§ 324 BGB ⇨ § 241 II BGB

Der Schuldner muss eine Pflicht i.S.v. § 324 BGB verletzt haben. Die Norm verweist auf § 241 II BGB, der wiederum von der Pflicht zur Rücksichtnahme auf „die Rechte, Rechtsgüter und Interessen des anderen Teils" spricht (sog. Schutzpflichten). 511

ggü. allg. Verkehrspflicht gesteigerte Pflichten

Schutzpflichten aus einem Schuldverhältnis gehen in Intensität wie Umfang über die allgemeinen deliktischen Verhaltenspflichten hinaus. Sie sollen die Güterlage der an einem Schuldverhältnis Beteiligten vor Beeinträchtigungen, wie z.B. Körperverletzungen oder Vermögensfehldispositionen bewahren.

Inhalt & Ausmaß einzelfallabhängig

Inhalt und Ausmaß der Pflichten i.S.v. § 241 II BGB sind im konkreten Fall unter Heranziehung aller Umstände, Berücksichtigung der Verkehrssitte und v.a. an Hand der Interessenlage der Parteien zu bestimmen. Besondere Beachtung verdient der von den Vertragspartnern verfolgte Zweck.

Im Fall ist in der ersten Variante fraglich, ob zu den Nebenpflichten des B auch gehört, sich den Wünschen des A zu fügen. Es ist wohl häufig so, dass ein Handwerker während seiner Arbeit zur Zigarette greift – die Verkehrssitte spricht insoweit für B. Andererseits finden die Arbeiten in den Wohnräumen des A statt. Dennoch ist es für A wohl zumutbar, die Wohnung nach getaner Arbeit gründlich zu lüften, und so die Gerüche zu beseitigen. Ein Rücktritt nach § 324 BGB müsste dann ausscheiden.

Anders aber in Abwandlung (2): Zu den Pflichten nach § 241 II BGB gehört in jedem Fall, Leben und Gesundheit des Vertragspartners nicht zu gefährden. Die Schwere der (vorsätzlichen[292]) Pflichtverletzung macht ein Festhaltend des A am Vertrag unzumutbar.

In Abwandlung (1) gewinnt die Abgrenzung zwischen Leistungspflichten i.S.v. § 323 BGB und Nebenpflichten i.S.v. § 324 BGB Bedeutung, s.u.

str., ob § 324 BGB auch bei vorvertraglicher Pflichtverletzung gilt

Fraglich ist, ob § 324 BGB bei einer vorvertraglichen Pflichtverletzung überhaupt zur Anwendung kommt.

§ 324 BGB setzt nämlich die Verletzung einer Pflicht **„bei"** einem gegenseitigen Vertrag voraus. Dieser Wortlaut ist in Bezug auf die zeitliche Anwendbarkeit nicht eindeutig, spricht aber eher dafür, dass der gegenseitige Vertrag im Zeitpunkt der Pflichtverletzung schon geschlossen sein muss.[293]

Nach a.A. ist § 324 BGB hingegen auch bei vorvertraglichen Pflichtverletzungen anwendbar.[294]

Gegen die Anwendbarkeit des § 324 BGB bei vorvertraglichen Pflichtverletzungen spricht die systematische Stellung der Vorschrift innerhalb der §§ 320 ff. BGB. Sämtliche Vorschriften dieses Titels setzen nämlich unstreitig das Vorliegen eines Vertrages zur Zeit der Pflichtverletzung voraus. Warum dies gerade bei § 324 BGB anders sein soll, leuchtet nicht ein.[295]

292 Beachten Sie, dass sich der Vorsatz nur auf die Pflichtverletzung als solche (Handlung), nicht auf einen darüber hinausgehenden Erfolg beziehen muss!

293 So auch Mankowski, ZGS 2003, 91 [93]; Mertens, ZGS 2004, 67 (68); Münch, Jura 2002, 361 (365).

294 H. Schmidt in: BeckOK BGB, 48. Edition (Stand 01.11.2018), § 324 Rn. 7; Emmerich, JuS 2004, 163 (164).

295 Ausführlich hierzu Tyroller/Nath/Lanzinner, „Die fahrlässige Täuschung – Rücktritt nach § 324 BGB als neue Lösung"?, **Life&LAW 04/2009, 270 ff.**

Abgrenzung zu Leistungspflichten, § 323 I BGB vorrangig

Relevant ist besonders die Abgrenzung zu § 323 I BGB und § 326 V BGB. Soweit die Verletzung von Nebenpflichten zur Folge hat, dass die Leistung nicht vertragsgemäß erbracht wird, sind diese Normen nämlich vorrangig.

> **Bsp.:** *Werner verkauft Brösel seine Harley. Brösel zahlt sofort, Werner soll die Maschine aber noch für zwei Wochen behalten, und sie dann übereignen.*
>
> *Hier trifft W u.a. die (Neben-)Pflicht während der zwei Wochen sorgsam mit dem Motorrad umzugehen. Beschädigt er dennoch bei einem verschuldeten Verkehrsunfall die Harley, so hat er zunächst seine Obhutspflicht hinsichtlich des Kaufgegenstandes verletzt. Lassen sich die Unfallfolgen nicht beheben, so hat die Maschine einen Mangel, und B muss, will er zurücktreten, über §§ 437 Nr. 2, 326 V BGB vorgehen.*

Allerdings kann die Abgrenzung im Einzelfall oft diffizil sein:

> **Bsp.:** *Die richtige Anleitung zur Bedienung einer Motorsäge ⇨ Zweck der Aufklärung kann sowohl das Funktionieren der Säge sein (leistungsbezogene Pflicht) als auch Verletzungen des Benutzers (oder auch bloß das Zerstören der Säge) zu verhindern (nicht leistungsbezogene Pflicht).*

kein Verschulden nötig

§ 324 BGB setzt keine schuldhafte Pflichtverletzung voraus.

(c) Unzumutbarkeit für den Gläubiger

Der Gläubiger der verletzten Pflicht i.S.v. § 241 II BGB kann aber nur zurücktreten, wenn ihm ein weiteres Festhalten am Vertrag mit dem Schuldner nicht zumutbar ist. 512

Zwar hat der Gesetzgeber in der endgültigen Fassung von § 324 BGB das ursprünglich vorgesehene Kriterium der „wesentlichen" Pflichtverletzung aufgegeben, doch dürfte die Wesentlichkeit auch jetzt noch bei der Auslegung, ob eine Nebenpflichtverletzung zum Rücktritt nach § 324 BGB berechtigen soll, zu berücksichtigen sein.

Grund ist, dass § 324 BGB eine Ausnahme vom Grundsatz „pacta sunt servanda" darstellt, und deshalb einer besonderen sachlichen Legitimation bedarf.

Wann ein Festhalten am Vertrag trotz der Pflichtverletzung seitens des Schuldners für den Gläubiger unzumutbar ist, stellt eine Wertungsfrage dar; es hat eine umfassende Abwägung der wechselseitigen Interessen stattzufinden.

Hierbei spielen regelmäßig folgende Kriterien eine Rolle:

- ⇨ Vertretenmüssen der Pflichtverletzung seitens des Schuldners
- ⇨ Grad des Verschuldens des Schuldners
- ⇨ Schwere der Beeinträchtigung für den Gläubiger durch die Pflichtverletzung
- ⇨ (Mit-)Verantwortlichkeit des Gläubigers für die Pflichtverletzung
- ⇨ Vorherige Abmahnung durch den Gläubiger

hemmer-Methode: Ob die Unzumutbarkeit voraussetzt, dass der Schuldner zuvor erfolglos abgemahnt worden ist, ist umstritten.[296]

296 Bejahend Grüneberg, § 324, Rn. 4; ablehnend MüKo, § 324, Rn. 10.

(4) Rücktritt wegen Unsicherheit über Leistungsfähigkeit des Vertragspartners, § 321 II S. 2 BGB

Vertrauen in Fortbestehen der Leistungsfähigkeit des Vertragspartners

Im Allgemeinen erbringen bei gegenseitigen Verträgen die Parteien ihre Leistungen gleichzeitig. Ist ein Teil aber vorleistungspflichtig, so leistet er im Vertrauen auf das Fortbestehen der Leistungsfähigkeit des anderen Teils. 513

> ***Bsp.:*** *Privatmann A verkauft dem B seinen ein Jahr alten PKW vom Typ „Jeep Grand Cherokee". Man vereinbart, dass der Wagen in vierzehn Tagen übergeben und übereignet werden, B den Kaufpreis von € 30.000 aber erst in sechs Monaten überweisen soll. Eine Woche nach Vertragsschluss erfährt A, dass B gerade seinen gut bezahlten Job bei einer Kanzlei verloren hat. Vermögen oder andere Geldquellen hat B nicht.*
>
> Hier stellt sich die Frage, ob, unter welchen Voraussetzungen und mit welcher Rechtsfolge A die Möglichkeit hat, sich dem Risiko der Zahlungsunfähigkeit zu entziehen.

Abs. 1: Einrede

Abs. 2: Rücktrittsrecht

§ 321 I BGB gibt zunächst eine aufschiebende Einrede gegen den Anspruch des B auf Eigentumsverschaffung. Nach Abs. 2 kann A aber auch vom Vertrag zurücktreten.

Der **Rücktritt nach § 321 II S. 2** BGB setzt voraus:

- ⇨ Gegenseitiger Vertrag,
- ⇨ Vorleistungspflicht einer Partei,
- ⇨ Unsicherheit über die Leistungsfähigkeit der Gegenseite, die nach Vertragsabschluss eintritt,
- ⇨ Erfolglose Fristsetzung.

(a) Gegenseitiger Vertrag, Vorleistungspflicht einer Seite

§ 321 BGB findet nur im gegenseitigen Vertrag Anwendung. 514

Synallagma

Anders als bei den Rücktrittsvorschriften §§ 323, 324 BGB ist es hier zudem erforderlich, dass gerade die Leistungspflicht, hinsichtlich der die Unsicherheit besteht, synallagmatisch mit der Vorleistungspflicht des Gläubigers verknüpft ist.

(b) Unsicherheit über Leistungsfähigkeit der Gegenseite

Der Anspruch auf die Gegenleistung muss gefährdet sein. Es muss nicht unbedingt das gänzliche Ausbleiben der Gegenleistung drohen; eine zu erwartende vertragswidrige Beschaffenheit von einigem Gewicht ist ausreichend. 515

Grund für die Gefährdung der Gegenleistung müssen nicht unbedingt schlechte Vermögensverhältnissen sein, auch andere konkret drohende Leistungshindernisse können das Eingreifen von § 321 BGB begründen.

> ***Bsp.:*** *Drohende Export- oder Importverbote, Kriegsereignisse, Zusammenbrüche von Zulieferern, dauerhafte krankheitsbedingte Ausfälle*

In jedem Fall muss die Gefährdung der Gegenleistung tatsächlich gegeben sein, ein (auch zurechenbar!) gesetzter Rechtsschein genügt nicht.

Vielfach wird allerdings in den wichtigsten Fällen der Leistungsgefährdung, d.h. der Kreditunwürdigkeit, der Anschein das Ereignis bewirken: Wer den Anschein der Kreditunwürdigkeit setzt, wird oft tatsächlich kreditunwürdig werden.[297]

hemmer-Methode: Klausurwichtig kann die Frage sein, wann die Unsicherheit für einen redlichen und gewissenhaften Gläubiger erkennbar wurde. § 321 BGB erfasst nämlich ausweislich seines eindeutigen Wortlauts („wenn *nach Vertragsschluss erkennbar* wird") neben der erst nachträglich eingetretenen Gefährdung nur solche anfänglichen Risiken, die der Vorleistungspflichtige auch bei der gebotenen Überprüfung der Leistungsfähigkeit seines Gegenübers nicht erkennen konnte. § 321 BGB dient also nicht dazu, dem unvorsichtigen Gläubiger eine Chance zu geben, seine Entscheidungen noch einmal zu überdenken.

Hätte A also in obigem Beispiel vom drohenden Abgang des B bei seinem Arbeitgeber gewusst, als er ihm den Jeep mit Zahlungsziel verkaufte, so stünde ihm kein Rücktrittsrecht nach § 321 II BGB zu.

(c) Erfolglose Fristsetzung

Schließlich ist Voraussetzung, dass der Vorleistungspflichtige dem Vorleistungsberechtigten zur Bewirkung der Gegenleistung oder zur Leistung der Sicherheit Zug um Zug eine angemessene Frist setzt.

§ 321 II S. 3 BGB verweist auf § 323 BGB, d.h. unter den dort bestimmten Umständen (vgl. § 323 II Nr. 1 bis Nr. 3 BGB), kann eine Fristsetzung ausnahmsweise entbehrlich sein.

Nach erfolglosem Ablauf der Frist kann der Vorleistungspflichtige dann durch eine Erklärung nach § 349 BGB zurücktreten.

(5) Rücktritt bei Störung der Geschäftsgrundlage nach § 313 III S. 1 BGB

wenn Vertragsanpassung nicht möglich/ nicht zumutbar

Ein Rücktrittsrecht kann sich auch nach den (nun kodifizierten) Grundsätzen der Störung der Geschäftsgrundlage ergeben, wenn eine Anpassung des Vertrags nicht möglich oder einem Teil nicht zumutbar ist.[298] 516

(6) Rücktritt nach Mängeleinrede des Gläubigers, § 438 IV S. 3 BGB; § 634a IV S. 3 BGB

Mängeleinrede, wenn Käufer noch nicht geleistet hat

Auch wenn der Käufer nach §§ 437 Nr. 2, 323 BGB nicht mehr zurücktreten kann, weil sein Nacherfüllungsanspruch verjährt ist (§§ 438 IV S. 1, 218 I S. 1 BGB[299]), kann er, wenn er selbst noch nicht geleistet hat, die Zahlung des Kaufpreises ganz (§ 438 IV S. 2 BGB) oder teilweise (§ 438 V, IV S. 2 BGB) verweigern, § 438 IV S. 2 BGB. 517

Reaktion des Verkäufers: § 438 IV S. 3 BGB

Verweigert er die Zahlung nach § 438 IV S. 2 BGB vollständig, könnte er die (mangelhafte) Sache behalten, ohne zahlen zu müssen. Um diesen Widerspruch zu beseitigen, bestimmt § 438 IV S. 3 BGB, dass dann der Verkäufer vom Vertrag zurücktreten kann.

***Bsp.:** V hat K einen Gebrauchtwagen verkauft, der von beiden Parteien unbemerkt schwere Rostschäden hat. Erst nach über zwei Jahren entdeckt K die Schäden.*

297 BT-Drucks. 14/6040.

298 Eingehend zur Störung der Geschäftsgrundlage Hemmer/Wüst, Schuldrecht AT, Rn. 607.

299 Vgl. zur Problematik, oben Rn. 500.

Die Mängelansprüche nach § 437 Nr. 1 und Nr. 3 BGB sind verjährt, vgl. § 438 I Nr. 3 BGB. Das Rücktrittsrecht nach § 437 Nr. 2 BGB ist demnach verfristet gem. §§ 438 IV S. 1, 218 I S. 1 BGB. Wenn K den Kaufpreis noch nicht gezahlt haben sollte, hat er gem. § 438 IV S. 2 BGB eine Einrede gegen den Anspruch des V aus § 433 II BGB.

Allerdings kann V nun nach § 438 IV S. 3 BGB vorgehen, den Rücktritt nach § 349 BGB erklären und gem. §§ 346 ff. BGB Rückabwicklung fordern: Er kann also gegen Rückzahlung des von K schon gezahlten Betrages Rückübereignung seines Pkws fordern.

Werkvertrag: § 634a IV S. 3 BGB

Entsprechendes gilt nach § 634a IV S. 3 BGB, wenn der Werkbesteller die Mängeleinrede erhebt.

hemmer-Methode: Machen Sie sich klar, dass das Rücktrittsrecht hier dem Verkäufer zusteht, der mangelhaft geleistet hat. Dies gilt aber eben nur dann, wenn der Käufer die Einrede gegen den Kaufpreisanspruch nach § 438 IV S. 2 BGB erhoben hat. Letztlich ist der Rücktritt dann doch vom Willen des Käufers abhängig.

(7) Vertragliches Rücktrittsrecht

vertragliches Rücktrittsrecht

Ein Rücktrittsrecht kann auch vertraglich eingeräumt werden. 518

Bsp.: M kauft bei V einen Wintermantel. Sie möchte den Mantel gleich mit nach Hause nehmen, ist sich aber nicht sicher, ob er ihrem Mann gefallen wird. Daraufhin räumt V der M ein Rücktrittsrecht für eine Dauer von vier Wochen ein.

Hier könnte ein vertraglicher, fristgebundener Rücktrittsvorbehalt begründet worden sein. Man könnte die Parteivereinbarung aber auch als Kauf auf Probe qualifizieren, §§ 454 f. BGB. Entscheidend für die Abgrenzung ist, ob sich M fest binden wollte, und nur für den „Fall der Fälle" eine Lösungsmöglichkeit vom Vertrag anstrebte, oder ob sie sich (für V erkennbar) alle Optionen gleichermaßen offen halten wollte.

hemmer-Methode: Schöpfen Sie in solchen Fällen die Sachverhaltsinformationen vollständig aus. *Hier* werden die Punkte vergeben! Faktenwissen „herunterbeten" können die Mehrzahl aller Examenskandidaten. Den guten Juristen zeichnet Detailgenauigkeit und Argumentationsfähigkeit aus.

b) Rücktrittserklärung

einseitige, empfangsbedürftige WE

Die Rücktrittserklärung i.S.v. § 349 BGB ist eine formlose, empfangsbedürftige Willenserklärung, die der Rücktrittsberechtigte gegenüber dem Rücktrittsgegner abzugeben hat. Eine Angabe des Rücktrittsgrundes ist nicht erforderlich. 519

bedingungsfeindlich

Als Gestaltungsrecht ist der Rücktritt grundsätzlich bedingungsfeindlich und unwiderruflich. Insoweit gilt aber wiederum der Grundsatz, dass Bedingungen, deren Eintritt ausschließlich vom Willen des Erklärungsempfängers abhängt (sog. Potestativbedingungen), zulässig sind. Ebenfalls zulässig sind Rechtsbedingungen.[300]

c) Kein Rücktrittsausschluss

auch bei Unmöglichkeit der Rückgewähr!

Der Rücktrittsberechtigte ist auch dann zum Rücktritt berechtigt, wenn er zur Rückgewähr der empfangenden Leistung außerstande ist; dies gilt selbst dann, wenn er den von ihm zurückzugewährenden Gegenstand vorsätzlich zerstört hat. 520

300 Vgl. dazu oben Rn. 451a zur Anfechtung.

Demgegenüber finden sich aber Ausschlusstatbestände, die jeweils für ein bestimmtes Rücktrittsrecht gelten (z.B. § 323 VI BGB).[301]

hemmer-Methode: Beachten Sie auch § 350 BGB!

d) Rechtsfolgen[302]

Befreiungswirkung = rechtsvernichtende Einwendung

Der wirksam ausgeübte Rücktritt ist eine rechtsvernichtende Einwendung gegen den Primäranspruch. Er bringt die primären Leistungspflichten, soweit sie noch nicht erfüllt waren, mit Wirkung *ex nunc* zum Erlöschen. 521

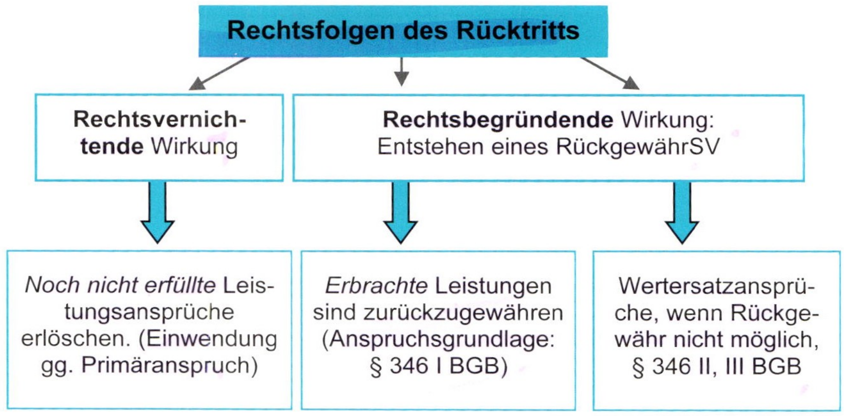

Rückgewährschuldverhältnis - Sekundärebene

Gleichzeitig führt der Rücktritt über die Verpflichtung zur Rückgewähr bereits empfangener Gegenstände zur Begründung eines *Rückgewährschuldverhältnisses*.

§§ 346 ff. BGB speziell ggü. §§ 812 ff. BGB

Schon erbrachte Leistungen können dann nach § 346 I BGB zurückverlangt werden. Dem Rückforderungsanspruch kommt jedoch nur schuldrechtliche, keine dingliche Wirkung zu.

Da die §§ 346 ff. BGB eine dem Bereicherungsrecht vorgehende speziellere Regelung darstellen, kommt eine Rückabwicklung nach § 812 I S. 2 Alt. 1 BGB nicht in Betracht. Außerdem bilden die §§ 346 ff. BGB einen Rechtsgrund für die Rückabwicklung.

hemmer-Methode: Die Anwendung des § 812 I S. 2 Alt. 1 BGB nach erklärtem Rücktritt wäre ein schwerwiegender Fehler!

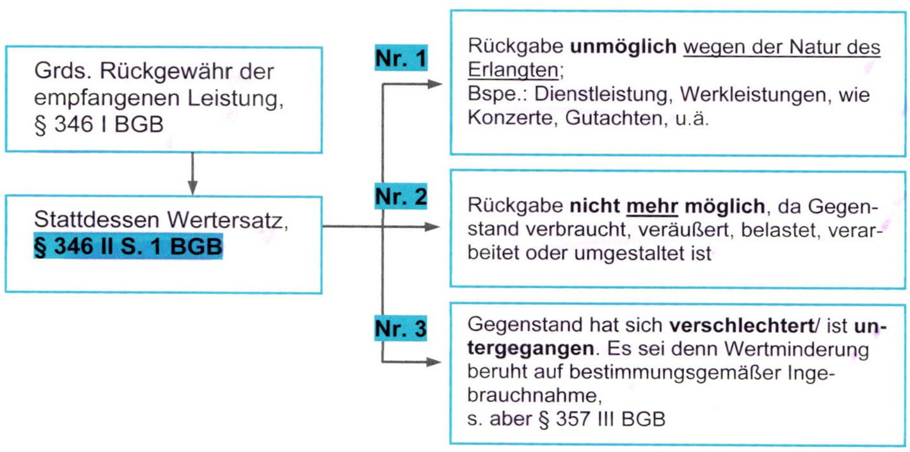

301 Vgl. oben Rn. 506.

302 Zu den sich i.R.d. Rückabwicklung ergebenden Ansprüchen vgl. Hemmer/Wüst, Schuldrecht AT, Rn. 548 ff.

hemmer-Methode: Sie haben die Doppelwirkung des Rücktritts nun kennen gelernt. Die Begründung eines Rückgewährschuldverhältnisses lässt Ansprüche auf der Sekundärebene entstehen, von dem ursprünglichen Leistungsanspruch sind sie strikt zu unterscheiden.
Entsprechend der Grundkonzeption unserer Skriptenreihe finden Sie die im Zusammenhang mit dem Rückgewährschuldverhältnis stehenden Rechtsprobleme nicht hier im „BGB-AT III", sondern im Skript „Schuldrecht AT".

3. Widerruf

verschiedene Arten

Der Begriff „Widerruf" findet sich im BGB in unterschiedlichen Bedeutungen. Zum einen wird er als negative Tatbestandsvoraussetzung eines wirksamen Vertragsschlusses verstanden (so z.B. in § 130 I S. 2 BGB), z.T. findet er sich als Lösungsmöglichkeit eines ursprünglich wirksamen Rechtsgeschäfts für besondere Vertragstypen (z.B. § 530 BGB). 522

Die größte Bedeutung kommt aber dem Verbraucherwiderruf nach § 355 I S. 1 BGB zu, dessen rechtliche Struktur weitgehend der des Rücktritts angenähert ist.

a) Rechtshindernder Widerruf

Anspruch entsteht schon gar nicht

In seiner ursprünglichen Bedeutung hat der Widerruf die Funktion, eine noch nicht endgültig wirksame Willenserklärung von Anfang an zu beseitigen (z.B. § 130 I S. 2 BGB). Da diese Form des Widerrufs dazu führt, dass ein Primäranspruch schon gar nicht erst entsteht, gehört er eigentlich zu den rechtshindernden Einwendungen. Er lässt sich daher auch als *„rechtshindernder Widerruf"* bezeichnen. Aus Gründen des Zusammenhangs soll aber auch er an dieser Stelle behandelt werden. 523

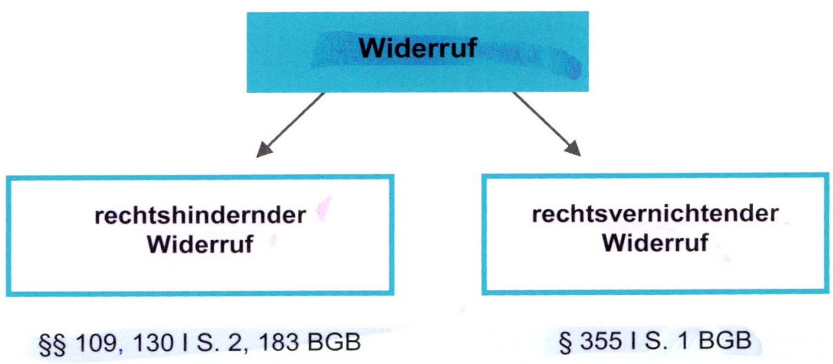

aa) § 109 BGB

§ 109 BGB

Gem. § 109 BGB kann der *Geschäftspartner eines Minderjährigen* seine wirksam abgegebene Willenserklärung widerrufen, wenn der Minderjährige den Vertrag ohne vorherige Einwilligung seiner gesetzlichen Vertreter geschlossen hat. Der Widerruf ist aber nur *bis zur Erteilung der Genehmigung* möglich. Dabei ist es gleichgültig, ob die Genehmigung dem gesetzlichen Vertreter oder dem Minderjährigen gegenüber erklärt worden ist. Sofern zur Wirksamkeit eines Vertragsschlusses des Minderjährigen auch eine *familiengerichtliche Genehmigung* erforderlich ist[303], kommt es auf deren Erteilung aber *nicht* an.[304] 524

303 Vgl. Hemmer/Wüst, BGB-AT II, Rn. 127 f.

304 Staudinger, § 109, Rn. 4.

Durch den Widerruf kann sich der Vertragspartner des Minderjährigen von seiner vertraglichen Bindung befreien, jedoch nur so lange, wie auch der Minderjährige noch nicht endgültig gebunden ist.[305] In Abweichung zu § 131 II BGB kann der Widerruf gem. § 109 I S. 2 BGB auch gegenüber dem Minderjährigen selbst erklärt werden.

Einschränkung bei pos. Kenntnis v. Mj.

Sofern der Vertragspartner aber die *Minderjährigkeit positiv kannte*, steht ihm gem. § 109 II BGB das Widerrufsrecht nur zu, falls der Minderjährige das Vorliegen der Einwilligung wahrheitswidrig behauptet hat. Kannte der Vertragspartner auch diese Wahrheitswidrigkeit, steht ihm überhaupt kein Widerrufsrecht zu.

hemmer-Methode: Dem § 109 BGB ähnliche Vorschriften enthalten die §§ 178, 1366 II BGB und 1830 BGB. Achten Sie aber auch hier auf die Unterschiede: Bei den §§ 1829 ff. BGB kann der Geschäftsgegner grds. nicht bis zur Genehmigung (bzw. bis zur Verweigerung der Genehmigung) widerrufen. § 1830 BGB bildet hier eine Ausnahme, da ein bestimmtes Verhalten des Vormunds vorausgesetzt wird. Bei § 109 BGB gilt dagegen die Bestimmung des § 108 II BGB.

bb) § 130 I S. 2 BGB

§ 130 I S. 2 BGB gleichzeitiger Widerruf

Nach § 130 I S. 1 BGB wird eine unter Abwesenden abgegebene Willenserklärung in dem Zeitpunkt wirksam, in welchem sie dem anderen zugeht.[306] 525

Das Wirksamwerden wird jedoch gem. § 130 I S. 2 BGB verhindert, wenn dem Empfänger vorher oder gleichzeitig ein Widerruf zugeht.

Für die Frage des Zeitpunkts kommt es allein auf den Zugang, nicht auf die tatsächliche Kenntnisnahme an.[307] 526

Bsp.: A bestellt beim Versandhandel B-AG schriftlich einen Smart-TV. Nachdem er die Karte abgeschickt hat, ändert er seine Meinung und widerruft schriftlich seine Bestellung. Montags kommen beide Karten bei der B-AG an. Der zuständige Sachbearbeiter liest nur die Bestellkarte und veranlasst die Auslieferung des Gerätes. Als A das Gerät erhält, verweigert er unter Hinweis auf seinen Widerruf Abnahme und Bezahlung desselben.

Ein Anspruch aus § 433 II BGB wäre nur gegeben, falls zwischen A und der B-AG ein wirksamer Kaufvertrag zustande gekommen wäre. Hier hatte A zwar ein Angebot in Form der Bestellkarte abgegeben, welches von der B-AG, vertreten durch ihren Sachbearbeiter, auch angenommen worden war.

Jedoch ist dieses Angebot gem. § 130 I S. 2 BGB unwirksam, da der B-AG gleichzeitig der Widerruf des A zugegangen war. Auf die tatsächliche Kenntnisnahme durch den Sachbearbeiter der B-AG kommt es nicht an. Somit fehlt es an einem wirksamen Kaufvertrag. Die B-AG kann nicht Abnahme und Bezahlung des Fernsehers verlangen.

Strittig ist hingegen der Fall, dass der Widerruf zwar verspätet zugegangen ist, er jedoch vom Empfänger zuerst gelesen wird. 527

str. bei verspätetem Widerruf, wenn zuerst vernommen

Bsp.: A hat auch diesmal noch am gleichen Tage den Widerruf abgeschickt. Durch ein Postversehen wird die Bestellung der B-AG schon am Montag zugesendet, der Widerruf dagegen erst am Mittwoch. Wegen einer Krankheit des für die Bestellungen zuständigen Angestellten X, der erst am Donnerstag wieder zu arbeiten anfängt, wird jedoch zuerst der auf dem Poststapel oben liegende Widerruf gelesen.

305 Grüneberg, § 109, Rn. 1.

306 Zum Zugangserfordernis vgl. Hemmer/Wüst, BGB-AT I, Rn. 96 ff.

307 Grüneberg, § 130, Rn. 11.

Die Bestellung ist bereits am Montag zugegangen, da es auf die tatsächliche Kenntnisnahme nicht ankommt (§ 130 I BGB). Zugegangen ist die Willenserklärung nämlich dann, wenn sie in den Machtbereich des Empfängers gelangt ist und gewöhnlich mit der Kenntnisnahme zu rechnen ist. Dass der X krank ist, ändert also nichts, da dies gewöhnlich nicht der Fall ist, sondern eine Ausnahme darstellt. Dementsprechend ist der Widerruf also nicht gleichzeitig, sondern erst zwei Tage später zugegangen. Das Angebot des A war also schon am Montag wirksam und bindend.

Dagegen wird eingewendet, ein Vertrauenstatbestand auf Seiten des Empfängers wäre gar nicht erst entstanden, wenn der X zunächst den Widerruf und dann erst die Bestellung gelesen hätte. Gegen eine solche Auffassung spricht aber, dass es eben gerade nicht auf die tatsächliche Kenntniserlangung, sondern auf den Zugang selbst ankommt. 528

Etwas anderes soll hingegen dann gelten, wenn der X gewusst hätte, dass bereits ein Widerruf unterwegs ist (z.B. durch Hinweise Dritter).[308] Hier sei dann kein Vertrauenstatbestand des Empfängers mehr gegeben. Auch bei späterem Zugang müsse er sich deshalb so behandeln lassen, als sei der Widerruf gleichzeitig erfolgt. Der Unterschied zum Fallbeispiel besteht aber darin, dass dann schon *vor Zugang* der Bestellung eine anderweitige Kenntnis vorhanden war. Im Fall entsteht die Kenntnis vom Widerruf dagegen erst *nach* Zugang der Bestellung.

hemmer-Methode: § 130 I S. 2 BGB ist vor allem im Zusammenspiel mit § 145 BGB zu betrachten. Danach ist der Antragende an sein Angebot grds. erst *mit Zugang* der Willenserklärung gebunden, er kann danach also nicht mehr widerrufen, da somit auf Seiten des Empfängers ein Vertrauenstatbestand geschaffen wurde.
Geht die Willenserklärung wegen des erfolgten Widerrufs jedoch gar nicht erst zu, so tritt die Bindungswirkung des § 145 BGB auch nicht ein. Ausnahmsweise kann jedoch der Antragende gem. § 145 HS 2 BGB die Bindungswirkung ausschließen (z.B. durch den Zusatz „freibleibend"). Dieser Bindungsausschluss kann unter Umständen auch als Widerrufsvorbehalt zu verstehen sein. Dann wird das Angebot zwar mit Zugang wirksam, der Antragende kann es aber nachträglich widerrufen.[309]

cc) § 183 BGB

- *§ 183 BGB*

Ähnlich wie eine Willenserklärung bis zum Zeitpunkt ihres Wirksamwerdens widerrufen werden kann, kann nach § 183 BGB eine Einwilligung, d.h. die *vorher* erteilte Zustimmung zu einem Rechtsgeschäft, bis zu dessen wirksamer Vornahme grds. frei widerrufen werden. 529

bei mehraktigen Rechtsgeschäften § 873 II BGB beachten

Sofern das zustimmungspflichtige Rechtsgeschäft mehraktig ist, kann die Einwilligung bis zum Eintritt des letzten Wirksamkeitserfordernisses widerrufen werden. Daher ist grds. die Einwilligung zu einer Verfügung, welche zu ihrer Wirksamkeit der Eintragung im Grundbuch bedarf (§ 873 BGB), bis zum Zeitpunkt der Eintragung widerruflich. Etwas anderes gilt jedoch, falls die Einigung vorher gem. § 873 II BGB für die Beteiligten bindend geworden ist. Dann entfällt mit Eintritt der Bindungswirkung die Möglichkeit zum Widerruf.[310] 530

Nach § 183 S. 2 BGB kann der Widerruf sowohl dem Adressaten der Einwilligung als auch dessen Geschäftspartner gegenüber erfolgen.

Bsp.: *Der in Zugewinngemeinschaft mit F lebende M möchte sein Haus verkaufen, das nahezu sein gesamtes Vermögen ausmacht. F willigt ein. Kurz danach bereut sie ihre vorschnelle Einwilligung und widerruft diese, noch bevor M mit K den Kaufvertrag abschließt.*

308 Brox, BGB-AT, Rn. 157.

309 Dazu und zu anderen Interpretationsmöglichkeiten Grüneberg, § 145, Rn. 4.

310 Grüneberg, § 183, Rn. 1.

Hier hängt die Wirksamkeit des Kaufvertrages nach § 1365 BGB von der Einwilligung der F ab. § 1365 BGB greift auch dann ein, wenn nicht das ganze Vermögen, sondern ein Einzelgegenstand, der nahezu das gesamte Vermögen ausmacht, veräußert wird, wobei allerdings der Dritte zumindest die Verhältnisse kennen muss, aus denen sich ergibt, dass das Rechtsgeschäft sich im Wesentlichen auf das gesamte Vermögen erstreckt. Die Genehmigung hat F auch erteilt, jedoch noch vor Vertragsschluss widerrufen. Die Gültigkeit des Vertrages hängt somit von der Wirksamkeit des Widerrufes ab.

Als Vorschrift des allgemeinen Teils ist § 183 BGB auch auf die Einwilligung i.S.d. § 1365 BGB anwendbar. Nach § 183 BGB kann F jedoch bis zur Vornahme des konsentierten Rechtsgeschäftes ihre Einwilligung jederzeit frei widerrufen. Ob der Widerruf gegenüber F oder K erfolgt ist, ist gem. § 183 S. 2 BGB unerheblich. Folglich konnte M nach dem Widerruf keinen wirksamen Kaufvertrag über sein Grundstück mehr abschließen.

Ausschluss möglich

Das Widerrufsrecht nach § 183 BGB kann jedoch auch *rechtsgeschäftlich ausgeschlossen* werden. Dabei kann der Ausschluss ausdrücklich erfolgen oder erst aus den Umständen der Einwilligung zu ermitteln sein. Letzteres ist z.B. dann der Fall, wenn die Einwilligung ausschließlich im Interesse des Vertragsschließenden erteilt wird.[311] Daneben ist das Widerrufsrecht in einer Reihe *gesetzlicher* Spezialbestimmungen kraft Gesetzes ausgeschlossen, so z.B. in §§ 876 S. 3, 1178 II S. 3, 1245 I S. 3, 1276 I S. 2, 1516 II S. 3 BGB.

Wird eine einmal erteilte Einwilligung (wirksam) widerrufen, so kann sich dennoch aus Rechtsscheinsgesichtspunkten unter den Voraussetzungen der §§ 170 ff. BGB entsprechend eine Bindung an die Einwilligung ergeben.[312] 531

hemmer-Methode: I.R.d. § 183 BGB besteht Streit in Hinblick auf die Anwendbarkeit des § 108 II BGB.[313] Seinem Wortlaut nach ist § 108 II BGB gerade nicht anwendbar, denn er bezieht sich auf die *nachträgliche* Genehmigung. Die Einwilligung wird aber im Voraus erklärt (so auch die h.M.).
Jedoch soll nach einer Mindermeinung[314] die Interessenlage vergleichbar sein, da auch bei einer vorherigen Einwilligung auf Seiten des Geschäftsgegners noch Ungewissheiten bestehen können. § 108 II BGB sei deshalb entsprechend anwendbar.
Gegen die enge Wortlautauslegung der h.M. lässt sich zumindest anführen, dass auch bei der Regelung des § 131 II BGB (die ein sehr ähnliches Problem betrifft, „Einwilligung") ein redaktionelles Versehen vorgelegen haben muss. Konsequent wäre es daher, die Fälle entsprechend zu behandeln und auf den Zweck der Regelung abzustellen.

b) Widerruf für besondere Vertragstypen

Rechtsvernichtende Einwendung

Der rechtsvernichtende Widerruf stellt eine Möglichkeit bereit, eine zunächst wirksam gewordene Willenserklärung wieder zu beseitigen. Diese Option hat das BGB nur für einzelne Vertragstypen vorgesehen. Im Einzelnen sind es: 532

- ⇨ § 530 BGB, Widerruf einer Schenkung
- ⇨ § 671 BGB, Widerruf eines Auftrages
- ⇨ § 658 BGB, Widerruf einer Auslobung
- ⇨ § 790 BGB, Widerruf einer Anweisung

311 Vgl. Grüneberg, § 168, Rn. 6.

312 Grüneberg, § 183, Rn. 2; Staudinger, § 183, Rn. 8.

313 Dazu schon ausführlich Hemmer/Wüst, BGB-AT II, Rn. 45 f.

314 Dieser Mindermeinung folgt auch Grüneberg, § 108, Rn. 7.

aa) Widerruf einer Schenkung, § 530 BGB[315]

grober Undank bei Schenkung

Gem. § 530 BGB kann eine Schenkung wegen groben Undanks widerrufen werden. Dies ist der Fall, wenn sich der Beschenkte einer schweren Verfehlung gegen den Schenker oder einen nahen Angehörigen des Schenkers schuldig gemacht hat.[316] 533

> ***Bsp.:*** *Bedrohung des Lebens, körperliche Misshandlung, bewusst grundlose Strafanzeige, belastende Aussage trotz Zeugnisverweigerungsrecht, schwere Beleidigungen, Ehebruch, etc.*

bzgl. Vollzug u. Versprechen

Diese Widerrufsmöglichkeit bezieht sich sowohl auf die vollzogene *Schenkung* als auch auf das bloße *Schenkungsversprechen*.[317] Auf die Schenkung unter Ehegatten findet § 530 BGB ebenfalls Anwendung, auch wenn in deren Verhältnis meist eine sog. unbenannte oder *ehebedingte Zuwendung* und somit keine Schenkung vorliegen wird.[318]

grds. nicht übertragbar

Das Widerrufsrecht stellt ein *höchstpersönliches, nicht übertragbares Gestaltungsrecht* dar, auf welches nicht im Voraus verzichtet werden kann (§ 533 BGB).[319] Gem. § 530 II BGB steht das Widerrufsrecht den Erben des Schenkers zu, falls der Beschenkte diesen vorsätzlich getötet oder am Widerruf der Schenkung gehindert hat.

Gem. § 531 I BGB erfolgt der Widerruf durch einseitige empfangsbedürftige Erklärung gegenüber dem Beschenkten.

Frist: 1 Jahr
Ausn: Verzeihung

Der Widerruf kann nur *binnen Jahresfrist* seit Kenntnis vom Vorliegen des Widerrufsrechtes erfolgen, § 532 S. 1 BGB. Er ist *ausgeschlossen*, wenn der Schenker dem Beschenkten verziehen hat (§ 532 S. 1 BGB) oder der Beschenkte mittlerweile verstorben ist.

Abwicklung nach BerR

Durch den Widerruf entfällt der Rechtsgrund der Schenkung, so dass der Schenker gem. § 812 I S. 2 Alt. 1 BGB Herausgabe des Geschenkes nach Bereicherungsrecht verlangen kann (vgl. § 531 II BGB).

Zu beachten ist, dass die verschärfte Haftung nach §§ 818 IV, 819 BGB bereits mit dem Undank und nicht erst mit dem Widerruf beginnt.[320]

bb) Widerruf eines Auftrages, § 671 BGB

Widerruf eines Auftrages

Gem. § 671 I BGB kann ein Auftrag jederzeit vom Auftraggeber widerrufen werden. 534

Wirkung ex nunc

Durch den Widerruf wird das Vertragsverhältnis zwischen Auftraggeber und Beauftragtem für die Zukunft aufgehoben. Bereits entstandene Ansprüche bleiben vom Widerruf allerdings unberührt. Als solches kommt der Widerruf einer Kündigung sehr nahe.[321]

ausnahmsw. Bedingung mögl.

Obwohl der Widerruf zu den Gestaltungsrechten zählt, die grundsätzlich bedingungsfeindlich sind, kann ein Widerruf nach § 671 I BGB auch unter einer Bedingung erklärt werden. Die für den Beauftragten dadurch entstehende Ungewissheit kann dieser mittels des ihm selbst zustehenden Kündigungsrechtes nach § 671 II BGB jederzeit beenden.

---

315 Vgl. dazu auch Hemmer/Wüst/Tyroller, Schuldrecht BT 2, Rn. 206.

316 Vgl. **BGH, Life&LAW 03/2020, 154 ff.** = **juris**byhemmer.

317 Grüneberg, § 530, Rn. 1.

318 Grüneberg, § 242, Rn. 158.

319 Medicus, SchR BT, § 86 V S. 3.

320 Str.; Medicus, SchR BT a.a.O.

321 Grüneberg, § 671, Rn. 1.

Ausschluss nach Ausführung

Das Widerrufsrecht ist jedoch ausgeschlossen, wenn der Auftrag bereits vollständig ausgeführt ist.[322] 535

rechtsgesch. Ausschluss grds. möglich

Daneben ist auch ein rechtsgeschäftlicher Ausschluss des Widerrufsrechts möglich. Dies aber nur, wenn der Auftrag zumindest auch im Interesse des Beauftragten erteilt worden ist.

Dient der Auftrag ausschließlich Interessen des Auftraggebers, ist ein Verzicht auf das Widerrufsrecht unzulässig, da sich der Auftraggeber ansonsten dem Beauftragten ausliefern würde.[323]

§§ 672, 1922 BGB, Übergang des Widerrufsrechts auf Erben

Wichtig ist, dass wegen § 672 BGB das Auftragsverhältnis im Zweifel *nicht* durch den Tod des *Auftraggebers* erlischt (also anders beim Beauftragten, für den § 673 BGB gilt). Damit geht das Widerrufsrecht des Auftraggebers nach seinem Tod auf die Erben über, § 1922 BGB. Für den Fall, dass der Beauftragte seinen Auftrag noch nicht ausgeführt hat, kann es also so zum „Wettlauf" zwischen Ausführung des Auftrags und Widerruf durch den Erben kommen.

Bsp.: *Kunstsammler K beauftragt den Kunstexperten M, in K's Namen ein bestimmtes Bild bis zum Preis von 100.000.- € zu kaufen. K stirbt noch vor Ausführung des Auftrags. Sein Erbe S, der das Geld dringend für die Neueröffnung einer Szenekneipe bräuchte, widerruft den Auftrag noch vor Ausführung.*

M ist hier gem. §§ 168, 672 BGB solange zur Vertretung berechtigt, wie der Auftrag durch den S als Erben nicht widerrufen wurde (transmortale Vertretungsmacht). Nach Ausführung des Auftrags könnte der S hingegen nicht mehr widerrufen.

hemmer-Methode: Achtung! Der Widerruf des Auftrags ist ein examenstypischer Prüfungsstoff, denn er lässt sich gut mit folgenden Problemstellungen verbinden:
Zum einen mit dem schwierigen Verhältnis von §§ 2301, 518 II BGB und § 328 BGB[324], wenn ein Auftrag vorliegt (dann meist noch Probleme des Bereicherungsrechts, denn der vermeintliche Schenker will vom vermeintlich Beschenkten kondizieren):
Nach h.M. entsteht das Recht des Dritten gem. § 328 II BGB i.V.m. § 331 BGB mit dem Tod des Versprechensempfängers, d.h. dem Dritten steht gegen den Versprechenden, i.d.R. eine Bank, ein Anspruch auf Auszahlung zu.
Ob im Ergebnis dem Dritten tatsächlich der Anspruch zusteht oder nicht, richtet sich nach dem Valutaverhältnis (Erblasser/Dritter): Sollte die Bank als Vertreter/Bote des Erblassers dieses Valutaverhältnis (i.d.R. Schenkung) mit dem Dritten zustande bringen und hat der Erbe durch Mitteilung an die Bank den Auftrag widerrufen, § 671 BGB, so erlischt gem. § 168 S. 1 BGB die Vertretungsmacht der Bank für die Abgabe des Schenkungsangebots.
Der Dritte ist damit rechtsgrundlos um den Auszahlungsanspruch oder die ausgezahlte Summe bereichert.

Rechtsfolge des Widerrufs ist auch, dass die Ansprüche nach §§ 667, 670 BGB fällig werden.

cc) Widerruf einer Auslobung, § 658 BGB

Widerruf der Auslobung

Eine Auslobung i.S.v. § 657 BGB ist ein öffentlich bekannt gemachtes,[325] einseitiges Rechtsgeschäft, durch das sich der Auslobende verpflichtet, für die Vornahme einer bestimmten Handlung eine Belohnung zu bezahlen. In Ausnahme zu § 311 I BGB entsteht die Verpflichtung nicht durch Vertrag. Dabei muss die Handlung nicht unbedingt die Herbeiführung eines bestimmten Erfolges bezwecken. 536

322 BGH, WM 1962, 461.

323 Grüneberg, § 671, Rn. 2.

324 Vgl. auch Medicus/Petersen, Rn. 398; ausführlich auch in Hemmer/Wüst, Erbrecht, Rn. 139 ff.

325 D.h. die Kundgabe an einen individuell unbestimmten Personenkreis, vgl. Grüneberg, § 657, Rn. 3.

Die versprochene Belohnung muss nicht auf die Gewährung eines vermögensrechtlichen Vorteils gerichtet sein. Oft wird beides aber der Fall sein.

> ***Bsp.:*** *„100 € Belohnung für den, der mir meine Katze wiederbringt.“; „50 € für denjenigen, der den Unfall am 10.03. beobachtet hat.“*

nur bis zur Vornahme d. Handlung

Als einseitiges Rechtsgeschäft wäre die Auslobung grds. jederzeit frei widerruflich. Daher schränkt § 658 BGB die Widerrufsmöglichkeit dergestalt ein, dass ein Widerruf nur bis zur Vornahme der Handlung möglich ist. *537*

Darüber hinaus muss der Widerruf, um Wirksamkeit zu erlangen, in der gleichen Weise wie die Auslobung erfolgen oder durch besondere, empfangsbedürftige Mitteilung an diejenigen, denen gegenüber widerrufen werden soll (§ 658 I S. 2 BGB).

kein Widerruf bei Verzicht

Der Widerruf ist jedoch grds. *ausgeschlossen*, wenn auf die Widerruflichkeit in der Auslobung verzichtet worden ist, § 658 II S. 1 BGB. Gem. der Auslegungsregel in § 658 II S. 2 BGB. ist bei einer Fristbestimmung für die Vornahme der Handlung im Zweifel von einem Verzicht auf die Widerruflichkeit auszugehen.

Anfechtung mögl., aber § 658 I BGB analog

Jedoch bleibt auch bei einem Ausschluss des Widerrufsrechtes eine *Anfechtung* wegen Irrtums, Täuschung oder Drohung nach den allgemeinen Vorschriften möglich. Diese hat dann jedoch gem. § 658 I S. 1 BGB analog in der gleichen Weise zu erfolgen wie die Auslobung. *538*

Probleme entstehen dann, wenn bei einer Auslobungsanzeige ein falsches Angebot ausgewiesen wird:

> ***Bsp.:*** *Der Hund des A ist entlaufen. Er ruft bei der Lokalzeitung an und lässt eine Anzeige aufgeben, wonach der Finder 100 € erhalte. Wegen eines Fehlers bei der Erstellung der Lokalzeitung wird versehentlich der Betrag von 1.000 € gedruckt.*
>
> Der Widerruf müsste also hier in gleicher Weise erfolgen wie die Veröffentlichung selbst. Wird das Tier von dem F jedoch gefunden, bevor der Widerruf veröffentlicht ist, so haftet der A mit der angegebenen Summe. Allenfalls eine Anfechtung (§§ 142, 120 BGB) wäre möglich.
>
> Gem. § 242 BGB muss sich A aber an dem festhalten lassen, was er gewollt hat. Im Innenverhältnis kommt gegen die Zeitung ein Anspruch auf Schadensersatz gem. §§ 634 Nr. 4, 280 I BGB in Betracht. Der Anzeigenvertrag ist Werkvertrag. Geschuldet ist u.a. die Veröffentlichung nach Wortlaut und Schriftbild der Vorgabe.
>
> Nach Anfechtung fehlt es dem A aber am Schaden. Zu dieser ist er aus seiner Schadensminderungspflicht verpflichtet, § 254 II BGB.

Ist der Widerruf wirksam erfolgt, kann die ausgelobte Belohnung nicht mehr verlangt werden. Daneben entstehen auch keine Ansprüche auf Aufwendungs- oder Schadensersatz für etwaige Vorbereitungshandlungen.[326]

hemmer-Methode: Geht es z.B. darum, dass eine verloren gegangene Sache wieder zum Auslobenden zurück gebracht wird, so könnte man problematisieren, ob die Leistung im Wieder*finden* oder im Wieder*abgeben* liegt. Soll die Abgabe selbst maßgeblich sein, so könnte der Auslobende also noch zwischen Wiederfinden und Abgabe widerrufen.
Wichtig ist hier, dass Sie die Auslobungsanzeige dann genau auslegen, §§ 133, 157 BGB.
Ein weiteres Problem in diesem Zusammenhang ist die Frage, ob der Handelnde die Bedingung auch dann erfüllt hat, wenn sie vor Bekanntgabe erfolgt ist.[327] Auch hier werden Sie die Auslobung genau auslegen müssen.

326 Grüneberg, § 658, Rn. 1.

327 Vgl. Grüneberg, § 658, Rn. 7.

dd) Widerruf einer Anweisung, § 790 BGB

Widerruf von Anweisung, § 790 BGB

Erwähnt werden soll noch die Möglichkeit, eine einmal erteilte Anweisung gem. § 790 BGB gegenüber dem Angewiesenen zu widerrufen. 539

grundsätzlich frei widerrufbar

Da die Anweisung für den Angewiesenen bloß eine Ermächtigung, nicht aber eine Verpflichtung bedeutet, für Rechnung des Anweisenden an den Anweisungsempfänger zu leisten, ist sie grds. frei widerruflich.

Ausnahme: Annahme durch Angewiesenen

Etwas anderes gilt aber, falls der Angewiesene die Anweisung gem. § 784 BGB gegenüber dem Anweisungsempfänger angenommen und der Anweisungsempfänger dadurch gegen den Angewiesenen ein eigenes Forderungsrecht erworben hat. In diesem Fall kann die Anweisung gem. § 790 BGB nicht mehr widerrufen werden.

Das Gleiche gilt, falls der Angewiesene die Leistung bereits an den Anweisungsempfänger bewirkt hat.[328]

mit Widerruf erlischt die Anweisung

Der Widerruf hat das Erlöschen der Anweisung zur Folge. Leistet der Angewiesene trotz wirksamen Widerrufs an den Anweisungsempfänger, so steht ihm kein Rückgriffsanspruch gegen den Anweisenden zu. U.U. kann der Angewiesene jedoch Ansprüche nach GoA oder Bereicherungsrecht geltend machen.[329]

Eine trotz Widerrufs erklärte Annahme gem. § 784 I BGB ist gültig, da diese keine (noch) wirksame Anweisung voraussetzt.[330]

hemmer-Methode: Bei der Anweisung i.S.v. § 790 BGB handelt es sich gerade nicht um den examenswichtigen Fall der Anweisung gegenüber der Bank (sog. „Anweisungs- bzw. besser Überweisungsfälle"). Hier liegt zwischen Bank und Kunde ein Girovertrag als Zahlungsdiensterahmenvertrag zugrunde, § 675f II BGB.
Ein Überweisungsauftrag stellt einen Zahlungsauftrag i.S.d. § 675f III S. 2 BGB dar, der gem. § 675p I BGB nach dem Zugang bei der Bank grds. nicht mehr widerrufen werden kann. Wichtigster Ausnahmefall ist die sog. Terminüberweisung, die gem. §§ 675p III, 675n II BGB bis zum Ende des Geschäftstages vor dem vereinbarten Zahlungstag widerrufen werden kann.
Die eigentliche Problematik liegt hier aber nicht auf der Primärebene, sondern i.R.d. bereicherungsrechtlichen Rückabwicklung fehlerhafter An-/ Überweisungen.[331]

c) Verbraucherwiderruf nach § 355 I S. 1 BGB

hemmer-Methode: Zum Verbraucherwiderruf werden hier nur die „Basics" angerissen. Ausführlich hierzu Hemmer/Wüst, Verbraucherschutzrecht, Rn. 281 ff. Zur Systematik des Widerrufsrechts lesen Sie auch den Problemaufriss von Tyroller in Life&LAW 12/2018, 804 ff.

doppelte Wirkung: rechtsvernichtende Einwendung + Begründung eines gesetzlichen Schuldverhältnisses

Der **rechtsvernichtende Widerruf** nach § 355 I S. 1 BGB ist eine Erscheinung des Verbraucherschutzrechts. Steht einem Verbraucher ein solches Widerrufsrecht zu, so kann er durch einseitige, rechtsgestaltende Erklärung einen ursprünglich wirksamen Anspruch zum Erlöschen bringen. 540

Zuvor ist das Rechtsverhältnis wirksam. Die weiteren Rechtsfolgen des Verbraucherwiderrufs ergeben sich aus § 355 III S. 1 BGB sowie den §§ 357 bis 357d BGB.

328 Medicus, SchR BT, § 119 III S. 1.
329 Grüneberg, § 790, Rn. 4.
330 Grüneberg, § 784, Rn. 1.
331 Vgl. Hemmer/Wüst, Bereicherungsrecht, Rn. 158 ff.

Widerrufsrecht → **Wirksame Ausübung**

↓

§ 355 III S. 1 BGB i.V.m.
§§ 357 bis 357e BGB

Gesetzesstruktur

Gesetzestechnisch wurde das wie folgt umgesetzt: 541

In den §§ 312g, 485 I, 495 I (ggfs. i.V.m. § 506 I), 510 II, 514 II (ggfs. i.V.m. § 515) und 650l BGB finden sich gesetzliche Tatbestände, bei deren Vorliegen ein Widerrufsrecht besteht.

Diese Normen verweisen auf § 355 BGB, der die Art und Weise der Ausübung des Widerrufs näher bestimmt und zudem wichtige Ausschlussfristen enthält.

§ 355 III S. 1 BGB fungiert als Anspruchsgrundlage für die Rückabwicklung, die durch die §§ 357 bis 357d BGB in einzelnen Punkten modifiziert wird.

Erklärung des Widerrufs
nach § 355 I S. 1 BGB

↓

Erlöschen des Primäranspruchs
(rechtsvernichtende Wirkung)

Rückgewährschuldverhältnis
gem. § 355 III S. 1 BGB i.V.m.
§§ 357 bis 357e BGB

hemmer-Methode: Wie schon im Rücktrittsrecht wird in diesem Skript das Augenmerk auf die rechtsvernichtende Wirkung des Widerrufs gelegt.

aa) Widerrufsrecht

Erste Voraussetzung des Verbraucherwiderrufs ist die Existenz eines Widerrufsrechts i.S.v. § 355 I S. 1 BGB. 542

Dafür kommen folgende Normen in Betracht:

⇨ Außerhalb von Geschäftsräumen geschlossene Verträge, §§ 312b, g BGB

⇨ Fernabsatzverträge, §§ 312c, g BGB

⇨ Teilzeit-Wohnrechteverträge, § 485 I BGB

⇨ Verbraucherdarlehensverträge, § 495 I BGB

⇨ Zahlungsaufschub und sonstige Finanzierungshilfe, §§ 506 ff. BGB i.V.m. § 495 BGB

⇨ Ratenlieferungsverträge, § 510 II BGB

⇨ Unentgeltliche Darlehensverträge und unentgeltliche sonstige Finanzierungshilfen, § 514 II BGB bzw. §§ 515, 514 II BGB

⇨ Verbraucherbauvertrag, § 650l BGB

(1) § 312g BGB i.V.m. § 312b BGB: „Außerhalb von Geschäftsräumen geschlossene Verträge“[332]

Ein Widerrufsrecht i.S.v. § 355 I S. 1 BGB gibt § 312g BGB i.V.m. § 312b BGB für außerhalb von Geschäftsräumen geschlossene Verträge.

(a) Persönlicher Anwendungsbereich

persönlicher Anwendungsbereich

Laut § 312 I BGB sind die §§ 312–312h BGB nur auf Verbraucherverträge i.S.d. § 310 III BGB anzuwenden. Voraussetzung ist daher die Beteiligung eines Verbrauchers, § 13 BGB, und eines Unternehmers, § 14 BGB. 543

sachlicher Anwendungsbereich

(b) Sachlicher Anwendungsbereich

(aa) Zahlung eines Preises oder Zahlen mit Daten

entgeltliche Leistung

§§ 312–312h BGB sind nur auf Verträge anzuwenden, bei denen sich der Verbraucher zur Zahlung eines Preises verpflichtet. 544

Die Bezeichnung des Preises ist dabei gleichgültig (Preis, Lohn, Honorar, Vergütung, Gebühr, usw.) und richtlinienkonform weit auszulegen.

„Zahlen mit Daten“, § 312 Ia BGB

Nach **§ 312 Ia S. 1 BGB** finden die Vorschriften der **§§ 312 ff. BGB** nun auch auf Verträge Anwendung, bei denen der Verbraucher an Stelle oder neben der Zahlung eines Preises personenbezogene Daten[333] bereitstellt oder sich zu deren Bereitstellung verpflichtet. Es kommt nicht darauf an, dass der Verbraucher dem Unternehmer seine personenbezogenen Daten aktiv übermittelt. Es reicht aus, dass der Verbraucher die Verarbeitung seiner personenbezogenen Daten durch den Unternehmer zulässt.

hemmer-Methode: Auf die Frage der datenschutzrechtlichen Rechtmäßigkeit der Datenverarbeitung kommt es für die Anwendbarkeit der §§ 312 ff. BGB nicht an. Entsprechende Verstöße gegen Normen des Datenschutzrechts führen nicht nach § 134 BGB zur Unwirksamkeit des Vertrags.

Dies gilt nach § 312 Ia S. 2 BGB aber nicht, wenn der Unternehmer die bereitgestellten Daten nur dazu verarbeitet, um seine Leistungspflicht zu erfüllen (z.B. Überlassung der E-Mail-Adresse zwecks Zuschickens eines digitalen Produkts bzw. Angabe der Adresse für die Ausstellung einer Rechnung).

hemmer-Methode: Wenn ein Verbraucher für den Erhalt einer Leistung personenbezogene Daten bereitstellt, dann ist das so, als wäre es die Zahlung eines Geldbetrages.
Unmittelbare Folge der §§ 312 Ia S. 1, 327 III BGB ist, dass das Verbraucherschutzrecht anwendbar ist.[334]

332 Vgl. dazu auch BGH, **Life&LAW 12/2018, 804 ff.** = jurisbyhemmer.

333 Der Begriff „personenbezogene Daten" entspricht dem in **Art. 4 Nr. 1 DSGVO** (Datenschutz-Grundverordnung).

334 Vgl. dazu auch Klink-Straub, Do ut des data – Bezahlen mit Daten im digitalen Vertragsrecht, NJW 2021, 3217 ff.

(bb) Keine Bereichsausnahme gem. § 312 II, V, VI BGB

Bereichsausnahmen, § 312 BGB

§ 312 II–VI BGB beschränken den sachlichen Anwendungsbereich der §§ 312–312h BGB durch Ausnahmetatbestände. Grund hierfür ist meist, dass in den genannten Fällen der Verbraucherschutz durch speziellere Normen ausreichend verwirklicht wird. Das Widerrufsrecht entfällt jedoch nur in den Fällen des § 312 II und VI BGB sowie bei Folgeverträgen bei Finanzdienstleistungen mit mehreren aufeinander folgenden Verträgen. 545

(cc) Vorliegen eines Außergeschäftsraumvertrages

Vorliegen eines Außergeschäftsraumvertrages

Damit ein Widerrufsrecht nach §§ 312b, 312g I BGB besteht, muss zunächst ein Außergeschäftsraumvertrag vorliegen. 546

Dies ist der Fall, wenn:

⇨ der Vertrag bei gleichzeitiger körperlicher Anwesenheit des Verbrauchers und des Unternehmers an einem Ort geschlossen wird, der kein Geschäftsraum des Unternehmers ist, § 312b I S. 1 Nr. 1 BGB

⇨ der Verbraucher für einen Vertrag unter den in § 312b I S. 1 Nr. 1 BGB genannten Umständen ein Angebot abgegeben hat, § 312b I S. 1 Nr. 2 BGB

⇨ der Vertrag in den Geschäftsräumen des Unternehmers oder durch Fernkommunikationsmittel geschlossen wird, bei denen der Verbraucher jedoch unmittelbar zuvor außerhalb der Geschäftsräume des Unternehmers bei gleichzeitiger körperlicher Anwesenheit des Verbrauchers und des Unternehmers persönlich und individuell angesprochen wurde, § 312b I S. 1 Nr. 3 BGB

⇨ der Vertrag auf einem Ausflug geschlossen wird, der von dem Unternehmer oder mit seiner Hilfe organisiert wurde, um beim Verbraucher für den Verkauf von Waren oder die Erbringung von Dienstleistungen zu werben und mit ihm entsprechende Verträge abzuschließen, § 312b I S. 1 Nr. 4 BGB

Vertragsschluss außerhalb von Geschäftsräumen, § 312b I S. 1 Nr. 1 BGB

Begriff des Geschäftsraumes

Die negative Abgrenzung des § 312b I BGB (jeder Ort, der nicht Geschäftsraum des Unternehmers ist) geht deutlich über die bisherige positive Abgrenzung beim Haustürgeschäft hinaus (Arbeitsplatz des Verbrauchers oder Bereich einer Privatwohnung).[335] 547

Geschäftsräume

Der Begriff des Geschäftsraumes i.S.d. § 312b I S. 1 BGB selbst ist in § 312b II S. 1 BGB legaldefiniert. Danach sind Geschäftsraum alle unbeweglichen Gewerberäume, in denen der Unternehmer seine Tätigkeit dauerhaft ausübt, sowie alle beweglichen Gewerberäume, in denen der Unternehmer seine Tätigkeit für gewöhnlich ausübt.

Gewerberäume Dritter

§ 312b II S. 2 BGB stellt Gewerberäume, in denen eine Person, die im Namen oder Auftrag des Unternehmers handelt, ihre Tätigkeit dauerhaft oder für gewöhnlich ausübt, den Geschäftsräumen nach § 312b II S. 1 BGB gleich.

---

335 Möller, BB 2014, 1411 (1414).

Im Hinblick auf den Schutzzweck der Norm ist maßgeblich, ob der Verbraucher in der konkreten Situation mit dem Auftreten des Unternehmers rechnen muss, oder ob eine Überrumpelungssituation vorliegt. Hervorzuheben ist, dass darunter auch bewegliche Gewerberäume fallen, in denen der Unternehmer seine Tätigkeit für gewöhnlich ausübt. Insbesondere der Verkauf an Markt- und Messeständen fällt somit nicht unter § 312b I BGB[336], sofern am jeweiligen Stand Waren verkauft werden, die für den Markt/die Messe typisch sind.[337]

Angebotsabgabe außerhalb von Geschäftsräumen, § 312b I S. 1 Nr. 2 BGB

§ 312b I Nr. 2 BGB

Nr. 2 erweitert den Anwendungsbereich der Nr. 1 auf Fälle, in denen nur der Verbraucher seine bindende Erklärung außerhalb von Geschäftsräumen abgibt, der Unternehmer den Antrag aber erst später (und möglicherweise in seinen Geschäftsräumen) annimmt. Voraussetzung ist allerdings die körperliche Anwesenheit des Unternehmers oder seines Gehilfen. 548

Werbemäßiges Ansprechen, § 312b I S. 1 Nr. 3 BGB

§ 312b I Nr. 3 BGB

Von Nr. 3 erfasst werden Verträge, bei denen der Verbraucher außerhalb der Geschäftsräume des Unternehmers persönlich und individuell angesprochen, der Vertrag allerdings in unmittelbarem Anschluss in den Geschäftsräumen des Unternehmers oder über Fernkommunikationsmittel geschlossen wird.[338] Allerdings greift Nr. 3 nicht, wenn der Unternehmer in die Wohnung des Verbrauchers kommt, um für ein Angebot Werbematerial abzugeben, Maße zu nehmen oder eine Schätzung vorzunehmen und der Verbraucher erst nach einer Prüfungs- und Bedenkzeit sein Angebot abgibt. 549

Ausflugsveranstaltungen, § 312b I S. 1 Nr. 4 BGB

§ 312 I Nr. 4 BGB

Nr. 4 erfasst Fälle, bei denen anlässlich einer Ausflugsveranstaltung in den Geschäftsräumen des Unternehmers geschlossen werden. Erfasst werden insbesondere Kaffee- und Butterfahrten.[339] 550

(dd) Kein Ausschluss des Widerrufsrechts gem. § 312g II S. 1 BGB

kein Ausschluss, § 312g BGB

§ 312g II S. 1 BGB enthält einen Katalog mit Ausnahmen zum Widerrufsrecht. Im Unterschied zu den Bereichsausnahmen in § 312 II–VI BGB, welche die Anwendbarkeit der Kapitel 1 & 2 grundsätzlich beschränken, bezieht sich § 312g II S. 1 BGB nur auf das Widerrufsrecht.[340] 551

(ee) Keine Subsidiarität gem. § 312g III BGB

Subsidiaritätsklausel

§ 312g III BGB stellt klar, dass die dort genannten spezielleren Widerrufsrechte dem § 312g I BGB vorgehen. 552

336 Möller, BB 2014, 1411 (1415).

337 Bittner, ZVertriebsR 2014, 3 (4).

338 Bittner, ZVertriebsR 2014, 3 (4).

339 Möller, BB 2014, 1411 (1415).

340 Beim Kauf einer Matratze ist auch nach Entfernung der Schutzfolie das Widerrufsrecht nicht nach § 312g II Nr. 3 BGB ausgeschlossen, weil eine Matratze nicht zu den in der europäischen Verbraucherrechterichtlinie genannten Waren gehört, bei denen aus Gründen des Gesundheitsschutzes oder aus Hygienegründen eine Rückgabe ausgeschlossen ist. Lesen Sie dazu BGH, **Life&LAW 10/2019, 666 ff.** = **juris**byhemmer.

(ff) Kein Erlöschen des Widerrufsrechts gem. § 356 IV, V BGB

Erlöschenstatbestände

Zum Schutz des Unternehmers erlischt das Widerrufsrecht, wenn der Unternehmer die Dienstleistung vollständig erbracht hat. Voraussetzung dafür ist, dass der Verbraucher vor Beginn der Erfüllung ausdrücklich seine Zustimmung zur Erbringung der Dienstleistung auch vor Ablauf der Widerrufsfrist erteilt, sowie seine Kenntnis vom dadurch bedingten potenziellen Wegfall seines Widerrufsrechts bestätigt hat.[341] 552a

Auf die Erbringung der Gegenleistung durch den Verbraucher kommt es nicht an.

Gleiches gilt gem. § 356 V BGB bei der Lieferung von nicht auf einem körperlichen Datenträger befindlichen „digitalen Inhalten“. Die hiermit korrespondierende Dokumentationspflicht normiert § 312f III BGB, welcher auch eine Legaldefinition der „digitalen Inhalte“ bereitstellt. (z.B. Ermöglichung eines Downloads oder Streamings[342]).

(2) § 485 I BGB, Teilzeit-Wohnrechteverträge

§§ 481 ff. BGB

Auch bei einem Teilzeit-Wohnrechtevertrag i.S.v. § 481 BGB hat der Verbraucher ein Widerrufsrecht nach §§ 485, 355 BGB. 553

Begriffsdefinition

Die Begriffsdefinition des Teilzeit-Wohnrechtevertrag gibt § 481 I BGB: Es handelt sich demnach um Verträge, durch die ein Unternehmer einem Verbraucher das Recht verschafft oder zu verschaffen verspricht, für die Dauer von mindestens drei Jahren ein Wohngebäude jeweils für einen bestimmten oder zu bestimmenden Zeitraum des Jahres gegen Zahlung eines Gesamtpreises zu Erholungs- oder Wohnzwecken zu nutzen.

sog. time-sharing Verträge

Konkret geht es hier um die Fälle, in denen Urlauber von einer time-sharing Agentur zum Kauf eines „eigenen Ferienappartements“ verführt werden.

Prospektpflicht, § 482 BGB; Schriftform, § 484 BGB

Ebenso wie im Falle der Haustürgeschäfte prüfen Sie auch hier wieder persönlichen und sachlichen Anwendungsbereich der Normen. Zu beachten sind die Sonderregelungen für die Form eines Teilzeit-Wohnrechtevertrags nach § 484 BGB, die Prospektpflicht nach § 482 BGB, und v.a. die besonderen Folgen, die ein Verstoß gegen ein Formerfordernis nach sich zieht.

hemmer-Methode: Klausurbedeutung dürften die §§ 481 ff. BGB nicht haben, da diese Vorschriften in den meisten Bundesländern nicht zum Prüfungsstoff gehören. Deshalb haben wir auf eine ausführlichere Darstellung verzichtet.

(3) Verbraucherdarlehensverträge und ähnliche Finanzierungshilfen

§§ 488 ff. BGB

In den neu gestalteten §§ 488 ff. BGB, die den schönen (langen) Titel „Darlehensvertrag; Finanzierungshilfen und Ratenlieferungsverträge zwischen einem Unternehmer und einem Verbraucher“ führen, finden sich spezielle Widerrufsrechte für eben diese Vertragstypen. 554

341 Schärtl, JuS 2014, 577 (580).

342 Nach Schärtl, JuS 2014, 577 (580).

Widerrufsrechte

Die einzelnen Widerrufsrechte:

- ⇨ § 495 I BGB für den Verbraucherdarlehensvertrag
- ⇨ § 506 I BGB i.V.m. § 495 I BGB für den Zahlungsaufschub und die sonstige Finanzierungshilfe
- ⇨ § 510 II BGB für Ratenlieferungsverträge

unterscheide: sachlicher und persönlicher Anwendungsbereich

Gerade im Rahmen dieses – auf den ersten Blick recht unübersichtlichen – Normenkomplexes ist es sinnvoll zwischen sachlichem und persönlichen Anwendungsbereich, sowie dessen Ausnahmen zu unterscheiden.

(a) Persönlicher Anwendungsbereich

Verbraucher - Unternehmer

Ähnlich wie in anderen verbraucherschützenden Normen, ist auch für die Anwendbarkeit der §§ 491 ff. BGB entscheidend, dass ein Vertrag zwischen einem Unternehmer, § 14 BGB und einem Verbraucher, § 13 BGB, zustande kommt. 555

(b) Sachlicher Anwendungsbereich

(aa) § 491 BGB, Verbraucherdarlehensvertrag

§ 488 BGB, Geld-Darlehen

Es muss sich um einen entgeltlichen Darlehensvertrag handeln. Damit verweist § 491 BGB auf den (Geld-)Darlehensvertrag i.S.v. § 488 BGB. 556

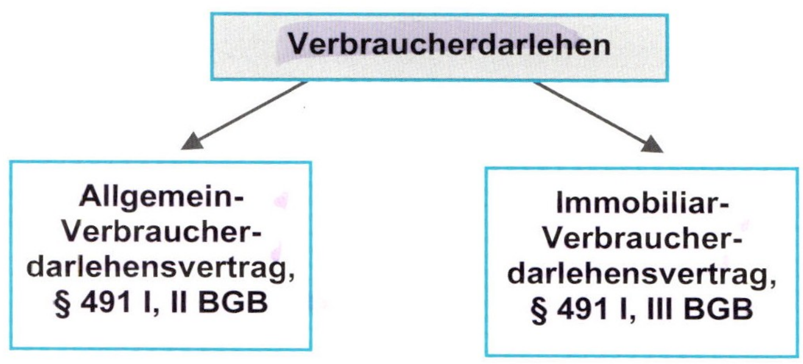

Ausnahmen

Keine Allgemein-Verbraucherdarlehensverträge sind nach § 491 II S. 2 Nr. 1 BGB Darlehensverträge, die zwar zwischen einem Unternehmer und einem Verbraucher geschlossen worden sind, aber bei denen das Nettodarlehen weniger als 200 € beträgt.

hemmer-Methode: Zu den weiteren Ausnahmen lesen Sie bitte § 491 II S. 2 Nr. 2 bis 6 BGB einmal durch.

Welche Darlehensverträge **keine Immobiliar-Verbraucherdarlehensverträge** sind, ist in § 491 III S. 2 BGB geregelt.

(bb) § 506 BGB, sonstige entgeltliche Finanzierungshilfen

Durch §§ 506 ff. BGB wird der Anwendungsbereich des § 355 I S. 1 BGB auf sonstige entgeltliche Finanzierungshilfen erstreckt. 557

Besonders wichtig sind § 506 II BGB (Finanzierungsverträge, insbesondere Finanzierungsleasing) und §§ 507 ff. BGB (Teilzahlungsverträge).

§ 491 II, III BGB gelten auch hier

Auch für diese Vorschriften gelten gem. § 506 IV BGB die Ausschlusstatbestände des § 491 II, III BGB.

(cc) § 510 BGB, Ratenlieferungsverträge

§ 510 I BGB kennt drei Arten von Ratenlieferungsverträgen: 558

- ⇨ die in Teilen erfolgende Lieferung mehrerer als zusammengehörend verkaufter Sachen, wenn das Entgelt in Teilzahlungen zu entrichten ist (Nr. 1)
- ⇨ die regelmäßige Lieferung von Sachen gleicher Art, insbesondere Zeitschriftenabonnements (Nr. 2)
- ⇨ die Verpflichtung zum wiederkehrenden Erwerb von Sachen (Nr. 3).

§ 491 II S. 2 BGB gilt auch hier, vgl. § 510 III S. 1, 2 BGB

§ 510 III S. 2 BGB verweist auf § 491 II, III BGB, sodass die dort genannten Ausschlusstatbestände auch für Ratenlieferungsverträge gelten. In den übrigen Fällen besteht das Widerrufsrecht nach § 355 I S. 1 BGB.

hemmer-Methode: Gem. § 510 III S. 1 i.V.m. § 491 II S. 2 Nr. 1 BGB entfällt das Widerrufsrecht des Verbrauchers, wenn der Wert des Abonnements weniger als 200,- € beträgt.
Dies ist der Fall, wenn alle vom Verbraucher bis zum frühestmöglichen Kündigungszeitpunkt geschuldeten Teilzahlungen in der Summe weniger als 200,- € betragen (§ 510 III S. 2 BGB).
Da diese Wertgrenze sehr hoch ist, wird bei den meisten Abo-Verträgen kein Widerrufsrecht bestehen.

(dd) Widerrufsrecht bei unentgeltlichem Darlehensvertrag und unentgeltlicher Finanzierungshilfe, §§ 514 II, 515 BGB

unentgeltliche Darlehensverträge

§§ 514, 515 BGB regeln unentgeltliche Darlehen und sonstige Finanzierungshilfen. 559

Gem. § 514 I BGB gelten die verbraucherschützenden Regelungen bei Verzug des Darlehensnehmers (§ 497 BGB) und bei der Gesamtfälligstellung (= außerordentliche Kündigung) bei Teilzahlungsdarlehen (§ 498 BGB) sowie die neuen Regelungen zur Kreditwürdigkeitsprüfung, soweit diese sich entsprechend auf unentgeltliche Darlehen anwenden lassen (§§ 505a, b, c BGB sowie § 505d II bis IV BGB), entsprechend für unentgeltliche Darlehen.

§ 515 BGB erklärt die Regelungen des § 514 BGB sowie der §§ 358 bis 360 BGB entsprechend auf unentgeltliche Zahlungsaufschübe oder sonstige unentgeltliche Finanzierungshilfen eines Unternehmers an einen Verbraucher für anwendbar.

Widerrufsrecht, § 514 II BGB

§ 514 II S. 1 BGB führt zum Schutz des Verbrauchers vor übereilten Vertragsabschlüssen ein Widerrufsrecht für Verbraucher gemäß § 355 BGB ein. Dies gilt nach § 514 II S. 2 BGB jedoch nicht, wenn bereits ein Widerrufsrecht nach § 312g I BGB besteht. Hierdurch wird sichergestellt, dass auch bei unentgeltlichen Darlehensverträgen keine konkurrierenden Widerrufsrechte bestehen. Ferner besteht, entsprechend der Ausnahme in § 495 II Nr. 1 BGB, kein Widerrufsrecht bei Umschuldungen unentgeltlicher Darlehen.

Damit die zweiwöchige Widerrufsfrist zu laufen beginnt, muss der Unternehmer den Verbraucher gem. §§ 356d S. 1, 514 III S. 3 BGB i.V.m. Art. 246 III EGBGB über dessen Widerrufsrecht belehren.

Der Unternehmer kann diese Pflicht gem. § 514 III S. 4 BGB dadurch erfüllen, dass er dem Verbraucher das in der Anlage 9 zum EGBGB vorgesehene Muster für die Widerrufsbelehrung ordnungsgemäß ausgefüllt in Textform übermittelt. Unterbleibt die Belehrung, so erlischt das Widerrufsrecht gem. § 356d S. 2 BGB frühestens ein Jahr und zwei Wochen nach Vertragsschluss.

(c) Zusammenfassender Überblick zu §§ 495 ff. BGB

I.R.d. Verbraucherkredite ist letztlich entscheidend, dass Sie die einschlägigen Normen auffinden, sie richtig einordnen, dann den Sachverhalt ordentlich subsumieren. Haben Sie sich mit der Struktur der §§ 491 ff. BGB erst einmal vertraut gemacht, können Sie mit genauer Arbeit am Normtext kaum fehlgehen: Der Gesetzgeber hat die Materie ausführlich und detailliert geregelt, die zentralen Begriffsdefinitionen sind alle legaldefiniert. 559a

Gesetzesstruktur

Machen Sie sich die Struktur noch einmal klar:

Der Primäranspruch könnte erloschen sein, weil:

- ⇨ Der Verbraucher ein ihm zustehendes Widerrufsrecht nach § 355 I S. 1 BGB mit der Folge der §§ 357, 346 ff. BGB ausgeübt hat.
- ⇨ Dieses Widerrufsrecht kann sich aus §§ 495 I, 506 ff., 510, 514 II, 515 BGB ergeben.
- ⇨ Ob es tatsächlich vorliegt, untersuchen Sie nach dem Prinzip:
  1. Persönlicher Anwendungsbereich
  2. Sachlicher Anwendungsbereich
  3. Ausnahmen

(4) Fernabsatzverträge, § 312g i.V.m. § 312c BGB

Ein Widerrufsrecht nach § 355 I S. 1 i.V.m. § 312g I BGB besteht auch bei Fernabsatzverträgen i.S.d. § 312c BGB. 560

(a) Persönlicher Anwendungsbereich

Verbraucher – Unternehmer

Laut § 312 I BGB sind die §§ 312–312h BGB nur auf Verbraucherverträge i.S.d. § 310 III BGB anzuwenden. Voraussetzung ist daher die Beteiligung eines Verbrauchers, § 13 BGB, und eines Unternehmers, § 14 BGB. 561

(b) Sachlicher Anwendungsbereich, § 312c BGB

Fernabsatzverträge

Es muss sich um einen Fernabsatzvertrag i.S.d. § 312c BGB handeln. Unter diesem Begriff versteht man „Verträge über die Lieferung von Waren oder über die Erbringung von Dienstleistungen, die zwischen einem Unternehmer und einem Verbraucher unter ausschließlicher Verwendung von Fernkommunikationsmitteln abgeschlossen werden, es sei denn, dass der Vertragsschluss nicht im Rahmen eines für den Fernabsatz organisierten Vertriebs- oder Dienstleistungssystems erfolgt." 562

Fernkommunikationsmittel

Der Begriff des Fernkommunikationsmittel ist in § 312c II BGB legaldefiniert (lesen!). Dort werden auch die typischen Medien genannt: Briefe, Kataloge, Telefon, E-Mail; Rundfunk, Tele- und Mediendienste.

hemmer-Methode: Wie auch bei den anderen in diesem Zusammenhang behandelten Verbraucherschutznormen hat der Gesetzgeber auch die Fernabsatzverträge sehr eingehend geregelt. Wichtig ist deshalb, dass Sie besonders hier hart am Gesetzeswortlaut arbeiten – umfangreiche Darlegungen hinsichtlich der Auslegung einer Norm sind nicht nur überflüssig, sondern falsch, wenn der Gesetzgeber den Begriff legaldefiniert hat!

(5) Erstreckung des Widerrufs auf verbundene Verträgen gem. § 358 BGB

Finanzierungsgeschäfte

Bei größeren Anschaffungen wird der Verbraucher den Kaufpreis oft nicht unmittelbar aus eigenen Mitteln aufbringen können. 563

Zur Finanzierung bietet sich dann der Abschluss eines gesonderten Darlehensvertrages an. Grundsätzlich sind die beiden Verträge, mögen sie auch eine wirtschaftliche Einheit bilden, rechtlich getrennt zu bewerten. Eine Ausnahme davon macht § 358 BGB.

§ 358 BGB

Bei diesen verbundenen Geschäften kann der Widerruf des einen Vertrages auch die Bindung an den anderen (verbundenen) Vertrag entfallen lassen (sog. „Widerrufsdurchgriff").

hemmer-Methode: Zum sog. „Widerrufsdurchgriff" beim verbundenen Geschäft lesen Sie ausführlich Tyroller, Verbundene und zusammenhängende Verträge – Teil 1, Life&LAW 01/2023, 55 ff.

> ***Bsp.:*** *K hat von V einen Geschirrspülautomaten für € 1.500 erworben. Da er eine solche Summe nicht flüssig hat, nimmt er auf Vorschlag des V bei der rechtlich selbstständigen Hausbank des V-Marktes einen Kredit in der entsprechenden Höhe auf.*
>
> *Als bei K, wieder zu Hause, die Wirkungen des „Einkaufsrauschs" nachlassen, wird ihm klar, dass er sich finanziell übernommen hat. Er möchte sich deshalb von beiden Verträgen lösen.*

Nachfolgend ist die Situation am Beispiel eines Verbraucherdarlehensvertrages und eines mit diesem verbundenen Kaufvertrages dargestellt:

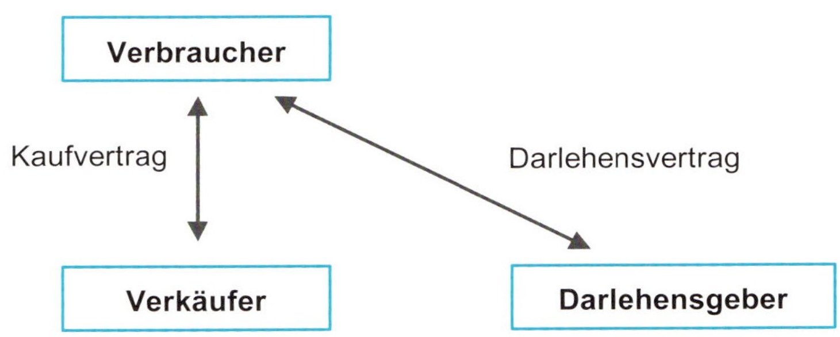

Die Voraussetzungen des verbundenen Vertrages sind in § 358 III BGB geregelt. 564

wirtschaftliche Einheit

Demnach sind ein Vertrag zur Erbringung einer anderen Leistung und ein Verbraucherdarlehensvertrag verbunden, wenn das Darlehen ganz oder teilweise der Finanzierung des anderen Vertrages dient und beide Verträge eine wirtschaftliche Einheit bilden.

§ 358 III S. 2 BGB

Nach § 358 III S. 2 BGB ist eine wirtschaftliche Einheit insbesondere anzunehmen, wenn der Unternehmer selbst die Gegenleistung des Verbrauchers finanziert, oder im Falle der Finanzierung durch einen Dritten, wenn sich der Darlehensgeber bei der Vorbereitung oder dem Abschluss des Verbraucherdarlehensvertrages der Mitwirkung des Unternehmers bedient.

Im Fall standen V und Hausbank in einer ständigen Geschäftsbeziehung, von der sie beide profitiert haben. Der Kauf über die Spülmaschine kam nur deshalb zustande, weil die Bank den Kauf finanzierte. Eine wirtschaftliche Einheit liegt damit vor. K kann den Darlehensvertrag nach §§ 355 I S. 1, 495 I, 491 I BGB widerrufen. An den damit verbundenen Kaufvertrag ist er dann gem. § 358 II BGB nicht mehr gebunden.

§ 358 BGB regelt zwei verschiedene Fälle:

hemmer-Methode: Zu den Pflichtangaben nach § 492 II BGB i.V.m. Art. 247 § 12 I S. 2 Nr. 2b EGBGB gehört auch die erweiterte Belehrungspflicht über die sich aus §§ 358, 359 BGB ergebenden Rechte.

bb) Widerrufserklärung

Alle oben erläuterten Normen verweisen hinsichtlich der Ausübung des Widerrufs auf § 355 BGB. Danach gilt: 565

einseitige WE

Der Widerruf wird durch einseitige, empfangsbedürftige Willenserklärung ausgeübt.

(1) Widerruf ist formlos möglich

Gem. § 355 I S. 2 BGB ist der Widerruf an keine Form gebunden. Eine Begründung ist nicht nötig. Allerdings muss der Entschluss des Verbrauchers zum Widerruf eindeutig hervorgehen, eine kommentarlose Rücksendung der Waren wird daher nicht mehr ausreichen. Umgekehrt ist allerdings eine konkrete Verwendung des Wortes „Widerruf" nicht notwendig und die Erklärung laiengünstig auszulegen.[343] 566

Gemäß Art. 246a § 1 II S. 1 Nr. 1 EGBGB muss der Unternehmer zwingend dem Verbraucher ein Musterwiderrufsformular zur Verfügung stellen, dass der Verbraucher verwenden kann, aber nicht muss.[344] § 356 I S. 1 BGB ergänzt, dass der Unternehmer dem Verbraucher die Möglichkeit einräumen kann, dieses Formular oder eine andere eindeutige Widerrufserklärung auf der Webseite des Unternehmers auszufüllen und zu übermitteln.[345]

343 Schmidt/Brönneke, VuR 2013, 448 (454).

344 Möller, BB 2014, 1411 (1415).

345 Möller, BB 2014, 1411 (1417).

(2) Frist: 14 Tage, § 355 II S. 1 BGB

Die grundsätzliche Regelung der Widerrufsfrist von 14 Tagen befindet sich in § 355 II S. 1 BGB. Diese Frist beginnt gem. § 355 II S. 2 BGB mit Vertragsschluss, soweit nichts anderes bestimmt ist. 567

Die §§ 356–356c BGB halten solche anderen Bestimmungen bereit, insbesondere für die Fälle, in denen keine ordnungsgemäße Unterrichtung bzw. Belehrung erfolgt ist.

zwei Wochen ab ordnungsgemäßer Belehrung, § 355 II S. 1 und 2 BGB

(a) Bei einer **ordnungsgemäßen Belehrung** hat der Verbraucher gem. § 355 II S. 1 BGB für den Widerruf eine Frist von **14 Tagen**, die mit dem Zeitpunkt des Vertragsschlusses beginnt.

(b) Im Falle eines Widerrufsrechts aufgrund von § 312g I BGB gilt gemäß § 356 II Nr. 1 BGB (lesen!) für bestimmte Formen des Verbrauchsgüterkaufs ein abweichender Fristbeginn. Hier beginnt die Widerrufsfrist grundsätzlich mit Erhalt der Ware.

(c) §§ 356 III S. 1, 356a II, III, 356b II, 356c I, 356d S. 1, 356e S. 1 BGB regeln für die jeweils dort genannten besonderen Verbraucherverträge, dass die Widerrufsfrist nicht zu laufen beginnt, bevor eine nach dem jeweiligen Sondervertrag vorgeschriebene, ordnungsgemäße Information und insbesondere Widerrufsbelehrung erfolgt sind.

Erlöschen auch bei nicht ordnungsgemäßer Belehrung

(d) Auch bei unrichtiger oder unterbliebener Unterrichtung kann das Widerrufsrecht durch reinen Zeitablauf erlöschen, wobei das Gesetz unterschiedliche Fristen vorsieht (§ 356 III S. 2 BGB: zwölf Monate und 14 Tage; § 356a II S. 3 BGB: drei Monate und 14 Tage; § 356a III S. 2 BGB: zwölf Monate und 14 Tage; § 356c II S. 1 BGB: zwölf Monate und 14 Tage; § 356d S. 2 BGB: zwölf Monate und 14 Tage; § 356e S. 2 BGB: zwölf Monate und 14 Tage).

(e) §§ 356a I, 356b I, III BGB regeln für die jeweils dort genannten besonderen Verbraucherverträge, dass die Widerrufsfrist zudem erst mit Erhalt des Vertrages bzw. eines vertragsbestätigenden Dokuments beginnt.

(3) Fristwahrung

Fristwahrung

Gem. § 355 I S. 5 BGB genügt die Absendung der Widerrufserklärung vor Fristablauf. Der Verbraucher trägt damit nicht das Risiko, dass der Widerruf nicht innerhalb der Frist übermittelt wird (**Verspätungsrisiko**). Die Widerrufserklärung wird aber als empfangsbedürftige Willenserklärung gem. § 130 I BGB nur und erst dann wirksam, wenn sie dem Unternehmer zugeht. Der Verbraucher trägt also immer noch das **Verlustrisiko**. 568

Nur im Falle der Rücksendung wird der Widerruf wegen der Gefahrtragung des Unternehmers auch wirksam, wenn die Sache während des Transports verloren geht.

hemmer-Methode: Bei unterlassener Belehrung und Information besteht ein Anspruch gegen den Vertragspartner aus den §§ 280 I, 311 II, 241 II BGB (c.i.c.) (vgl. bereits oben). Nach der Rechtsprechung des BGH handelte es sich bei der Belehrung im Hinblick auf ein Haustürgeschäft (!) bereits nach alter Rechtslage um eine Pflicht (und nicht um eine bloße Obliegenheit), die eine Haftung aus c.i.c. ermöglichte.[346]

346 BGH, NJW 2007, 357 - 360 = jurisbyhemmer.

cc) Rechtsfolgen

Primäranspruch ex nunc unwirksam

Mit wirksamer Ausübung des Widerrufsrechtes erlischt der bis dahin wirksame Primäranspruch mit Wirkung ex nunc, § 355 I S. 1 BGB. 569

Sofern aufgrund des abgeschlossenen Vertrages bereits Leistungen ausgetauscht worden sind, sind diese nach § 355 III S. 1 BGB „unverzüglich" (§ 121 I S. 1 BGB) zurückzugewähren.

Dadurch entsteht zwischen den Vertragsparteien ein Rückgewährschuldverhältnis, wonach die empfangenen Leistungen jeweils Zug um Zug zurück zu gewähren sind.

Die §§ 357 bis 357e BGB konkretisieren dieses Rückgewährschuldverhältnis für die jeweiligen Widerrufsrechte.

Rückabwicklungsfrist; Kostentragung; Wertersatz

So sehen § 357 I BGB und § 357b I BGB eine Frist von 14 bzw. 30 Tagen für die Rückabwicklung bereits empfangener Leistungen vor. § 357 VI BGB und § 357d BGB regeln die Kostentragung bei der Rücksendung von Waren. § 357a BGB regelt die Pflicht zum Wertersatz.

hemmer-Methode: Lesen Sie hierzu ausführlich Hemmer/Wüst, Verbraucherschutzrecht, Rn. 284 ff.

4. Kündigung

Kündigung ⇨ §§ 346 ff. BGB (-)

Die Kündigung beendet das Schuldverhältnis nur für die Zukunft. 570
Bereits erbrachte Leistungen nicht zurück zu gewähren.[347] Die §§ 346 ff. BGB sind nicht anzuwenden.

Kündigung	⟺	Rücktritt
Typischerweise zur Beendigung von Dauerschuldverhältnissen, Wirkung ex nunc. *Keine* Rückabwicklung, v.a. §§ 346 ff. BGB nicht anwendbar		Wirkung zwar auch ex nunc, jedoch Verpflichtung zur *Rückgewähr* der bereits empfangenen Leistungen, § 346 I BGB; damit Wiederherstellung des status quo

z.B.:

- Miete, §§ 542 ff. BGB
- Leihe, § 605 BGB
- Dienstvertrag, §§ 620 ff. BGB
- allgemeines KdgRecht: § 314 BGB

a) Grundlagen

Beendigung von DauerschuldV

Als Rechtsinstitut dient die Kündigung der Beendigung von *Dauerschuldverhältnissen*. 571

Ihre Funktion besteht vornehmlich darin, eine unbefristete Bindung der Vertragsparteien zu vermeiden, indem sich jede der Vertragsparteien aus der Bindung befreien kann.

347 BGHZ 73, 354 = jurisbyhemmer.

keine Rückabwicklung

Die Kündigung übernimmt bei Dauerschuldverhältnissen die Funktion, die der Rücktritt bei Schuldverhältnissen hat, welche keine Langzeitverträge oder Dauerschuldverhältnisse sind. Dabei versucht der Gesetzgeber der Tatsache Rechnung zu tragen, dass bereits ausgetauschte Leistungen bei Dauerschuldverhältnissen (wie z.B. Miete) kaum noch rückwirkend ungeschehen gemacht werden können.

auch bzgl. Fälligkeit § 488 III S. 1 BGB

Daneben kann durch eine Kündigung, wie z.B. beim Darlehensvertrag (§ 488 III S. 1 BGB), die Leistungszeit festgelegt und dadurch die Fälligkeit der Forderung herbeigeführt werden.[348]

b) Kündigungsarten

ordentliche und außerordentliche Kündigung

Man unterscheidet bezüglich der Kündigung von Dauerschuldverhält- 572
nissen zwei Arten der Kündigung: die ordentliche und die außerordentliche Kündigung. Dabei finden sich in den gesetzlich geregelten Fällen, wie z.B. bei der Miete und dem Dienstvertrag, beide Formen der Kündigung.

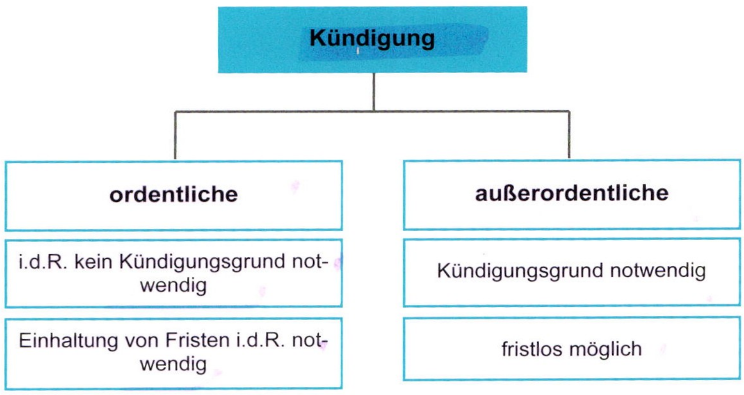

hemmer-Methode: Achten Sie genau auf die richtige Terminologie! Verwenden Sie das Begriffspaar „ordentliche" bzw. „außerordentliche" Kündigung.
Falsch ist es jedenfalls, wenn man die außerordentliche Kündigung pauschal als „fristlose" Kündigung bezeichnet: Die außerordentliche Kündigung kann nämlich auch nur unter Einhaltung einer Kündigungsfrist möglich sein (vgl. z.B. § 540 I S. 2 BGB).

Kündigungsgrund bei ordentlicher Kündigung grds. entbehrlich

Eines Kündigungsgrundes bedarf es bei der *ordentlichen Kündigung* 573
grundsätzlich nicht. Nur ausnahmsweise aus sozialen Gesichtspunkten verlangt das Gesetz einen Kündigungsgrund. Dies ist der Fall, wenn der Arbeitgeber einem Arbeitnehmer kündigt, für den das KSchG anwendbar ist. Dann muss die ordentliche Kündigung nach § 1 II KSchG sozial gerechtfertigt sein.[349] Auch wenn der Vermieter ein Wohnraummietverhältnis kündigt, bedarf er hierfür gem. § 573 BGB eines berechtigten Interesses.

bei außerordentl. Kündigung immer notwendig

Dagegen bedarf die *außerordentliche Kündigung* immer eines Kündigungsgrundes.

Allgemein spricht das Gesetz vom Erfordernis eines „wichtigen Grundes", vgl. §§ 543 I, 626 BGB und v.a. § 314 I S. 1 BGB.

348 NJW 2003, 569 f.

349 Dazu Hemmer/Wüst/Tyroller/Krick, Arbeitsrecht, Rn. 142, 167 ff.

befristet u. fristlos mögl.

Die Kündigung selbst kann befristet oder fristlos sein. I.d.R. ist eine ordentliche Kündigung befristet (z.B. §§ 573c, 622 BGB), die außerordentliche dagegen nicht. Dies muss aber nicht so sein. So ist auch eine befristete außerordentliche Kündigung möglich, vgl. z.B. § 540 I S. 2 BGB.

Das Vertragsverhältnis endet dann nicht mit dem Ausspruch der Kündigung, sondern erst mit Ablauf der Kündigungsfrist. Dadurch soll es dem Kündigungsgegner ermöglicht werden, sich auf die neue Rechtslage einzustellen.

c) Kündigung nur für bestimmte Schuldverhältnisse

speziell

Im Zusammenhang mit den verschiedenen Vertragstypen finden sich Kündigungsnormen, die nur für die jeweiligen Verträge gelten. Sie sind grundsätzlich vorrangig zu prüfen. 574

> **Bsp.:** *Miete (§§ 542-544, 568 ff. BGB); Leihe (§ 605 BGB); Darlehen (§ 488 III S. 1 BGB); Dienstvertrag (§§ 620 ff. BGB); GbR (§§ 725 f. und § 731 BGB[350])*

Sonderfälle

Ausnahmsweise kennt das Gesetz die Kündigung bei Verträgen, die keine Dauerschuldverhältnisse sind. Hier sind v.a. der *Werkvertrag* (§§ 648, 648a, 649 BGB), der *Reisevertrag* (§ 651i III Nr. 5 i.V.m. 651l BGB), der Zahlungsdiensterahmenvertrag (§ 675h BGB) und der *Auftrag* (§ 671 BGB) zu nennen.

§ 648 BGB ⇨ Pflicht zur Erbringung der Gegenleistung bleibt

Nach § 648 BGB schuldet der Besteller trotz der Kündigung dem Unternehmer den Werklohn. Dieser muss sich jedoch dasjenige anrechnen lassen, was er infolge der vorzeitigen Kündigung erspart hat. Der Grund für diese Regelung zeigt sich in folgendem Fall:

> **Bsp.:** *Die Kirchengemeinde K will ihre Kapelle von dem Künstler B neu ausmalen lassen. Nach Abschluss der Vorarbeiten erscheint K das Vorhaben des B dann doch zu abstrakt. Deshalb kündigt K dem B den Vertrag.*
>
> Hier hat B kein Recht darauf, sein Werk zu vollenden. Jedoch bleibt die K gem. § 648 BGB zur Entrichtung des vereinbarten Werklohnes verpflichtet. Zweck des § 648 BGB ist es, die Entscheidungsfreiheit des Bestellers hinsichtlich des Werkes zu sichern.

Eine für den Unternehmer ungünstigere Regelung treffen dagegen § 648a BGB und § 649 BGB.

§ 648a BGB

Bei einer außerordentlichen und fristlosen Kündigung aus wichtigem Grund ist der Unternehmer gem. § 648a V BGB nur berechtigt, die Vergütung zu verlangen, die auf den bis zur Kündigung erbrachten Teil des Werks entfällt.

§ 649 BGB

Bei einer Kündigung nach § 649 BGB steht dem Unternehmer, wenn der Vertrag wegen wesentlicher Überschreitung eines Kostenvoranschlages gekündigt wird, lediglich der Anspruch auf Teilvergütung gem. § 645 I BGB zu. Schließlich hat in diesem Fall der Unternehmer selber durch den unrichtigen Kostenvoranschlag die Kündigung veranlasst.

d) § 314 BGB, Kündigung von Dauerschuldverhältnissen aus wichtigem Grund[351]

§ 314 BGB

In § 314 BGB wird die Kündigung aus wichtigem Grund in allgemeiner Form geregelt: Im Dauerschuldverhältnis besteht für jeden Vertragsteil ein Recht zur (fristlosen) Kündigung aus wichtigem Grund. 575

350 **Bis 31.12.2023:** §§ 723 ff. BGB a.F.

351 Vgl. Sie zur Kündigung ausführlich Hemmer/Wüst, Schuldrecht AT und v.a. Hemmer/Wüst, Arbeitsrecht.

§ 314 BGB subsidiär

Anderweitig bestehende Kündigungsvorschriften sind zu dieser Vorschrift lex specialis. § 314 BGB hat deshalb Bedeutung nur für atypische, gesetzlich nicht geregelte Dauerschuldverhältnisse.

hemmer-Methode: Hierzu zählt insbesondere der Dauerbezugsvertrag, z.B. in Form eines Bierlieferungsvertrages, oder der typengemischte Fitnessstudiovertrag.[352]

§ 314 BGB gilt nur für *vertragliche* nicht auch für gesetzliche Dauerschuldverhältnisse. Dies belegt die systematische Stellung (Untertitel 3: "Anpassung und Beendigung von *Verträgen*") und der Wortlaut der Norm ("jeder *Vertrags*teil").

Voraussetzungen des Kündigungsrechtes nach § 314 BGB:

- ⇨ Bestehen eines Dauerschuldverhältnisses
- ⇨ Vorliegen eines wichtigen Grundes
- ⇨ Kündigung innerhalb einer angemessenen Frist

aa) Bestehen eines Dauerschuldverhältnisses

Zwischen den Parteien muss ein wirksames vertragliches Dauerschuldverhältnis bestehen. 576

Von einem Dauerschuldverhältnis ist die Rede, wenn sich der Gesamtumfang, der von den Parteien zu erbringenden (Haupt-) Leistungspflichten, nach dem Faktor Zeit bestimmt.[353]

Hierzu zählen Miet-, Dienst- und Arbeitsvertrag, auch Gesellschaftsverträge. Bei den Sukzessivlieferungsverträgen stellt nur der Bezugsvertrag (auch: *unechter* Sukzessivlieferungsvertrag) ein Dauerschuldverhältnis dar, nicht jedoch der Ratenlieferungsvertrag (bei diesem steht die Gesamtbezugsmenge von Anfang an fest, sie wird nur in Teilen erbracht).

bb) Wichtiger Grund

Wie bei § 626 BGB sollte die Prüfung des Vorliegens eines wichtigen Grundes i.S.v. § 314 BGB in zwei Stufen erfolgen: 577

***1. Stufe**: Grund generell geeignet*

Vorliegen eines als Kündigungsgrund generell geeigneten Sachverhalts. Hier ist danach zu fragen, ob ein Sachverhalt vorliegt, der generell zum Ausspruch einer Kündigung nach § 314 BGB berechtigen kann. Es sollen damit vorab solche Sachverhalte ausgeschieden werden, die ersichtlich niemals die Kündigung rechtfertigen können.

***2. Stufe**: Einzelfallabwägung*

Der Schwerpunkt der Prüfung des wichtigen Grundes liegt in einer umfassenden Abwägung der beiderseitigen Interessen. Ein wichtiger Grund liegt dann vor, wenn dem Kündigenden die Fortsetzung des Vertrages nicht mehr zugemutet werden kann, § 314 I S. 2 BGB. Dies hängt auch davon ab, wie lange die vertraglich vereinbarten ordentlichen Kündigungsfristen sind. Sind diese relativ kurz, so müssen an die Unzumutbarkeit höhere Anforderungen gestellt werden.

---

352 Vgl. hierzu BGH, **Life&LAW 08/2016, 521 ff.** = **juris**byhemmer.

353 BT-Drs. 14 IV 40, S. 176 f.

cc) Kündigung innerhalb angemessener Frist

Die Vertragsparteien können ihre Kündigung nicht auf jedes noch so weit in der Vergangenheit liegende Ereignis stützen. Zum Schutz der anderen Seite ordnet § 314 III BGB daher an, dass die Kündigung nur innerhalb einer angemessenen Frist nach Kenntnis vom Kündigungsgrund erfolgen kann.[354] 578

Prüfungsreihenfolge

Die Einhaltung dieser Frist ist vor der Frage des tatsächlichen Vorliegens eines wichtigen Grundes zu prüfen.

Fristbeginn mit Kenntnis

hemmer-Methode: Wie bei § 626 II BGB beginnt die Frist in dem Zeitpunkt, in dem der Kündigende Kenntnis von den Tatsachen hat, die den wichtigen Grund ausmachen. Anders gesagt: Alle Tatsachen, von denen schon länger als die „angemessene Frist“ Kenntnis besteht, können *für sich genommen* zur Begründung eines wichtigen Grundes nicht herangezogen werden.

e) Kündigungserklärung

Erklärung ist bedingungsfeindlich

Auch die Kündigung ist ein Gestaltungsrecht, die zu ihrer Wirksamkeit der Erklärung bedarf. Die Kündigungserklärung stellt eine einseitige, empfangsbedürftige Willenserklärung dar. 579

Ein Kündigungsgrund kann, muss aber nicht erforderlich sein, die einschlägigen gesetzlichen Tatbestände legen hier unterschiedliche Voraussetzungen fest (vgl. z.B. § 314 BGB gegenüber § 671 BGB).

bedingungsfeindlich

Als Gestaltungsrecht ist die Kündigung grds. bedingungsfeindlich, da eine Rechtsunsicherheit bzgl. des Eintritts der Gestaltungswirkung unerträglich wäre.[355] Bedingungen, die nicht zu einer solche Rechtsunsicherheit führen, sind demnach zulässig (Potestativbedingungen, Rechtsbedingungen und innerprozessuale Bedingungen).

Bsp.:[356] Die Mieter kündigen gewerbliche Räume wegen erheblicher Mängel außerordentlich mit folgender Formulierung: „Die Kündigung wird nicht mit sofortiger Wirkung ausgesprochen, sondern zu dem Zeitpunkt, an dem wir andere Geschäftsräume beziehen können.

Der BGH hat zu Recht entschieden, dass die Kündigung unwirksam ist. Die Kündigung ist ein Gestaltungsrecht und als solches grds. bedingungsfeindlich. Für die Aufrechnung ist dies explizit geregelt in § 388 S. 2 BGB. Dieser Grundsatz gilt aber nach allgemeiner Meinung auch für alle anderen Gestaltungsrechte, da eine Unsicherheit über den Eintritt der Gestaltungswirkung dem Erklärungsempfänger nicht zugemutet werden kann.

Gleiches gilt auch für die Befristungen, für welche die Vorschriften zu den Bedingungen gem. § 163 BGB entsprechend gelten. Auch die ungeschriebenen Grundsätze zur Bedingungsfeindlichkeit sind damit auf die Befristung übertragbar.

hemmer-Methode: Bei der Abgabe der Kündigungserklärung stellt sich häufig die Frage nach deren Wirksamkeit! Die Kündigung ist zum einen eine *einseitige* Willenserklärung, deshalb finden auf sie die Vorschriften der §§ 174, 180 BGB Anwendung, wenn ein Vertreter die Erklärung abgibt.[357]

354 Da die Vorschriften über die fristlose Kündigung eines Mietverhältnisses gem. §§ 543, 569 BGB als **abschließende spezielle Regelung** konzipiert sind, kommt § 314 BGB nicht zur Anwendung. Für die außerordentliche Kündigung eines Wohnraummietverhältnisses ist daher keine Kündigungserklärungsfrist einzuhalten, da demnach auch § 314 III BGB auf die Kündigung eines Wohnraummietverhältnisses nicht anwendbar ist; vgl. dazu BGH, **Life&LAW 12/2016, 827 ff.** = NJW 2016, 3720 ff. = **juris**byhemmer.

355 Vgl. zur Anfechtung bereits Rn. 451a.

356 BGH, NJW 2004, 284 ff. = **juris**byhemmer.

357 Ausführlich Hemmer/Wüst, Arbeitsrecht, Rn. 79 ff.

Zum anderen stellt sich gerade im Arbeitsrecht die Frage nach dem Zugang der Kündigung während des Urlaubs des Arbeitnehmers.[358]

Form uneinheitlich

Ob eine bestimmte Form einzuhalten ist, regelt das Gesetz nicht einheitlich; so ist z.B. die Kündigung eines Dienstverhältnisses grundsätzlich formfrei möglich, die des damit verwandten Arbeitsverhältnisses muss hingegen schriftlich erfolgen, § 623 BGB.

Frist

Eine Frist für die *Erklärung* der Kündigung kann sich aufgrund einer vertraglichen Vereinbarung oder gesetzlicher Bestimmungen ergeben.

> *Bsp.: Nach § 626 II S. 1 BGB kann die außerordentliche Kündigung eines Dienstvertrages nur innerhalb von 2 Wochen ab dem Zeitpunkt erfolgen, in dem der Kündigungsberechtigte von den für die Kündigung maßgebenden Tatsachen Kenntnis erlangt.*

hemmer-Methode: In der Examensklausur muss häufig ausgelegt werden, um welche Kündigung es sich handelt, welche Wirkung ihr zukommt.
Folgeproblem ist oft, insbesondere im Arbeitsrecht, die Umdeutung gem. § 140 BGB einer unwirksamen außerordentlichen Kündigung in eine ordentliche Kündigung.[359]

f) Wirkung

Entfallen d. Vertragspflichten f. die Zukunft

Die Kündigung lässt den in der Vergangenheit bereits erfüllten Teil des Schuldverhältnisses unberührt. 580

Lediglich für die Zukunft entfallen die jeweiligen vertraglichen Primärleistungspflichten. Folglich entstehen keine weiteren Leistungsansprüche mehr.

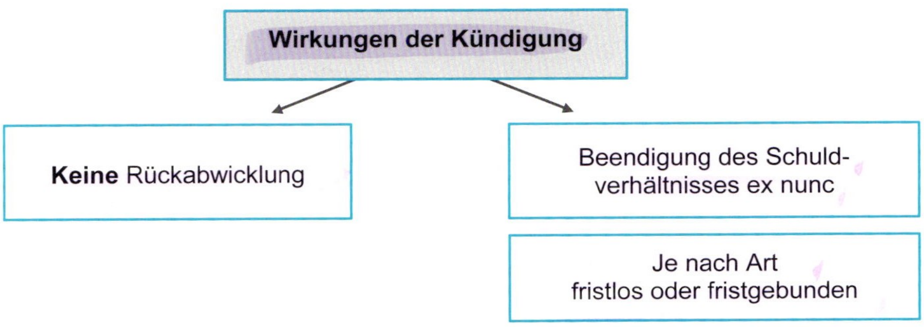

keine Rücknahme d. Kündigung

Als Gestaltungsrecht kann die Kündigung grds. auch nicht mehr zurückgenommen werden. Allenfalls ist eine einvernehmliche Neubegründung des aufgelösten Vertragsverhältnisses möglich.

IV. Leistungsstörungen

1. Einordnung

Begriff

Erbringt der Schuldner seine Leistung nicht, nicht rechtzeitig, oder nicht ordnungsgemäß, so bezeichnet man das als Leistungsstörung. 581

358 Lesen Sie dazu Hemmer/Wüst, Arbeitsrecht, Rn. 91 ff.

359 Auch dazu Hemmer/Wüst, Arbeitsrecht, Rn. 135 ff., sowie Grüneberg, § 626, Rn. 34.

Das Recht der Leistungsstörungen ist das Kerngebiet des allgemeinen Schuldrechts; deshalb haben wir es auch in unserer Skriptenreihe hauptsächlich dort verortet. Daneben ergeben sich aber vielfältige Wechselwirkungen zum Primäranspruch, die im Folgenden angesprochen werden sollen.

hemmer-Methode: Das Recht der Leistungsstörungen ist ein überaus komplexes und daher klausurrelevantes Problem. Zur Vertiefung dieser hier nur angedeuteten Probleme vgl. Sie unbedingt HEMMER/WÜST/TYROLLER, Schuldrecht AT!

2. Unmöglichkeit

hemmer-Methode: Ausführlich hierzu Hemmer/Wüst/Tyroller Schuldrecht AT, Rn. 9 ff.

Unter Unmöglichkeit versteht man die dauerhafte Nichterbringbarkeit der geschuldeten Leistung. 582

a) Arten der Unmöglichkeit 583

Unter dem Oberbegriff Unmöglichkeit werden die folgenden Alternativen behandelt.

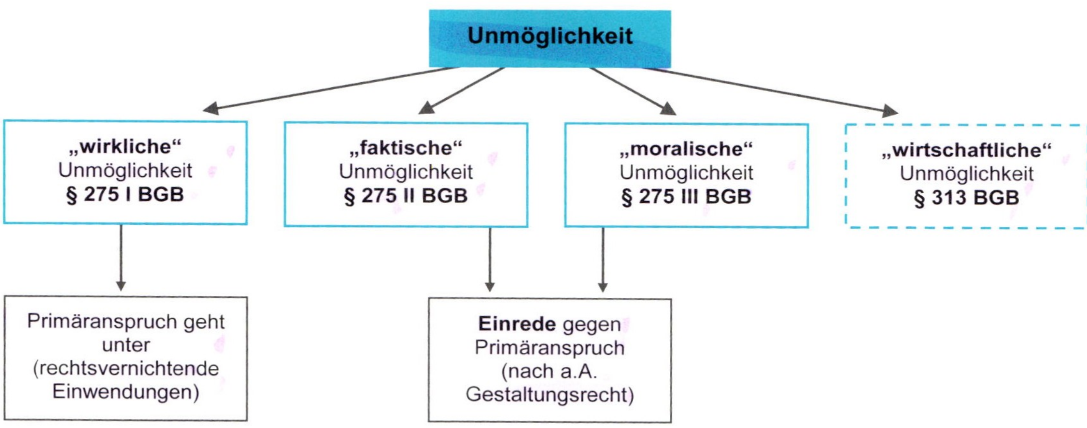

b) Auswirkungen auf die Leistungspflicht

unterscheide: Leistung - Gegenleistung

Für die Auswirkung der Möglichkeit einer Leistung auf den Primäranspruch ist zwischen der unmöglichen Leistung und der Gegenleistung zu unterscheiden. 584

> ***Bsp.:** Verkauft Bauer A dem Bauern C die Kuh (B)erta. Wird diese noch vor Übergabe und Übereignung, nichtsahnend, auf der Weide stehend von einem Blitz getroffen, so ist die Pflicht zur Übereignung der Berta die Leistungspflicht, die Kaufpreiszahlung die Gegenleistungspflicht.*

aa) § 275 I BGB: Wirkliche Unmöglichkeit

impossibilium nulla est obligatio

Niemand kann eine unmögliche Leistung erfüllen (impossibilium nulla est obligatio). Diese Selbstverständlichkeit greift § 275 I BGB auf und ordnet den Ausschluss des Leistungsanspruchs an. Der unmögliche Primäranspruch erlischt oder entsteht erst gar nicht. 585

alle Arten der Unmöglichkeit

§ 275 I BGB regelt die

- ⇨ nachträgliche und anfängliche,
- ⇨ objektive und subjektive,
- ⇨ vollständige und teilweise Unmöglichkeit.

Leistungspflicht erlischt

In allen Fällen erlischt der Leistungsanspruch des Gläubigers per se. § 275 I BGB stellt damit eine rechtsvernichtende Einwendung dar.

bb) Faktische und moralische Unmöglichkeit

§ 275 II, III BGB

Die faktische Unmöglichkeit regelt § 275 II BGB, die sog. moralische 586
Unmöglichkeit findet sich in § 275 III BGB.

Nach e.A. geben § 275 II BGB und § 275 III BGB dem Schuldner Einreden gegen den Primäranspruch. Ihre rechtshindernde Funktion entfalten sie nur und erst dann, wenn sie wirksam erhoben werden.[360] Aus diesem Grund handelt es sich nach zutreffender Ansicht um Gestaltungsrechte.

> ***Bsp.:*** *Als Beispiel für die faktische Unmöglichkeit wird immer wieder der vor Übereignung auf den Meeresboden gesunkene Ring genannt. Dies sind Fälle, in denen die Leistung zwar naturgesetzlich möglich wäre, aber kein vernünftiger Gläubiger auf die Idee käme, sie zu fordern.*
>
> *Moralisch unmöglich ist es für den Clown, eine Vorführung zu geben, unmittelbar nachdem er erfahren hat, dass seine Frau bei einem Autounfall getötet wurde.*

cc) Wirtschaftliche Unmöglichkeit

§ 313 BGB ⇨ Störung der Geschäftsgrundlage

Die wirtschaftliche Unmöglichkeit ist nicht von § 275 BGB erfasst. Sie 587
ist nach den Grundsätzen der Störung der Geschäftsgrundlage (§ 313 BGB) zu lösen.[361]

c) Konsequenzen für die Gegenleistung

§§ 280, 283 - 285, 311a und 326 BGB

§ 275 BGB regelt ausschließlich das Schicksal der Primärleistung. 588
Auf Sekundärebene (Schadensersatz, Surrogatansprüche, etc.) und für das Schicksal der Gegenleistung gelten § 275 IV BGB i.V.m. §§ 280, 283 - 285, 311a und 326 BGB.

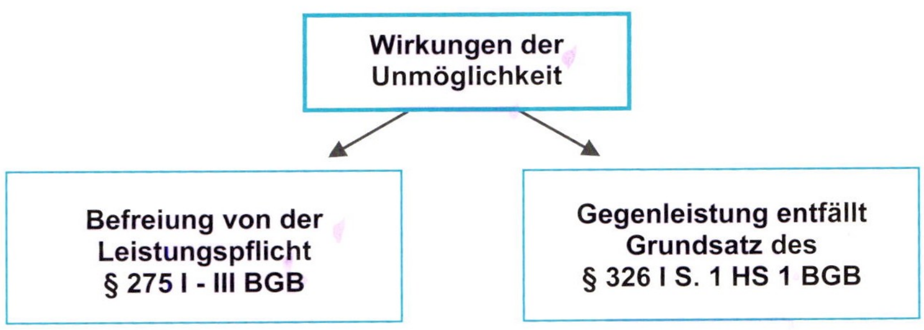

aa) Grundsatz: § 326 I S. 1 HS 1 BGB

Als Ausfluss des Synallagmas bestimmt § 326 I S. 1 HS 1 BGB, dass 589
die Gegenleistung das Schicksal der Leistung teilt, m.a.W.: Wird der Schuldner nach § 275 I - III BGB von seiner Leistungspflicht befreit, so braucht auch der Gläubiger nicht zu leisten.

360 Grüneberg, § 275, Rn. 26 und Rn. 32.

361 Vgl. Grüneberg, § 275, Rn. 21.

Bsp.: A kauft am Vormittag bei B ein Paar Carving-Skier der Marke Völkl, die er am Nachmittag abholen will. B lässt daraufhin die Carver aus dem Lager kommen, stellt sie zur Abholung bereit und ruft den A an, dass die Ware zur Abholung bereit steht. A kommt am Nachmittag nicht. Am Abend kommt es zu einem Brand, bei dem die Skier zerstört werden. A verlangt von B Lieferung der Skier. B ist dagegen der Meinung, A müsse an ihn den Kaufpreis zahlen.

A) Anspruch auf Lieferung der Skier

§ 433 I BGB

A könnte nach § 433 I BGB einen Anspruch auf Lieferung der Skier haben.

Erlöschen nach § 275 I BGB?

Ein Kaufvertrag wurde zwischen A und B geschlossen. Ein Lieferungsanspruch des A ist somit entstanden. Der Anspruch könnte aber infolge Unmöglichkeit erloschen sein, § 275 I BGB. Dann müsste es sich um einen Fall der wirklichen Unmöglichkeit handeln.

Gattungsschuld

Diesbezüglich könnten Bedenken bestehen, da es sich bei dem Kaufvertrag um einen Gattungskauf handelt. Unmöglichkeit bei einer der Gattung nach bestimmten Sache (§ 243 I BGB) ist aber erst dann gegeben, falls die gesamte Gattung untergegangen ist. Dies ist hier sicherlich nicht der Fall. Es kann davon ausgegangen werden, dass B selbst noch Skier dieser Marke im Lager hat.

Konkretisierung, § 243 II BGB?

Ein anderes Ergebnis könnte sich aber ergeben, falls bezüglich der Lieferungsverpflichtung des B bereits Konkretisierung gem. § 243 II BGB eingetreten wäre. Mit der Konkretisierung wandelt sich die Gattungsschuld in eine Stückschuld um. B würde dann nur noch die Lieferung der ausgesonderten Skier schulden.

wenn (+), dann § 275 BGB

Nach § 243 II BGB tritt Konkretisierung ein, wenn der Schuldner das seinerseits Erforderliche zur Lieferung getan hat. Hier haben A und B eine Holschuld vereinbart, § 269 I BGB. Leistungs- und Erfolgsort sind die Geschäftsräume des B.

Eine über das Bereitstellen der Skier und das wörtliche Angebot hinausgehende Pflicht als Leistungshandlung oblag dem B nicht[362]. Somit hat B konkretisiert. Das Schuldverhältnis beschränkte sich damit auf die bereitgestellten Skier.

Da dieses Paar bei dem Brand zerstört wurde, wurde B die Übereignung unmöglich. Seine Leistungspflicht ist somit nach § 275 I BGB erloschen.

Gegenleistung

B) Anspruch des B auf Kaufpreiszahlung

§ 433 II BGB

B könnte einen Anspruch auf Zahlung des vereinbarten Kaufpreises aus § 433 II BGB haben.

Untergang nach § 323 BGB?

Ein wirksamer Kaufvertrag zwischen A und B liegt vor. Der daraus entstandene Kaufpreisanspruch des B könnte jedoch nach § 326 I S. 1 HS 1 BGB erloschen sein, falls der Untergang nicht von A ganz oder zum überwiegenden Teil zu vertreten ist.

Laut Sachverhalt ist diese Konstellation hier gegeben. A selbst hat den Brand nicht verschuldet.

Damit ist der Kaufpreisanspruch nach § 326 I S. 1 HS 1 BGB erloschen.

bb) Systematische Ausnahmen von § 326 I S. 1 HS 1 BGB

Nach § 326 I S. 1 HS 1 BGB trägt also die Preisgefahr (Gegenleis- 590
tungsgefahr) der zufälligen, d.h. von keiner der Vertragsparteien zu vertretenden Unmöglichkeit der i.d.R. zur Sachleistung Verpflichtete bis zur vollständigen Erfüllung. Er wird selbst frei, erhält aber auch keine Gegenleistung.

362 Vgl. Grüneberg, § 243, Rn. 5.

Sound: „Wer nichts gibt (§ 275 I BGB), der soll auch nichts bekommen (§ 326 I S. 1 HS 1 BGB)".

Die Dinge komplizieren sich, falls die Preisgefahr aufgrund anderer Vorschriften, abweichend von § 326 I S. 1 HS 1 BGB, bereits zu einem früheren Zeitpunkt übergeht.

Die wichtigsten Ausnahmevorschriften bilden diesbezüglich im Kaufrecht die §§ 446, 447 BGB, im Werkvertragsrecht §§ 644, 645 BGB und im Allgemeinen Schuldrecht der Annahmeverzug des Gläubigers, § 326 II S. 1 Alt. 2 BGB.

Im Arbeitsrecht ist § 615 BGB zu beachten. Im Erbrecht gilt § 2380 BGB. Auch vertraglich abweichende Vereinbarungen zur Preisgefahr sind denkbar.

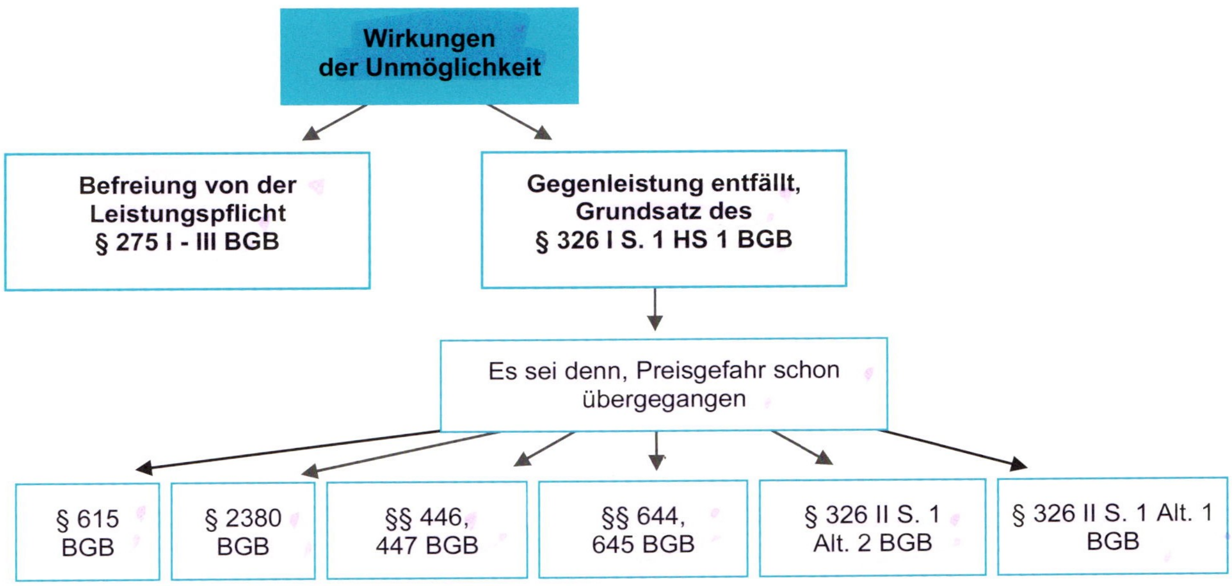

(1) § 446 I S. 1 BGB

Übergabe

Der Verkäufer einer Sache schuldet Übergabe *und* Übereignung. Die Gefahr des zufälligen Untergangs der Sache geht aber nach § 446 BGB auch dann mit der Übergabe auf den Käufer über, wenn die Übereignung erst später erfolgt. 591

Dies ist billig, da mit der Übergabe der Käufer die Sachherrschaft ausübt und damit ab diesem Zeitpunkt auch die Risiken zu tragen hat.

(2) § 447 I BGB

Versendungskauf

Für den Versendungskauf enthält § 447 I BGB eine eigene Regelung hinsichtlich der Preis- bzw. Gegenleistungsgefahr. Diese geht bereits mit Übergabe an die Transportperson auf den Käufer über. 592

> ***Bsp. (Abwandlung des obigen Bsp.-Falls):*** *A und B (beide Unternehmer) vereinbaren, dass B dem A die Skier abends auf dessen Gefahr vorbeibringt, da dem A als einziges Verkehrsmittel dessen Fahrrad zur Verfügung steht. B beauftragt mit dem Transport seinen Angestellten C. Dieser wird auf der Fahrt zu A unverschuldet in einen Verkehrsunfall verwickelt, wobei die Skier völlig zerstört werden.*
>
> *A verlangt Lieferung eines anderen Paar Skier. B dagegen fordert von A Bezahlung.*

A) Lieferung der Skier

Bezüglich des Lieferanspruches aus § 433 I BGB ergeben sich zum Ausgangsfall keine Unterschiede. Auch hier ist danach zu fragen, ob der Schuldner *nach § 275* BGB von seiner Leistungspflicht befreit wurde. Dazu wäre wiederum Konkretisierung nach § 243 II BGB erforderlich, da es sich um eine Gattungsschuld handelt.

nicht bei § 275 BGB

Es liegt hier die Vereinbarung einer Schickschuld vor. B hat aber dadurch, dass er die Skier „auf den Weg zu A gebracht" hat, das seinerseits Erforderliche getan. Damit ist Konkretisierung nach § 243 II BGB eingetreten. Durch die Zerstörung wurde B die Leistung nachträglich unmöglich. B ist somit nach § 275 I BGB von seiner Leistungspflicht befreit.

hemmer-Methode: Hier ist eine Erwähnung des § 447 I BGB nicht nur überflüssig, sondern falsch. § 447 I BGB regelt allein die Preis- bzw. Gegenleistungsgefahr. Dazu im Folgenden.

B) Zahlung des Kaufpreises

Im Ausgangsfall war der Kaufpreisanspruch grds. nach § 326 I S. 1 HS 1 BGB durch Unmöglichkeit erloschen. Etwas anderes könnte sich hier aus § 447 I BGB ergeben. Dann müsste es sich um einen Versendungskauf handeln.

kein VGK ⇨ § 447 I BGB gilt uneingeschränkt

Da A und B beide Unternehmer waren (vgl. SV), handelte es sich nicht um einen Verbrauchsgüterkauf i.S.d. § 474 I S. 1 BGB. Daher ist § 447 I BGB *uneingeschränkt* anwendbar, vgl. § 475 II BGB.

bei eigenen Leuten problematisch

Problematisch ist hier aber die Frage, ob § 447 I BGB auch auf den Transport durch eigene Leute Anwendung findet. Grundsätzlich setzt § 447 I BGB die Übergabe der Ware an ein anderes Transportunternehmen voraus.

Nach einer Ansicht ist § 447 I BGB daher auf den vorliegenden Fall nicht anwendbar. Der Übergang der Gefahr nach § 447 I BGB rechtfertige sich aus dem Umstand, dass der Verkäufer die Sache aus seinem Einflussbereich entlasse. Das sei bei einem Transport durch eigene Leute aber gerade nicht der Fall.

h.M.: § 447 BGB (+)

Die h.M. bejaht gleichwohl die Anwendung von § 447 I BGB. Der Verkäufer, der eine ihm an sich nicht obliegende Leistung (den Transport) übernehme, solle billigerweise die Preisgefahr nicht länger tragen müssen als bei Übergabe an eine fremde Transportperson.[363]

Mit der Anwendung des § 447 I BGB trägt A damit die Gefahr für die zufällige Zerstörung beim Transport. Damit ist der Zahlungsanspruch des B nicht nach § 326 I S. 1 HS 1 BGB erloschen. Die Preisgefahr ist übergegangen. B behält den Anspruch auf die Gegenleistung.

hemmer-Methode: Nach § 447 I BGB geht (ebenso wie bei § 446 BGB) die Gefahr nur dann über, wenn der Untergang zufällig erfolgte, also von keiner der Parteien zu vertreten war.[364]

Die weitere Problematik zeigt sich in folgender Abwandlung:

verschuldeter Unfall

Bsp.: Der Fall entspricht der ersten Abwandlung, jedoch verschuldet der Angestellte C den Unfall. A verlangt erneute Lieferung, B verlangt Zahlung.

A) Lieferanspruch des A

Hier bleibt es bei der Befreiung des B von seiner Leistungspflicht nach § 275 I BGB.

363 RGZ 96, 258 = jurisbyhemmer; a.A. Medicus/Petersen, BR, Rn. 275.

364 Vgl. Grüneberg, § 447, Rn. 15.

B) Zahlungsanspruch des B

Zurechnung v. Verschulden der Transportperson

Hier ist zu beachten, dass § 447 I BGB lediglich eine Sondervorschrift zu § 326 I S. 1 HS 1 BGB darstellt. Dies hat zur Konsequenz, dass der Untergang der Sache vom Schuldner nicht verschuldet sein darf.

Es muss sich um einen zufälligen Untergang handeln. Es stellt sich daher die Frage, ob B sich das Verschulden des C zurechnen lassen muss.

§ 278 S. 1 Alt. 2 BGB?

Als Zurechnungsnorm käme § 278 S. 1 Alt. 2 BGB in Betracht. C müsste dann Erfüllungsgehilfe des B sein, d.h. mit Wissen und Wollen des B in dessen Pflichtenkreis tätig sein.[365] Problematisch ist hier, dass B gerade nicht die Versendung selbst schuldete. Als Leistungshandlung muss er die Ware lediglich der Transportperson übergeben.

auch bei eigenen Leuten; Drittschadensliquidation mögl.

Wendet man aber § 447 I BGB auf den Transport durch eigene Leute analog an, so ist es nur konsequent, über § 278 S. 1 Alt. 2 BGB nicht zuzurechnen, da es gerade an einer entsprechenden Pflicht des B fehlt. Dennoch entscheidet die h.M. mit guten Gründen anders.[366] Wertungsmäßig ist zu beachten, dass A beim Transport durch einen Frachtführer die Möglichkeit der Drittschadensliquidation hat.[367]

B könnte dann den Schaden des A bei der Transportperson liquidieren und muss dann seinen Anspruch nach § 285 I BGB an A abtreten. Diese Möglichkeit besteht zwar grds. auch beim Transport durch eigene Leute. B würde hier den Schaden des A gegenüber seinem Angestellten C liquidieren und den Anspruch an A abtreten.

Dennoch wäre die Drittschadensliquidation in diesem Fall kein ausreichender Ersatz. Zunächst greifen in vielen Fällen im Verhältnis zwischen B und seinen Angestellten die Grundsätze des sog. *„innerbetrieblichen Schadensausgleichs"*, sodass B kein Anspruch gegen C auf Schadensersatz zusteht. Die Voraussetzungen der Drittschadensliquidation fehlen dann. Des Weiteren bietet ein Angestellter i.d.R. nicht die gleiche Solvenz wie ein gewerbliches Transportunternehmen. Aus diesen Gründen folgert die h.M. zu Recht, dass, obwohl für B keine Transportpflicht besteht, das Verschulden des B über § 278 S. 1 Alt. 2 BGB zuzurechnen ist.

Man könnte außerdem argumentieren, dass der Verkäufer, solange sich die Ware in seinem Machtbereich befindet, Schutzpflichten (§ 241 II BGB) gegenüber dem Käufer hat und in diesem Pflichtenkreis der firmeneigene Fahrer auch tätig wird.

Für die h.M. spricht zudem, dass das Gesetz selbst im vergleichbaren Fall der Einschaltung von Gehilfen im Rahmen eines Auftrages in § 664 I S. 3 BGB eine Verschuldenszurechnung anordnet.

Dies hat zur Folge, dass die Unmöglichkeit nicht „zufällig" erfolgte. § 447 I BGB ist daher nicht einschlägig.

Die Rechtsfolgen für die Gegenleistung ergeben sich dann aus § 326 I S. 1 HS 1 BGB, wonach der Anspruch auf die Gegenleistung entfällt. Daneben hat der A in diesem Fall auch Schadensersatzansprüche aus §§ 280 I, III, 283 i.V.m. § 278 BGB.

(3) § 326 II S. 1 Alt. 2 BGB

§ 326 II S. 1 Alt. 2 BGB

Eine weitere wichtige Ausnahmevorschrift zu § 326 I S. 1 HS 1 BGB bildet § 326 II S. 1 Alt. 2 BGB. Danach bleibt der Anspruch auf die Gegenleistung trotz Unmöglichkeit der Leistung bestehen, wenn der Gläubiger im Annahmeverzug ist. 593

Bsp.: *Der Sachverhalt entspricht dem Ausgangsfall, jedoch holt A die Skier am Abend nicht ab, da er den Termin vergessen hat. In der Nacht werden die Skier durch einen unverschuldeten Brand zerstört.*

365 Grüneberg, § 278, Rn. 7.

366 Grüneberg, § 278, Rn. 14; Hüffer, JuS 1988, 123 (129).

367 Medicus/Petersen, BR, Rn. 838.

A) Lieferung der Skier

A kann wegen § 275 I BGB die Lieferung anderer Skier nicht verlangen.

B) Zahlungsanspruch des B

Der Zahlungsanspruch des B aus § 433 II BGB könnte nach § 326 I S. 1 HS 1 BGB erloschen sein.

Annahmeverzug

Grundsätzlich gilt § 326 I S. 1 HS 1 BGB wenn die Leistungspflicht des Schuldners nach § 275 I BGB ausgeschlossen ist. Indes befand sich A nach §§ 293, 295 BGB in Annahmeverzug. Für diesen Fall bestimmt § 326 II S. 1 Alt. 2 BGB, dass die Preisgefahr mit Beginn des Annahmeverzuges auf den Käufer übergeht. Der Verkäufer behält damit seinen Anspruch aus § 433 II BGB auf die Gegenleistung.

B kann die Bezahlung der Skier verlangen.

hemmer-Methode: Da der Schuldner im Annahmeverzug nach § 300 I BGB nur Vorsatz und grobe Fahrlässigkeit zu vertreten hat, würde § 326 II S. 1 Alt. 2 BGB auch eingreifen, falls B den Brand leicht fahrlässig verursacht hätte.[368]
§ 326 II S. 1 Alt. 2 BGB führt in Verbindung mit dem Primäranspruch, z.B.: § 433 II BGB, dazu, dass der Anspruch erhalten bleibt. Anspruchsgrundlage für die Gegenleistung sind dann z.B. §§ 326 II S. 1 Alt. 2, 433 II BGB.
In diesem Zusammenhang müssen Sie aber darauf achten, worin die Gegenleistung liegt, die § 326 II S. 1 Alt. 2 BGB enthält (lesen Sie § 326 II S. 1 Alt. 2 BGB noch einmal!). Bei einem verzinslichen Darlehen besteht die Gegenleistung (nur) in der Verzinsung gegen Überlassung auf Zeit. Es bleibt daher nur der Anspruch auf Zinszahlung erhalten, wenn bezüglich des Geldes Unmöglichkeit eingetreten ist. Dies ist z.B. denkbar, wenn bei einer Holschuld das Geld nicht abgeholt und später durch Brand zerstört wird. Denken Sie daran: Auch bei Geld kann Konkretisierung und damit Unmöglichkeit eintreten, falls die Voraussetzungen des § 300 II BGB vorliegen.

(4) § 326 II S. 1 Alt. 1 BGB

§ 326 II S. 1 Alt. 1 BGB

Eine andere Rechtsfolge als in § 326 I S. 1 HS 1 BGB sieht § 326 II S. 1 Alt. 1 BGB für die vom Gläubiger der Leistung (z.B. der Käufer) *allein oder weit überwiegend* zu vertretende Unmöglichkeit vor: Der Schuldner der Leistung (z.B. der Verkäufer) behält den Anspruch auf die Gegenleistung. 594

hemmer-Methode: Beachten Sie, dass § 326 II S. 1 Alt. 1 BGB nicht den Fall der beiderseitig zu vertretenden Unmöglichkeit regelt.
Zwar lässt sich aus § 326 II S. 1 Alt. 1 BGB entnehmen, dass der Schuldner der Leistung den Anspruch auf die Gegenleistung behält, wenn der Gläubiger für das Leistungshindernis allein oder weit überwiegend verantwortlich ist. Jedoch wurde damit keineswegs der Fall beiderseitig zu vertretender Unmöglichkeit geregelt.
Vielmehr ist die weit überwiegende Verantwortlichkeit so zu verstehen, dass damit eine bei wertender Betrachtung gleichzustellende Alleinverantwortung i.S.d. § 254 BGB gemeint ist.
Zum Streitstand vgl. Medicus/Petersen, Bürgerliches Recht, Rn. 270 sowie HEMMER/WÜST/TYROLLER, Schuldrecht AT, Rn. 336 ff.

368 Grüneberg, § 324, Rn. 8.

cc) Vom Schuldner zu vertretende Unmöglichkeit

Beruht die Unmöglichkeit auf einem Umstand, den der Schuldner zu vertreten hat, so kann der Gläubiger zurücktreten[369] und (§ 325 BGB) vom Schuldner Schadensersatz statt der Leistung, §§ 280 I, 283 - 285 BGB verlangen. 595

Wegen der rechtsgestaltenden Wirkung des Rücktritts entfällt die Verpflichtung auf die Gegenleistung, der Primäranspruch ist gescheitert. Es kommt zur Entstehung des Rückgewährschuldverhältnisses.

Der Umfang des Schadensersatzes kann nach der ***Austausch-/Surrogationsmethode*** *oder nach der* ***Differenzmethode*** erfolgen.

hemmer-Methode: Lesen Sie ausführlich hierzu Hemmer/Wüst, Schuldrecht AT, Rn. 296 ff.

Austausch-/Surrogationsmethode: Gegenleistung weiter zu erbringen

Beim Schadensersatz nach der *Austausch-/Surrogationsmethode* bleibt der Gläubiger zur Erbringung seiner Gegenleistung verpflichtet, kann aber den gesamten ihm entstandenen Schaden als Nichterfüllungsschaden geltend machen. Sofern die Gegenleistung in Geld besteht, können beide Parteien insoweit aufrechnen. 596

Differenzmethode: Gegenleistung entfällt

Bei der Schadensberechnung nach der *Differenzmethode* entfällt die Verpflichtung des Gläubigers zur Erbringung der Gegenleistung. Deren Wert wird zum reinen Rechnungsposten.

Demzufolge besteht der Schaden in der Differenz zwischen dem Wert der unmöglich gewordenen Leistung (zuzüglich etwaiger Folgeschäden wie entgangener Gewinn aus einem Weiterverkauf) und dem Wert der Gegenleistung.[370]

Untergang v. Primäranspruch nach Differenzmethode

Insoweit führt die Geltendmachung des Schadensersatzanspruches nach der Differenzmethode zum Untergang des Primäranspruches auf die Gegenleistung. Eine entsprechende Geltendmachung muss also als rechtsgestaltende Erklärung behandelt werden, die zu einer rechtsvernichtenden Einwendung gegen den Anspruch auf die (noch mögliche) Gegenleistung führt.

hemmer-Methode: Die Geltendmachung des Schadensersatzes nach der Austausch-/Surrogationsmethode ist unsinnig, wenn als Gegenleistung Geld geschuldet ist, da sich dann über eine Aufrechnung die gleiche Situation wie bei der Geltendmachung nach der Differenzmethode ergibt. Besteht die Gegenleistung - z.B. beim Tausch - nicht in Geld, kann B dem A die Gegenleistung anbieten und seinen gesamten Nichterfüllungsschaden verlangen. Dies gilt auch dann, falls das Interesse des A an der Gegenleistung schlagartig entfallen sein sollte.

3. Verzögerung der Leistung

Bedeutung für Primäranspruch nur als „Nicht-rechtzeitig-Leistung“

Rechtsvernichtende Einwendungen gegen den Primäranspruch für den Fall der nicht rechtzeitigen Leistung ist vorrangig der ausgeübte Rücktritt nach § 323 I Alt. 1 BGB.

4. Verletzung von Pflichten nach § 241 II BGB

Unter den Voraussetzungen des § 324 BGB kann der Gläubiger, unabhängig davon, ob sein Schuldner die Pflichtverletzung zu vertreten hat, vom Vertrag zurücktreten. 598

369 Oben, Rn. 504.

370 Grüneberg, § 325, Rn. 10.

5. Schlechtleistung

§ 323 BGB ermöglicht einen verschuldensunabhängigen Rücktritt. 599
Zur Anwendung dieser Vorschrift kommt es meist über die Mängelrechte der § 437 Nr. 2 Alt. 1 BGB oder § 634 Nr. 3 Alt. 2 BGB.

6. Besonderes Leistungsstörungsrecht – Die Mängelrechte

hemmer-Methode: Die Problematik kann hier nur „angerissen" werden. Lesen Sie hierzu ausführlich Hemmer/Wüst, Schuldrecht BT I und Schuldrecht BT II!

Gewährleistung

Für bestimmte Vertragstypen hält das Gesetz im Falle der nicht ord- 600
nungsgemäßen Leistung besondere Rechte, sog. *Mängelrechte,* bereit.

Gewährleistungsregelungen existieren für den *Kaufvertrag* (§§ 434 ff. BGB), die *Schenkung* (§§ 523 f. BGB), die *Miete* (§§ 536 - 536d BGB), den *Werkvertrag* (§§ 633 ff. BGB) und den *Reisevertrag* (§§ 651c ff. BGB). Kraft Verweisung finden sich Gewährleistungsregelungen auch beim *Werklieferungsvertrag* (§ 650 BGB i.V.m. §§ 434 ff. BGB) und beim *Tausch* (§ 480 i.V.m. §§ 434 ff. BGB).

a) Kaufrecht

Erfüllungstheorie

§ 433 I S. 2 BGB erlegt dem Verkäufer die Verpflichtung auf, dem 601
Käufer die Sache frei von Sach- und Rechtsmängeln zu verschaffen.

Anwendbarkeit des allgemeinen Leistungsstörungsrechts

So wird die Lieferung einer mangelhaften Sache zu einer Verletzung einer vertraglichen Pflicht, an die sich – genau wie im allgemeinen Leistungsstörungsrecht - als Rechtsfolge Rücktritt und Schadensersatz anschließen. Als kaufrechtliche Besonderheit bleibt noch das Minderungsrecht.

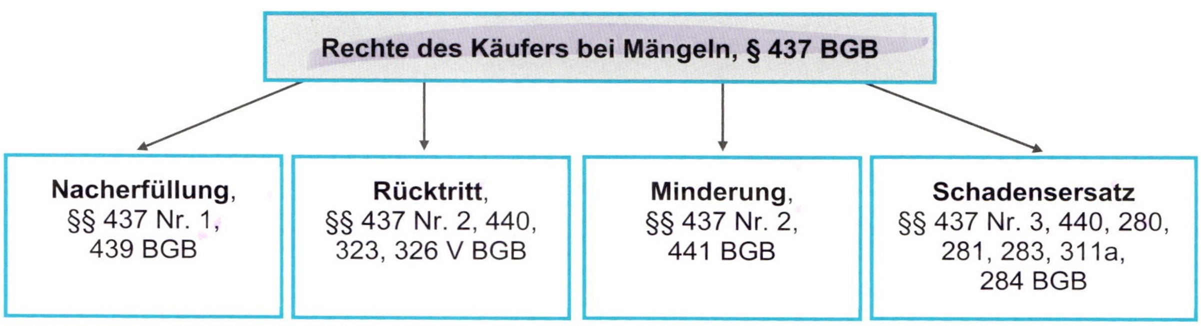

Die Verweisungen des § 437 BGB haben letztlich folgende Konse- 602
quenzen:

- ⇨ Der Nacherfüllungsanspruch ist der Primäranspruch in anderer Gestalt.
- ⇨ Rücktritt, Schadensersatz und Ersatz vergeblicher Aufwendungen richten sich nach den allgemeinen Regeln.
- ⇨ Die Minderung folgt in vielem der Rücktrittsregelung; im Hinblick auf den Primäranspruch wirkt sie hinsichtlich eines Teilbetrags der Kaufpreisforderung als rechtsvernichtende Einwendung.

aa) Vorrang der Nacherfüllung

Nachfrist

Sämtliche Käuferrechte nach § 437 BGB sind grds. an den erfolglosen Ablauf einer angemessenen Nachfrist zur Nacherfüllung gebunden „Recht zur zweiten Andienung"). Das bedeutet, dass der Käufer keine Möglichkeit hat, sich einfach vom Vertrag (den er vielleicht aus ganz anderen Gründen mittlerweile bereut) zu lösen. 603

Schuldrecht AT

Doch auch hier handelt es sich nicht um eine kaufrechtliche Besonderheit, das generelle Erfordernis der Fristsetzung vor Rücktritt oder Schadensersatz statt der Leistung ist im allgemeinen Schuldrecht normiert.

bb) Rücktritt

allgemeine Regeln

Der Rücktritt richtet sich grundsätzlich nach den allgemeinen Regeln. 604

Nacherfüllung vorrangig

Durch die Verweisung auf § 323 BGB in § 437 Nr. 2 BGB wird klargestellt, dass grundsätzlich vor Erklärung des Rücktritts eine Fristsetzung unter Aufforderung zur Nachbesserung zu erfolgen hat.[371] Konzeptionelle Grundlage ist der Vorrang des Nacherfüllungsanspruchs.

hemmer-Methode: Daher bezeichnet man Rücktritt und Minderung auch als Rechte des Käufers auf zweiter Stufe. Dadurch wird dem beabsichtigten Vorrang der Erfüllung Rechnung getragen.

§ 440 BGB

Über die entsprechende Anwendung der allgemeinen Grundsätze hinaus (§ 323 II Nr. 1 bis 3 BGB) kann der Rücktritt gem. § 440 BGB auch dann ohne Fristsetzung erfolgen, wenn der Verkäufer berechtigt ist, beide Arten der Nacherfüllung zu verweigern (§ 440 S. 1 Var. 1 BGB), oder wenn diese fehlgeschlagen ist (§ 440 S. 1 Var. 2 i.V.m. S. 2 BGB) oder dem Käufer unzumutbar ist (§ 440 S. 1 Var. 3 BGB).

§ 475d BGB beim VGK

Beim Verbrauchsgüterkauf (§ 474 I BGB) sind die §§ 323 II, 440 BGB nicht anwendbar. Die Entbehrlichkeit der Fristsetzung ist hier ***abschließend*** in § 475d I BGB geregelt.

cc) Minderung

weitgehend wie bei Rücktritt; Ausnahme auch bei unerheblichen Pflichtverletzungen

Das Recht zur Minderung gem. §§ 437 Nr. 2 Alt. 2, 441 BGB hat grundsätzlich die gleichen Voraussetzungen wie das Rücktrittsrecht (vgl. den Wortlaut des § 441 I BGB: „***Statt*** zurückzutreten…". Eine Ausnahme findet sich in § 441 I S. 2 BGB: Der Käufer kann auch bei unerheblichen Mängeln mindern (vgl. § 323 V S. 2 BGB). 605

dd) Schadensersatz

Gem. § 437 Nr. 3 BGB richten sich die Ansprüche des Käufers auf Schadensersatz nach den allgemeinen Regeln. 606

b) Werkvertrag

Werkvertrag

Gem. § 633 I BGB ist der Unternehmer verpflichtet, das Werk frei von Sach- und Rechtsmängeln zu verschaffen. Kommt er diesen Pflichten nicht nach, so kann der Besteller die Rechte aus § 634 BGB geltend machen. 607

371 Soweit es um die allgemeinen Voraussetzungen des Rücktritts geht, sei auf die dortigen Ausführungen verwiesen, vgl. Rn. 164 ff.

Mangel = Pflichtverletzung i.S.d. SchuldR AT

Betrachtet man § 634 BGB genauer, so fällt die Parallelität zu § 437 BGB ins Auge: Die oben dazu gemachten Ausführungen (Vorrang des Nacherfüllungsanspruchs, Verweisung auf die allgemeinen Regeln) gelten auch hier.

Selbstvornahme

Als werkvertragliche Besonderheit gibt § 634 Nr. 2 BGB ein Recht zur Selbstvornahme: Sofern der Unternehmer der Aufforderung zur Nacherfüllung nicht nachkommt, kann der Besteller den Mangel selbst beseitigen und Ersatz der erforderlichen Aufwendungen verlangen, §§ 634 Nr. 2, 637 BGB.

hemmer-Methode: Das Recht zur Selbstvornahme bzw. der Aufwendungsersatzanspruch ist eine besondere Form der Bestellerrechte „auf der zweiten Stufe“ und reiht sich neben Rücktritt und Minderung ein. Bezüglich der Leistungspflicht hat es rechtsvernichtende Wirkung, die Gegenleistungspflicht bleibt grundsätzlich unberührt. Freilich wird der Besteller, soweit er selbst noch nicht geleistet hat, gegen den Vergütungsanspruch des Unternehmers mit seinem Aufwendungsersatzanspruch aus § 637 I BGB aufrechnen.
Die von LORENZ vertretene Analogie zu § 326 II S. 2 BGB[372] hat der BGH mehrfach entschieden abgelehnt.[373] §§ 437 ff. BGB enthalten insoweit abschließende Regelungen, die eine Erstattung von Mängelbeseitigungskosten in Anwendung des § 326 II S. 2 BGB ausschließen. Das Gesetz räumt dem Käufer keinen Aufwendungsersatzanspruch im Falle der Selbstbeseitigung von Mängeln ein. Der Gesetzgeber hat bei der Neuregelung der Mängelrechte des Käufers durch das Schuldrechtsmodernisierungsgesetz bewusst von einem Selbstvornahmerecht auf Kosten des Verkäufers abgesehen.
Zudem ergibt sich aus dem in §§ 437 ff. BGB geregelten Fristsetzungserfordernis der Grundsatz des Vorrangs der Nacherfüllung beziehungsweise - aus der Sicht des Verkäufers - eines „Rechts zur zweiten Andienung“. Dieses Recht würde unterlaufen, wenn der Käufer die Kosten der Mängelbeseitigung gem. § 326 II S. 2 BGB ohne vorherige Fristsetzung ganz oder teilweise vom Verkäufer verlangen könnte.
Schließlich ist zu berücksichtigen, dass dem Verkäufer die Möglichkeit einer Untersuchung und Beweissicherung genommen wird, wenn er nach der vom Käufer durchgeführten Reparatur i.R.d. Geltendmachung eines Erstattungsanspruchs gem. § 326 II S. 2, IV BGB vor „vollendete Tatsachen“ gestellt wird. Hierdurch würden sich seine Verteidigungsmöglichkeiten zumindest nicht unerheblich verschlechtern.[374]
Diese Rechtsprechung aus dem Kaufrecht hat der BGH konsequent auf das Mietrecht übertragen. Beseitigt der Mieter eigenmächtig einen Mangel der Mietsache, ohne dass der Vermieter mit der Mangelbeseitigung in Verzug ist (§ 536a II Nr. 1 BGB) oder die umgehende Beseitigung des Mangels zur Erhaltung oder Wiederherstellung des Bestands der Mietsache notwendig ist (§ 536a II Nr. 2 BGB), so kann er die Aufwendungen zur Mangelbeseitigung weder nach § 539 I BGB noch als Schadensersatz gem. § 536a I BGB vom Vermieter ersetzt verlangen.[375]

c) Mietvertrag

Mietvertrag, Minderung kraft Gesetzes

Bei Mangelhaftigkeit der Mietsache besteht ein Erfüllungsanspruch gem. § 535 I S. 2 BGB auf Gebrauchsgewährung an einer mangelfreien Sache. Dieser Anspruch kann dem Vermieter einredeweise, § 320 BGB, entgegengehalten werden.[376] 608

372 Lorenz, „Selbstvornahme der Mängelbeseitigung im Kaufrecht“ in NJW 2003, 1417 ff.

373 BGH, **Life&LAW 06/2005, 351 ff.** (= NJW 2005, 1348 ff. = **juris**byhemmer); BGH, **Life&LAW 01/2006, 1 ff.** (= NJW 2005, 3211 ff. = **juris**byhemmer); BGH, **Life&LAW 05/2008, 287 ff.** = NJW 2008, 1216 ff. = **juris**byhemmer.
Der Vorrang der Nacherfüllung gilt auch für die Eigenhaftung eines Vertreters aus c.i.c., da die Haftung des Sachwalters nicht weiter reichen kann als die Haftung des vertretenen Verkäufers. Den Fehler der eigenmächtigen Selbstvornahme der Mängelbeseitigung ohne vorherige Fristsetzung kann der Käufer nicht dadurch korrigieren, dass er den Vertreter des Verkäufers auf Schadensersatz aus Sachwalterhaftung in Anspruch nimmt. Die Bejahung dieses Anspruchs wäre ein nicht gerechtfertigtes „Geschenk des Himmels“ gewesen. Lesen Sie dazu BGH, **Life&LAW 04/2011, 223 ff.** = ZGS 2011, 1309 ff. = **juris**byhemmer.

374 Lesen Sie dazu ausführlich Fest/Tyroller, „Selbstvornahme der Mängelbeseitigung im Kaufrecht“, in **Life&LAW 01/2005, 70 ff.**

375 Lesen Sie dazu bitte BGH, **Life&LAW 05/2008, 287 ff.** = NJW 2008, 1216 ff. = **juris**byhemmer.

376 Vgl. Grüneberg, § 535, Rn. 48.

Daneben (der Anspruch aus § 535 I S. 2 BGB wird dadurch nicht beseitigt!) ist gem. § 536 I BGB die Verpflichtung zur Mietzinszahlung bei einem Mangel der Mietsache, welcher die Gebrauchstauglichkeit aufhebt oder mindert, entsprechend aufgehoben oder gemindert.

Hier tritt die Minderung - im Unterschied zum Kauf- oder Werkvertrag - bereits kraft Gesetzes ein. § 536 I BGB ist somit ein Fall einer gesetzlich geregelten rechtsvernichtenden Einwendung.

hemmer-Methode: Ein weiterer Unterschied besteht darin, dass im Mietrecht die Minderung einen erheblichen Mangel voraussetzt, § 536 I S. 3 BGB! Im Werk- und Kaufrecht kann auch bei „kleinen" Mängeln gemindert werden, vgl. §§ 638 I S. 2, 441 I S. 2 BGB!

Folglich ist der Primäranspruch im Fall der völligen Gebrauchsuntauglichkeit vollkommen untergegangen, im Fall der teilweisen Gebrauchsuntauglichkeit i.H.d. nach § 441 III BGB analog zu errechnenden Minderungsbetrages.

ggf. Schadensersatz

Für den nach § 536a BGB bestehenden Anspruch auf Schadensersatz haftet der Vermieter – abweichend von den allgemeinen Regeln - für einen schon bei Vertragsschluss vorhandenen Mangel verschuldensunabhängig (vgl. § 536 I Var. 1 BGB).

Da nach § 536 I BGB die Minderung des Mietzinses kraft Gesetzes eintritt, kann sie nicht verjähren. Einen etwaig zu viel gezahlten Mietzins kann der Mieter gem. § 812 I S. 1 Alt. 1 BGB zurückverlangen.[377] Für diesen Anspruch gilt die Regelverjährung gem. § 195 BGB.

d) Reisevertrag

Reisevertrag

Für den Reisevertrag sieht § 651i III Nr. 6 BGB i.V.m. § 651m I S. 1 BGB im Falle eines Reisemangels ebenfalls eine kraft Gesetzes eintretende Minderung des Reisepreises vor (vgl. den Wortlaut der Norm: „...mindert sich ..."). Wenngleich also das Reisevertragsrecht grundsätzlich mehr an das Werkvertragsrecht angelehnt ist, gilt *insoweit* die gleiche Rechtslage wie für die Minderung beim Mietvertrag. 609

Anspruchsgrundlage für die Rückabwicklung ist aber nicht § 812 I S. 1 Alt. 1 BGB, sondern § 651m II S. 1 BGB!

hemmer-Methode: Verdeutlichen Sie sich nochmals die Auswirkung von Leistungsstörungen auf die vertraglichen Primäransprüche.
Die nicht ordnungsgemäße Leistung des Schuldners führt nicht nur dazu, dass dem Berechtigten eigene (schuldrechtliche) Ansprüche zustehen (z.B. Rückzahlung des Kaufpreises). Sie kann auch rechtsvernichtende Wirkung auf den noch unerfüllten Primäranspruch haben.
So kann der Einstieg in eine typische Leistungsstörungsklausur durchaus über das Erfüllungsbegehren hinsichtlich eines vertraglichen Primäranspruchs des Schlechtleistenden erfolgen.

V. Wechsel der Aktiv- oder Passivlegitimation

Da ein Anspruch nicht nur durch seinen Inhalt, sondern auch durch die Person des Gläubigers und Schuldners bestimmt ist[378], kann sich auch durch einen Wechsel in der Person des Anspruchsinhabers oder -gegners eine *rechtsvernichtende Einwendung* ergeben. 610

377 Vgl. dazu Grüneberg, § 536, Rn. 37; Medicus/Petersen, BR, Rn. 349a.

378 Vgl. Larenz, SchR I § 14 I.

Forderungsabtretung, §§ 398 ff. BGB
Legalzession

Ein Wechsel in der Person des Anspruchsinhabers ist möglich, indem der betroffene Anspruch vom bisherigen Gläubiger auf einen Dritten übertragen wird. Ebenso ändert sich die Person des Anspruchsinhabers, wenn ein Fall einer Legalzession („cessio legis") vorliegt. Ein Wechsel auf Seiten des Anspruchsgegners ist möglich, indem ein Dritter die Schuld übernimmt.

Wechsel auf der Schuldnerseite: Schuldübernahme

Das Gegenstück zur Abtretung ist die Schuldübernahme. Hier tritt durch einen abstrakten, vom Rechtsgrund der Übernahme unabhängigen Vertrag, ein Dritter an die Stelle des bisherigen Schuldners, §§ 414 ff. BGB.

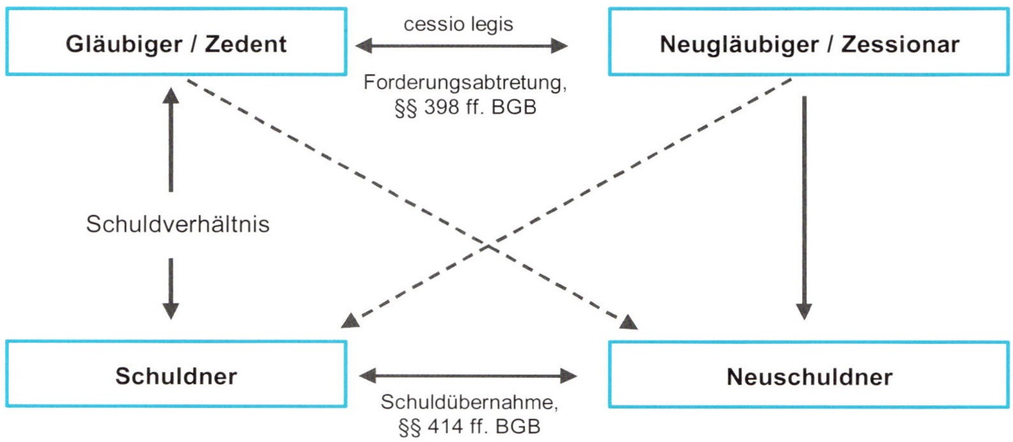

1. Wechsel auf Gläubigerseite: Die Abtretung, § 398 BGB[379]

Abtretung i.S.d. § 398 BGB

Das Recht, von einem anderen ein bestimmtes Tun oder Unterlassen zu fordern (Anspruch, vgl. § 194 I BGB), steht nur dem *Gläubiger* des Anspruchs zu. Verliert er seine Gläubigerstellung, kann er den Anspruch nicht mehr geltend machen. 611

hemmer-Methode: Ihm fehlt es dann an der sog. *Aktivlegitimation*.

Verlust d. Gläubigerstellung

In der Regel geht die Gläubigerstellung mit dem Anspruch unter (z.B. durch Erfüllung, § 362 I BGB). Jedoch ist auch ein Verlust der Gläubigerstellung denkbar, ohne dass der Anspruch in seinem Bestand berührt ist.

Dies ist der Fall, wenn der bisherige Gläubiger den Anspruch gem. § 398 S. 1 BGB an einen Dritten abtritt. Dann tritt gem. § 398 S. 2 BGB der neue Gläubiger an die Stelle des Altgläubigers.

379 Zur Abtretung vgl. auch **Tyroller**, Der Dritte in der Klausur (Teil 3), **Life&LAW 10/2015, 768 ff.**

a) Voraussetzungen

aa) Übersicht

612

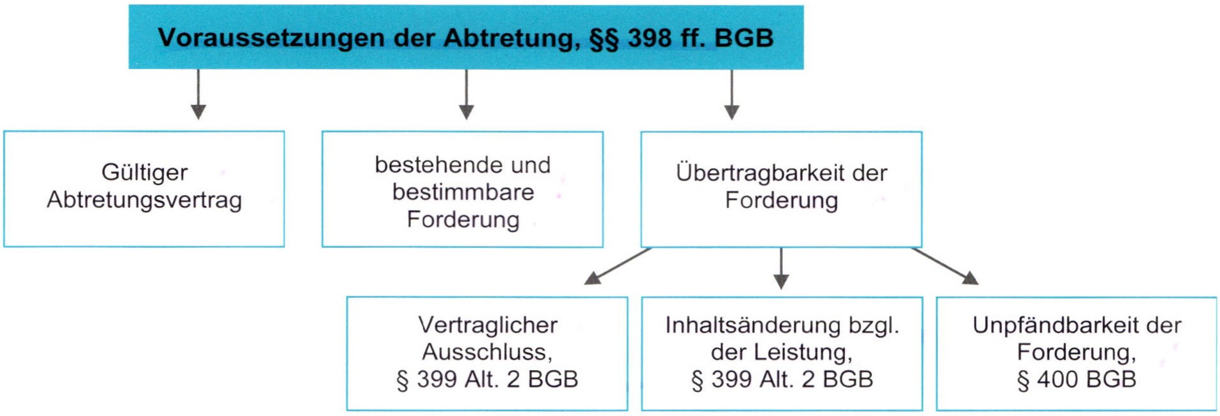

bb) Abtretungsvertrag

Abtretungsvertrag

(1) Gem. § 398 S. 1 BGB ist zur Übertragung einer Forderung, d.h. eines Anspruchs, der Abschluss eines *Vertrages* (sog. Abtretungsvertrag) erforderlich. 613

Parteien dieses Vertrages sind der Zedent (Abtretender) und der Zessionar (Abtretungsempfänger). Da durch den Vertrag die dingliche Zuordnung der Forderung unmittelbar geändert wird, stellt dieser ein Verfügungsgeschäft dar.

Grundgeschäft („causa")

Der *Rechtsgrund* der Abtretung kann in einem Kauf- oder Schenkungsvertrag, Auftrag, Sicherungsvertrag oder sonstigen schuldrechtlichen Vereinbarungen bestehen.

hemmer-Methode: Hauptanwendungsfall in der Praxis und auch in der Klausur ist die Sicherungsabtretung.

Grundsätzlich berührt, aufgrund des Abstraktionsprinzips, die Unwirksamkeit des Kausalgeschäftes die Wirksamkeit der Abtretung als Erfüllungsgeschäft nicht. Jedoch können die Parteien beides zu einer Einheit i.S.v. § 139 BGB miteinander verbinden, so dass sich die Unwirksamkeit des Grundgeschäftes auch auf die Abtretung erstreckt.[380]

> *Bsp.: A verkauft abends am Stammtisch seinen Schrebergarten an seinen Zechkumpanen B. Dieser tritt als Gegenleistung dem A eine Forderung gegen den Kaufmann C i.H.v. 5.000,- € ab. Als es tags darauf zwischen A und B zu einem Zerwürfnis kommt, ist A erleichtert, als er vom Bürgermeister erfährt, dass der Vertrag über den Garten mangels notarieller Beurkundung unwirksam sei und B daher nicht Übereignung verlangen könne.*
>
> *Dennoch will A die 5.000,- € von C einfordern. Dieser weigert sich, an A zu zahlen, da sich mittlerweile bei ihm der B mit der Behauptung gemeldet habe, immer noch rechtmäßiger Inhaber der Forderung zu sein. Deshalb erhebt A Klage gegen C. C, dem das alles zu bunt wird, möchte wissen, wie er am schnellsten aus der ganzen Sache rauskomme. Schließlich wolle er nicht Gefahr laufen, an den falschen Gläubiger zu leisten.*
>
> C könnte dem B den Streit verkünden (§§ 72 ff. ZPO) mit der Wirkung, dass das Urteil im Verfahren zwischen A und C auch Rechtskraft zwischen C und B entfaltet, §§ 74, 68 ZPO.

380 Grüneberg, § 398 BGB, Rn. 3.

Tritt daraufhin der B in den Rechtsstreit ein mit der Behauptung, in Wahrheit sei er noch Forderungsinhaber, kann C gem. § 75 ZPO die streitbefangenen 5.000 € zugunsten von A und B hinterlegen und wird dann auf seinen Antrag aus dem Rechtsstreit entlassen.

enge Verbindung mögl. § 139 BGB

Daraufhin wird der Rechtsstreit bzgl. der Berechtigung an der Forderung zwischen A und B fortgesetzt. B wäre nur dann noch Forderungsinhaber, wenn die Unwirksamkeit des Kaufvertrages (§§ 311b I S. 1, 125 S. 1 BGB) sich über § 139 BGB auch auf die Abtretung auswirken würde.

Dazu müssten A und B Kauf- und Abtretungsvertrag nach ihrem Willen zu einer Einheit verbunden haben.[381] Aufgrund der grds. Trennung von Grund- und Erfüllungsgeschäft (Abstraktionsprinzip) kann diese Einheit jedoch nicht ohne weiteres angenommen werden. Es müssen dafür besondere Anhaltspunkte vorliegen. Ob dies der Fall ist, ist Tatfrage und kann daher hier nicht entschieden werden. Ohne besondere Anhaltspunkte entfällt § 139 BGB, es bleibt sonst vom Abstraktionsprinzip nichts mehr übrig. A ist Inhaber der Forderung.

formfrei

(2) Eine besondere Form des Abtretungsvertrages ist auch dann nicht erforderlich, wenn das Grundgeschäft formbedürftig ist oder die Forderung aus einem formbedürftigen Rechtsgeschäft entstanden ist.

Bsp.: *So war die Abtretung der Forderung im Beispielsfall nicht formbedürftig, obwohl sie der Erfüllung einer Verpflichtung aus dem nach § 311b I S. 1 BGB formbedürftigen Grundstückskaufvertrag diente.*

Ebenso wenig ist die Abtretung eines aus einem Grundstückskaufvertrag erlangten Auflassungsanspruchs nach § 311b I S. 1 BGB formbedürftig.[382]

hemmer-Methode: Beachten Sie aber, dass die Abtretung der hypothekarisch gesicherten Forderung gem. § 1154 I S. 1 BGB schriftlich erklärt werden muss. „Das Sachenrecht zwingt also wegen des Publizitätsprinzips dem Schuldrecht die Form auf".

cc) Bestehende, bestimmbare Forderung

Zedent muss als Berechtigter verfügen

Die abzutretende Forderung muss bestehen und der Gläubiger muss bzgl. der Forderung Berechtigter gewesen sein. Einen gutgläubigen Forderungserwerb gibt es i.R.d. §§ 398 ff. BGB nicht. 614

hemmer-Methode: Das Argument, es gäbe für eine Forderung keinen Rechtsscheinsträger, ist ungenau. Auch wenn eine Forderung notariell beurkundet ist, kann man sie nicht gutgläubig erwerben.
Der Grund für den Ausschluss des gutgläubigen Erwerbs ist zum einen § 404 BGB, zum anderen der Umkehrschluss zu § 405 BGB, der einen echten Ausnahmefall regelt.

künftige Forderung (+), wenn bestimmbar

Darüber hinaus ist die Abtretung einer künftigen Forderung grundsätzlich möglich, sofern diese im Zeitpunkt der Abtretung bereits bestimmt oder zumindest bestimmbar ist.

Bsp.: *Abtretung aller aus einer bestimmten Geschäftsbeziehung erwachsenden Forderungen; Abtretung künftiger Lohnansprüche etc.*

hemmer-Methode: Die Abtretung künftiger Forderungen erlangt vor allem im Zusammenhang mit der Sicherungszession und dem (verlängerten) Eigentumsvorbehalt erhöhte Klausurrelevanz. Merken Sie sich: Sollte i.R.d. Sicherungszession eine Übersicherung oder Knebelung und damit § 138 BGB vorliegen, so wird auch die an sich abstrakte Zession erfasst! Vgl. dazu auch Hemmer/Wüst: Kreditsicherungsrecht, Rn. 116 ff.

381 Grüneberg, § 139 BGB, Rn. 7.

382 Vgl. Hemmer/Wüst, BGB-AT II, Rn. 94.

dd) Übertragbarkeit der Forderung

Eine Forderung kann nicht übertragen werden, wenn ein Abtretungsverbot besteht (§§ 473, 711a[383], 399 Alt. 2 BGB). 615

Nach § 399 BGB ist eine Abtretung dann unzulässig und unwirksam, wenn sie durch Vereinbarung der Parteien ausgeschlossen ist oder sich der Inhalt der zu erbringenden Leistung durch die Abtretung ändern würde.

hemmer-Methode: Achten Sie darauf: § 399 BGB erfasst auch die Vorauszession: Die Forderung entsteht dann schon nicht zugunsten des Zessionars.
Bedeutung hat die vereinbarte Nichtabtretbarkeit auch für den gutgläubigen Erwerb der Ware, die in der Regel unter verlängertem Eigentumsvorbehalt an den Veräußerer geliefert wurde. Die Vereinbarung einer Nichtabtretbarkeit zwischen Vorbehaltskäufer und Dritterwerber zeigt, dass mit Rechten Dritter gerechnet wird. Die Vereinbarung des § 399 BGB zerstört damit den guten Glauben sowohl hinsichtlich der Verfügungsbefugnis (§ 366 HGB) als auch hinsichtlich des Eigentums gem. § 932 BGB. § 399 BGB hat aber in der Praxis durch § 354a I HGB an Bedeutung verloren.

Ausnahme: § 354a I S. 1 HGB

§ 354a I HGB bringt, um die Finanzierung für kleinere und mittlere Unternehmen (häufig Zuliefererfirmen) zu erleichtern, eine Ausnahme vom Abtretungsverbot des § 399 Alt. 2 BGB.

Problematisch war insbesondere für Zulieferer, dass die meisten großen einkaufenden Unternehmen ein Abtretungsverbot mit ihren Lieferanten vereinbart haben. Nach § 354a I S. 1 HGB hat dieses Abtretungsverbot für Geldforderungen durch Vereinbarungen mit dem Schuldner bei beiderseitigen Handelsgeschäften keine Wirkung.[384]

§ 354a II HGB zu beachten

§ 354a I HGB ist aber gem. § 354a II HGB nicht auf eine Forderung aus einem Darlehensvertrag anzuwenden, deren Gläubiger ein Kreditinstitut i.S.d. Kreditwesengesetzes ist.

Dadurch soll es Kaufleuten ermöglicht werden, beim Abschluss von Kreditverträgen wirksam ein Abtretungsverbot zu vereinbaren. Nach § 354a I S. 1 HGB bleibt die Abtretung einer Forderung aus einem beiderseitigen Handelsgeschäft trotz einer vorangegangenen Vereinbarung eines Abtretungsverbots im Verhältnis zum Gläubiger und zum Dritten wirksam.

Durch § 354a II HGB wird sichergestellt, dass die Abtretung einer Forderung im Falle einer vorangegangenen Vereinbarung eines Abtretungsverbots auch zwischen Kaufleuten absolut unwirksam bleibt, wenn es sich bei dieser Forderung um eine Darlehensforderung eines Kreditinstituts handelt. Ohne eine solche Änderung bliebe es dabei, dass die Abtretung einer solchen Darlehensforderung im Verhältnis zum Kreditgeber und zum Dritten wirksam bliebe.

Für ein rechtsgeschäftlich vereinbartes Abtretungsverbot bedarf es eines ausdrücklichen Ausschlusses der Abtretbarkeit.[385]

An das Vorliegen eines stillschweigenden Abtretungsausschlusses sind strenge Anforderungen zu stellen, da ein Abtretungsverbot keinem Vertrag nicht automatisch immanent ist. Dies ergibt sich allein aus der gesetzlichen Systematik, nach der die Abtretbarkeit die Regel, der Ausschluss der Abtretbarkeit die Ausnahme ist, vgl. § 399 BGB.

383 **Bis 31.12.2023**: § 717 BGB a.F.

384 Vgl. im Kontext zum Factoring Hemmer/Wüst, Bereicherungsrecht, Rn. 405 ff.

385 Larenz, SchR I, § 34 II S. 1.

Veränderung d. Inhalts

Eine Veränderung des Inhalts der Leistung durch eine Abtretung wird „im Zweifel“ bei Dienstleistungen und Geschäftsbesorgungen vorliegen (§§ 613 S. 2, 664 II BGB). Aufgrund einer u.U. erforderlichen Vertrauensbeziehung kann dies auch bei Ansprüchen auf Gebrauchsüberlassung (Miete, Pacht) oder Darlehensverträgen der Fall sein. 616

Befreiungsansprüche

Befreiungsansprüche[386] können nach ständiger Rspr. nur an den Gläubiger der Verpflichtung abgetreten werden, der damit ein direktes Forderungsrecht gegen den zur Freistellung des Schuldners Verpflichteten erwirbt.[387] In diesen Fällen ist eine Schutzwürdigkeit des Verpflichteten nicht gegeben.

§ 400 BGB bei unpfändbarer Forderung

Nach § 400 BGB ist die Abtretung einer Forderung insoweit unwirksam, als sie unpfändbar ist. Dadurch soll der sozial motivierte Pfändungsschutz (§§ 850 ff. ZPO) nicht mittels einer (Voraus-) Abtretung unterlaufen werden können.

hemmer-Methode: Denken Sie daran: Das Abtretungsverbot des § 400 BGB wird teleologisch reduziert, wenn der Zedent vom Zessionar eine wirtschaftlich gleichwertige Leistung erhält. So können z.B. Lohnforderungen an die Gewerkschaft abgetreten werden, die Streikhilfe gewährt. § 400 BGB ist dann nach seinem Zweck unanwendbar.

b) Rechtsfolgen

Gläubigerwechsel

Mit der Abtretung wird die Person des Gläubigers ausgewechselt. Der alte Gläubiger (Zedent) verliert das Recht, vom Schuldner die im Anspruch bestimmte Leistung zu fordern, der neue Gläubiger (Zessionar) erwirbt es, § 398 S. 2 BGB. 617

Übergang v. Nebenrechten

Mit der Forderung gehen auch die *akzessorischen* Sicherungsrechte (z.B. Hypothek, § 1153 BGB, Pfandrecht, § 1250 BGB, Bürgschaft, § 401 BGB, Vormerkung, § 401 BGB analog) auf den Zessionar über, d.h. die Geltendmachung der Sicherungsrechte steht nunmehr ausschließlich diesem zu. Die Forderung ist damit das Stammrecht, die Sicherungen sind unselbständige Anhängsel der Forderung. „Führend“ ist das Stammrecht und nicht das Nebenrecht.

nicht ohne Weiteres bzgl. selbstständigen Gestaltungsrechten

Jedoch stehen die unselbständigen Gestaltungsrechte, wie z.B. ein Anfechtungs-, Kündigungs- oder Rücktrittsrecht, weiterhin dem Zedenten zu, sofern sie nicht mit dem Anspruch gesondert übertragen worden sind.[388]

Der Zedent kann diese Rechte aber nur mit Zustimmung des Zessionars ausüben (str.).[389] Dies gilt allgemein für alle Verfügungen über den Schuldgrund, die einer bereits entstandenen Forderung die Grundlage entziehen würden.[390]

In diesem Zusammenhang ist strittig, ob Gestaltungsrechte als höchstpersönliche Rechte überhaupt übertragbar sind.[391] Teilweise wird angenommen, solche Gestaltungsrechte könnten isoliert übertragen werden.[392] Vertreten wird aber auch, dass vertragsbezogene Gestaltungsrechte lediglich zusammen mit der Abtretung eines Forderungsrechts übertragbar sind.[393]

386 Oft erwächst ein solcher Befreiungsanspruch aus einer gescheiterten Schuldübernahme, vgl. § 415 III BGB.

387 BGHZ 12, 136; 41, 203 (205).

388 BGH, NJW 1985, 2641 = **juris**byhemmer; vgl. auch Grüneberg, § 413 BGB, Rn. 5 ff. zur Übertragbarkeit der Gestaltungsrechte, im Einzelnen strittig.

389 Grüneberg, § 398 BGB, Rn. 18b.

390 Grüneberg, § 398 BGB, Rn. 18 bis 18b.

391 Grüneberg, § 413 BGB, Rn. 5.

392 Klimke, Die Vertragsübernahme, 2010, S. 24 f. (274); Schürnbrand, AcP 204 [2004], 177 (203 ff.); Staudinger, BGB, § 413 Rn. 13; offengelassen von BGH, WM 1998, 461 ff. = **juris**byhemmer; BGH, NJW 2008, 1218 ff. = **juris**byhemmer.

393 Grüneberg, § 413, Rn. 5; MüKo, BGB, § 355 Rn. 28.

Zu dieser Position tendiert - teilweise unter Einschränkungen - auch, sofern sie die Übertragung vertragsbezogener Gestaltungsrechte überhaupt zulässt[394], die höchstrichterliche Rechtsprechung.[395]

Nach Ansicht des BGH ist aber das Widerrufsrecht bei Verbraucherdarlehensverträgen nach § 495 I BGB nach §§ 413, 398 BGB abtretbar, dies aber nur zugleich mit dem aufschiebend bedingten Anspruch aus § 355 III S. 1 BGB auf Rückabwicklung.[396]

synallagmatische Rechte

Auch wenn eine im Gegenseitigkeitsverhältnis stehende Forderung abgetreten wird, ändert dies an der *synallagmatischen Verknüpfung* nichts. Für die Geltendmachung der aus dieser Verknüpfung erwachsenden Rechte ist jedoch zu unterscheiden. Die Einrede des nicht erfüllten Vertrages steht weiterhin dem Zedenten zu.[397] Das Recht zur Nachfristsetzung und der Schadensersatzanspruch aus den §§ 281 I, 280 I, III BGB stehen dagegen dem Zessionar zu.[398]

hemmer-Methode: Machen Sie sich den Grund hierfür klar: Der Anspruch aus §§ 281 I, 280 I BGB tritt an die Stelle des abgetretenen Erfüllungsanspruchs (Schadensersatz *statt der Leistung*). Die Einrede aus § 320 BGB ist hingegen so eng mit dem ursprünglichen Vertrag verknüpft, dass sie nicht automatisch mit der abgetretenen Forderung übergehen kann.

c) Schuldnerschutz- Einreden des Schuldners gegen Forderung

§ 404 BGB, Einreden des Schuldners

Gem. § 404 BGB kann der Schuldner dem neuen Gläubiger gegenüber sämtliche Einreden entgegenhalten, die im Zeitpunkt der Abtretung dem Zedenten gegenüber bereits begründet waren. 618

Anders als bei § 1157 S. 1 BGB muss allerdings nicht der gesamte Einredetatbestand vor der Abtretung gegeben sein; es ist ausreichend, wenn der Rechtsgrund schon im Schuldverhältnis angelegt war.[399]

hemmer-Methode: Für die Sicherungsgrundschuld ist § 1192 Ia BGB zu beachten, wonach Einreden, die dem Eigentümer aufgrund des Sicherungsvertrags mit dem bisherigen Gläubiger gegen die Grundschuld zustehen oder sich aus dem Sicherungsvertrag ergeben, auch jedem Erwerber der Grundschuld entgegengesetzt werden können; § 1157 S. 2 BGB findet insoweit keine Anwendung.

auch bzgl. Einwendungen

§ 404 BGB bezieht sich dabei auf sämtliche Einreden und Einwendungen. Der Begriff ist im weitesten Sinne zu verstehen. Er umfasst alle rechtshindernden und -vernichtenden Einwendungen sowie alle Einreden.

hemmer-Methode: § 404 BGB stellt hinsichtlich der Einwendungen eigentlich nur klar: War im Zeitpunkt der Abtretung wegen einer Einwendung des Schuldners die Forderung schon gar nicht entstanden oder entfällt sie mit ex-tunc-Wirkung, so geht die Abtretung ins Leere, worauf der Schuldner sich (selbstverständlich) berufen kann: Ein gutgläubiger Erwerb einer Forderung scheidet aus (vgl. aber die Ausnahme des § 405 BGB!). Sofern Sie bei Abtretung aber noch nicht ausgeübt waren, z.B. Widerruf, können Sie auch dem neuen Gläubiger entgegengesetzt werden. Der Schuldner kann auch die Unwirksamkeit der Abtretung geltend machen! Er kann sich aber nicht auf Einwendungen aus dem der Abtretung zugrunde liegenden Rechtsverhältnis berufen.

394 Gegen die isolierte Übertragung des Kündigungsrechts bei Lebensversicherungsverträgen BGH, NJW-RR 2010, 544 ff. = **juris**byhemmer.

395 Vgl. zum Rücktrittsrecht BGH, WM 1973, 1270 (1271 f.) = **juris**byhemmer; BGH, WM 1985, 1106 (1107 f.) = **juris**byhemmer.

396 BGH, **Life&LAW 01/2019, 30 ff.** = **juris**byhemmer.

397 BGHZ 55, 356 = **juris**byhemmer.

398 Grüneberg, § 398, Rn. 19; BGH, NJW 1985, 2641 = **juris**byhemmer (bei Sicherungsabtretung dem Zedent, BGH, NJW 2002, 1568 = **juris**byhemmer).

399 Grüneberg, § 404, Rn. 4; § 1157, Rn. 2.

Der Gläubigerwechsel kann aber auch dazu führen, dass eine gegenüber dem Zedenten bestehende Einrede der rechtsmissbräuchlichen Ausübung durch die Abtretung entfällt, wenn sich die Unzulässigkeit der Ausübung aus der Person des Zedenten ergeben hat.[400] 619

Einrede der Anfechtbarkeit

Sofern dem Schuldner gegenüber dem Zedenten ein Gestaltungsrecht zusteht (z.B. Anfechtung des Kaufvertrages), kann er dieses gegenüber dem Zessionar dann im Wege einer *Einrede* (z.B. Anfechtbarkeit des Kaufvertrages) entgegenhalten, wenn die Ausübung des Gestaltungsrechts aus tatsächlichen Gründen nicht möglich ist (z.B. unbekannter Aufenthalt des Zedenten).[401]

§ 406 BGB, Aufrechnungsbefugnis

Eine vergleichbare Regelung findet sich für die Aufrechnungsbefugnis des Schuldners gegenüber dem neuen Gläubiger in § 406 BGB.[402]

Es gilt damit auch für die Aufrechnung der Grundsatz des § 404 BGB. Allerdings hat der Gesetzgeber diesen Grundsatz in § 406 BGB in eine unnötig komplizierte Regelung umgesetzt!

Dabei gilt folgende Abstufung:

⇨ Für die vor der Abtretung erklärte Aufrechnung bleibt es bei § 404 BGB.

⇨ Für die Aufrechnung, die in Unkenntnis der Abtretung vorgenommen wird, gilt § 407 BGB!

⇨ Nur für die Aufrechnung in Kenntnis der Abtretung gilt § 406 BGB!

hemmer-Methode: Zeigen Sie, dass Sie diese Unterscheidung beherrschen. In den Fällen des § 406 BGB müssen Sie Ihre Klausurlösung anspruchsvoll gliedern können:
1) I.d.R. gilt es zunächst, den Anspruch des Zessionars gegen den Schuldner zu begründen. Dabei ist sowohl die Entstehung der ursprünglichen Schuld des Zedenten zu prüfen (z.B. § 433 II o. § 488 I S. 2 BGB), wie auch die wirksame Abtretung an den Zessionar (§§ 398 ff. BGB).
Die Anspruchsgrundlage des Zessionars gegen den Schuldner sind dann z.B. §§ 433 II i.V.m. 398 S. 2 BGB.
2) Danach haben Sie die Aufgabe, einen entsprechenden aufrechenbaren Gegenanspruch des Schuldners gegen den Zedenten zu prüfen. Dieser Anspruch muss auch gegenüber dem Zedenten einredefrei sein (Achtung: Die Verjährung ist dabei unbeachtlich, § 215 BGB).
3) Schließlich müssen Sie prüfen, ob auch die weiteren Voraussetzungen einer Aufrechnungslage gegeben sind (kein Aufrechnungsverbot, etc.).
Bei den jeweils einzelnen Schritten lassen sich dann noch Probleme aus vielen Rechtsbereichen integrieren. Je nach Schwierigkeitsgrad der Klausur sind dies insbesondere AGBen (sowohl bei Abtretungs- als auch Aufrechnungsverbot), Fragen des allgemeinen Teils des BGB (Vertragsschluss, Vertretung und vor allem Anfechtung, etc.), aber auch Fragen des kaufrechtlichen Mängelrechts. Achten Sie dabei vor allem im Hinblick auf die Anfechtung darauf, dass auch eine Aufrechnung mit Ansprüchen aus ungerechtfertigter Bereicherung in Betracht kommen kann (§§ 812 ff. BGB).

d) Befreiungstatbestände gegenüber Zessionar

aa) § 362 I BGB

Erfüllung, § 362 BGB

Der Schuldner kann sich von seiner Leistungsverpflichtung selbstverständlich dadurch befreien, dass er nunmehr an seinen jetzigen Gläubiger, den Zessionar, leistet (§ 362 I BGB). 620

400 Grüneberg, § 404, Rn. 1.

401 Grüneberg, § 404, Rn. 4; nach a.A. wird der Schuldner auf §§ 132 II und 242 BGB verwiesen, vgl. JZ 1986, 517.

402 Vgl. oben, Rn. 258.

§ 410 BGB, Leistungsverweigerungsrecht

Ihm steht jedoch gem. § 410 BGB ein Leistungsverweigerungsrecht gegenüber dem Zessionar zu, solange dieser ihm nicht eine vom bisherigen Gläubiger über die Abtretung ausgestellte Urkunde aushändigt. Dadurch soll dem Schuldner der Schutz des § 409 BGB zuteil werden.[403]

bb) § 407 BGB

§ 407 BGB bei Kenntnis v. Abtretung

Da eine Abtretung ohne jegliche Beteiligung des Schuldners still erfolgen kann, weiß oft der Schuldner von dem Gläubigerwechsel gar nichts und leistet nichts ahnend an seinen bisherigen Gläubiger, den Zedenten. 621

Hier hilft dem Schuldner § 407 I BGB. Danach muss der neue Gläubiger eine Leistung des Schuldners an den bisherigen Gläubiger gegen sich gelten lassen, es sei denn, der Schuldner hatte positive Kenntnis von der Abtretung.

Eine an den alten Gläubiger erbrachte Leistung stellt eigentlich keine Erfüllung gem. § 362 I BGB dar, da dieser mit seiner Gläubigerstellung auch die Empfangszuständigkeit verloren hat. Daher fingiert § 407 I BGB diese Empfangszuständigkeit bei Gutgläubigkeit des Schuldners, so dass dieser auch bei einer Leistung an den Altgläubiger befreit wird.

hemmer-Methode: Der Zessionar hat dann nur einen Anspruch gegen den Zedenten gem. § 816 II BGB.

§ 407 II BGB

Das Gleiche gilt gem. § 407 II BGB für einen zwischen Schuldner und Zessionar nach[404] der Abtretung anhängig gewordenen Rechtsstreit. 622

Bei der Forderungspfändung wird überdies in bestimmten Konstellationen eine analoge Anwendung von § 407 BGB befürwortet.[405]

hemmer-Methode: Besondere Schwierigkeiten können sich aus dem Zusammenspiel von § 407 I BGB und § 407 II BGB ergeben. Sofern der Schuldner im Prozess mit dem Zedenten ein für ihn günstiges (klageabweisendes) Urteil erwirkt, läuft alles problemlos, da er dieses Urteil gem. § 407 II BGB auch dem Zessionar entgegenhalten kann.
Geht das Urteil aber für den Schuldner ungünstig aus (der Klage des Zedenten wird stattgegeben, so kann der Zessionar gegen ihn ungehindert vorgehen, da § 407 II BGB nicht einschlägig ist.
Gleichzeitig ist der Schuldner aber u.U. aufgrund des Urteils zur Leistung an den Altgläubiger verpflichtet. Kommt er dieser Verpflichtung nach, so hilft ihm § 407 I BGB aber nur dann, falls er im Zeitpunkt der Leistung an den Altgläubiger immer noch nichts von der Abtretung der Forderung weiß. Sofern er von der Abtretung erst nach dem Schluss der letzten mündlichen Verhandlung, aber vor Leistung an den Altgläubiger erfährt, steht ihm noch die Möglichkeit der Vollstreckungsgegenklage nach § 767 ZPO offen. Hatte der Schuldner aber bereits vorher von der Abtretung erfahren, diese aber im Prozess nicht geltend gemacht, läuft er Gefahr, sowohl an den Alt- als auch den Neugläubiger leisten zu müssen.

cc) §§ 408 i.V.m. 407 BGB

bei erneuter Abtretung § 408 I i.V.m. § 407 I BGB

Nach § 408 I BGB findet § 407 BGB entsprechende Anwendung, wenn die Forderung von dem Zedenten nach der Abtretung erneut an einen Dritten (eigentlich einen Vierten) abgetreten wird, und der Schuldner nun in Unkenntnis der ersten Abtretung an den Zweitzessionar (den Vierten) leistet. 623

403 Vgl. dazu oben, Rn. 594.

404 Für einen vor der Abtretung anhängig gewordenen Rechtsstreit fordert bereits § 325 ZPO die Rechtskrafterstreckung gegenüber dem Zessionar.

405 Dazu schon ausführlicher oben, Rn. 208.

fehlende Empfangszuständigkeit

Aufgrund des Prioritätsprinzips war die Abtretung an den Zweitzessionar unwirksam, da der Zedent in diesem Zeitpunkt nicht mehr Inhaber der Forderung war und ein gutgläubiger Forderungserwerb nicht möglich ist.[406]

Daher fehlte dem Zweitzessionar im Zeitpunkt der Leistung des Schuldners an ihn die Berechtigung und Empfangszuständigkeit. Nach §§ 408 I i.V.m. 407 I BGB muss der wahre Berechtigte, der Erstzessionar, jedoch eine von einem gutgläubigen Schuldner an den Zweitzessionar erbrachte Leistung gegen sich gelten lassen. Der Schuldner wird also auch durch eine Leistung an den nicht berechtigten Zweitzessionar von seiner Verpflichtung frei, sofern er im Zeitpunkt der Leistung von der ersten Abtretung nicht positiv wusste.

dd) § 409 BGB

Schutz des Schuldners über § 409 BGB

Den umgekehrten Fall zu § 407 BGB regelt § 409 BGB. Danach wird der Schuldner in seinem guten Glauben an die Wirksamkeit einer ihm extra mitgeteilten Abtretung der gegen ihn gerichteten Forderung geschützt, auch wenn die Abtretung dann nicht erfolgt oder unwirksam ist, § 409 I S. 1 BGB. 624

formlose Mitteilung

Die Mitteilung an den Schuldner ist formlos möglich und stellt eine sog. geschäftsähnliche Handlung dar. Auf Seiten des mitteilenden Zedenten ist daher nach allgemeiner Meinung Geschäftsfähigkeit erforderlich.

Die Mitteilung kann auch wegen Irrtums, Drohung oder Täuschung angefochten werden.[407]

ebenso bei Verlegen von Urkunde

Der Mitteilung nach § 409 I S. 1 BGB steht gem. § 409 I S. 2 BGB gleich, wenn der (Schein-) Zessionar dem Schuldner eine vom Gläubiger ausgestellte Urkunde über die Abtretung vorlegt, in welcher er als neuer Gläubiger bezeichnet ist.

Befreiung auch bei pos. Kenntnis v. falscher Mitteilung

Im Unterschied zu § 407 BGB wird der Schuldner jedoch auch dann von seiner Leistungspflicht nach § 409 I S. 1 BGB frei, wenn er der Mitteilung entsprechend an den (Schein-) Zessionar leistet, obwohl er die Unrichtigkeit der Mitteilung positiv kennt.[408]

Ausnahmen:

Der Schutz des § 409 BGB entfällt aber, wenn die fehlende Berechtigung des (Schein-) Zessionars offenkundig ist und der Schuldner bei einer Leistungsverweigerung mit keinerlei Nachteilen zu rechnen braucht[409] oder wenn die mitgeteilte Abtretung gegen ein gesetzliches Verbot verstößt.[410] Genauso ist wohl zu entscheiden, wenn die Abtretung aufgrund einer arglistigen Täuschung erfolgt ist, daher vom Altgläubiger angefochten wurde, und der Schuldner von alledem wusste. Dann ist ihm die Berufung auf § 409 BGB als „arglistig“ verwehrt. 625

Zustimmung notwendig

Die Mitteilung über die Forderungszession kann gem. § 409 II BGB nur mit Zustimmung des angeblichen Neugläubigers zurückgenommen werden.

Zwar kann der Schuldner auch vor einer Rücknahme der Mitteilung an den (Schein-) Zedenten leisten, doch geschieht dies auf das Risiko hin, dass die Abtretung doch wirksam war. Dann steht ihm aufgrund der positiven Kenntnis von der Abtretung der Schutz des § 407 I BGB nicht zu und er muss erneut an den Zessionar leisten.

406 Vgl. Grüneberg, § 408, Rn. 1.
407 Larenz, SchR I, § 34 IV.
408 Grüneberg, § 409, Rn. 5.
409 BGH, DB 1955, 603.
410 BGHZ 56, 345 = jurisbyhemmer.

Zurückbehaltungsrecht

Wird der Schuldner vom (Alt-) Gläubiger zur Leistung aufgefordert, bevor die Mitteilung von der Forderungsabtretung wirksam zurückgenommen worden ist, so steht ihm ein *Zurückbehaltungsrecht* zu.[411]

hemmer-Methode: Denken Sie insbesondere in den Fällen der §§ 407, 408, 409, 412 BGB an § 816 II BGB. Der Schuldner kann schuldbefreiend leisten. Der wahre Gläubiger kondiziert nach § 816 II BGB.

§§ 407-409 BGB = Schuldnerschutzvorschriften; gutgläubiger Schuldner wird bei Leistung an einen Nichtberechtigten ggü. dem tatsächlichen Forderungsinhaber frei (Berechtigter erhält gg. NBer. Anspruch aus § 816 II BGB)

§ 407 BGB

Leistung an bisherigen Gläubiger (Zedent) in Unkenntnis der bereits erfolgten Abtretung (§ 407 I BGB)

§ 407 II BGB: Abtretung vor Rechtshängigkeit; Urteil zw. Zedent und gutgl. Schu. bindet Zessionar

§ 408 BGB

Bereits abgetretene Forderung wird (wirkungslos!) erneut abgetreten (Abs. 1) oder überwiesen (Abs. 2); befreiende Zahlung an Zweitzessionar / Vollstreckungsgläubiger

§ 409 BGB

Zahlung entsprechend einer unrichtigen Abtretungsanzeige

2. Wechsel auf der Schuldnerseite: Die befreiende Schuldübernahme[412]

befreiende Schuldübernahme

Der Schuldner kann dem Gläubiger gegenüber einwenden, dass er gar nicht mehr Schuldner sei, da mittlerweile ein Dritter seine Schuld übernommen habe. Dann fehlt dem Schuldner die sog. *Passivlegitimation*. Dies stellt ebenfalls eine *rechtsvernichtende Einwendung* dar. 626

Schuldnerwechsel

Ein derartiger Schuldnerwechsel ist mittels einer sog. *befreienden Schuldübernahme* möglich. Diese ist in §§ 414 ff. BGB geregelt.

a) Abgrenzung zu anderen Rechtsinstituten

aa) Übersicht

Examenstypisch ist in diesem Zusammenhang die oft schwierige Abgrenzung der befreienden Schuldübernahme zu ähnlichen Rechtsinstituten. Im Einzelfall ist durch Auslegung zu ermitteln, was die Parteien gewollt haben. 627

Die Bezeichnung des Rechtsgeschäfts durch die Parteien ist dabei nur Indiz, keinesfalls aber zwingend.

411 Grüneberg, § 409, Rn. 4.

412 Zur Schuldübernahme vgl. auch **Tyroller**, Der Dritte in der Klausur (Teil 4), **Life&LAW 02/2016, 130 ff.**

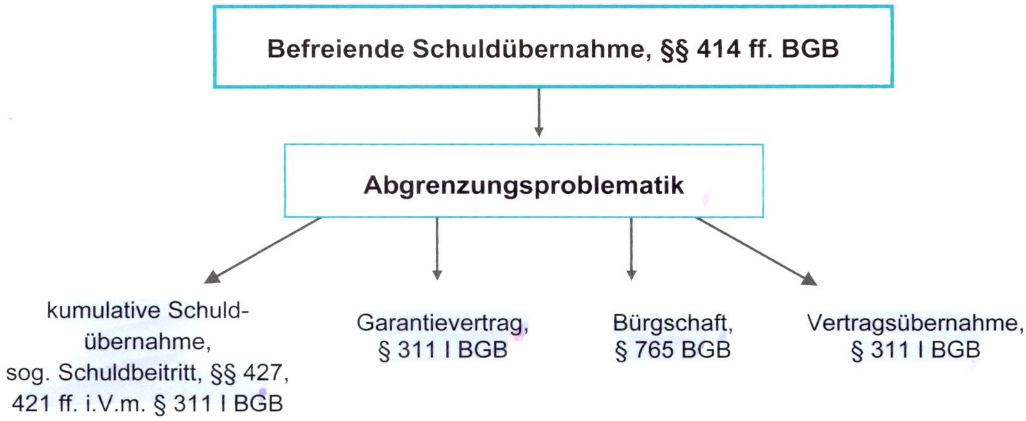

bb) Schuldbeitritt

Gesamtschuldverhältnis, §§ 414 ff. BGB

Im Gegensatz zu der den bisherigen Schuldner befreienden Schuld- 628
übernahme, tritt bei einer kumulativen Schuldmitübernahme ein weiterer Schuldner neben den alten Schuldner, der gerade nicht aus dem Schuldverhältnis entlassen wird.

Die Folge eines Schuldbeitrittes ist das Entstehen eines Gesamtschuldverhältnisses, §§ 421 f. BGB. Demnach haftet der Übernehmende gem. § 427 BGB neben dem weiterhaftenden bisherigen Schuldner als Gesamtschuldner.

durch Vertrag

Der Schuldbeitritt ist nicht explizit im BGB geregelt. Er kann gem. § 311 I BGB durch Vertrag des Beitretenden mit dem Gläubiger oder durch einen Vertrag der beiden Schuldner zugunsten des Gläubigers vereinbart werden. Dabei ist zu beachten, dass der Abschluss eines Schuldbeitrittes Formfreiheit genießt.

gesetzliche Anordnungen

Ein Schuldbeitritt kann auch durch Gesetz angeordnet werden. Hauptanwendungsfälle sind die §§ 546 II, 604 IV BGB und die §§ 25, 28 HGB.

cc) Bürgschaft, § 765 I BGB

Bürgschaft

Strikt hiervon zu trennen ist ein Bürgschaftsvertrag i.S.d. § 765 I BGB. 629

Akzessorietät beachten

Dabei handelt es sich um einen Vertrag, durch den sich der Bürge gegenüber dem Gläubiger verpflichtet, für die Erfüllung der Verbindlichkeiten des Schuldners einzustehen. Auf diese Weise entsteht ein weiteres Schuldverhältnis, dessen Bestand von der Hauptforderung abhängig ist (Akzessorietät). Der Bürge haftet also für eine *fremde* Schuld.

dd) Garantievertrag

Garantievertrag, § 311 I BGB

Genauso wie für Schuldbeitritt fehlt auch hinsichtlich des Garantiever- 630
trages eine gesetzliche Normierung. Er ist jedoch aufgrund der Privatautonomie zulässig (§ 311 I BGB) und bedarf auch keiner besonderen Form.

für den Übernehmer gefährlichste Alternative

Durch einen Garantievertrag verpflichtet sich eine Person, die Haftung für einen bestimmten Erfolg oder einen potentiellen Schaden zu übernehmen.

ee) Vertragsübernahme

Übernahme der Rechtsstellung in vollem Umfang

Im Fall einer Vertragsübernahme wird die gesamte Rechtsstellung einer Vertragspartei durch Rechtsgeschäft, an dem alle Beteiligten mitwirken müssen, auf einen Dritten übertragen. 631

hemmer-Methode: Die Vertragsübernahme ist Verfügung über das Schuldverhältnis als Ganzes auf Seiten des ausscheidenden und des verbleibenden Vertragsteils und Verpflichtungsgeschäft auf Seiten des Eintretenden. Alle drei Beteiligten müssen zustimmen (entweder durch dreiseitigen Vertrag oder durch nachträgliche Genehmigung). Dem Eintretenden stehen alle Einwendungen aus dem übernommenen Schuldverhältnis zu. Auch auf Mängel der Vertragsübernahme kann er sich berufen, nicht aber auf Mängel des Grundgeschäfts zwischen Übertragendem und Übernehmendem. § 417 II BGB gilt insoweit entsprechend.[413]

b) Übernahmevertrag

Vertrag Gl-Übernehmender o. Schuldner-Übernehmender

Zur Übernahme einer Schuld ist ein Vertragsschluss erforderlich. Dieser kann jedoch in zweifacher Weise stattfinden. Zum einen kann zwischen dem *Gläubiger und dem Übernehmer* ein Vertrag über die Schuldübernahme geschlossen werden, § 414 BGB. Dies ist aber auch in einem Vertrag zwischen *Übernehmer und Altschuldner* möglich, sofern der Gläubiger diese Schuldübernahme genehmigt hat, § 415 I S. 1 BGB. 632

Verfügung u. Verpflichtungsgeschäft

Die Rechtsnatur eines derartigen Übernahmevertrages ist zweigespalten: Zum einen stellt er auf Seiten des Gläubigers eine *Verfügung* über seine Forderung dar, da sich durch die Übernahme der Inhalt der Schuld bzgl. der Person des Schuldners unmittelbar ändert. Auf der anderen Seite wird durch den Übernahmevertrag auch eine mit der des Altschuldners inhaltsgleiche Schuld des Neuschuldners begründet. Insoweit ist der Übernahmevertrag auch ein *Verpflichtungsgeschäft*.[414]

hemmer-Methode: Da die Verfügung des Gläubigers über seine Forderung auch eine entsprechende Verfügungsmacht voraussetzt, muss eine Schuldübernahme scheitern, wenn der Gläubiger z.B. infolge der Eröffnung eines Insolvenzverfahrens oder Geschäftsunfähigkeit nicht mehr frei über seine Forderung verfügen kann.

grds. formlos, Ausnahmen

Der Abschluss des Übernahmevertrages ist grds. formlos möglich. Sofern jedoch die übernommene Verpflichtung ihrerseits zur Begründung einer bestimmten Form bedarf, muss diese auch bei der Übernahme gewahrt bleiben.[415]

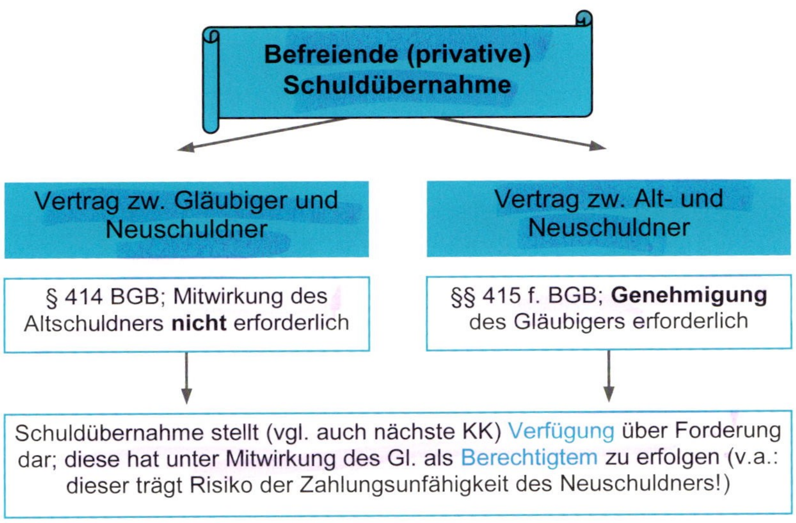

413 Dazu Grüneberg, § 398, Rn. 38 f.

414 Larenz, SchR I, § 35 I a.

415 Grüneberg, vor § 414, Rn. 1; vgl. auch unten, Rn. 607.

aa) Vertrag zwischen Gläubiger und Übernehmer

Gläubiger - Übernehmer

Wird die befreiende Schuldübernahme gem. § 414 BGB in einem Vertrag zwischen Gläubiger und Übernehmendem vereinbart, bedarf es keinerlei Mitwirkung des Altschuldners. 633

Bsp.: *A verkauft seine Prachtvilla am Bodensee für 2,5 Mio. € an B. Da A für die Anschaffung seinerzeit ein Darlehen bei der C-Bank aufgenommen hat und dieses erst bis auf 1,5 Mio. € zurückbezahlt ist, macht B den Vorschlag, er zahle dem A 1 Mio. € in bar und übernehme für den Rest die Verbindlichkeiten des A bei der C-Bank. A ist sich unschlüssig und meint, diesbezüglich solle B besser mit der C-Bank selber verhandeln. B kann die C-Bank von seiner Solvenz überzeugen, so dass diese mit der Übernahme der Darlehensverbindlichkeiten einverstanden ist. Als einige Monate später B spurlos verschwunden ist, will die C-Bank ihr Geld nun doch von A.*

C könnte von A Zahlung der Darlehensraten gem. § 488 I S. 2 BGB verlangen.

Zwischen C und A ist ein wirksamer Darlehensvertrag zustande gekommen. Jedoch könnte A u.U. einwenden, dass er aufgrund des zwischen C und B vorgenommenen Rechtsgeschäftes nicht mehr Schuldner des Darlehensanspruches der C ist. Dann müsste es sich hier um eine sog. befreiende Schuldübernahme gehandelt haben. Diese kann gem. § 414 BGB aufgrund eines zwischen Gläubiger und Übernehmer geschlossenen Vertrages erfolgen. Die Übernahme entsprach auch dem Willen von C und A: Der C ging es nicht darum, für die Darlehensverbindlichkeit des A eine (zusätzliche) Sicherheit zu erlangen, so dass ein (den A nicht befreiender) Schuldbeitritt des B ausscheidet.

Der B wiederum wollte mittels der Schuldübernahme einen Teil des Kaufpreises aufbringen, so dass auch ihm an der Befreiung des A von dessen Verbindlichkeit gegenüber der C gelegen war. Somit ist zwischen B und C wirksam eine befreiende Schuldübernahme vereinbart worden.

Rechtsfolge: Ausscheiden d. Schuldners

Rechtsfolge einer Schuldübernahme nach § 414 BGB ist, dass der alte Schuldner aus dem Schuldverhältnis ausscheidet und an dessen Stelle der neue tritt. Folglich ist A nicht mehr Schuldner der C. Diese kann somit den A nicht mehr in Anspruch nehmen.

bb) Vertrag zwischen Alt- und Neuschuldner, §§ 415 f. BGB

Alt- und Neuschuldner, Genehmigung notwendig

Die Schuldübernahme kann aber auch nur zwischen dem Alt- und dem Neuschuldner vereinbart werden. Dieser Übernahmevertrag bedarf jedoch dann der Genehmigung des Gläubigers, § 415 I S. 1 BGB. 634

Bsp.: *A schließt mit C einen formwirksamen Kaufvertrag über ein von seinem Vater im Wege gesetzlicher Erbfolge geerbtes Grundstück. Noch vor Erklärung der Auflassung taucht ein Testament auf, welches den B als Alleinerben benennt. Um dem A Schwierigkeiten zu ersparen, vereinbaren B und A kurz nach Testamentseröffnung, dass sich B zur Übertragung des von A verkauften Grundstückes an C verpflichte.*

Als A abends den C trifft, teilt er diesem die Ereignisse hinsichtlich des Nachlasses mit. C meint daraufhin, dass es ihm gleich sei, von wem er das Grundstück erhalte. Als sich C mit B in Verbindung setzt, meint dieser, er habe sich die ganze Sache anders überlegt und wolle das Grundstück nun doch lieber behalten. C meint, übernommen sei übernommen und besteht auf Übereignung des Grundstücks.

C könnte gegen B einen Anspruch auf Übereignung des Grundstücks gem. § 433 I S. 1 BGB haben. Zwar ist zwischen C und B kein Kaufvertrag geschlossen worden, doch könnte B aufgrund einer Übernahme der Verpflichtung des A aus dem Kaufvertrag mit C seinerseits zur Übereignung des Grundstücks verpflichtet sein.

Formbedürftigkeit bei Grundstücksgeschäften

Hier kommt eine Schuldübernahme gem. § 415 I BGB in Betracht, da sich A und B als Alt- und Neuschuldner über die Schuldübernahme vertraglich geeinigt haben.

Fraglich ist jedoch die Wirksamkeit dieses Übernahmevertrages. Grundsätzlich bedarf die Schuldübernahme keiner speziellen Form. Etwas anderes könnte sich aber daraus ergeben, dass B von A die Verpflichtung zur Übereignung eines Grundstücks übernehmen wollte.

Für die Begründung einer derartigen Verpflichtung schreibt § 311b I S. 1 BGB das Formerfordernis notarieller Beurkundung vor. Das Gleiche muss auch für die Übernahme gelten, da letztlich für den Übernehmenden die Verpflichtung erst mit Abschluss des Vertrages entsteht. Hier war der Übernahmevertrag jedoch nicht notariell beurkundet, so dass eine wirksame Schuldübernahme des B i.S.v. § 415 I BGB ausscheidet.

hemmer-Methode: Beachten Sie, dass das Formerfordernis nur hinsichtlich der Übernahme der Verpflichtung zur Veräußerung des Grundstücks gilt. Für die Übernahme einer Kaufpreisverpflichtung aus einem ebenfalls formbedürftigen Grundstückskaufvertrag gilt weiterhin der Grundsatz der Formfreiheit.

Möglicherweise ist es jedoch am Abend beim Zusammentreffen von A und C zu einer wirksamen Schuldübernahme gekommen, da sich beide über den Schuldübergang von A auf B einig waren. Diese Einigung fand jedoch nur zwischen A als Altschuldner und C als Gläubiger statt, so dass ein derartiges Rechtsgeschäft einen unzulässigen Vertrag zu Lasten Dritter (hier des B) darstellen würde. Deshalb sieht § 414 BGB nur die Möglichkeit einer Schuldübernahme aufgrund eines Vertrages zwischen Gläubiger und Neuschuldner vor. Hier war B allerdings überhaupt nicht beteiligt.

Eine Vertretung des B durch A scheitert an der fehlenden Vertretungsmacht. Ebenso kommt A nicht als Bote des B in Frage, da B zum einen keine Willenserklärung in Bezug auf einen Vertragsschluss mit C abgegeben hat, und A obendrein die erforderliche Botenmacht fehlt. Darüber hinaus wäre auch ein Schuldübernahmevertrag mit dem Gläubiger gem. § 311b I S. 1 BGB formbedürftig.

Fraglich ist, ob nicht A gegen B gem. § 415 III BGB wegen der gescheiterten Schuldübernahme ein Befreiungsanspruch zusteht, welchen dann A an C (konkludent) abtreten könnte.

Der Anspruch auf Schuldbefreiung könnte sich dann bei C in einen Anspruch auf Auflassung umwandeln. Dem steht auch die Nichtabtretbarkeit des § 399 BGB nicht entgegen. Zwar liegt eine Inhaltsänderung i.S.d. § 399 BGB vor. Der Schuldbefreiungsanspruch kann aber an den Gläubiger der zu tilgenden Forderung abgetreten werden und wandelt sich dann in den Auflassungsanspruch um. Grund: Der Schuldner ist nicht schutzwürdig, da er ohnehin an C hätte leisten müssen.

§ 415 III BGB sieht zwar die Möglichkeit eines derartigen Befreiungsanspruches vor, indem er den Übernehmenden bis zur Genehmigung der Schuldübernahme durch den Gläubiger im Zweifel als zur Befriedigung des Gläubigers verpflichtet hält (Auslegungsregel bzgl. des Übernahmevertrages). Jedoch ist die Wirksamkeit der Schuldübernahme hier nicht an der fehlenden Genehmigung gescheitert, denn diese hat C ja dem A am Abend erteilt. Vielmehr scheitert die Übernahme am Formerfordernis des § 311 b I S. 1 BGB.

Würde man auch in diesen Fällen gem. § 415 III BGB (analog) eine konkludente Erfüllungsübernahme i.S.v. § 329 BGB annehmen, so wäre der Schutzzweck des § 311 b BGB[416] unterlaufen.

Folglich kann C unter keinerlei Gesichtspunkten von B Auflassung des Grundstücks verlangen.

416 Vgl. Hemmer/Wüst, BGB-AT II, Rn. 71.

hemmer-Methode: Wer das Problem der Formbedürftigkeit von Schuldübernahmeverträgen nicht kennt, schreibt leicht an der Lösung vorbei, indem er zwar das Genehmigungserfordernis bei § 415 BGB sieht, das Vorliegen einer derartigen Genehmigung auch richtigerweise bejaht, aber die Formunwirksamkeit nicht erwähnt. Sie kommen aber nur bei Verneinung der Wirksamkeit der Schuldübernahme nach § 415 I BGB auch zu den Problemen von § 414 BGB und § 415 III BGB.

Genehmigung gegenüber Alt- u. Neuschuldner mögl.

Die Genehmigung des Gläubigers gem. § 415 I S. 1 BGB ist erforderlich, da der Übernahmevertrag auch - wie bereits festgestellt - eine Verfügung über seine Forderung gegenüber dem Altschuldner darstellt. Insoweit ist das Genehmigungserfordernis des § 415 BGB ein Ausdruck des in § 185 I BGB enthaltenen Grundsatzes. 635

Gem. § 182 I BGB kann die Genehmigung des Gläubigers sowohl dem Alt- als auch dem Neuschuldner gegenüber erklärt werden.

hemmer-Methode: Aufgrund des Verfügungscharakters der Schuldübernahme kommt nicht nur das Genehmigungserfordernis i.S.v. § 185 I BGB über § 415 I S. 1 BGB zur Anwendung. Auch die Wirksamkeitstatbestände des § 185 II BGB können analog angewandt werden: So wird eine Schuldübernahme dann wirksam, wenn der Altschuldner den Gläubiger beerbt. Dann kommt es ausnahmsweise aufgrund der vorangegangenen Schuldübernahme nicht mehr zum Zusammenfallen von Gläubiger und Schuldner (Konfusion).

Genehmigung erfordert keine Form; auch konkludent möglich

Für die Genehmigung ist selbst dann keine spezielle Form erforderlich, wenn der Übernahmevertrag seinerseits (ausnahmsweise) formbedürftig ist, § 182 II BGB. Folglich kann die Erteilung der Genehmigung auch durch schlüssiges Handeln (konkludent) erfolgen.[417]

auch Einwilligung

Auch wenn der Wortlaut des § 415 I BGB nur von der *Genehmigung*, also der nachträglichen Zustimmung des Gläubigers zur Schuldübernahme spricht, ist die vorherige Zustimmung in Form einer *Einwilligung* nach allgemeiner Meinung ebenfalls möglich.[418]

Fristsetzung

Äußert sich der Gläubiger auf die Mitteilung der Schuldübernahme überhaupt nicht, so können gem. § 415 II S. 2 BGB sowohl Alt- wie auch Neuschuldner dem Gläubiger zur Erklärung über die Genehmigung eine Frist setzen. Mit Ablauf dieser Frist gilt dann die Genehmigung als verweigert. Dann gilt die Schuldübernahme ebenso wie bei einer ausdrücklich erklärten Verweigerung der Genehmigung gem. § 415 II S. 1 BGB als nicht erfolgt.

§ 416 BGB bei Hypothek, schriftliche Mitteilung notwendig

Etwas anderes gilt jedoch für den Fall, dass der Erwerber eines Grundstücks eine persönliche Schuld des Veräußerers übernimmt, für welche eine Hypothek an dem Grundstück bestellt ist: Gem. § 416 BGB kann eine Genehmigung nur aufgrund einer schriftlichen Mitteilung durch den Altschuldner nach Eintragung des Erwerbers im Grundbuch erfolgen, § 416 II BGB. Gem. § 416 III BGB steht dem Erwerber des Grundstücks jedoch ein Anspruch gegen den Veräußerer auf Mitteilung der Schuldübernahme an den Gläubiger zu. Schweigt der Gläubiger auf eine derartige Mitteilung, gilt die Genehmigung gem. § 416 I S. 2 BGB mit Ablauf von 6 Monaten als erteilt.

Genehmigungsfiktion nur bei Mitteilung durch den Veräußerer

Da § 416 BGB jedoch die Genehmigungsmöglichkeit des Gläubigers nicht erschweren will, wird auch die Erteilung einer Genehmigung aufgrund einer Mitteilung durch den Veräußerer vor Eintragung des Erwerbers oder durch den Erwerber selbst als wirksam erachtet.

417 Grüneberg, § 415, Rn. 5.

418 Grüneberg, § 415, Rn. 3.

Der insoweit entgegenstehende Wortlaut („nur") soll entsprechend Sinn und Zweck der Norm einschränkend ausgelegt werden: Danach tritt die *Genehmigungsfiktion* des § 416 I S. 2 BGB eben *nur* bei einer Mitteilung durch den Veräußerer nach Eintragung des Erwerbers im Grundbuch ein.[419]

hemmer-Methode: Der Grund für diese Genehmigungsfiktion bei hypothekarisch gesicherten Forderungen liegt darin, dass hier dem Gläubiger auf jeden Fall noch das Grundstück zu seiner Befriedigung zur Verfügung steht. Auf die Kreditwürdigkeit des persönlichen Schuldners kommt es somit aufgrund der dinglichen Sicherung weniger an. Will der Gläubiger dennoch einen Übergang der Schuld auf den Neuschuldner vermeiden, so braucht er seine Genehmigung nur zu verweigern.

Bsp.: Wie oben unter (1). Jedoch war das Darlehen des A mit einer Hypothek an dem Grundstück gesichert und A und B haben einen Schuldübernahmevertrag bzgl. der Darlehensverbindlichkeit geschlossen. B wird ins Grundbuch eingetragen. Auf die Mitteilung des A an die C-Bank rührt diese sich nicht. 7 Monate nach der Mitteilung verlangt die C-Bank von A Zahlung der Darlehensschuld. A beruft sich auf die Schuldübernahme durch B.

A wäre der C dann noch aus dem Darlehensvertrag verpflichtet, wenn die Schuldübernahme durch B unwirksam ist.

Da sich hier A und B als Alt- und Neuschuldner über den Schuldübergang geeinigt haben, kommt hier nur eine Schuldübernahme gem. § 415 I BGB in Betracht. Diese bedarf der Genehmigung durch den Gläubiger, die C-Bank. Gem. § 416 I S. 1 BGB kann die Genehmigung nur aufgrund einer Mitteilung des Veräußerers, hier des A, nach Eintragung des Erwerbers, hier des B, im Grundbuch erfolgen. Laut Sachverhalt ist von der Ordnungsgemäßheit der Mitteilung von der Schuldübernahme auszugehen. Hier ist jedoch überhaupt keine Genehmigungserteilung durch die C-Bank erfolgt.

Grds. gilt gem. § 415 II S. 2 BGB die Genehmigung bei Schweigen des Gläubigers als verweigert. Da es sich hier jedoch um eine hypothekarisch gesicherte Forderung handelt, greift die Sonderregelung des § 416 I S. 2 BGB ein. Danach gilt die Genehmigung bei Schweigen des Gläubigers mit Ablauf von 6 Monaten als erteilt. Hier hat sich die C-Bank länger als 6 Monate nicht gerührt. Somit gilt die Schuldübernahme als genehmigt und wirksam.

Dadurch ist A aus dem Schuldverhältnis ausgeschieden und kann folglich nicht mehr von der C-Bank in Anspruch genommen werden.

analoge Anwendung bei Grundschuld

Die Regelung des § 416 BGB ist analog auch dann anzuwenden, wenn die zu übernehmende Schuld mit einer Grundschuld am veräußerten Grundstück gesichert ist.[420]

c) Einwendungen des Übernehmenden, § 417 BGB

§ 417 BGB bzgl. Einwendungen, Anlage ausreichend

Durch die Schuldübernahme wechselt nur die Person des Schuldners. Der *Inhalt* der Schuld bleibt dagegen von der Schuldübernahme unberührt. Folglich kann der Neuschuldner dem Gläubiger sämtliche Einwendungen entgegenhalten, welche dem Altschuldner gegen die Forderung zustanden, § 417 I S. 1 BGB. 636

Dabei ist es bereits ausreichend, wenn die Einwendung im übernommenen Schuldverhältnis dem Rechtsgrund nach bereits angelegt war. Sie muss noch nicht vollwirksam entstanden sein.[421]

Bsp.: A kauft von C für 650.000 € ein Mehrfamilienhaus. Dieser Kaufvertrag kam jedoch nur zustande, weil C der Wahrheit zuwider überhöhte Mieterträge angegeben hat. B, der bei A noch Schulden i.H.v. 700.000 € hatte, vereinbart mit C die Übernahme der Kaufpreisverbindlichkeit des A.

419 Larenz, SchR I, § 35 I a; Grüneberg, § 416, Rn. 2.

420 Grüneberg, § 416, Rn. 3; dies ist allerdings strittig.

421 Grüneberg, § 417, Rn. 2.

Danach erklärt A gegenüber C die Anfechtung des Kaufvertrages. Als B von den Umständen beim Kaufvertragsschluss erfährt, weigert er sich, an C die 650.000 € zu zahlen. C dagegen besteht auf Erfüllung.

B könnte dem C gem. §§ 433 II, 414 BGB zur Kaufpreiszahlung verpflichtet sein. Dafür müsste er die wirksam entstandene Verpflichtung des A gegenüber C wirksam in einem Vertrag mit C übernommen haben. Gem. § 414 BGB kann eine Schuld in einem Vertrag zwischen Übernehmendem und Gläubiger auf den Neuschuldner in befreiender Weise vom Altschuldner übergehen.

Auch wenn es sich hier um die Schuld aus einem formbedürftigen Grundstückskaufvertrag handelt, kann die Verpflichtung zur Kaufpreiszahlung formlos übernommen werden. Das Formgebot des § 311 I S. 1 BGB bezieht sich schließlich nur auf die Erwerbs- oder Veräußerungsverpflichtung hinsichtlich eines Grundstücks. Die Kaufpreisverpflichtung allein wird dagegen vom Formgebot nicht erfasst. Somit ist die Schuld des A wirksam auf B übergegangen.

Möglicherweise kann der B jedoch gegen die Inanspruchnahme durch C Einwendungen i.w.S. erheben. Hier kommt die Einrede der Anfechtbarkeit in Betracht. Dem B steht jedoch selber kein Anfechtungsrecht zu, da in seiner Person kein Anfechtungsgrund gegeben ist. Zwar kann der Übernehmende dem Gläubiger auch solche Einreden entgegenhalten, die die Wirksamkeit der Schuldübernahme betreffen,[422] jedoch ist diesbezüglich nichts ersichtlich.

Möglicherweise steht dem B jedoch eine aus dem Rechtsverhältnis zwischen A und C erwachsene Einwendung i.S.d. § 417 I S. 1 BGB zu. In Betracht käme hier die Einwendung des § 142 I BGB, wenn der A aufgrund arglistiger Täuschung zur Anfechtung des Kaufvertrages berechtigt war. A wurde beim Abschluss des Kaufvertrages von C arglistig getäuscht, als dieser wider besseren Wissens überhöhte Mieterträge angegeben hat.

Somit stand dem A gem. § 123 I BGB ein Anfechtungsrecht zu. Zwar handelt es sich bei der Anfechtung um ein persönliches Gestaltungsrecht, welches nur dem A als arglistig Getäuschtem zusteht und auch nicht nach § 417 I BGB auf B selber übergeht. Das Anfechtungsrecht (wie auch z.B. das Widerrufs-, Rücktritts- und Kündigungsrecht) bleibt grundsätzlich beim Schuldner. § 770 BGB ist nicht entsprechend anwendbar. Doch kann B aufgrund des durch die Anfechtung des A erfolgten Wegfalls der Verpflichtung aus dem Kaufvertrag dem C gegenüber die Zahlung des Kaufpreises verweigern.

Somit kann C von B trotz wirksamer Schuldübernahme nicht Bezahlung der 650.000 € verlangen.

ggf. konkludente Mitübertragung v. Gestaltungsrechten

Wie im Beispielsfall gesehen, verbleiben Gestaltungsrechte wie die Anfechtung, das Rücktritts- oder das Widerrufsrecht grds. beim Altschuldner. Jedoch kann der Neuschuldner nach erfolgter Ausübung dieser Gestaltungsrechte die dadurch erfolgte inhaltliche Veränderung der Schuld dem Gläubiger entgegenhalten, § 417 I BGB. Unter Umständen ist - insb. bei Schuldübernahmen nach § 415 BGB - die Übertragung (soweit möglich[423]) der dem Altschuldner zustehenden Gestaltungsrechte konkludent mit vereinbart. 637

nicht, wenn ausschließlich schuldbezogen

Etwas anderes gilt hinsichtlich der ausschließlich schuldbezogenen Gestaltungsrechte wie z.B. dem Wahlrecht gem. § 262 BGB: Dieses geht mit der Übernahme der Schuld ebenfalls auf den Neuschuldner über.[424]

hemmer-Methode: Achten Sie darauf: Immer wenn ein Dritter für die bei einem anderen entstandene Schuld haftet, stellt sich die Frage, ob er sich auf dessen Gestaltungsmöglichkeiten berufen kann. Zu unterscheiden ist dabei immer, ob die jeweilige Erklärung schon vorgenommen wurde oder nicht. Die gleiche Problematik ergibt sich bei der Bürgschaft, vgl. §§ 768 ff. BGB.

422 Larenz, SchR I, § 35 I b.

423 Grüneberg, § 413, Rn. 5 ff.

424 Grüneberg, § 417, Rn. 2.

Merken Sie sich: Anders als bei der Bürgschaft ist bei der Schuldübernahme die „Brücke“ des § 770 BGB weder direkt noch analog anwendbar.
Während beim § 417 BGB also nur die wirksame Anfechtung durch den Altschuldner zur Einrede beim Übernehmer führt, entfällt z.B. die Bürgschaft aus Akzessorietätsgründen bei wirksamer Anfechtung, § 767 BGB. Damit ist die Bürgschaft streng akzessorisch, die Schuldübernahme nicht.
Sie ist als Gegenstück zur Abtretung eine Verfügung und damit abstrakt. § 417 BGB zeigt gerade diese Abstraktheit der Schuldübernahme. Ist die Anfechtung noch nicht erfolgt, so steht dem Bürgen, anders als dem Übernehmer, gem. § 770 BGB eine Einrede zu. Gleichwohl ist der Übernehmer nicht schutzlos. In der Regel hat er aus dem Grundverhältnis gegen den Schuldner einen Anspruch auf Ausübung des Gestaltungsrechts.[425]
Denken Sie in diesem Zusammenhang auch an § 128 II HGB.[426] Die Rechte des Gesellschafters gehen daher weiter als die des Übernehmers. Es genügt wie bei der Bürgschaft, dass das Rechtsgeschäft anfechtbar ist.

§ 417 II BGB, ggfs. § 821 BGB

Einwendungen, die sich aus dem einer *Schuldübernahme* nach § 415 BGB regelmäßig zugrunde *liegenden Rechtsverhältnis* zwischen Alt- und Neuschuldner herleiten, kann der Neuschuldner gem. § 417 II BGB dem Gläubiger gegenüber *nicht* entgegenhalten. 638

Handelt es sich dagegen um eine Schuldübernahme zwischen dem Gläubiger und dem Übernehmer, vgl. § 414 BGB, kann der Übernehmende dem Gläubiger Einwendungen aus dem zwischen ihnen bestehenden Grundverhältnis nach § 821 BGB entgegenhalten. Hier wirkt ähnlich wie beim Schuldanerkenntnis die Einrede des § 821 BGB gegen die Abstraktheit der Schuldübernahme.

hemmer-Methode: Merken Sie: Die Abstraktheit führt nicht immer dazu, dass die Schuldübernahme bzw. das Schuldanerkenntnis durchsetzbar ist. Damit ist die Abstraktheit nicht so gefährlich, wie es erscheint: Über § 821 BGB bleibt die Einrede der Rechtsgrundlosigkeit erhalten. Darüber hinaus besteht bei Rechtsgrundlosigkeit Kondizierbarkeit. Hierfür trifft den Schuldner die Beweislast.
Teilweise wird versucht, die Abstraktheit des Erfüllungsgeschäfts (hier Übernahme) über § 139 BGB auszuhebeln. Seien Sie damit aber vorsichtig in der Klausur. Das Abstraktionsprinzip ist eine der „Säulen“ unserer Rechtsordnung.

Gem. § 417 I S. 2 BGB kann der Übernehmende nicht ein dem Altschuldner zustehendes Aufrechnungsrecht ausüben. Dies erklärt sich daraus, dass dem Neuschuldner hinsichtlich der Forderung des Altschuldners jegliche Verfügungsbefugnis fehlt. Die Aufrechnung des Neuschuldners mit einer eigenen Forderung gegen den Gläubiger bleibt ihm jedoch unbenommen.

d) Erlöschen akzessorischer Sicherungsrechte, § 418 I BGB

§ 418 BGB bzgl. akzessorischer Sicherungsrechte

Mit der Schuldübernahme erlöschen die für die Verbindlichkeit des Altschuldners bestellten akzessorischen Sicherungsrechte wie z.B. Pfandrechte und Bürgschaften, § 418 I S. 1 BGB. Eine für die Schuld des Altschuldners bestellte Hypothek wird zur Eigentümergrundschuld, §§ 418 I S. 2 i.V.m. 1168 BGB. 639

Wurde für den Altschuldner Sicherungseigentum auf den Gläubiger übertragen, so steht dem Sicherungsgeber nach erfolgter Schuldübernahme gem. § 418 I BGB analog ein Anspruch auf Rückübertragung zu.[427]

425 Vgl. Grüneberg, § 417, Rn. 2 a.E.
426 **Bis 31.12.2023**: § 129 II, III HGB a.F.
427 Larenz, SchR I, § 35 I c.

Das Gleiche gilt für eine sicherungshalber bestellte Vormerkung und die Sicherungsgrundschuld.[428]

rechtsvernichtende Einwendung

Für diese Sicherheitsrechte stellt somit die Schuldübernahme nach §§ 414 ff. BGB eine *rechtsvernichtende Einwendung* dar.

anders bei Einwilligung

Etwas anderes gilt nur, falls der Sicherungsgeber, bzw. der im Zeitpunkt der Schuldübernahme am Sicherungsgegenstand Berechtigte, in die Schuldübernahme eingewilligt hat, § 418 I S. 3 BGB. Ob auch eine im Nachhinein erteilte Genehmigung ausreicht, oder ob die Sicherheit zugunsten des Neuschuldners erneut bestellt werden muss, ist strittig. Nach der h.M. soll die Genehmigung jedoch nicht ausreichen.[429]

hemmer-Methode: Der Grund für die Regelung des § 418 I BGB liegt darin, dass der Sicherungsgeber seine Sicherheit nur für einen bestimmten Schuldner hingegeben hat und ihm nicht auf dem Wege der Schuldübernahme plötzlich ein ihm weniger vertrauenswürdig erscheinender Schuldner untergeschoben werden soll, ohne dass er daran beteiligt ist. Aus diesem Gesichtspunkt lässt sich dann jedoch der Anwendungsbereich des § 418 I BGB teleologisch einschränken, wenn die Schuld allein im Interesse des Sicherungsgebers begründet worden ist (z.B. wenn sich der Sicherungsgeber des Schuldners nur als Strohmann bedient hat). Dann ist es nicht einsichtig, warum auch bei derartigen Konstellationen der Sicherungsgeber von der Haftung freikommen soll.

VI. Ausübungsschranken

Obwohl der Gläubiger Inhaber einer wirksam begründeten Forderung ist, welche zudem frei von speziellen Gegenrechten ist, kommt es vor, dass er diese dennoch nicht durchsetzen kann, da allgemeine Grenzen einer Ausübung des Rechts entgegenstehen. 640

1. Schikaneverbot, § 226 BGB

§ 226 BGB, Schikaneverbot

Diese Grenzen können sich aus § 226 BGB ergeben, wenn die Ausübung allein den Zweck hat, dem Schuldner Schaden zuzufügen. 641

Der Anwendungsbereich des § 226 BGB ist jedoch äußerst gering: Erforderlich ist nicht nur die schikanöse Absicht des Gläubigers, vielmehr darf die Ausübung objektiv den Rückschluss auf keinen anderen Grund zulassen als den der Schikane des Schuldners.[430] Dies wird bei vertraglich begründeten Primäransprüchen wohl nie der Fall sein.

> ***Bsp.:*** *Von der Rspr. wurde die Anwendung des § 226 BGB bejaht für einen Fall, in welchem der Vater seinen Kindern den Besuch des Grabes ihrer Mutter auf seinem Grundstück untersagt hat,[431] und bei einer gleichzeitigen Erhebung derselben Klage vor mehreren Gerichten ohne rechtfertigenden Grund.[432]*

Exkurs: § 826 BGB[433]

§ 826 BGB

§ 826 BGB enthält nicht nur eine Regelung hinsichtlich der Schadensersatzpflicht für vorsätzliche sittenwidrige Schädigung, sondern stellt neben § 226 BGB und § 242 BGB für alle *nichtvertraglichen* Rechtsbeziehungen eine Grenze unzulässiger Rechtsausübung dar.[434] 642

---

428 Grüneberg, § 418, Rn. 1.

429 Grüneberg, § 418, Rn. 1; MüKo, § 418 BGB, Rn. 8; a.A. Larenz, SchR I, § 35 I c; Erman, § 418 BGB, Rn. 1.

430 Larenz, AT, § 13 IV a.

431 RGZ 72, 251; hier waren jedoch auch andere Gründe für das Verbot denkbar (Gefahr eines Herzanfalls des Vaters), so dass die Anwendung von § 226 BGB fragwürdig ist.

432 ArbG Hamm, MDR 1966, 272.

433 Zu Einzelfragen auch diesbezüglich Hemmer/Wüst, Deliktsrecht I, Rn. 142.

434 Grüneberg, § 826, Rn. 18.

Fraglich ist lediglich, ob für den bloßen Einwand der nach § 826 BGB unzulässigen Rechtsausübung ebenfalls Vorsatz hinsichtlich der Schädigung erforderlich ist, oder ob die objektive Eignung zur Schädigung, bzw. grobe Fahrlässigkeit des Schädigers ausreichen soll. Da sich jedoch die Unzulässigkeit nur aus einer bestimmten Zielrichtung der Rechtsausübung ergeben kann, muss auch auf Seiten des Schädigers eine auf den Betroffenen abzielende Schädigungsabsicht vorhanden sein. Grobe Fahrlässigkeit ist jedoch wohl auch ausreichend.[435]

Bsp.: So ließe sich in dem oben erwähnten Fall des Verbotes an die Söhne, das Grab ihrer Mutter zu besuchen, anstelle des fraglichen § 226 BGB auch ein Fall der unzulässigen Rechtsausübung nach § 826 BGB bejahen, da dem Vater die schädigende Auswirkung seines Verbotes für die Söhne zumindest auch bewusst war.

Exkurs Ende

2. Unzulässige Rechtsausübung, § 242 BGB

§ 242 BGB, unzulässige Rechtsausübung

§§ 226 BGB und 826 BGB stellen lediglich spezielle Ausprägungen der von der Rechtsprechung zu § 242 BGB entwickelten Figur der unzulässigen Rechtsausübung dar. 643

Diese stellt aufgrund des begrenzten Anwendungsbereiches der beiden Vorschriften auch die wichtigste Grenze zulässiger Rechtsausübung dar.

Die Vielzahl möglicher Anwendungen des Verbots unzulässiger Rechtsausübung macht eine Aufteilung in Fallgruppen erforderlich.[436]

a) Unredlicher Erwerb der eigenen Rechtsstellung

Geltendmachung treuwidrig erlangter Rechte

Als treuwidrig gilt die Geltendmachung eines Rechtes, welches der Rechtsinhaber sich durch eigenes treuwidriges oder vertragswidriges Verhalten verschafft hat.[437] 644

b) Verletzung eigener Pflichten

Verletzung eigener Pflichten

Grds. ist die Geltendmachung von Rechten nicht an ein eigenes rechtstreues Verhalten geknüpft. Vielmehr führen Rechtsverstöße regelmäßig nur zu einer Schadensersatzpflicht.[438] 645

Jedoch kann ein Anspruch aus den §§ 280 I, III, 281 BGB bei eigener Vertragsuntreue des Gläubigers entfallen.[439] Ebenso ist die Aufrechnung mit einer Gegenforderung treuwidrig, wenn die Gegenforderung bei redlichem Verhalten nicht entstanden wäre.[440]

c) Pflicht zur umgehenden Rückgewähr („dolo agit"-Einwand)

dolo agit

Unzulässig ist auch eine Ausübung eines Rechtes, mit welcher die Leistung eines Gegenstandes oder Rechtes verlangt wird, welches vom Gläubiger dem Schuldner alsbald zurückzugewähren ist („dolo agit qui petit quod statim redditurus est"). 646

---

435 Larenz, AT, § 13 IV a 2.

436 Vgl. dazu Grüneberg, § 242, Rn. 42 ff.

437 BGHZ 13, 346; 57, 111.

438 Grüneberg, § 242, Rn. 46.

439 Vgl. Hemmer/Wüst, Schuldrecht AT, Rn. 396 ff.

440 BGH, NJW 1985, 1826 = **juris**byhemmer.

Bsp.: Vindikation einer Sache durch den Eigentümer vom Anwartschaftsberechtigten, welcher alsbald Eigentümer wird[441], Löschungsbegehren hinsichtlich eines unwirksam bestellten Grundstücksrechtes, obwohl eine wirksame schuldrechtliche Verpflichtung zur Bestellung besteht.[442]

d) Widersprüchliches Verhalten („venire contra factum proprium“)

venire contra factum proprium

Die Rechtsausübung ist unzulässig, wenn sich der Berechtigte damit zu seinem früheren Verhalten in Widerspruch setzt. Dies gilt aber nur dann, wenn ein entsprechender Vertrauenstatbestand in zurechenbarer Weise gesetzt wurde, welchen der andere Teil gegebenenfalls zur Grundlage bestimmter Vermögensdispositionen gemacht hat.[443] *647*

Bsp.: A und B verhandeln über den Kauf eines Grundstücks. Dabei werden sie sich einig, dass B dem A den Kaufpreis für 9 Monate stundet. Beim Termin vor dem Notar vergessen jedoch sowohl A als auch B, die Stundungsvereinbarung mit beurkunden zu lassen.

Als B wenig später Bezahlung verlangt, weigert sich A mit Hinweis auf die Stundungsvereinbarung. B meint, was nicht beurkundet sei, gelte auch nicht.

B könnte von A gem. § 433 II BGB Bezahlung des Kaufpreises verlangen. Ein Kaufvertrag über das Grundstück ist geschlossen worden. Dieser wurde auch in der entsprechenden Form (§ 311b I S. 1 BGB) beurkundet. Die Nichtbeurkundung der Stundungsvereinbarung führt auch nicht gem. § 139 BGB zur Nichtigkeit des gesamten Kaufvertrages. Zwar ist die Stundungsvereinbarung nicht wirksam, da sie als Nebenabrede zum formbedürftigen Kaufvertrag ebenfalls der Form des § 311b I S. 1 BGB bedurft hätte. Doch ist nicht anzunehmen, dass die Stundung für A und B dermaßen bedeutsam war, dass sie den Vertrag nicht auch ohne entsprechende Vereinbarung geschlossen hätten.

Möglicherweise kann A jedoch der Inanspruchnahme den Einwand unzulässiger Rechtsausübung entgegenhalten. Durch die mündlich erfolgte Stundungsvereinbarung hat B für A einen Vertrauenstatbestand geschaffen, dass diese auch zum Bestandteil des Vertrages und somit vollwirksam würde.

Wenn nun B aufgrund der (versehentlichen) Nichtbeurkundung seinen nun grds. einredefreien Anspruch geltend machen will, setzt er sich zu seinem früheren Verhalten in Widerspruch und handelt somit treuwidrig.

Folglich kann A die Einrede der unzulässigen Rechtsausübung gegen die Inanspruchnahme aus dem Kaufvertrag erheben.

hemmer-Methode: Das Verbot des venire contra factum proprium ist einer der wichtigsten Grundsätze des BGB. Es stellt ein letztes Korrektiv dar. Der BGH verwendet gerne § 242 BGB, er legitimiert die von ihm gewollte Entscheidung mit „Treu und Glauben“. Dieses Verbot durchbricht eine formal erlangte Rechtsposition. Es geht letztlich um die Frage der Schutzwürdigkeit.
Hätte man im obigen Beispielsfall den Vertrag wegen fehlender Form der Nebenabrede über § 139 BGB scheitern lassen, entspräche das nicht dem Parteiwillen. § 242 BGB führt zu einem billigen Ergebnis: Die Rechte aus dem Kaufvertrag bestehen, sind aber einredebehaftet.

441 So die h.M., vgl. BGHZ 10, 75 = jurisbyhemmer.

442 BGHZ 38, 126 = jurisbyhemmer.

443 Grüneberg, § 242, Rn. 56.

3. Verwirkung, § 242 BGB

Verwirkung

Die Geltendmachung eines Anspruches kann auch daran scheitern, dass der Berechtigte seinen Anspruch verwirkt hat. Sie ist, wie auch der Fall der unzulässigen Rechtsausübung, eine rechtsvernichtende Einwendung und deshalb von Amts wegen zu beachten. 648

zeitliches Element

Von der Verwirkung eines Rechtes spricht man dann, wenn der Berechtigte längere Zeit von seinem Recht keinen Gebrauch gemacht hat und dadurch beim Verpflichteten der Eindruck entstanden ist, der Berechtigte werde sein Recht nicht mehr ausüben. Dies gilt insbesondere, falls der Verpflichtete daraufhin Vermögensdispositionen getroffen oder Gegenmaßnahmen unterlassen hat, welche er sonst zur Abwehr der ihm drohenden Rechtsnachteile ergriffen hätte.[444]

Für die Frage, ob ein Anspruch verwirkt ist, kommt es nicht auf den Willen des Berechtigten an. Verwirkung kann auch gegen den Willen des Berechtigten eintreten, da die an Treu und Glauben ausgerichtete objektive Beurteilung, nicht aber der Willensentschluss des Berechtigten entscheidend ist. Verwirkung kann daher selbst dann eintreten, wenn der Berechtigte keine Kenntnis von seiner Berechtigung hat.[445]

Zeitmoment + Umstandsmoment

Der Verwirkung liegt somit sowohl ein „*Zeitmoment*" als auch ein „*Umstandsmoment*" zugrunde.

bzgl. Zeitraum ist Einzelfall maßgeblich

Zum einen ist erforderlich, dass über einen längeren Zeitraum die mögliche Geltendmachung eines dem Berechtigten zustehenden Rechtes unterlassen wird, ***Zeitmoment***. Die Länge des Zeitraumes ist je nach Art des betroffenen Rechtes unterschiedlich:

Bei einer fristlosen Kündigung wird der für eine Verwirkung erforderliche Zeitraum kürzer zu bemessen sein, als bei der Geltendmachung vermögensrechtlicher Ansprüche. Während dieses Zeitraumes darf der Berechtigte nichts zur Durchsetzung des ihm zustehenden Rechtes getan haben.[446]

Vertrauen; unzumutbare Härte

Zum anderen muss das Untätigbleiben beim Verpflichteten das Vertrauen hervorgerufen haben, er werde nicht mehr in Anspruch genommen, so dass eine spätere Geltendmachung des Rechtes als unzumutbare Härte erscheinen würde, ***Umstandsmoment***. Dies ist regelmäßig erfüllt, wenn der Verpflichtete mittlerweile im Vertrauen auf die Nichtgeltendmachung des Rechtes Vermögensdispositionen getroffen hat.[447]

hemmer-Methode: Der Herausgabeanspruch des eingetragenen Eigentümers eines Grundstücks kann nur dann verwirkt sein, wenn die Herausgabe für den Besitzer schlechthin unerträglich ist. Die Verneinung des Herausgabeanspruchs bedeutet nämlich wirtschaftlich die Enteignung des Eigentümers. Das Rechtsverhältnis zwischen dem Eigentümer und dem nichtberechtigten Besitzer ist durch §§ 987 ff. BGB in einer Weise geregelt, die die Interessen und den Schutz von Eigentümer und Besitzer gegeneinander abwägt und grundsätzlich keiner Korrektur durch die Verneinung des Anspruchs aus § 985 BGB bedarf.[448]

444 Larenz, AT, § 13 b.

445 BGHZ 25, 47 [53] = **juris**byhemmer.

446 Vgl. Grüneberg, § 242, Rn. 93.

447 Grüneberg, § 242, Rn. 95.

448 Vgl. dazu BGH, **Life&LAW 11/2007, 747 ff.** = NJW 2007, 2183 ff. = **juris**byhemmer.

§ 4 RECHTSHEMMENDE EINREDEN

Während die bisher behandelten Einwendungen das Recht insgesamt in seiner Entstehung bzw. seinem Bestand betreffen (rechtsvernichtende Einwendungen), bewirken die rechtshemmenden Einreden, dass der Berechtigte sein Recht lediglich bis zu bzw. ab einem bestimmten Zeitpunkt nicht (mehr) geltend machen darf: Der Anspruch besteht zwar seinem Grunde nach, kann aber aufgrund der Einrede nicht geltend gemacht werden. Diesbezüglich ist zwischen *dauernden* (sog. *peremptorischen*), *aufschiebenden* (sog. *dilatorischen*) und *anspruchsbeschränkenden* Einreden zu unterscheiden. 649

Einreden sind vom Schuldner zu erheben

Ein weiterer Unterschied besteht darin, dass die Einreden anders als die bisher behandelten Einwendungen i.e.S. vom Schuldner gesondert geltend gemacht werden müssen, während die Einwendungen von Amts wegen zu beachten sind.

hemmer-Methode: Beachte: Wegen der Dispositionsmaxime im Zivilprozess müssen auch bei Einwendungen die Tatsachen, aus der sich die Einwendung ergibt, von einer Partei in den Prozess eingeführt werden.

Dauernde (= *peremptorische*) Einreden
- Verjährung, § 214 I BGB
- Einrede der ungerechtf. Ber., § 821 BGB
- Arglisteinrede, § 853 BGB

Aufschiebende (= *dilatorische*) Einreden
- Stundung
- Einrede des Notbedarfs, § 519 BGB
- pactum de non petendo
- Einrede des Bürgen nach § 771 BGB

Anspruchsbeschränkende Einreden
- Zurückbehaltungsrecht, § 273 BGB
- Einrede d. nichterfüllten Vertrages, § 320 BGB

⇨ Verurteilung nur Zug um Zug, § 274 BGB

I. Dauernde Einreden

dauernde Einrede

Eine dauernde (peremptorische) Einrede steht der Geltendmachung eines Anspruchs auf Dauer entgegen. Der mit einer dauernden Einrede behaftete Anspruch wird in mancher Hinsicht so behandelt, als bestünde er gar nicht. 650

keine Kondizierung, §§ 813 I S. 2, 214 II BGB

hemmer-Methode: Die dauernden Einreden haben auch außerhalb des gescheiterten Primäranspruchs ihre Bedeutung: So kann das in Unkenntnis der Einrede zur Erfüllung des Anspruchs Geleistete gem. § 813 I BGB zurückverlangt werden. Dies gilt jedoch aufgrund der Verweisung in § 813 I S. 2 BGB auf § 214 II BGB nicht für die Einrede der Verjährung.
Dennoch bleibt auch der mit einer dauernden Einrede behaftete Anspruch erfüllbar: Leistet der Schuldner in Kenntnis der Einrede freiwillig an den Gläubiger, so ist eine Kondiktion gem. § 814 BGB analog ausgeschlossen.
Ebenso kann gem. § 1169 BGB vom Gläubiger Verzicht auf die Hypothek verlangt werden, wenn der Geltendmachung der Hypothek eine dauernde Einrede entgegensteht.

Steht der Geltendmachung eines Pfandrechtes eine dauernde Einrede entgegen, so kann der Pfandschuldner gem. § 1254 BGB Rückgabe des Pfandes verlangen.[449] Einen Beseitigungsanspruch bzgl. einer Vormerkung gibt in diesen Fällen § 886 BGB!

1. Verjährung, § 214 I BGB

Die Verjährung dient der Sicherheit des Rechtsverkehrs und dem Rechtsfrieden.[450] Nach einer bestimmten Zeit soll die Ungewissheit über das Bestehen und die Durchsetzbarkeit eines Anspruchs beendet sein. Die Verjährung führt trotz ihrer Ausgestaltung als Einrede, § 214 I BGB, de facto zu einem Forderungsverlust. Angesichts dieser gravierenden Wirkung haben Fragen des Verjährungsrechts besonderes Gewicht. 651

Gegenstand der Verjährung

Die §§ 194 – 217 BGB regeln die Verjährung von Ansprüchen. Da nur Ansprüche und nicht auch sonstige Rechte der Verjährung unterliegen, wird in § 218 BGB die Auswirkung der Verjährung auf Gestaltungsrechte speziell geregelt.

hemmer-Methode: Grundsätzlich verjähren alle Ansprüche nach Ablauf einer bestimmten Frist. Ausnahmen gelten für Ansprüche aus einem familienrechtlichen Verhältnis, soweit sie auf die Herstellung des dem Verhältnis entsprechenden Zustandes gerichtet sind, § 194 II BGB. Von der Verjährung nicht betroffen werden zudem diverse Ansprüche, vgl. §§ 758, 898, 902, 924, 1138, 2042 II BGB.

a) Dauer und Beginn der Verjährung

aa) Die regelmäßige Verjährung

(1) Dauer

regelmäßige Verjährung drei Jahre

Die **regelmäßige Verjährung** beträgt nach § 195 BGB drei Jahre. 652

Anwendungsbereich der regelmäßigen Verjährung

Dieser Frist unterfallen mit Ausnahme der in den §§ 196, 197 BGB geregelten Fälle grundsätzlich alle Ansprüche, soweit sich im BGB keine Spezialregelungen finden lassen.

(2) Beginn der Frist

(a) Kenntnisabhängiger Fristbeginn, § 199 I BGB

Kenntnis bzw. Kennenmüssen des Gläubigers Voraussetzung

Die Frist beginnt grundsätzlich mit Schluss des Jahres, in dem der Anspruch entstanden ist (Nr. 1) ***und*** der Gläubiger sowohl von den anspruchsbegründenden Tatsachen als auch der Person des Schuldners Kenntnis erlangt oder ohne grobe Fahrlässigkeit erlangen müsste (Nr. 2), § 199 I BGB. 653

---

449 Larenz, AT, § 14 II.

450 BGHZ 59, 72, 74 = jurisbyhemmer.

Anspruch entstanden, § 199 I Nr. 1 BGB

(aa) Nach § 199 I Nr. 1 BGB muss der Anspruch entstanden sein. Entstanden ist ein Anspruch grundsätzlich dann, wenn er klageweise geltend gemacht werden kann, wofür die Fälligkeit des Anspruchs Voraussetzung ist.[451]

hemmer-Methode: Der BGH geht dabei davon aus, dass ein Schaden entstanden ist, wenn die Vermögenslage des Geschädigten sich durch eine unerlaubte Handlung verschlechtert und sich diese Verschlechterung „wenigstens dem Grunde nach verwirklicht hat". Die Verjährung von Schadensersatzansprüchen kann nach diesem Grundsatz der Schadenseinheit also auch für nachträglich auftretende, zunächst nur drohende Folgen beginnen, sobald irgendein (Teil-)Schaden entstanden ist.[452] Von der Verjährung ausgenommen sind allein nicht vorhersehbare Schäden.

Soweit der Anspruch auf ein Unterlassen gerichtet ist, tritt gem. § 199 V BGB an die Stelle der Entstehung des Anspruchs die Zuwiderhandlung des Schuldners.

subjektives Element des Fristbeginns, § 199 I Nr. 2 BGB

(bb) Nach § 199 I Nr. 2 BGB muss der Gläubiger zudem von den anspruchsbegründenden Umständen und der Person des Schuldners Kenntnis erlangt haben oder ohne grobe Fahrlässigkeit erlangt haben müssen.

Die Kenntnis Dritter Personen kann dem Gläubiger hierbei nach den allgemeinen Vorschriften der §§ 31, 166 BGB zugerechnet werden, was vor allen Dingen bei juristischen Personen als Gläubigern von Bedeutung ist.[453]

hemmer-Methode: Der Fristbeginn ist damit nur subjektiv bestimmbar und kann in jedem Einzelfall anders sein! Diese Regelung führt für den Schuldner zu einem beträchtlichen Maß an Rechtsunsicherheit. Der Fristbeginn ist für ihn nicht vorhersehbar, da er in der Regel nicht weiß, wann der Gläubiger die nötige Kenntnis erlangt hat oder zumindest hätte erlangen müssen. Der Schuldner wird aus diesem Grund auch nach Ablauf von drei Jahren weiterhin mit seiner Inanspruchnahme rechnen und entsprechende Vorkehrungen wie eine Rücklagenbildung treffen müssen.

(b) Höchstfristen, § 199 II - IV BGB

Höchstfristen im Interesse der Rechtssicherheit

Da § 199 I BGB an subjektive, für den Schuldner nicht immer erkennbare Umstände anknüpft, muss es im Interesse der Rechtssicherheit auch absolute Höchstfristen geben, die unabhängig von der Kenntnis des Gläubigers ablaufen. 654

Das Gesetz unterscheidet dabei in Schadensersatzansprüche, die nach §§ 199 II, III, IIIa BGB spätestens in 30 Jahren verjähren, und sonstigen Ansprüchen, für die nach § 199 IV BGB eine Höchstfrist von zehn Jahren seit Entstehung des Anspruchs gilt.

I.R.d. Schadensersatzansprüche differenziert das Gesetz weiter:

§ 199 II BGB

(aa) Schadensersatzansprüche, die auf der Verletzung des Lebens, des Körpers, der Gesundheit oder der Freiheit beruhen, verjähren unabhängig von der Kenntnis des Gläubigers spätestens in 30 Jahren von dem Schaden auslösenden Ereignis an, § 199 II BGB. 654a

451 Vgl. BGHZ 53, 222, 225; 55, 340, 341 f.; Grüneberg, § 199, Rn. 3.

452 BGH, NJW 1993, 648, 650 = jurisbyhemmer; Grüneberg, § 199, Rn. 14 ff.

453 Schmid, Der Beginn der Regelverjährung nach §§ 195, 199 BGB bei juristischen Personen, ZGS 2002, 180.

§ 199 III BGB

(bb) Sonstige Schadensersatzansprüche verjähren nach § 199 III BGB 654b

sonstige Schadensersatzansprüche

- ⇨ in zehn Jahren von ihrer Entstehung an, Nr. 1, bzw.
- ⇨ in 30 Jahren von der schädigenden Handlung an, Nr. 2, maßgeblich ist die jeweils früher endende Frist, vgl. S. 2.

hemmer-Methode: Während die Nr. 1 nur auf die Kenntnis des Gläubigers verzichtet, ist nach Nr. 2 auch die Entstehung des Schadens für den Lauf der Verjährung irrelevant. Die dreißigjährige Frist der Nr. 2 gilt dabei vor allem für unvorhersehbare künftige Schäden, da vorhersehbare Schäden nach der Rechtsprechung des BGH zur Schadenseinheit bereits mit der Verwirklichung eines Teilschadens entstanden sind.

> *Bsp.: Beim Bau eines Hauses wird das Kellergeschoss nur mangelhaft abgedichtet, so dass nach 27 Jahren das Grundwasser einzusickern beginnt und das Mauerwerk sowie die Einrichtung beschädigt wird. Erkennbar ist der Schaden für den Eigentümer aber erst zwei Jahre später. Wann ist der Anspruch aus § 823 I BGB verjährt?*

hemmer-Methode: Hinsichtlich des Mauerwerks ist fraglich, ob überhaupt ein Anspruch aus § 823 I BGB besteht. Die Rechtsprechung würde dies wohl verneinen, da die Mauer mangelhaft hergestellt wurde und der Eigentümer zu keinem Zeitpunkt ein über das Äquivalenzinteresse hinausgehendes Integritätsinteresse hatte.

> Die Frist beginnt nach § 199 I BGB erst nach 29 Jahren zu laufen, da erst in diesem Moment die erforderliche Kenntnis vorliegt. Die Frist wäre demzufolge in 32 Jahren verjährt. Die Frist nach § 199 III Nr. 1 BGB beginnt nach 27 Jahren zu laufen, da in diesem Moment der Anspruch entstanden, d.h. zumindest theoretisch einklagbar, ist. Verjährung träte demnach erst nach 37 Jahren ein. Da beide Fristen die absolute Höchstgrenze von 30 Jahren überschreiten, ist § 199 III Nr. 2 BGB einschlägig und der Anspruch nach 30 Jahren verjährt, § 199 III Nr. 2 S. 2 BGB.

§ 199 IIIa BGB

(cc) Ansprüche, die auf einem Erbfall beruhen oder deren Geltendmachung die Kenntnis einer Verfügung von Todes wegen voraussetzt, verjähren gem. § 199 IIIa BGB ohne Rücksicht auf die Kenntnis oder grob fahrlässige Unkenntnis in 30 Jahren von der Entstehung des Anspruchs an. 654c

§ 199 IV BGB

(dd) Andere Ansprüche als die nach den Absätzen 2 bis 3a verjähren ohne Rücksicht auf die Kenntnis oder grob fahrlässige Unkenntnis in zehn Jahren von ihrer Entstehung an, § 199 IV BGB. 654d

hemmer-Methode: Die Abs. 2 - 4 des § 199 BGB stellen Höchstfristen dar! Der Gesetzgeber hätte dies durch die Formulierung „verjähren spätestens ...“ klarstellen sollen![454]

bb) Verjährungsfrist bei Rechten an einem Grundstück, § 196 BGB

10 Jahre bei grundstücksbezogenen Rechten

(1) Ansprüche auf Übertragung des Eigentums an einem **Grundstück** bzw. der Einräumung oder Aufhebung eines Rechts[455] an einem Grundstück **sowie die entsprechenden Gegenansprüche** verjähren nach § 196 BGB in 10 Jahren, wobei die Frist gem. § 200 BGB mit der Entstehung des Anspruchs beginnt. 655

454 Witt, JuS 2002, 105 (106).

455 Strittig ist hierbei, inwieweit das Recht auf Aufhebung einer Grundschuld der Verjährung unterliegt, wenn diese nach Tilgung der gesicherten Verbindlichkeit im Hinblick auf mögliche andere Verbindlichkeiten „stehen gelassen“ wurde, vgl. hierzu m.w.N. Grüneberg, § 196, Rn. 3; Otte, ZGS 202, 57.

hemmer-Methode: Der unter § 196 BGB fallende Gegenanspruch kann sich auch aus dem Gesetz ergeben. Bei dem bereicherungsrechtlichen Anspruch auf Rückübertragung bzw. auf Rückzahlung eines Entgelts handelt es sich um einen „Anspruch auf Übertragung des Eigentums an einem Grundstück“ und um den korrespondierenden "Anspruch auf die Gegenleistung". Es ist nicht gerechtfertigt, für die in aller Regel in Geld bestehenden Gegenansprüche eine andere Verjährungsregel eingreifen zu lassen als für den Erfüllungs- bzw. Rückübertragungsanspruch.[456]

Fristbeginn

(2) Die Frist des § 196 BGB beginnt unabhängig von der Kenntnis des Gläubigers mit der Entstehung zu laufen, § 200 BGB.

cc) Dreißigjährige Verjährungsfrist, § 197 BGB

(1) § 197 I Nr. 1 BGB: Vorsätzliche Verletzungshandlungen

vorsätzliche Verletzungshandlungen

Gem. § 197 I Nr. 1 BGB verjähren Schadensersatzansprüche, die auf der vorsätzlichen Verletzung des Lebens, des Körpers, der Gesundheit, der Freiheit oder der sexuellen Selbstbestimmung beruhen in 30 Jahren. 656

(2) § 197 I Nr. 2 BGB: Herausgabeansprüche aus Eigentum und anderen dinglichen Rechten

dingliche Ansprüche

Gem. § 197 I Nr. 2 BGB verjähren Herausgabeansprüche aus Eigentum, anderen dinglichen Rechten, den §§ 2018, 2130 und 2362 BGB sowie die Ansprüche, die der Geltendmachung der Herausgabeansprüche dienen, in 30 Jahren ab Entstehung des Anspruchs, vgl. § 200 BGB. 657

Mit „anderen dinglichen Rechten“ ist bspw. das Pfandrecht gemeint, das seinem Inhaber nach §§ 1227, 985 BGB ebenfalls einen Herausgabeanspruch gibt.

hemmer-Methode: Die lange Verjährungsfrist ist erforderlich, da andernfalls das Eigentum an einer Sache bereits nach drei Jahren wertlos werden könnte, wenn in diesem Zeitpunkt der Herausgabeanspruch gegen Dritte verjährt ist. Eine solche Rechtslage wäre im Hinblick auf Art. 14 I GG zumindest bedenklich.
I.R.d. Schuldrechtsreform wurde diskutiert, für Herausgabeansprüche überhaupt keine Verjährung vorzusehen. Eine Frist wurde z.T. als unnötig empfunden, da einerseits der gutgläubige Besitzer gem. § 937 BGB bereits nach zehn Jahren durch Ersitzung Eigentum erwirbt und der Herausgabeanspruch damit entfällt, der bösgläubige Besitzer andererseits auch nach 30 Jahren nicht schutzwürdig ist. Der Gesetzgeber hat trotz dieser nicht unbegründeten Einwände an einer Frist für Herausgabeansprüche festgehalten. Der gutgläubig Ersitzende soll zumindest nach 30 Jahren von der Unsicherheit befreit werden, ob der Richter in einem evtl. Herausgabeprozess nicht doch von Bösgläubigkeit ausgeht.

Anwendungsbereich: Herausgabeansprüche

§ 197 I Nr. 2 BGB gilt nach seinem eindeutigen Wortlaut allerdings nur für Herausgabeansprüche. Aus dem Eigentum (oder sonstigen dinglichen Rechten) resultierende Unterlassungs- oder Beseitigungsansprüche (bspw. nach § 1004 BGB) verjähren nach § 195 BGB in drei Jahren.[457]

---

456 OLG Rostock, ZGS 2007, 272 ff. = jurisbyhemmer.

457 Grüneberg, § 197, Rn. 3.

Anrechnung

Nach § 198 BGB kommt bei den dinglichen Ansprüchen nach § 197 I Nr. 2 BGB die während des Besitzes eines Rechtsvorgängers verstrichene Verjährungszeit dem Rechtsnachfolger zugute. Gibt der unrechtmäßige Besitzer also nach 29 Jahren die Sache an einen bösgläubigen Dritten weiter, läuft keine neue Frist an, sondern nach insgesamt 30 Jahren ist der Herausgabeanspruch des Eigentümers nach § 985 BGB verjährt.

(3) Rechtskräftig festgestellte Ansprüche, § 197 I Nr. 3 - 5 BGB

§ 197 I Nr. 3 BGB

Erwähnenswert ist auch noch § 197 I Nr. 3 BGB, wonach rechtskräftig festgestellte Ansprüche erst nach 30 Jahren verjähren. 658

Der Verjährungsbeginn richtet sich nach § 201 BGB. Maßgeblich ist demnach bei titulierten Ansprüchen i.S.d. § 197 I Nr. 3 BGB die Rechtskraft der Entscheidung.

Vergleichbare Fälle sind in § 197 I Nr. 4 und 5 BGB geregelt.

(4) § 197 II BGB

Sonderregelung für wiederkehrende Leistungen

Für Ansprüche, die auf wiederkehrende Leistungen gerichtet sind, tritt an die Stelle der 30-jährigen Verjährung nach § 197 I Nr. 3 bis 5 BGB die regelmäßige Verjährung. 659

Regelmäßige Verjährung, § 195 BGB → **3 Jahre**

Verjährung bei Rechten an einem Grundstück, § 196 BGB → **10 Jahre**

Ansprüche i.S.d. § 197 I BGB → **30 Jahre**

Sonstige Verjährungsfristen im BGB: →

- § 438 I Nr. 3 BGB: **2 Jahre i.d.R.** (bei Arglist: Regelverjährung, § 438 III BGB)
- § 634a I Nr. 1 BGB: **2 Jahre** (Sache), § 634a I Nr. 2 BGB: **5 Jahre** (Bauwerk)
- § 548 BGB: **6 Monate**
- § 852 S. 2 BGB: **10 Jahre** ab Entstehung

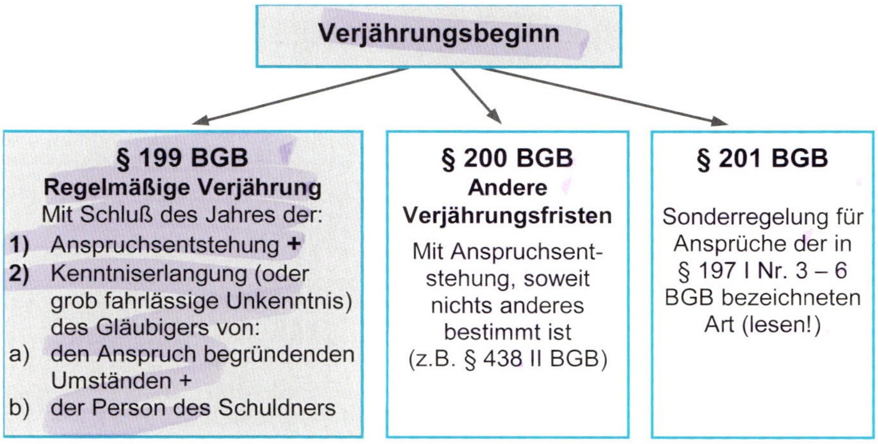

dd) § 852 BGB als Sonderregelung im Deliktsrecht

Verjährung des deliktischen Bereicherungsanspruchs

§ 852 S. 1 BGB regelt den Sonderfall des sog. deliktischen Bereicherungsanspruchs.[458] 660

Voraussetzung ist, dass der Schädiger durch die unerlaubte Handlung etwas auf Kosten des Verletzten erlangt hat, jedoch der deliktische Anspruch auf Schadensersatz bereits verjährt ist. In dieser Konstellation soll der Verletzte trotz des Eintritts der Verjährung die Herausgabe nach den Vorschriften über die Herausgabe einer ungerechtfertigten Bereicherung verlangen dürfen.

> *Bsp.: D stiehlt E eine Sache und veräußert sie an den K. Fünf Jahre nach Kenntnis hiervon verklagt E den D auf Erlösherausgabe nach § 816 I S. 1 BGB. Zu Recht?*
>
> Der Anspruch aus § 816 I S. 1 BGB ist an sich verjährt, § 199 I BGB. Allerdings kann B gegen D gem. § 852 BGB den Anspruch auf Herausgabe des Veräußerungserlöses geltend machen.

Gem. § 852 S. 2 BGB verjährt der Herausgabeanspruch nach § 852 S. 1 BGB in zehn Jahren von seiner Entstehung an. Der Begriff der Entstehung ist wie i.R.d. § 199 BGB auszulegen, so dass der Anspruch dann entstanden ist, wenn er klageweise geltend gemacht werden kann.[459] Ohne Rücksicht auf die Entstehung verjährt der Anspruch spätestens in 30 Jahren von der Begehung der Verletzungshandlung oder dem sonstigen, den Schaden auslösenden Ereignis an.

hemmer-Methode: Da in dem Moment, in dem der Schädiger durch die deliktische Handlung etwas erlangt hat, der Anspruch des Geschädigten entstanden ist, wird die 2. Alt. des § 852 S. 2 BGB kaum Bedeutung erlangen. Maßgeblich ist die Zehnjahresfrist nach S. 2 Alt. 1. Damit verjährt der deliktische Bereicherungsanspruch des § 852 S. 1 BGB in der gleichen Frist, die nach § 199 III BGB maximal für den entsprechenden Deliktsanspruch gilt. Relevant wird § 852 S. 1 BGB deshalb nur dann werden, wenn nach §§ 195, 199 I BGB der deliktische Anspruch in drei Jahren ab Kenntnis des Geschädigten verjährt.

---

458 Vgl. hierzu auch Ebert, Der deliktische „Rest-Schadensanspruch“ nach der Schuldrechtsreform, in NJW 2003, 3035 ff.

459 Vgl. BGHZ 53, 222, 225; 55, 340, 341 f.

b) „Verjährungsvereinbarungen“

aa) Grundsatz: Erleichterung und Erschwerung der Verjährung zulässig

Grundsätzlich kann die Verjährung durch Vereinbarungen sowohl erleichtert als auch erschwert werden. 661

bb) Grenzen für „Verjährungsvereinbarungen“

Sowohl Erleichterungen als auch Erschwerungen können sich allein auf „verjährbare“ Ansprüche beziehen. Soweit ein Anspruch der Verjährung nicht unterliegt, kann diese auch nicht durch Vereinbarung geregelt werden. 662

(1) Grenzen für Verjährungserleichterungen

§ 202 BGB: keine Erleichterung bei Vorsatz

(a) Als Grenze für Verjährungserleichterungen sieht § 202 I BGB vor, dass die Verjährung bei Haftung wegen Vorsatz nicht im Voraus erleichtert werden kann. 663

Diese Regelung steht im Zusammenhang mit dem Verbot des § 276 III BGB, nach dem die Haftung wegen Vorsatz nicht im Voraus erlassen werden kann. Dieses Verbot wäre wertlos, wenn die Haftung als solche durch die Vereinbarung nicht in Frage gestellt, die Verjährung aber deutlich verkürzt würde.

Grenzen für Erleichterungen in AGB´s

(b) Weitere Grenzen für verjährungserleichternde Vereinbarungen ergeben sich aus den §§ 305 ff. BGB. 664

§ 309 Nr. 7a BGB

(aa) Nach § 309 Nr. 7a BGB kann in AGB´s die Haftung nicht für Ansprüche verkürzt werden, die aus der Verletzung des Lebens, des Körpers oder der Gesundheit resultieren. Unter einer solchen Beschränkung der Haftung ist auch eine Verkürzung der Verjährung zu subsumieren.[460]

§ 309 Nr. 7b BGB

(bb) Gem. § 309 Nr. 7b BGB sind Verkürzungen der Verjährung in AGB´s für solche Ansprüche unzulässig, die auf einer grob fahrlässigen Pflichtverletzung des Verwenders oder einer vorsätzlichen oder grob fahrlässigen Pflichtverletzung des gesetzlichen Vertreters bzw. des Erfüllungsgehilfen beruhen.

§ 309 Nr. 8a BGB

(cc) § 309 Nr. 8a BGB verbietet Verjährungserleichterungen, soweit es um das Recht des Gläubigers geht, sich aufgrund einer vom Verwender der AGB´s zu vertretenden Pflichtverletzung vom Vertrag zu lösen.

> **Bsp.:** *§ XY der AGB´s lautet: „Das Recht des Vertragspartners, bei Pflichtverletzungen des Verwenders vom Vertrag zurückzutreten, ist auf einen Zeitraum von zwei Jahren nach der Pflichtverletzung beschränkt.“*

hemmer-Methode: Beachten Sie, dass § 309 Nr. 8a BGB nach seinem eindeutigen Wortlaut nicht für die Pflichtverletzung in Form des Mangels einer Kaufsache gilt. Hier sind i.R.d. §§ 309 Nr. 8b ff, 475 II BGB Einschränkungen der Verjährung möglich.[461]

Verstoß gegen Generalklausel des § 307 BGB

(dd) Darüber hinaus können Verjährungserleichterungen in AGB´s gegen die Generalklausel des § 307 BGB verstoßen.

460 Grüneberg, § 309, Rn. 44.

461 Siehe Rn. 697.

Verkürzung der Gewährleistungsfristen

(c) Im Bereich der Mängelansprüche ergeben sich weitere Beschränkungen für verjährungserleichternde Vereinbarungen aus § 476 II BGB bzw. § 445b II BGB im Rahmen eines Verbrauchsgüterkaufs sowie aus § 309 Nr. 8b ff BGB für Verjährungsvereinbarungen in AGB´s.[462] 665

(2) Grenzen für Verjährungserschwerungen

Fristverlängerung max. auf 30 Jahre

Nach § 202 II BGB kann die Verjährungsfrist durch Vereinbarung auf maximal 30 Jahre verlängert werden. 666

Weitere Grenzen für verjährungserschwerende Vereinbarungen können sich aus § 307 BGB ergeben.

c) Hemmung, Ablaufhemmung und Neubeginn der Verjährung

aa) Das Grundkonzept

Grundkonzept

Es gibt Ereignisse, die den Ablauf einer Verjährungsfrist beeinflussen müssen. Dies ist dann der Fall, wenn der Schuldner durch sein eigenes Verhalten zu erkennen gibt, dass er den Anspruch als bestehend ansieht und nicht bestreiten will. 667

Die Verjährung darf auch dann nicht weiterlaufen, wenn der Gläubiger aus anerkennenswerten Gründen gehindert ist, den Anspruch geltend zu machen. Schließlich muss sichergestellt werden, dass ein Anspruch nicht verjährt, nachdem der Gläubiger angemessene und unmissverständliche Schritte zur Durchsetzung des Anspruchs ergriffen hat.

Das geltende Recht ordnet in Fällen dieser Art an:

- ⇨ eine Hemmung, d.h. die Nichteinrechnung bestimmter Zeiten in die Verjährungsfrist, §§ 203 bis 209 BGB,
- ⇨ eine Ablaufhemmung als Unterfall der Hemmung, d.h. die Verjährungsfrist läuft frühestens eine bestimmte Zeit nach Wegfall von Gründen ab, die der Geltendmachung des Anspruchs entgegenstehen, §§ 210, 211 BGB, *oder*
- ⇨ einen Neubeginn der Verjährung, §§ 212 BGB.

hemmer-Methode: Verdeutlichen Sie sich den Unterschied zwischen einer Hemmung und dem Neubeginn der Verjährung. Während bei der Hemmung die „Uhr" lediglich eine gewisse Zeit lang angehalten wird, § 209 BGB, wird sie bei einem Neubeginn wieder „auf null" zurückgestellt. Letzteres ist im Normalfall nicht erforderlich, um den Gläubigerinteressen gerecht zu werden. Die Hemmung ist deshalb der gesetzliche Normalfall, die Unterbrechung ist auf Ausnahmefälle beschränkt.

bb) Die einzelnen Hemmungstatbestände

(1) Verhandlungen, § 203 BGB

Hemmung bei Verhandlungen

(a) Die Verjährung ist solange gehemmt, wie zwischen den Parteien Verhandlungen über den Anspruch oder die anspruchsbegründenden Tatsachen schweben. 668

462 Ausführlich hierzu unter Rn. 697.

hemmer-Methode: Verhandlungen haben den rechtspolitisch erwünschten Zweck, Rechtsstreitigkeiten zu vermeiden. Es erscheint dem Gesetzgeber daher angebracht, die Verhandlungen nicht unter den Zeitdruck einer ablaufenden Verjährungsfrist zu stellen.
Für die Regelung des § 203 BGB spricht auch die Billigkeit: Der Schuldner, der sich in Verhandlungen mit dem Gläubiger einlässt und diesen damit zunächst von der Klageerhebung abhält, darf nicht nachher die Erfüllung des Anspruchs unter Hinweis auf die auch während der Verhandlungen verstrichene Zeit ablehnen.

Begriff der Verhandlung

Der Begriff der Verhandlung ist weit auszulegen. Es genügt jeder Meinungsaustausch über den Schadensfall zwischen den Parteien, wenn nicht der Schuldner erkennbar von vornherein jegliche Ersatzpflicht bestreitet und Verhandlungen darüber ablehnt.[463]

nicht auf Anspruchsgrundlage beschränkt

Keine Voraussetzung für § 203 BGB ist es, dass die Beteiligten über eine bestimmte Anspruchsgrundlage streiten. Der Begriff „Anspruch" ist hier nicht im Sinne einer materiell-rechtlichen Anspruchsgrundlage, sondern weiter im Sinne eines aus einem Sachverhalt hergeleiteten Begehrens auf Befriedigung eines Interesses zu verstehen.

> **Bsp.:** *Verhandlungen über vertragliche Ansprüche nach § 280 BGB wegen Verletzung einer Nebenpflicht werden in der Regel auch konkurrierende deliktische Ansprüche erfassen.*

hemmer-Methode: Probleme wird hier die Abgrenzung zwischen bloßen Verhandlungen mit der Folge der Verjährungshemmung und einem Anerkenntnis hervorrufen, da ein solches Anerkenntnis nach § 212 I Nr. 1 BGB einen Neubeginn der Verjährung verursacht.

Ende der Hemmung

(b) Die Hemmung dauert solange an, bis eine der Parteien die Fortsetzung der Verhandlung verweigert.

Diese Verweigerung muss klar und erkennbar für die andere Partei zum Ausdruck gebracht werden. Schlafen die Verhandlungen ein, so endet die Hemmung in dem Zeitpunkt, in dem der nächste Schritt nach Treu und Glauben zu erwarten gewesen wäre.[464]

dreimonatige Ablaufhemmung

Da das Ende der Verhandlungen für den Gläubiger überraschend eintreten kann, sieht § 203 S. 2 BGB eine besondere Ablaufhemmung vor: Die Verjährung tritt frühestens drei Monate nach dem Ende der Verhandlungen ein.

> **Bsp.:** *Die Forderung des G verjährt zum 31.12. Am 20.12. ruft er den S an und bietet ihm einen 20-prozentigen Nachlass an, wenn S endlich zahle. S bittet sich einen Tag Bedenkzeit aus, sagt G aber am 21.12. ab.*
>
> Nach § 203 BGB war hier die Verjährung für einen Tag gehemmt, so dass die Verjährung nicht am 31.12., sondern erst am 01.01. des Folgejahres eintritt. Allerdings greift in diesem Fall die Ablaufhemmung des § 203 S. 2 BGB ein, so dass die Forderung tatsächlich erst am 21.03. verjährt!

(2) Maßnahmen der Rechtsverfolgung, § 204 BGB

§ 204 I BGB ordnet in Fällen der Rechtsverfolgung eine Hemmung der Verjährung an. 669

Die Hemmung der Verjährung gemäß § 204 I Nr. 1 BGB setzt eine Klage des Berechtigten voraus.

---

463 BGH, **Life&LAW 04/2007, 231 ff.** = **juris**byhemmer; BGHZ 93, 64 = **juris**byhemmer, Grüneberg, § 203, Rn. 2; Auktor, NJW 2003, 120, 122.

464 BGH, NJW 1986, 1337, 1338 = **juris**byhemmer; Grüneberg, § 203, Rn. 4.

hemmer-Methode: Auch die unzulässige Klage eines Berechtigten hemmt allerdings die Verjährung gemäß § 204 I Nr. 1 BGB.[465]
Für den Eintritt der Hemmungswirkung nach § 204 I Nr. 3 BGB kommt es grds. nicht auf die Zulässigkeit, sondern allein auf die Wirksamkeit des auf den Mahnantrag erlassenen und zugestellten Mahnbescheides an.[466]

Beendigung des Verfahrens = Hemmungsende, aber Nachfrist

Die Hemmung endet nach § 204 II S. 1 BGB sechs Monate nach der rechtskräftigen Entscheidung oder anderweitigen Beendigung des Verfahrens.

Der Gesetzgeber knüpft also an die Hemmung nach § 204 I BGB eine Nachfrist an.

hemmer-Methode: Hintergrund dieser Nachfristgewährung ist die Umstellung von der Unterbrechungs- auf die Hemmungswirkung. Insbesondere bei Verfahren, die nicht mit einer Sachentscheidung enden, muss dem Gläubiger noch eine Frist bleiben, in der er – verschont von dem Lauf der Verjährung – weitere Rechtsverfolgungsmaßnahmen einleiten kann.

Fehlt es an einer rechtskräftigen Entscheidung oder anderweitigen Beendigung des Verfahrens, weil das Verfahren von den Parteien nicht weiter betrieben wird, so endet die Hemmung sechs Monate nach der letzten Verfahrenshandlung der Parteien, des Gerichts oder einer sonst mit dem Verfahren befassten Stelle, § 204 II S. 2 BGB.

Wenn eine der Parteien das Verfahren weiter betreibt, beginnt die Hemmung erneut, § 204 II S. 3 BGB. Die zuvor geltende Nachfrist wird davon nicht berührt.

> *Bsp.: A und B schließen im Januar 2013 einen Kaufvertrag. Der Verkäufer A erhebt im November 2016 Klage auf Zahlung des Kaufpreises. Am 15.03.2017 nimmt er diese zurück, um sie im August 2017 aufs Neue zu erheben. Ist der Zahlungsanspruch mittlerweile verjährt?*
>
> Der Anspruch verjährt gem. §§ 195, 199 I BGB in drei Jahren ab Vertragsschluss, wobei Verjährungsbeginn der Schluss des Jahres ist, § 199 I BGB. Der Anspruch verjährt damit mit Ablauf des 31.12.2016. Die Klageerhebung im November 2016 erfolgte rechtzeitig. Folge der Klagerücknahme im März 2017 ist das Ende der Hemmung, wobei dieses aufgrund der in § 204 II S. 1 BGB angeordneten Nachfrist erst am 15.09.2017 eintritt. Damit erfolgte auch die zweite Klageerhebung rechtzeitig. Der Anspruch ist noch nicht verjährt.

(3) Vereinbartes Leistungsverweigerungsrecht, § 205 BGB

Hemmung durch vereinbartes Leistungsverweigerungsrecht

Solange der Schuldner aufgrund einer Parteivereinbarung zur Leistungsverweigerung berechtigt ist, ist die Verjährung nach § 205 BGB gehemmt. 670

hemmer-Methode: § 205 BGB wird wohl nur geringe Bedeutung zukommen. Eine anfängliche Stundung kann als Fälligkeitstermin ausgelegt werden und verschiebt als solcher den Fristbeginn. Eine nachträgliche Stundungsvereinbarung wird regelmäßig mit dem Anerkenntnis des Schuldners einhergehen, zur Leistung grundsätzlich verpflichtet zu sein. Dieses Anerkenntnis führt aber nach § 212 I Nr. 1 BGB zu einem Neubeginn der Verjährung. Für § 205 BGB bleibt der seltene Fall, dass der Gläubiger dem Schuldner die Leistung trotz des Bestreitens stundet, wobei dieser Fall ohne große Probleme auch unter § 203 BGB subsumiert werden könnte.

465 BGH, NJW 2011, 2193 ff. = jurisbyhemmer.

466 BGH, NJW 2012, 995 ff. = jurisbyhemmer; an der Wirksamkeit fehlt es bei mangelnder Individualisierung i.S.d. § 690 I Nr. 3 ZPO, nicht aber bei Verstoß gegen die für Zug-um-Zug-Ansprüche geltende Beschränkung des § 690 I Nr. 4 ZPO.

§ 205 BGB gilt nach seinem eindeutigen Wortlaut nur für vereinbarte Leistungsverweigerungsrechte, nicht auch für gesetzliche wie bspw. §§ 273, 320, 321, 768 BGB.

(4) Höhere Gewalt, § 206 BGB

Hemmung durch höhere Gewalt

Die Verjährung ist nach § 206 BGB gehemmt, solange der Gläubiger innerhalb der letzten sechs Monate der Verjährungsfrist durch höhere Gewalt an der Rechtsverfolgung gehindert ist. 671

Höhere Gewalt liegt nach der bisherigen Rechtsprechung vor, wenn die Verhinderung auf Ereignissen beruht, die auch durch die äußerste Sorgfalt nicht verhindert werden konnten.[467]

(5) Hemmung der Verjährung aus familiären und ähnlichen Gründen, § 207 BGB

Hemmung aus familiären Gründen

Während bestehender Ehe sind Ansprüche zwischen den Ehegatten gehemmt, § 207 I S. 1 BGB. 672

§ 207 I S. 2 BGB erweitert diese Hemmungswirkung auf die dort aufgezählten Fälle.

hemmer-Methode: Weitere Fälle der Hemmung finden sich in §§ 497 III S. 3, 771 S. 2 BGB!

(6) Hemmung der Verjährung bei Ansprüchen wegen Verletzung der sexuellen Selbstbestimmung, § 208 BGB

Hemmung bei Ansprüchen wegen Verletzung der sexuellen Selbstbestimmung

Nach § 208 S. 1 BGB ist die Verjährung von Ansprüchen wegen Verletzung der sexuellen Selbstbestimmung bis zur Vollendung des 21. Lebensjahres des Gläubigers bzw. nach § 208 S. 2 BGB ggf. bis zur Beendigung der häuslichen Gemeinschaft zwischen Gläubiger und Schuldner gehemmt. 673

hemmer-Methode: Diese Vorschrift orientiert sich an der Verfolgungsverjährung des § 78b I Nr. 1 StGB. Ziel ist es, eine nach §§ 195, 199 I BGB eintretende Verjährung von deliktischen Ansprüchen des Minderjährigen, die wegen der Kenntnis oder grob fahrlässigen Unkenntnis der Eltern möglich wäre (§§ 1626 I, 1629 I, 166 I BGB), zu verhindern. Die Hemmung wurde dabei in Anlehnung an den Heranwachsendenbegriff des § 105 JGG über die Volljährigkeit hinaus auf das 21. Lebensjahr erweitert.

Da sich insbesondere in § 208 S. 2 BGB keine Einschränkung hinsichtlich des Alters des Opfers im Zeitpunkt der Tatbegehung findet, erfasst diese Vorschrift jeden sexuellen Missbrauch und nicht nur den gegenüber Minderjährigen und Heranwachsenden.

cc) Die Fälle der Ablaufhemmung

(1) Ablaufhemmung bei nicht voll Geschäftsfähigen, § 210 BGB

Ablaufhemmung bei nicht voll Geschäftsfähigen

Ansprüche des Minderjährigen, der ohne gesetzlichen Vertreter ist, verjähren gem. § 210 I S. 1 BGB frühestens sechs Monate nach Eintritt der Volljährigkeit. Soweit die Verjährungsfrist kürzer ist als sechs Monate, bemisst sich die Ablaufhemmung nach dieser Frist, § 210 I S. 2 BGB. 674

467 M.w.N. Grüneberg, § 203, Rn. 4; vgl. hierzu auch BGH, NJW 2001, 3557.

hemmer-Methode: Ohne gesetzlichen Vertreter ist der Minderjährige auch in den Fällen, in denen die Eltern nach §§ 1629 II, 1643 BGB von der Vertretung ausgeschlossen sind und kein Ergänzungspfleger nach § 1909 BGB bestellt ist.
§ 210 BGB kommt über § 124 II S. 2 BGB auch dann zur Anwendung, wenn es um das Anfechtungsrecht des nicht voll Geschäftsfähigen geht.

künftig auch Ansprüche gegen Minderjährigen erfasst

Diese Ablaufhemmung erfasst allerdings nicht nur Ansprüche des Minderjährigen gegen einen Dritten, sondern auch Ansprüche des Dritten gegen den Minderjährigen.

Ausnahme bei prozessfähigem Minderjährigen

Soweit ein Minderjähriger prozessfähig ist, bspw. nach § 112 BGB, findet gem. § 210 II BGB die Hemmung nach § 210 I BGB keine Anwendung, da der Minderjährige klagen und verklagt werden kann, es die Parteien also in der Hand haben, eine Hemmung nach § 204 BGB herbeizuführen.

(2) Ablaufhemmung in Nachlassfällen, § 211 BGB

Ablaufhemmung in Nachlassfällen

Die Ablaufhemmung gem. § 211 BGB verhindert, dass in den ersten sechs Monaten seit dem Erbfall Nachlassforderungen bzw. –verbindlichkeiten verjähren. 675

hemmer-Methode: Weitere Fälle der Ablaufhemmung sind §§ 203 S. 2, 445b II BGB.

dd) Die Fälle des Neubeginns der Verjährung

Neubeginn bei Anerkenntnis und Vollstreckungshandlungen

Zur Unterbrechung der Verjährung bzw. zu einem „Neubeginn der Verjährung" führen das Anerkenntnis des Anspruchs durch den Schuldner und die Vornahme von Vollstreckungshandlungen, § 212 BGB. 676

hemmer-Methode: In beiden Fällen wäre die Einführung eines Hemmungstatbestandes ungeeignet gewesen, weil die maßgebenden Handlungen häufig nur geringe Zeit in Anspruch nehmen, so dass ein Zeitraum, für den der Ablauf der Verjährung gehemmt sein könnte, nahezu fehlt.

(1) Neubeginn durch Anerkenntnis

Neubeginn durch Anerkenntnis

Nach § 212 I Nr. 1 BGB beginnt die Verjährung von Neuem, wenn der Schuldner dem Gläubiger gegenüber den Anspruch durch Abschlagszahlung, Zinszahlung, Sicherheitsleistung oder in anderer Weise anerkennt. 677

Abgrenzung zu „Verhandlungen"

Schwierigkeiten wird – wie bereits erwähnt[468] - die Abgrenzung zwischen einem Anerkenntnis i.S.d. § 212 I Nr. 1 BGB und einem bloßen Verhandeln nach § 203 BGB mit sich bringen. Ein Anerkenntnis wird man in einer Erklärung des Schuldners nur dann sehen dürfen, wenn er eindeutig zum Ausdruck bringt, dass er sich seiner rechtlichen Verpflichtung bewusst ist. Solange der Schuldner Zweifel hieran erkennen lässt, liegen allenfalls verjährungshemmende Verhandlungen vor.

hemmer-Methode: Ist der Ablauf der Verjährungsfrist durch erfolgte Verhandlungen (§ 203 BGB) und Teilzahlungen (§ 212 I Nr. 1 BGB) zugleich gehemmt und unterbrochen worden, läuft die neue Verjährungsfrist erst vom Ende der Verjährung an.[469]

468 Oben Rn. 668.
469 OLG Zweibrücken, ZGS 2007, Heft 9, 359 f. = jurisbyhemmer.

(2) Neubeginn durch Vollstreckungshandlungen

Vollstreckungshandlungen

Nach § 212 I Nr. 2 BGB beginnt die Verjährung neu, wenn eine gerichtliche oder behördliche Vollstreckungshandlung vorgenommen oder beantragt wird. Auf den Zugang des Antrags beim Schuldner kommt es dem Wortlaut nach nicht an. 678

hemmer-Methode: Angesichts dessen, dass für die meisten vollstreckbaren Ansprüche nach § 197 BGB ohnehin eine dreißigjährige Frist gilt, wird § 212 I Nr. 2 BGB praktische Bedeutung vor allen Dingen dann erlangen, wenn der Gläubiger aufgrund eines Arrestbefehls oder einer einstweiligen Verfügung Vollstreckungsmaßnahmen vornimmt.

Der Antrag, eine Vollstreckungshandlung vorzunehmen, und die tatsächliche Vornahme stehen dabei gleichberechtigt nebeneinander. Dies bedeutet, dass häufig die Verjährung binnen kurzer Zeit zweimal neu beginnen wird.

Die Vorschrift des § 212 II, III BGB enthält Fiktionen, unter denen der erneute Beginn der Verjährung durch die Vornahme einer Vollstreckungshandlung (Abs. 2) oder durch den Antrag auf Vornahme einer Vollstreckungshandlung (Abs. 3) als nicht eingetreten gilt.

hemmer-Methode: Nicht geregelt ist, ob die Frist unmittelbar mit dem Anerkenntnis neu beginnt oder ob entsprechend § 199 I BGB auf das Ende des Jahres abzustellen ist. Nach der Rechtsprechung beginnt die Frist unmittelbar mit dem Anerkenntnis erneut zu laufen. Die „Jahresschluss-Regel" des § 199 I BGB findet keine Anwendung.[470]

ee) Umfang von Hemmung und Neubeginn

Erstreckung auf Surrogatsansprüche

Die Hemmung und der Neubeginn der Verjährung erstrecken sich gem. § 213 BGB sowohl auf mögliche konkurrierende Ansprüche als auch auf Surrogatsansprüche. 679

Voraussetzung für diese Erstreckung nach § 213 BGB ist, dass es sich um einen Anspruch handelt, der gegen den selben Schuldner sowie auf das gleiche Interesse gerichtet ist. Darüber hinaus muss eine Konstellation vorliegen, in der das Gesetz dem Gläubiger von vornherein mehrere Ansprüche zur Verfügung stellt, um in Verfolgung des gleichen wirtschaftlichen Interesses von einem zum anderen Anspruch überzugehen.

Bsp.: Herausgabe der Sache nach § 985 BGB und Schadensersatz wegen Unmöglichkeit der Herausgabe nach §§ 989, 990 BGB

hemmer-Methode: § 213 BGB wird erst dann relevant, wenn die Grenze des Anspruchs i.S.d. Prozessrechts (also unabhängig von der materiellen Anspruchsgrundlage) überschritten ist, d.h. ein neuer Streitgegenstand vorliegt, weil entweder der Klageantrag geändert oder aber das Begehren auf einen neuen Sachverhalt gestützt wird. Soweit es sich um denselben Streitgegenstand handelt, der lediglich auf verschiedene Anspruchsgrundlagen gestützt werden kann, ergibt sich bereits aus § 204 BGB, dass die Hemmung den gesamten Anspruch und nicht lediglich die konkret in der Klage erwähnte Anspruchsgrundlage erfasst. 680

470 Grüneberg, § 199, Rn. 38.

d) Rechtsfolgen der Verjährung

aa) Wirkung der Verjährung, § 214 BGB

Leistungsverweigerungsrecht als Folge der Verjährung, § 214 I BGB

Dem Schuldner steht mit Eintritt der Verjährung nach § 214 I BGB das Recht zu, die Leistung zu verweigern. Bei der Verjährung handelt es sich wie bisher um eine im Prozess zu erhebende Einrede, die den Bestand des Anspruchs unberührt lässt und ihn peremptorisch, d.h. dauerhaft hemmt. 681

hemmer-Methode: Die Berufung auf die Einrede der Verjährung ist treuwidrig, wenn der Schuldner seine vertragliche Verpflichtung zur Mitteilung eines Wohnungswechsels schuldhaft verletzt und dadurch eine wirksame Zustellung des Mahn- und Vollstreckungsbescheids vereitelt hat.[471]

Nach § 214 II BGB ist die Rückforderung des - auch in Unkenntnis der Verjährung - Geleisteten ausgeschlossen, vgl. auch § 813 I S. 2 BGB.

bb) Aufrechnung und Zurückbehaltungsrecht nach Eintritt der Verjährung, § 215 BGB

Trotz der Einrede des § 214 I BGB kann der Gläubiger wegen § 215 BGB mit seiner Forderung entgegen § 390 BGB noch aufrechnen bzw. sie i.R.d. § 273 BGB geltend machen, wenn seine Forderung zwar im Zeitpunkt der Aufrechnungserklärung bzw. der Geltendmachung des Zurückbehaltungsrechts verjährt ist, aber in dem Zeitpunkt noch nicht verjährt war, in dem das Aufrechnungsrecht bzw. das Zurückbehaltungsrecht entstanden ist. 682

cc) Wirkung der Verjährung bei gesicherten Ansprüchen, § 216 BGB

Ausnahmen bei gesicherten Ansprüchen

(1) § 216 I BGB durchbricht die Akzessorietät der dort genannten Sicherungsmittel und lässt das dingliche Verwertungsrecht von der Einrede der Verjährung des gesicherten Anspruchs unberührt. 683

Ausnahme bei Sicherungseigentum

(2) Von der Verjährung unberührt bleiben gem. § 216 II BGB die sicherheitshalber übertragenen Rechte.

Ausnahme bei Eigentumsvorbehalt

(3) In § 216 II S. 2 BGB ist der Fall des Eigentumsvorbehalts geregelt.

Hat sich der Verkäufer das Eigentum am verkauften Gegenstand vorbehalten, kann der Rücktritt vom Vertrag auch noch dann erklärt werden, wenn der gesicherte Anspruch bereits verjährt ist, §§ 216 II S. 2, 218 I S. 3 BGB.

hemmer-Methode: Dieses Privileg der Eigentumsvorbehaltsverkäufers gegenüber dem „normalen“ Verkäufer ist einer der Gründe für die Vereinbarung eines Eigentumsvorbehalts. Die anderen Gründe sind die Rechte des Eigentumsvorbehaltsverkäufers als Eigentümer der Sache, wenn Dritte in die Sache pfänden wollen oder wenn über das Vermögen des Käufers das Insolvenzverfahren eröffnet wird.

(4) Von § 216 I, II BGB nicht erfasst werden die Bürgschaft und die Vormerkung (vgl. §§ 768 I, 886 BGB). Der Bürge kann also gem. § 768 BGB die Leistung aus der Bürgschaft verweigern, wenn dem Hauptschuldner die Einrede des § 214 I BGB zusteht.

471 Vgl. BGH, NJW-RR 2015, 415 ff. = jurisbyhemmer.

dd) Verjährung der Nebenleistungen, § 217 BGB

Verjährung der Nebenansprüche

(1) Gem. § 217 BGB verjährt mit dem Hauptanspruch auch der Anspruch auf die von ihm abhängenden Nebenleistungen (Zinsen, Früchte, Nutzungen, Kosten), selbst wenn die für diesen Anspruch geltende besondere Verjährung noch nicht eingetreten ist. 684

hemmer-Methode: Hintergrund dieser Regelung ist, dass sich der Schuldner zur Verteidigung gegen solche „Nebenansprüche" auch zum bereits verjährten Hauptanspruch einlassen müsste. Die durch die Verjährung beabsichtigte Rechtssicherheit ginge weitgehend verloren.

Im Ergebnis verjähren nach § 217 BGB Ansprüche auf Nebenleistungen spätestens mit dem Hauptanspruch. Unterliegt dagegen der Anspruch auf die Nebenleistung einer kürzeren Verjährung als der Anspruch auf den Hauptanspruch, bleibt es bei der kürzeren Verjährung („noch nicht eingetreten ist").

(2) Nach dem Willen des Gesetzgebers soll § 217 BGB auch auf den Verzugsschaden nach §§ 280 I, II, 286 BGB Anwendung finden.[472] Keine Nebenleistungen i.S.d. § 217 BGB sind dagegen Ansprüche, die an Stelle des eigentlichen Anspruchs treten.

Bsp.: Der Anspruch auf Schadensersatz statt der Leistung nach §§ 280 I, III, 281, 283 BGB unterliegt nicht der Verjährung des eigentlichen Leistungsanspruches, sondern verjährt eigenständig nach §§ 195 ff. BGB. Nach § 199 I BGB kann er damit frühestens in drei Jahren ab Ende des Jahres der Entstehung, d.h. im Fall des § 283 BGB ab Ende des Jahres des Eintritts der Unmöglichkeit verjähren.

ee) Verfristung des Rücktrittsrechts, § 218 BGB

Rücktritt als Gestaltungsrecht unterliegt nicht der Verjährung

Nach § 194 I BGB unterliegen nur „Ansprüche" der Verjährung. Das Recht zum Rücktritt als Gestaltungsrecht fällt nicht unter § 194 BGB, kann demnach auch nicht verjähren. § 218 BGB regelt deshalb die Auswirkungen der Verjährung des Leistungsanspruchs auf das Rücktrittsrecht. 685

hemmer-Methode: Ein Anspruch berechtigt nach der Legaldefinition des § 194 I BGB den Gläubiger, vom Schuldner die Erbringung einer Leistung einzufordern. Steht dem Gläubiger dagegen ein Gestaltungsrecht zu, kann er selbst durch dessen Ausübung das gewollte Ziel erreichen, z.B. den Vertrag durch seine Rücktrittserklärung beenden. Auf eine Mitwirkung des Schuldners kommt es dabei nicht an!

Rücktrittsrecht teilt Schicksal des Erfüllungsanspruchs

(1) Nach § 218 I S. 1 BGB ist der Rücktritt wegen einer nicht oder nicht vertragsgemäß erbrachten Leistung bspw. nach § 323 BGB unwirksam, wenn im Falle der Nichtleistung der Anspruch auf die Leistung oder im Falle der Schlechtleistung der Anspruch auf die Nacherfüllung verjährt ist und der Schuldner sich gem. § 214 I BGB auf die Verjährung beruft.

(a) Für die Unwirksamkeit des Rücktritts ist solange die Verjährung des Erfüllungsanspruchs maßgeblich, bis sich dieser z.B. durch Übergabe der Kaufsache nach §§ 434, 437 BGB in einen Nacherfüllungsanspruchs wandelt. Ab diesem Zeitpunkt kommt es auf die Verjährung des Nacherfüllungsanspruchs an, vgl. auch § 438 IV S. 1 BGB.

472 Grüneberg, § 217, Rn. 1.

hemmer-Methode: Diese Unterscheidung ist von daher wichtig, dass der Erfüllungsanspruch nach § 195 BGB grundsätzlich in drei Jahren, der Nacherfüllungsanspruch nach § 438 I Nr. 3 BGB aber bereits in zwei Jahren verjährt.
§ 438 IV S. 1 BGB, wonach § 218 BGB auch auf das Rücktrittsrecht nach § 437 Nr. 2 BGB Anwendung findet, ist angesichts des weiten Wortlauts des § 218 BGB nur deklaratorisch. Wichtig ist hingegen die Mängeleinrede des § 438 IV S. 2 BGB, wonach der Käufer die Bezahlung des Kaufpreises trotz Unwirksamkeit des Rücktritts nach § 218 BGB verweigern kann.[473]

(b) § 218 I S. 2 BGB regelt den Fall der Unmöglichkeit der Leistung bzw. der Nacherfüllung. Da mit Unmöglichkeit der Erfüllungsanspruch nach § 275 I BGB erlischt, ist eine Verjährung dieses Anspruchs ausgeschlossen. § 218 I S. 2 BGB stellt in einem solchen Fall auf die hypothetische Verjährung ohne Eintritt der Unmöglichkeit ab: „verjährt wäre". 686

Bsp.: Der Verkäufer verkauft ein Gemälde als echten Rembrandt. Nachdem sich drei Jahre später herausstellt, dass es lediglich von einem Schüler Rembrandts stammt, will der Käufer vom Vertrag nach § 437 Nr. 2 BGB zurücktreten.

Der Rücktritt ist nach §§ 438 IV S. 1, 218 I S. 1 BGB ausgeschlossen, wenn der Nacherfüllungsanspruch nach § 437 Nr. 1 BGB verjährt ist. Dieser verjährt gem. § 438 I Nr. 3 BGB in zwei Jahren ab Übergabe der Kaufsache. Im vorliegenden Fall steht dem Käufer jedoch aufgrund § 275 I BGB ein Nacherfüllungsanspruch überhaupt nicht zu – es ist nicht möglich, aus einem falschen einen echten Rembrandt zu machen.[474] Da kein Nacherfüllungsanspruch besteht, kann dieser auch nicht verjähren. Hier greift § 218 I S. 2 BGB ein und stellt klar, dass es auf den hypothetischen Nacherfüllungsanspruch ankommt, so dass im Beispielsfall ein Rücktritt ausgeschlossen ist.

Rücktritt bei Erhebung der Einrede rückwirkend unwirksam

(c) Voraussetzung für die Unwirksamkeit des Rücktritts ist, dass sich der Schuldner auf die Verjährung des Leistungsanspruchs beruft. Damit wird ein Gleichlauf mit § 214 I BGB hergestellt: Die Verjährung wird als Einrede nur auf ihre Geltendmachung hin berücksichtigt, auch wenn ihr im Fall des § 218 I BGB hinsichtlich des Rücktritts rechtsvernichtende Wirkung zukommt. 687

Die Berufung auf die Verjährung kann wie bei § 214 I BGB bis zum Schluss der letzten mündlichen Verhandlung erfolgen. Sie wirkt dann zurück auf den Zeitpunkt der Rücktrittserklärung.

hemmer-Methode: Dies ergibt sich aus dem Gesetzeswortlaut: „Der Rücktritt ... ist unwirksam" und nicht „Der Rücktritt wird unwirksam".

(2) § 218 I S. 3 BGB stellt klar, dass der Eigentumsvorbehaltsverkäufer trotz Verjährung des Kaufpreisanspruchs aufgrund § 216 II S. 2 BGB vom Kaufvertrag zurücktreten kann (s. bereits oben). 688

keine Rückforderung bei unwirksamem Rücktritt

(3) Trotz Unwirksamkeit des Rücktritts nach § 218 I BGB erbrachte „Rückabwicklungsleistungen" können auch dann nicht zurückgefordert werden, wenn sie in Unkenntnis der Unwirksamkeit erfolgten, § 218 II i.V.m. § 214 II BGB.

473 Ausführlich dazu unten Rn. 695.

474 Etwas anderes gilt in den Fällen, in denen es das Bild tatsächlich vom Künstler gibt und nur das verkaufte Bild eine Fälschung ist.

Diese Regelung ist deshalb von Bedeutung, weil mangels Wirksamkeit des Rücktritts nach § 218 I BGB keine Rückgewähransprüche existieren, auf die die Parteien nach erklärtem Rücktritt hätten leisten können, so dass diese Leistungen an sich ohne Rechtsgrund erfolgten und damit kondizierbar wären. Eine solche Kondiktion wird aber durch §§ 218 II, 214 II BGB versagt.

Bsp.: Der Verkäufer, der erst die Hälfte des Kaufpreises erhalten hat, tritt vier Jahre nach Vertragsschluss von dem Kaufvertrag zurück. Da beide Parteien zunächst nicht an die Verjährung des Kaufpreisanspruchs denken, gewähren sie sich gegenseitig Kaufgegenstand und den gezahlten Teil des Kaufpreises zurück. Beruft sich der Käufer danach auf die Verjährung, ist zwar der Rücktritt des Verkäufers nach § 218 I S. 1 BGB unwirksam, die erbrachten Rückgewährleistungen können aber aufgrund §§ 218 II, 214 II BGB nicht zurückgefordert werden.

Anwendbarkeit des § 218 BGB auch bei Minderung

(4) § 218 I BGB findet über § 438 V BGB auch auf das Gestaltungsrecht der Minderung Anwendung! Diese ist demnach ausgeschlossen, wenn der Nacherfüllungsanspruch verjährt ist bzw. wäre.

Hat der Käufer allerdings noch nicht gezahlt, kann er nach § 438 V, IV S. 2 BGB die Bezahlung in Höhe des Minderungsbetrages verweigern – sog. Mängeleinrede.

hemmer-Methode: Beachten Sie, dass durch einen wirksamen Rücktritt ein neues Rückgewährschuldverhältnis gilt. Für dieses gilt eine neue Frist, die sich auch dann nach §§ 195, 195 BGB bestimmt, wenn es um den Rücktritt wegen Lieferung einer mangelhaften Sache geht.[475]

e) Die Verjährung der Mängelrechte

Spezielle Regelungen zur die Verjährung der Mängelrechte im Kauf- und Werkvertragsrecht enthalten die §§ 438, 634a BGB. 689

aa) Kaufrecht[476]

(1) Grundsatz: zweijährige Frist, § 438 I Nr. 3 BGB

hemmer-Methode: Da nach § 194 BGB nur Ansprüche der Verjährung unterliegen, beziehen sich die folgenden Ausführungen zunächst nur auf den Nacherfüllungs- und den Schadensersatzanspruch nach § 437 Nr. 1 u. 3 BGB. Die Verfristung der Gestaltungsrechte Rücktritt und Minderung folgt über § 438 IV, V BGB i.V.m. § 218 BGB den gleichen Regeln.

grds. 2 Jahre ab Ablieferung

(a) Der Anspruch auf Nacherfüllung bzw. auf Schadensersatz gem. § 437 Nr. 1, 3 BGB verjährt nach § 438 I Nr. 3 BGB grundsätzlich in zwei Jahren. 690

Die Verjährung beginnt hier, unabhängig von der Kenntniserlangung, mit der Ablieferung der Sache zu laufen, § 438 II BGB.

hemmer-Methode: Nach ganz h.M. unterliegen auch Mangel*folge*schäden nach §§ 437 Nr. 3, 280 I BGB der kurzen Verjährung. Nur von einer absoluten M.M. wird die Ansicht vertreten, dass hierfür die Regelverjährung des § 195 BGB gelten soll.
Lesen Sie dazu Hemmer/Wüst, Schuldrecht BT I, Rn. 281!

475 Grüneberg, § 438, Rn. 20; Reinking, Die Geltendmachung von Sachmängelrechten und ihre Auswirkung auf die Verjährung, ZGS 2002, 140 ff.

476 Umfassend hierzu Arnold, ZGS 2002, 438.

„weiterfressender Mangel“

(b) Kennen müssen Sie in diesem Zusammenhang die Rechtsprechung zum sog. „weiterfressenden Mangel“.[477]

Zwischen der relativen Frist des § 195 BGB und der des § 438 BGB kann deutlich mehr als das bereits auf den ersten Blick zu erkennende eine Jahr liegen, wenn man berücksichtigt, dass die Frist des § 195 BGB anders als die Gewährleistungsfristen nicht objektiv an die Ablieferung der Sache, sondern subjektiv an die Kenntnis des Gläubigers geknüpft ist.

> **Bsp.:** *Der Bremszug eines PKW ist bereits beim Kauf angerissen gewesen. Es kommt aber erst fünf Jahre später zum endgültigen Riss und infolgedessen zum Totalschaden.*
>
> Die Frist des § 438 BGB ist im Zeitpunkt des Totalschadens längst verstrichen, während die Frist des § 195 BGB erst jetzt zu laufen beginnt, da erst jetzt die erforderliche Kenntnis i.S.d. § 199 I BGB vorliegt.

(2) Sonderfälle

(a) Rechte Dritter, § 438 I Nr. 1 BGB

30 Jahre hinsichtlich Rechte Dritter

§ 438 I Nr. 1a BGB trifft eine Sonderregelung für den Fall, dass der Mangel in einem dinglichen Recht eines Dritten besteht, aufgrund dessen die Herausgabe der Kaufsache verlangt werden kann. Erfasst wird hiervon nicht nur das Eigentum eines Dritten, sondern auch das Pfandrecht, vgl. §§ 1227, 985 BGB. 691

Da dieser Fall eines Rechtsmangel i.S.d. § 435 BGB de facto eine Nichterfüllung darstellt, wäre hier eine zweijährige Verjährung grob unbillig. Statt dessen gilt hier nach § 438 I Nr. 1a BGB eine Frist von 30 Jahren.

hemmer-Methode: Nach § 197 I Nr. 1 BGB verjähren Herausgabeansprüche aus Eigentum und anderen dinglichen Rechten erst in 30 Jahren. Ohne den durch § 438 I Nr. 1a BGB herbeigeführten Fristengleichlauf müsste der Käufer ansonsten das Risiko tragen, dass seine Ansprüche gegen den Verkäufer mit Ablauf der Zweijahres-Frist nach § 438 I Nr. 3 BGB verjähren, er jedoch noch weitere 28 Jahre dem Herausgabeanspruch eines Dritten ausgesetzt wäre.

30 Jahre bei im Grundbuch eingetragenen Rechten

§ 438 I Nr. 1b BGB erstreckt die dreißigjährige Frist auf Fälle, in denen der Mangel in einem im Grundbuch eingetragenen Recht besteht.

(b) Mängel an einem Bauwerk, § 438 I Nr. 2 BGB

5 Jahre bei Mängeln an einem Bauwerk

(aa) Wird ein bebautes Grundstück verkauft, verjähren die Gewährleistungsansprüche aufgrund der Mangelhaftigkeit des Bauwerks in fünf Jahren von der Übergabe des Grundstücks an, § 438 I Nr. 2a, II BGB. 692

§ 438 I Nr. 2a BGB erfasst aber nur die Fälle, in denen das Bauwerk mangelhaft ist. Bei Fehlern des verkauften Grundstücks selbst, bleibt es bei der Zweijahresfrist nach § 438 I Nr. 3 BGB.

> **Bsp.:** *V verkauft an K ein mit einem Einfamilienhaus bebautes Grundstück. Bei Vertragsschluss sind sich beide Parteien darüber einig, dass ein von K geplanter Anbau von der Baubehörde genehmigt werden würde. Tatsächlich scheitert die Genehmigung an entgegenstehenden Festsetzungen des Bebauungsplans.*

---

477 Ausführlich hierzu **Tyroller**, Das Problem des „weiterfressenden Mangels“ nach der Modernisierung des Schuldrechts, **Life&LAW 10/2005, 710 ff.**

Hier ist nicht das Bauwerk mangelhaft, sondern der Fehler „mangelnde Bebaubarkeit“ wohnt dem Grundstück selbst inne, so dass die Gewährleistungsansprüche nach § 438 I Nr. 3 BGB in zwei Jahren verjähren.

5 Jahre bei Mängeln einer Sache, die für ein Bauwerk bestimmt ist

(bb) In fünf Jahren verjähren nach § 438 I Nr. 2b BGB auch die Ansprüche wegen des Mangels an einer Sache, die entsprechend ihrer üblichen Verwendungsweise für ein Bauwerk verwendet worden ist und dessen Mangelhaftigkeit verursacht hat. 693

hemmer-Methode: Durch die Vorschrift soll ein Gleichlauf zwischen der Haftung des Bauunternehmers, der die von ihm gekaufte Sache in ein Bauwerk des Bestellers einbaut, und der Haftung des Lieferanten des Bauunternehmers hergestellt werden. Während der Bauunternehmer nach § 634a I Nr. 2 BGB fünf Jahre haftet, könnte er ohne die Regelung des § 438 I Nr. 2b BGB nur zwei Jahre Regress bei seinem Lieferanten nehmen, Schließung der sog. „Bauhandwerkerfalle“.[478]
Ein absoluter Gleichlauf der Fristen wird durch § 438 I Nr. 2b BGB aber nicht hergestellt, da der Fristbeginn ein anderer ist. Während nach § 634a II BGB die Frist für die Haftung des Bauunternehmers erst mit der Abnahme des Bauwerks beginnt, ist für die Regressansprüche die u.U. zeitlich weit früher liegende Ablieferung der Sache an ihn maßgeblich, § 438 II BGB.

Voraussetzung für die Anwendbarkeit des § 438 I Nr. 2b BGB ist zweierlei:

Die Sache muss zum einen nach ihrer üblichen Verwendungsweise für ein Bauwerk verwendet worden sein.

Der Begriff „entsprechend ihrer üblichen Verwendungsweise“ zwingt zu einer objektiven Betrachtungsweise. Es kommt daher nicht darauf an, ob der Lieferant im Einzelfall von der konkreten Verwendung Kenntnis hat.

Die Bezugnahme auf die „übliche“ Verwendung bezweckt darüber hinaus eine Beschränkung des Anwendungsbereichs: Nicht erfasst sind Sachen, deren bauliche Verwendung außerhalb des Üblichen liegt.

Bsp.: Ein Künstler verwendet extravagante Sachen, um seinem Gebäude eine künstlerische Note zu verleihen.

Für ein Bauwerk verwendet werden Sachen nicht nur im Rahmen einer Neuerrichtung, sondern es werden auch Erneuerungs- und Umbauarbeiten an einem bereits errichteten Bauwerk erfasst, wenn sie für Konstruktion, Bestand, Erhaltung oder Benutzbarkeit des Gebäudes von wesentlicher Bedeutung sind und wenn die eingebauten Teile mit dem Gebäude fest verbunden werden.[479]

Bsp.: Wird lediglich ein Duschkopf ausgetauscht, ist dies keine Arbeit an einem Bauwerk.

Zum anderen muss die Mangelhaftigkeit der Sache ursächlich sein für die Mangelhaftigkeit des Bauwerks.

Liegt der Mangel in der Einbauleistung und nicht in der Fehlerhaftigkeit des Baumaterials, greift die lange Verjährungsfrist nicht. Entsprechendes würde gelten, wenn das Baumaterial gerade wegen seiner Mangelhaftigkeit oder aus anderen Gründen im konkreten Einzelfall nicht bei einem Bauwerk verwendet wurde. Dann kann es seine Mangelhaftigkeit auch nicht verursachen. Es bleibt dann bei der Frist des § 438 I Nr. 3 BGB.

478 Grüneberg, § 438, Rn. 101.
479 Vgl. m.w.N. Grüneberg, § 638, Rn. 9 ff.

(c) Arglist, § 438 III BGB

regelmäßige Verjährung bei Arglist

Für den Fall des arglistigen Verschweigens bleibt es nach § 438 III BGB bei der regelmäßigen Verjährungsfrist des § 195 BGB. 694

hemmer-Methode: Zur Erinnerung: Der wesentliche Unterschied zwischen § 195 BGB und § 438 BGB ist nicht nur das eine Jahr, um das die Frist nach § 195 BGB länger ist, sondern vor allem der subjektive Fristbeginn des § 199 I BGB.

Da § 438 III BGB den Käufer besser stellen soll, als es nach der in § 438 I Nr. 2 BGB genannten fünfjährigen Frist der Fall wäre, bestimmt § 438 III S. 2 BGB, dass die regelmäßige Verjährung nach §§ 438 III S. 1, 195 BGB nicht vor Ablauf der Frist des § 438 I Nr. 2 BGB eintritt.

(3) Verfristung des Rücktritts- und des Minderungsrechts

Rücktritt bzw. Minderung nach § 218 BGB unwirksam

Für das Rücktrittsrecht nach §§ 437 I Nr. 2, 440 BGB gilt § 218 BGB, vgl. § 438 IV S. 1 BGB. 695

Der Rücktritt ist demnach unwirksam, soweit ein Nacherfüllungsanspruch verjährt ist bzw. wäre und der Schuldner sich hierauf beruft.

Entsprechendes gilt für die Minderung, die nun ebenfalls als Gestaltungsrecht formuliert ist, §§ 441, 438 V BGB.

Mängeleinrede trotz Verjährung

§ 438 IV S. 2 BGB regelt die Mängeleinrede. Auch wenn der Käufer aufgrund der Verjährung des Nacherfüllungsanspruchs vom Kaufvertrag aufgrund der §§ 438 IV S. 1, 218 BGB nicht mehr zurücktreten kann, so kann er dennoch die Zahlung des noch ausstehenden Kaufpreises verweigern.

Der Käufer muss den Mangel dabei nicht innerhalb der Verjährungsfrist angezeigt haben![480]

Rücktrittsrecht des Verkäufers

Nach § 438 IV S. 3 BGB kann der Verkäufer, wenn der Käufer von seinem Zahlungsverweigerungsrecht nach § 438 IV S. 2 BGB Gebrauch macht, von dem Vertrag zurücktreten.

Über § 438 V BGB gilt das Leistungsverweigerungsrecht auch für den Fall der Minderung. Der Käufer kann also auch nach „Verfristung des Minderungsrechts" gem. §§ 438 V, 218 BGB die Zahlung des offenen Kaufpreises soweit verweigern, als dieser nach § 441 BGB zu mindern wäre.

Da der Käufer hier nicht den ganzen Kaufpreis, sondern nur den zu mindernden Teil einbehält, steht dem Verkäufer kein Rücktrittsrecht zu.

(4) Hemmung und Neubeginn der Gewährleistungsfristen

allgemeine Vorschriften anwendbar

(a) Da Hemmung und Neubeginn der Gewährleistungsfristen nicht speziell geregelt sind, finden die allgemeinen Vorschriften der §§ 203 ff. BGB Anwendung. 696

480 So § 478 BGB a.F.

Bsp.: Der Verkäufer, der die Mangelhaftigkeit der von ihm gelieferten Sache erkennt und sich deshalb zu einer Nachlieferung bzw. Nachbesserung bereit erklärt, erkennt den Gewährleistungsanspruch des Käufers an, so dass ab dem Moment des Anerkenntnisses eine neue Verjährungsfrist läuft, § 212 I Nr. 1 BGB.[481]

hemmer-Methode: Nach wohl h.M. soll die Frist des § 438 BGB bei jeder Nachlieferung neu zu laufen beginnen, da anders als bei der bloßen Nachbesserung der Käufer eine völlig neue Sache erhält. Er muss also nicht nur darauf achten, ob der gerügte Mangel behoben ist, sondern ob die komplette Sache mangelfrei ist. Hierfür kann die „alte Frist", auch wenn sie zwischenzeitlich gehemmt war, zu kurz sein.[482]

Problem: Untersuchung durch Verkäufer

(b) Problematisch ist der Fall, in dem der Verkäufer die Sache auf das Nachbesserungsverlangen des Käufers hin untersucht, aber keine Mängel feststellt.

Bsp.: Händler V verkauft und übergibt dem K am 18.04.2018 einen PKW. Am 31.03.2020 bringt K das Fahrzeug zu V zurück und moniert einen viel zu hohen Spritverbrauch. V untersucht das Fahrzeug drei Wochen lang und gibt es am 18.04.2020 mit der Bemerkung zurück, es sei alles normal, da könne man nichts machen. Bereits zwei Tage später erhebt K Klage auf Rückzahlung des Kaufpreises. V beruft sich auf Verjährung der Gewährleistungsansprüche.

Grundsätzlich sind die Mängelansprüche des K mit Ablauf des 18.04.2020 verjährt, § 438 I Nr. 3 BGB, ein danach erklärter Rücktritt ist gem. §§ 438 IV, 218 I BGB unwirksam, da sich V auf die Verjährung beruft.

In den §§ 203 ff. BGB findet sich zudem keine Vorschrift, die den Fall dem Wortlaut nach sicher erfassen würde. Man könnte allenfalls an ein Begutachtungsverfahren nach § 204 I Nr. 8 BGB denken.

Damit ist aber nicht die Begutachtung durch eine der Parteien selbst, sondern durch einen unparteiischen Gutachter gemeint. Zudem wäre die sechsmonatige „Nachfrist" des § 204 II S. 1 BGB für die kurzen Gewährleistungsfristen bei weitem zu lang.

Untersuchung als Verhandlung?

Andererseits kann es auch nicht sein, dass die Verjährung während der Untersuchung durch den Verkäufer weiterläuft. Solange der Verkäufer die Nachbesserung nicht verweigert, besteht für den Käufer kein Anlass Klage zu erheben.

Aus diesem Grund wird man die Zeit der Untersuchung durch den Verkäufer als laufende Verhandlungen über die Gewährleistungsrechte des Käufers sehen müssen, so dass in diesem Zeitraum die Verjährung nach § 203 BGB gehemmt ist.[483]

hemmer-Methode: Die Lösung über § 203 BGB ist ebenfalls Bedenken ausgesetzt. Zum einen ist die Untersuchung durch den Verkäufer noch keine Verhandlung im Wortsinne, sondern dient streng genommen der Vorbereitung der Verhandlungen.[484] Außerdem führt auch die Anwendung des § 203 BGB zu einer dreimonatigen Nachfrist nach § 203 S. 2 BGB, die gerade im Fall einer relativ kurzen Untersuchung durch den Verkäufer von bspw. nur einem Tag unangemessen lang ist. Ein weiterer Lösungsweg wäre die Annahme einer stillschweigenden Hemmungsabsprache nach § 202 BGB, wobei insoweit der Rechtsbindungswille des Verkäufers wohl eine reine Fiktion ist.

481 BGH, NJW 1999, 2961 = jurisbyhemmer.

482 Arnold, ZGS 2002, 438; Auktor, NJW 2003, 120, 122.

483 So auch Grüneberg, § 203, Rn. 2.

484 Arnold, Der neue § 438 BGB – eine Zwischenbilanz, ZGS 2002, 438.

(5) Verjährungsvereinbarungen

Vereinbarungen hinsichtlich der Gewährleistungsfrist unterliegen neben der allgemeinen Regel des § 202 BGB folgenden Schranken: 697

keine Erleichterung bei Arglist und Garantie, § 444 BGB

Nach § 444 BGB kann sich der Verkäufer auf haftungsbeschränkende, d.h. auch auf verjährungserleichternde Absprachen nicht berufen, wenn er den Mangel arglistig verschwiegen oder eine Garantie abgegeben, also bspw. eine bestimmte Eigenschaft zugesichert hat.

In AGB´s kann die Haftung und damit auch die Verjährung für Schadensersatzansprüche nach § 437 Nr. 3 BGB nicht beschränkt werden, wenn

Beschränkung für Schadensersatzansprüche

⇨ die schuldhafte Lieferung der mangelhaften Sache zu Körper- oder Gesundheitsverletzungen geführt hat, § 309 Nr. 7a BGB bzw.

⇨ die Lieferung der Sache auf einer grob fahrlässigen Pflichtverletzung des Verwenders oder auf einer vorsätzlichen oder grob fahrlässigen Pflichtverletzung des Erfüllungsgehilfen bzw. gesetzlichen Vertreters des Verwenders beruht, § 309 Nr. 7b BGB.

Beschränkung für neu hergestellte Sachen

§ 309 Nr. 8b ff. BGB schränkt darüber hinaus allgemein die Vereinbarung kürzerer Gewährleistungsfristen durch AGB´s ein, soweit es sich um neu hergestellte Sachen handelt. Bei neuen Bauwerken ist danach überhaupt keine Verkürzung der Frist der §§ 438 I Nr. 2, 634a I Nr. 2 BGB zulässig. Die sonstigen Fristen des § 438 I BGB können auf höchstens ein Jahr verkürzt werden.

hemmer-Methode: Fraglich erscheint, ob dies auch für die dreißigjährige Frist des § 438 I Nr. 1 BGB gilt oder ob hier nicht eine Verkürzung auf ein Jahr eine unangemessene Benachteiligung des Käufers i.S.d. § 307 I BGB vorliegt.

Beschränkung für den Verbrauchsgüterkauf

Weitgehende Beschränkungen für Verjährungserleichterungen gelten im Verbrauchsgüterkauf. Nach § 476 II BGB kann selbst durch Individualvereinbarung die Gewährleistungsfrist bei gebrauchten Sachen nicht auf unter ein Jahr, bei neuen Sachen nicht auf unter zwei Jahren verkürzt werden. 698

Gem. § 476 III BGB bezieht sich diese Beschränkung für Verjährungserleichterungen aber nur auf die Nacherfüllung, den Rücktritt und die Minderung, nicht auf den Schadensersatz nach § 437 Nr. 3 BGB.

Hier sind Verkürzungen der Verjährungsfristen individualvertraglich und nach Maßgabe der §§ 307 ff. BGB auch in AGB´s möglich.

(6) Sonderfall: Verjährung der Regressansprüche nach § 445a BGB

Sonderfall: Verjährung beim Unternehmerregress, § 445a BGB

Für den Rückgriff des Verkäufers gegenüber seinem Lieferanten kommen sowohl kaufvertragliche Mängelrechte gem. § 437 BGB (unselbständiger Regress nach § 445a II BGB) als auch der besondere Aufwendungsersatzanspruch nach § 445a I BGB (selbständiger Regress) in Betracht. 699

§ 445b I BGB

Während die Ansprüche aus § 437 BGB nach § 438 BGB verjähren, gilt für den Anspruch aus § 445a I BGB die besondere zweijährige Frist des § 445b I BGB. Der Aufwendungsersatzanspruch verjährt damit in zwei Jahren von der Ablieferung durch den Lieferanten beim Unternehmer an.

beim Verbrauchsgüterkauf zwingend, § 478 II BGB

Diese Frist kann beim Verbrauchsgüterkauf nach § 478 II S. 1 BGB nicht im Voraus verkürzt werden.

Ablaufhemmung nach § 445b II BGB

Sowohl für die Ansprüche aus § 437 BGB als auch aus § 445a I BGB sieht § 445b II BGB eine besondere Ablaufhemmung vor.

Die Verjährung nach § 438 BGB bzw. § 445b I BGB tritt frühestens zwei Monate nach dem Zeitpunkt ein, in dem der Verkäufer die Ansprüche des Käufers erfüllt hat, § 445b II BGB.

bb) Werkvertragsrecht

(1) Allgemeines

§ 634a BGB, der die Verjährung der werkvertraglichen Gewährleistungsansprüche regelt, ist dabei ähnlich aufgebaut wie § 438 BGB. In den Absätzen 1-3 ist die Verjährung der Ansprüche auf Nacherfüllung, Aufwendungsersatz und Schadensersatz i.S.d. § 634 Nr. 1, 2, 4 BGB geregelt. Die „Verjährung" des Rücktritts- bzw. Minderungsrechts erfolgt wie im Kaufrecht durch Anwendung des § 218 BGB, § 634a IV, V BGB. 700

(2) Die einzelnen Regelungen

grundsätzlich 2 Jahre ab Abnahme

(a) Die Ansprüche des § 634 Nr. 1, 2 und 4 BGB verjähren gem. § 634a I Nr. 1 BGB in zwei Jahren, wenn die Werkleistung des Unternehmers in der Herstellung, Wartung oder Veränderung einer Sache bzw. in der Erbringung von Planungs- oder Überwachungsleistungen hierfür besteht. 701

Die Verjährung beginnt gem. § 634a II BGB mit der Abnahme der Sache i.S.d. § 640 BGB.

5 Jahre bei Bauwerken

(b) Soweit die Arbeiten i.S.d. § 634a I Nr. 1 BGB sich auf ein Bauwerk beziehen, beträgt die Verjährungsfrist nach § 634a I Nr. 2 BGB fünf Jahre. 702

regelmäßige Verjährung bei „Geisteswerken"

(c) Nach § 634a I Nr. 3 BGB verjähren die Mängelansprüche „im Übrigen" in der regelmäßigen Verjährungsfrist der §§ 195, 199 BGB. 703

Gemeint sind hiermit die Fälle, in denen sich die Werkleistung nicht in einer Sache verkörpert und es deshalb für den Besteller regelmäßig wesentlich schwieriger ist, den Mangel zu entdecken.

hemmer-Methode: Der wesentliche Unterschied zwischen der zweijährigen Frist nach § 634a I Nr. 1 BGB und der dreijährigen nach § 634a I Nr. 3 BGB ist der Fristbeginn. Während dieser bei der Frist nach Nr. 1 gem. § 634a II BGB allein an die Abnahme geknüpft ist, kommt es bei der Frist nach Nr. 3 gem. § 199 I BGB auf die Kenntnis des Bestellers von der Mangelhaftigkeit der Sache an.

§ 634a I Nr. 3 BGB erfasst aber nicht alle Fälle der „geistigen" Werkleistung. Soweit sich diese in einer Sache niederschlägt, sind § 634a I Nr. 1 und 2 BGB maßgeblich. 704

Bsp.: Der Architekt erbringt in erster Linie auch rein geistige Arbeit. Soweit sein Werk mangelhaft ist, verjähren die Gewährleistungsansprüche aber gem. § 650q I BGB i.V.m. § 634a I Nr. 2, II BGB in fünf Jahren ab der Abnahme der Pläne.

regelmäßige Verjährung bei Arglist

(d) Für den Fall des arglistigen Verschweigens bleibt es nach § 634a III BGB bei der regelmäßigen Verjährungsfrist des § 195 BGB. § 634a III BGB entspricht der Regelung des § 438 III BGB. *705*

Da der arglistig getäuschte Besteller besser stehen soll, als es nach der in § 634a I Nr. 2 BGB genannten fünfjährigen Frist der Fall wäre, bestimmt § 634a III S. 2 BGB, dass die regelmäßige Verjährung nach §§ 634a III S. 1, 195 BGB nicht vor Ablauf der fünfjährigen Frist des § 634a I Nr. 2 BGB eintritt.

Unwirksamkeit des Rücktritts

(e) Soweit der Nacherfüllungsanspruch nach § 634a I–III BGB verjährt ist, gilt für das Rücktritts und das Minderungsrecht nach § 634 Nr. 2 BGB über § 634a IV, V BGB die Regelung des § 218 BGB: Der Rücktritt bzw. die Minderung ist unwirksam, wenn sich der Besteller auf die Verjährung des Nacherfüllungsanspruchs beruft. *706*

Wie im Kaufrecht hat der Besteller aber trotz Verjährung des Nacherfüllungsanspruchs die Möglichkeit, die Zahlung des noch offenen Werklohns zu verweigern, § 634a IV S. 2, V BGB. Handelt es sich dabei nicht nur um den Teil des Werklohns, der ohnehin zu mindern wäre, kann der Unternehmer in einem solchen Fall vom Vertrag zurücktreten, § 634a IV S. 3 BGB.

hemmer-Methode: In Anpassung an §§ 438, 634a BGB wurde auch die Verjährung im Reisevertragsrecht geändert. Auch diese beträgt nun zwei Jahre, § 651j S. 1 BGB. Nach § 651y BGB kann diese Frist nicht verkürzt werden. *707*

2. Bereicherungseinrede, § 821 BGB

§ 821 BGB

Die Einrede der Bereicherung gem. § 821 BGB stellt ebenfalls eine dauernde Einrede dar.[485] Der Primäranspruch ist nicht durchsetzbar. Nach § 821 BGB kann derjenige, der ohne rechtlichen Grund eine Verbindlichkeit eingeht, deren Erfüllung verweigern. *708*

Dem Wortlaut des § 821 nach gilt dies nur für den Fall, dass der Anspruch auf Befreiung von der Verbindlichkeit verjährt ist. Fraglich ist, ob § 821 BGB auch schon vor Verjährung des Befreiungsanspruches ein Leistungsverweigerungsrecht gibt.

> ***Bsp.:*** *A schuldet dem B aus einem Kaufvertrag 10.000,- €. Als sich eines Tages der C bei A als Erbe des B vorstellt und Begleichung der Kaufpreisschuld verlangt, handelt der A eine Stundung für 6 Monate aus. Da C jedoch befürchtet, mittlerweile könne der Anspruch verjähren, einigen sich beide, dass A gegenüber C ein selbständiges Schuldanerkenntnis abgebe. Wenig später erfährt A, dass nicht der C, sondern dessen Bruder D alleiniger Erbe des B geworden ist. A verlangt nun von C das Schuldanerkenntnis zurück. Auf keinen Fall wolle er gegenüber C seine Schuld aus dem Anerkenntnis erfüllen.*

Schuldanerkenntnis ohne RGrund

> Da gem. § 812 II BGB auch die Anerkennung einer Schuld als Leistung i.S.v. § 812 I S. 1 Alt. 1 BGB gilt, kann A von C das Schuldanerkenntnis zurückfordern, wenn es ohne Rechtsgrund geleistet worden ist.
>
> A glaubte, dem C aus der (ererbten) Kaufpreisverpflichtung 10.000 € zu schulden. Diese war Rechtsgrund für die Hingabe des Schuldanerkenntnisses. Da jedoch der D und nicht C Erbe der Kaufpreisforderung war, fehlte diesbezüglich zwischen C und A der Rechtsgrund für das abstrakte Schuldanerkenntnis. Folglich konnte A von C gem. § 812 I S. 1 Alt. 1 BGB Rückgabe des Schuldanerkenntnisses bzw. Befreiung von der darin eingegangenen Verpflichtung verlangen.

485 Grüneberg, § 821, Rn. 2.

Problem: vor Verjährung v. Befreiungsanspruch

Will nun C aus dem Schuldanerkenntnis gegen A vorgehen, so könnte dieser der Inanspruchnahme die Einrede der Bereicherung aus § 821 BGB entgegenhalten. Fraglich ist, ob dies auch schon vor Verjährung des Befreiungsanspruches gilt. Grds. verjähren Bereicherungsansprüche nämlich erst in 3 Jahren, § 195 BGB.

e.A.: dolo facit

Nach einer Ansicht soll aufgrund des eindeutigen Wortlautes vor Verjährung nicht § 821 BGB, sondern der „dolo-agit"-Einwand des § 242 BGB anwendbar sein.[486]

h.M.: § 821 BGB spezieller

Die wohl h.M. ist jedoch der Ansicht, § 821 BGB sei gegenüber § 242 BGB die speziellere Vorschrift und müsse auf den Zeitraum vor Verjährung erst recht angewandt werden. Der Wortlaut sei insoweit nur missverständlich formuliert.[487]

hemmer-Methode: Am Bestehen eines Leistungsverweigerungs-rechtes des aus einem rechtsgrundlos hingegebenen Schuldanerkenntnis Verpflichteten auch schon vor Verjährung des Befreiungsanspruches zweifelt keine der beiden Ansichten. Lediglich die Begründung (§ 821 oder § 242 BGB) ist unterschiedlich. Daher sollten Sie die Darstellung der beiden Lösungswege in der Klausur knapp halten. Lange Ausführungen zu wenig relevanten Streitpunkten langweilen den Korrektor und kosten Sie wertvolle Arbeitszeit.

3. Arglisteinrede, § 853 BGB

§ 853 BGB, Einrede d. Arglist

Gem. § 853 BGB kann die Erfüllung einer durch eine gegen den Schuldner begangene unerlaubte Handlung erlangten Forderung verweigert werden. 709

Der Wortlaut der Vorschrift bezieht sich auch hier nur auf den Zeitraum nach Verjährung des Aufhebungsanspruches nach §§ 823, 249 I BGB. Insoweit gilt jedoch das zu § 821 BGB Gesagte[488] entsprechend.

> *Bsp.: A täuscht den B arglistig über eine angeblich ihm zustehende Kaufpreisforderung. Um die angedrohte Zwangsvollstreckung zu verhindern, unterschreibt B ein von A vorformuliertes Schuldanerkenntnis. Nachdem B sich fachkundig hat beraten lassen, erklärt er dem A, dass er zum einen Rückgabe des Schuldanerkenntnisses verlange und dass A auf sein Geld warten könne, bis er schwarz werde. A dagegen verlangt Erfüllung.*
>
> B könnte dem A gem. §§ 311 I, 241 I i.V.m. 780, 781 BGB zur Zahlung verpflichtet sein, da er dem A ein wirksames Schuldanerkenntnis erteilt hat. Dieses hat der A jedoch nur aufgrund einer Täuschung des B erlangt. Somit ist A dem B gem. § 823 II BGB i.V.m. § 263 StGB, § 249 I BGB zur Mitwirkung bei der Aufhebung des Schuldanerkenntnisses verpflichtet. Solange dies nicht geschehen ist, kann B die Erfüllung dieses Schuldanerkenntnisses gem. § 853 BGB verweigern.
>
> *Bsp.: Nötigt A den B zum Verkauf seines Motorrads zu einem günstigen Preis, so steht dem Primäranspruch aus § 433 I BGB die Einrede des § 853 BGB entgegen. Dies gilt nach h.M. sogar dann, wenn gleichzeitig eine Drohung i.S.v. § 123 I BGB vorliegt und damit Anfechtbarkeit gegeben wäre.*

hemmer-Methode: Examensrelevant wird obiges Beispiel dann, wenn die Ausschlussfrist des § 124 BGB verstrichen ist und sich die Frage stellt, ob über §§ 823 II BGB i.V.m. 240 StGB, 853 BGB eine Einrede besteht. Die h.M. lässt trotz Verstreichens der Ausschlussfrist die deliktischen Ansprüche zu und damit auch die Einrede des § 853 BGB. Begründung: § 123 BGB schützt die freie Willensbildung, §§ 823 ff. BGB das Vermögen.
Merken Sie sich: I.R.d. § 853 BGB besteht die Einrede im Erst-recht-Schluss auch dann, wenn der Anspruch auf Aufhebung der Forderung noch nicht verjährt war. Insoweit gilt das Gleiche wie bei § 821 BGB.

---

486 MüKo, § 821, Rn. 3.

487 Hemmer/Wüst, Bereicherungsrecht, Rn. 533.

488 Vgl. oben, Rn. 653.

4. Leistungsverweigerungsrecht nach § 438 IV S. 2, V BGB

Mängeleinrede trotz Verjährung / Verfristung der Mängelrechte

Rücktritt und Minderung sind Gestaltungsrechte, sie verjähren folglich nicht. Da die Rechtslage aber irgendwann einmal endgültig geklärt sein muss, knüpfen §§ 438 IV S. 1, 218 I BGB die Wirksamkeit des Rücktritts (über § 438 V BGB gilt das Gleiche für die Minderung) an die Durchsetzbarkeit des Erfüllungs- bzw. Nacherfüllungsanspruchs: Ist dieser verjährt, so sind auch die Sekundärrechte Rücktritt und Minderung ausgeschlossen. 710

aber Leistungsverweigerungsrecht auch nach Verjährung des Nacherfüllungsanspruchs

Auf die Verjährung kommt es jedoch dann nicht an, wenn der Käufer noch nicht gezahlt hat. Dann nämlich kann er trotz Unwirksamkeit des Rücktritts nach § 218 I BGB die Zahlung insoweit verweigern, als er aufgrund des Rücktritts (oder der Minderung, § 438 V BGB) dazu berechtigt sein würde, § 438 IV S. 2 BGB.

dauernde Einrede

Damit gibt § 438 IV S. 2, V BGB dem Käufer gegen die Inanspruchnahme aus dem Kaufvertrag eine *dauernde Einrede* in Form eines Leistungsverweigerungsrechtes.

kein Anspruch auf Rückgewähr, nur Gegenrecht

§ 438 IV S. 2, V BGB gewährt jedoch dem Käufer *keinen Anspruch auf Rückgewähr* des schon entrichteten Kaufpreises. Lediglich soweit der Kaufpreis noch nicht entrichtet ist, kann der Käufer § 438 IV S. 2 BGB als *Gegenrecht* gegen die Inanspruchnahme geltend machen.

Bsp.: *A hat dem B am 14.07.2021 einen „scheckheft-gepflegten" VW Golf für € 10.000,- verkauft und übergeben. Hinsichtlich des Kaufpreises wurde Zahlung in monatlichen Raten von € 300 vereinbart. Am 03.09.2023 meldet sich B und reklamiert Rostschäden, die schon bei Übergabe angelegt gewesen seien. Er möchte den Vertrag rückgängig machen und fordert die bisher gezahlten Raten zurück.*

A meint, dass es zwar möglich sei, dass der Wagen schon einige Mängel gehabt habe, jedenfalls seien diesbezügliche Rechte des B verjährt. Eine Nachbesserung lehnt er kategorisch ab. B müsse auch die restlichen Raten entrichten.

Rücktritt

1. Rücktritt des B

B könnte gem. §§ 346, 323 I, 437 Nr. 2 Alt. 1 BGB vom Vertrag zurücktreten und Rückzahlung des bereits entrichteten Kaufpreises verlangen.

Dazu müsste der verkaufte Golf einen Mangel aufweisen. Hier hatte er Rostschäden. Dadurch wich die tatsächliche (Ist-) Beschaffenheit für den B als Käufer ungünstig von der vertraglich vorausgesetzten (Soll-) Beschaffenheit ab, § 434 I S. 1 BGB. Ein Sachmangel ist somit gegeben.

§ 218 I BGB

Weiter dürfte das Rücktrittsrecht des B nicht ausgeschlossen sein. Als Gestaltungsrecht verjährt der Rücktritt nicht, es könnte aber der Ausschlusstatbestand von § 218 I S. 1 BGB eingreifen.

Nacherfüllungsansprüche verjährt

Gem. § 438 I Nr. 3 BGB verjährt der Nacherfüllungsanspruch des Käufers in zwei Jahren. Dem B wurde der Golf am 14.07.2021 übergeben. Somit ist gem. §§ 187 I, 188 II BGB mit Ablauf des 14.07.2023 die Verjährung hinsichtlich des Anspruches aus § 439 BGB eingetreten.

Folglich ist der Rücktritt gem. § 218 I S. 1 BGB unwirksam.

2. Anspruch des A auf Zahlung des Restkaufpreises

Restkaufpreis

A könnte von B gem. § 433 II BGB Bezahlung der noch offenen Raten verlangen. Zwischen A und B ist wirksam ein Kaufvertrag über den Golf geschlossen worden. Darin hat sich B zur Zahlung von € 10.000 verpflichtet. Von diesem Betrag hat B erst € 7.500 bezahlt. Da der Kaufvertrag auch nicht durch Rücktritt in ein Rückgewährschuldverhältnis umgewandelt worden ist (vgl. oben), hat A immer noch einen Anspruch gegen B i.H.v. € 2.500.

ggü. Restkaufpreisanspruch jedoch § 438 IV S. 2 BGB möglich

Der B kann jedoch gegen diesen Anspruch die Einrede des § 438 IV S. 2 BGB geltend machen.

3. Anspruch des B auf Rückzahlung der € 7.500 gem. § 813 I BGB

B könnte von A gem. § 813 I BGB Rückzahlung der bereits bezahlten € 7.500 verlangen.

§ 813 BGB i.V.m. § 438 IV S. 2 BGB (-)

Dazu müsste B an A in Unkenntnis des Bestehens einer dauernden Einrede gegen den Anspruch geleistet haben. § 438 IV S. 2 BGB stellt eine dauernde Einrede dar.

Dennoch ist die Kondiktion nach § 813 I BGB in diesem Fall abzulehnen: Nach § 813 I S. 2 i.V.m. § 214 II BGB sollen nach Verjährung keine Vermögensrückabwicklungen mehr vorgenommen werden.

Zweck der Verjährung ist ja gerade der Rechtsfrieden. Dies gilt nach § 218 II BGB auch für die Ausübung des Rücktritts nach Verjährung. Somit kann der B die bereits gezahlten € 7.500 nach Ablauf der Verjährung nicht mehr gem. § 813 I BGB kondizieren.

II. Aufschiebende Einreden

aufschiebende Einrede

Im Unterschied zu den dauernden Einreden hindert eine aufschiebende (auch dilatorische Einrede genannt) die Geltendmachung des Anspruchs nur während des Bestehens des Hindernisses. 711

Dies kann z.B. eine vereinbarte Stundung oder ein (noch) mögliches Anfechtungsrecht des Hauptschuldners bei der Bürgschaft (§ 770 BGB) sein.

1. Stundung, § 205 BGB

Stundung bzgl. Fälligkeit, ggf. Hemmung d. Verjährung

Unter Stundung wird die Vereinbarung zwischen Schuldner und Gläubiger verstanden, durch die Durchsetzbarkeit des Anspruchs hinausgeschoben wird. 712

Um dieses Ziel zu erreichen, stehen den Parteien verschiedene Möglichkeiten zur Wahl:

Eine anfängliche Stundung wird meist als Bestimmung des Fälligkeitszeitpunktes auszulegen sein.

betagte Forderung; anders befristeter Anspruch

Wird gleichzeitig mit der Begründung des Anspruchs eine Stundung vereinbart, so spricht man von einer betagten Forderung. Hier besteht der Anspruch zwar, ist aber noch nicht durchsetzbar.

Davon zu unterscheiden ist der sog. *befristete Anspruch*, der erst zu einem späteren Zeitpunkt überhaupt zur Entstehung gelangt.[489]

Es kann aber auch ein bloßes pactum de non petendo gewollt sein. Hier bleibt der Anspruch grundsätzlich fällig, der Gläubiger verpflichtet sich aber, ihn nicht geltend zu machen. Tut er dies dennoch, steht dem Schuldner ggf. die Einrede der unzulässigen Rechtsausübung zu.

Gesetzlichen Niederschlag hat die Stundung in § 205 BGB gefunden. Demnach wird die Verjährung für die Dauer der Stundung gehemmt.

489 Zu einem Fall, in welchem der Unterscheidung fallentscheidende Bedeutung zukommt, vgl. die Besprechung von BGHZ 111, 84 = **juris**byhemmer in JuS 1992, 19.

2. Einrede des Notbedarfs, § 519 BGB

Einrede d. Notbedarfs bei Schenkung

Die Notbedarfseinrede nach § 519 BGB ist eine aufschiebende Einrede gegen den Erfüllungsanspruch aus einem wirksam eingegangenen Schenkungsversprechen. 713

Voraussetzung der Einrede des § 519 BGB ist der Notbedarf des Schenkers.

Dieser ist dann gegeben, wenn der Schenker bei Berücksichtigung seiner sonstigen Verpflichtungen durch die Schenkung außerstande wäre, seinen eigenen Unterhalt (vgl. § 1601 I BGB) zu bestreiten oder seinen sonstigen Unterhaltspflichten (§§ 1360 f., 1569, 1601, 1615a BGB) nachzukommen.[490]

mehrere Schenkungsversprechen

Sofern der Notbedürftige mehrere Schenkungsversprechen abgegeben hat, besteht die Einrede zunächst gegen das zuletzt abgegebene, dann gegen die zeitlich vorgehenden Schenkungsversprechen, so lange, bis der Schenker trotz Schenkung seinen Unterhaltspflichten nachkommen kann, § 519 II BGB.

Bei gleichzeitig abgegebenen Schenkungsversprechen wird eine gleichmäßige Kürzung der jeweiligen Ansprüche aus den Schenkungsversprechen vorgenommen.[491]

3. Bürgeneinreden nach § 770 BGB

§ 770 BGB bzgl. Bürgen

Gem. § 770 I BGB kann der Bürge die Erfüllung seiner Bürgenverbindlichkeit verweigern, solange dem Hauptschuldner hinsichtlich dessen eigener Verbindlichkeit ein Anfechtungsrecht zusteht. Gem. § 770 II BGB gilt das auch, solange sich der Gläubiger gegenüber dem Schuldner durch Aufrechnung befriedigen kann. 714

Einrede gegen eigene Inanspruchnahme

Dem § 770 BGB wird nach h.L. der allgemeine Grundsatz entnommen, dass zwar die Ausübung von Gestaltungsrechten hinsichtlich der gesicherten Forderung dem Hauptschuldner bzw. Gläubiger verbleibt, dem Bürgen aber eine aufschiebende Einrede gegen seine eigene Inanspruchnahme zusteht, solange die Gestaltungsrechte ausgeübt werden können.

> **Bsp.:** *In obigem Beispielsfall (Rn. 710) hat D für die Kaufpreisverpflichtung des B eine Bürgschaft übernommen. Als A ab September 2023 von B keine Zahlungen mehr erhält, verlangt er von D Befriedigung. D weigert sich im Hinblick auf die Mangelhaftigkeit des PKW.*
>
> **A könnte gegen D einen Anspruch aus § 765 I BGB haben.**

bei Mangel § 770 BGB analog

> Zwischen A und D ist ein wirksamer Bürgschaftsvertrag geschlossen worden. Möglicherweise steht dem D jedoch gem. § 770 BGB gegen seine Inanspruchnahme eine aufschiebende Einrede zu. Zwar sind keine Anhaltspunkte für ein Anfechtungsrecht des B bzw. eine Aufrechnungsmöglichkeit des A gegen B ersichtlich.
>
> Jedoch könnte § 770 I BGB analog anwendbar sein, wenn dem Hauptschuldner ein Rücktrittsrecht zusteht. Hinter § 770 I BGB steht der allgemeine Grundsatz, dass der Bürge bei einem dem Schuldner oder Gläubiger zustehenden rechtsvernichtenden Gestaltungsrecht seinerseits die Erfüllung seiner Bürgenverbindlichkeit verweigern kann.

490 Grüneberg, § 519, Rn. 4.

491 Grüneberg, § 519, Rn. 5.

Da auch der Rücktritt als Gestaltungsrecht zum Untergang der Hauptverbindlichkeit führt, ist gem. § 770 BGB analog das Leistungsverweigerungsrecht des Bürgen zu bejahen. Dieses besteht jedoch nur solange, wie der Hauptschuldner zum Rücktritt berechtigt ist. Mit der Verjährung nach § 438 I BGB entfällt somit auch die Einrede des Bürgen nach § 770 I BGB analog. Jedoch tritt an deren Stelle die Befugnis des Bürgen, sich gem. § 768 BGB auf die dem Hauptschuldner ebenfalls zustehende Mängeleinrede nach § 438 IV BGB zu berufen.

Im Ergebnis kann somit A von D nicht Zahlung in Höhe des noch offenen Kaufpreises verlangen.

4. Einrede der Vorausklage, § 771 BGB

§ 771 BGB, Einrede d. Vorausklage

Wird ein Bürge aus der Bürgschaft in Anspruch genommen, so kann er gem. § 771 BGB die Befriedigung des Gläubigers verweigern, solange der Gläubiger nicht erfolglos versucht hat, sich im Wege der Zwangsvollstreckung gegen den Hauptschuldner zu befriedigen. 715

erfolgloser Vollstreckungsversuch bei Hauptschuldner

Erforderlich ist somit ein erfolgloser Vollstreckungsversuch des Gläubigers gegen den Hauptschuldner wegen der Hauptschuld aufgrund eines Urteils oder sonst vollstreckbaren Titels. Ein einmaliger Versuch ist ausreichend, auch wenn ein späterer Versuch wegen Verbesserung der Vermögenslage des Hauptschuldners Erfolg versprechender sein mag.[492]

Bsp.: *B hat sich für eine Kaufpreisschuld der A/C/D-See-OHG gegenüber A verbürgt. Als die OHG nicht zahlt, geht A aus einem Versäumnisurteil gegen diese im Wege der Zwangsvollstreckung vor. Dies führt jedoch nicht zur vollständigen Befriedigung des A. A verlangt nun von B Bezahlung i.H.d. Restkaufpreises.*

A könnte von B gem. § 765 I BGB Bezahlung verlangen. Ein wirksamer Bürgschaftsvertrag wurde laut Sachverhalt zwischen A und B abgeschlossen. Möglicherweise steht dem B jedoch die Einrede der Vorausklage gem. § 771 BGB zu.

Danach kann der Bürge die Befriedigung des Gläubigers verweigern, solange dieser nicht einen erfolglosen Vollstreckungsversuch gegen den Hauptschuldner unternommen hat.

Hauptschuldner ist hier die A/C/D-See-OHG. Für deren Verbindlichkeiten haften gem. § 126 S. 1 HGB[493] die Gesellschafter persönlich und unmittelbar. Fraglich ist, ob für den Ausschluss der Einrede bereits der erfolglose Vollstreckungsversuch gegen die OHG ausreicht, oder ob sich der Gläubiger vorher noch an die persönlich haftenden Gesellschafter halten muss.

Sinn des § 771 BGB ist, den Bürgen vor einer vorschnellen Inanspruchnahme durch den Gläubiger zu schützen. Zwar besteht eine unmittelbare akzessorische Haftung der Gesellschafter für die Verbindlichkeiten der OHG, jedoch kann aufgrund der (Teil-)Rechtsfähigkeit der OHG (vgl. § 105 II HGB[494]) nicht von einer Schuldneridentität zwischen der OHG und ihren Gesellschaftern ausgegangen werden (vgl. auch § 129 II HGB[495]). Die Gesellschafter sind daher nicht als Hauptschuldner i.S.v. § 771 BGB anzusehen.

Ein vorheriger Vollstreckungsversuch gegen die Gesellschafter persönlich ist daher nicht erforderlich.[496]

Demnach kann A von B gem. § 765 I BGB Bezahlung des Restkaufpreises verlangen.

492 Grüneberg, § 771, Rn. 1.

493 **Bis 31.12.2023**: § 128 S. 1 HGB a.F.

494 **Bis 31.12.2023**: § 124 I HGB a.F.

495 **Bis 31.12.2023**: § 129 IV HGB a.F.

496 Grüneberg, a.a.O.

bei Geldschuld § 772 BGB

Wird für eine Geldschuld des Hauptschuldners gebürgt, so regelt § 772 I BGB den für § 771 BGB erforderlichen Vollstreckungsversuch genauer.

Verzicht

Die Einrede der Vorausklage ist gem. § 773 BGB ausgeschlossen, wenn der Bürge entweder auf sie verzichtet hat (Nr. 1), die Rechtsverfolgung gegen den Hauptschuldner wesentlich erschwert ist (Nr. 2), über das Vermögen des Hauptschuldners das Insolvenzverfahren eröffnet ist (Nr. 3) oder die Zwangsvollstreckung gegen den Hauptschuldner nicht Erfolg versprechend ist (Nr. 4).

Steht dem Gläubiger jedoch wegen seiner Forderung ein Pfandrecht oder Zurückbehaltungsrecht an einer beweglichen Sache des Hauptschuldners zu, so kann der Bürge gem. § 772 II BGB die Einrede der Vorausklage insoweit erheben, als sich der Gläubiger aus diesem Gegenstand befriedigen kann, vgl. § 773 II HS 2 BGB.

§ 349 HGB bei Kaufleuten

Gem. § 349 S. 1 HGB steht dem Bürgen im Fall der kaufmännischen Bürgschaft die Einrede der Vorausklage nicht zu.

III. Anspruchsbeschränkende Einreden

anspruchsbeschränkende Einrede ⇨ Verurteilung Zug um Zug

716 Besteht eine sog. anspruchsbeschränkende Einrede, so ist der Gläubiger an der Geltendmachung seines Anspruchs grds. nicht gehindert. Die Geltendmachung einer anspruchsbeschränkenden Einrede führt aber nur zu einer Verurteilung des Schuldners zur Leistung Zug um Zug (z.B. §§ 273, 274 BGB bzw. §§ 320 I, 322 I BGB) oder zu einer Verurteilung unter dem Vorbehalt einer beschränkten Haftung (z.B. §§ 2014, 2015 BGB, §§ 305, 780 ZPO).[497]

hemmer-Methode: Als möglicher zukünftiger Erbe oder Anwalt sollten Sie auch folgendes Problem zu § 780 ZPO kennen: Der als Erbe des Schuldners Verurteilte kann die Haftungsbeschränkung nur geltend machen, wenn sie im Urteil vorbehalten ist. Trotz Vorbehalts bleibt die Beschränkung der Haftung solange unberücksichtigt, bis der Erbe aufgrund des Vorbehalts Einwendungen erhebt, § 781 ZPO.
Diese Einwendungen werden dann als Vollstreckungsgegenklage gem. §§ 785, 767 ZPO geprüft. Nur hier findet die Prüfung der sachlichen Berechtigung der Einrede statt.[498] Wegen § 780 ZPO ist der Anwalt des Erben grundsätzlich verpflichtet, den Vorbehalt in den Titel aufnehmen zu lassen, sei es auch nur vorsorglich, da ein Unterlassen zum Schadensersatz führen kann.[499]

1. Zurückbehaltungsrecht, §§ 273, 274 BGB

§§ 273, 274 BGB

717 Nach § 273 I BGB kann der Schuldner die Bewirkung der ihm obliegenden primären Leistungspflicht verweigern, bis er seinerseits eine ihm gegen den Gläubiger aus demselben rechtlichen Verhältnis zustehende Leistung erhalten hat.

a) Anwendungsbereich

bei Schuldverhältnissen aller Art

718 Das Zurückbehaltungsrecht gilt grds. für Schuldverhältnisse aller Art, d.h. nicht nur gegenüber schuldrechtlichen, sondern auch gegenüber anderen Ansprüchen.

---

497 Larenz, AT, § 14 II.

498 Grüneberg, § 1990, Rn. 13.

499 Grüneberg, § 1990, Rn. 11.

Bsp.:[500] *Ein Zurückbehaltungsrecht kann daher geltend gemacht werden z.B. ggü. dem Primäranspruch des § 433 II BGB, aber auch ggü. dem Herausgabeanspruch des Eigentümers aus § 985 BGB, dem Grundbuchberichtigungsanspruch nach § 894 BGB, dem Anspruch auf Einwilligung in die Löschung einer Auflassungsvormerkung nach § 888 I BGB oder dem Anspruch auf Erbauseinandersetzung gem. § 2042 I BGB.*

b) Voraussetzungen

Voraussetzungen

Voraussetzungen des Zurückbehaltungsrechtes nach § 273 BGB sind folgende: 719

- ⇨ Der Schuldner muss zugleich Gläubiger seines eigenen Gläubigers sein (*Personenidentität* in beiden Schuldverhältnissen)
- ⇨ *Fälligkeit* des Anspruchs des Schuldners
- ⇨ *Konnexität* der Ansprüche
- ⇨ *kein Ausschluss* des Zurückbehaltungsrechtes

aa) Personenidentität

Personenidentität

Das Merkmal der Personenidentität erfordert, dass der Schuldner gleichzeitig auch Gläubiger und der Gläubiger gleichzeitig auch Schuldner ist.[501] 720

Bsp.: A beauftragt den B, für den Geburtstag seiner Frau ein Dutzend Rosen zu besorgen. B erwirbt diese für 25 €. Als A von ihm Herausgabe der Rosen verlangt, will B erst Ersatz seiner 25 €.

Hier ist B Schuldner des A, da er ihm nach § 667 BGB zur Herausgabe des in Ausführung des Auftrags Erlangten verpflichtet ist. B ist aber zugleich Gläubiger des A, da er von diesem gem. § 670 BGB Ersatz der 25 € verlangen kann. Umgekehrt ist A Gläubiger des Anspruchs aus § 667 BGB und Schuldner des Anspruchs aus § 670 BGB.

Ausnahme bei Abtretung, § 404 BGB

Bisweilen kann der Schuldner jedoch das Zurückbehaltungsrecht nach § 273 BGB ausüben, obwohl es an der Schuldner/Gläubiger-Identität fehlt: Wird die Forderung gegen den Schuldner an einen Dritten zediert, so kann der Schuldner gem. § 404 BGB ein bereits bestehendes Zurückbehaltungsrecht gegen den Zedenten nun auch gegen den Zessionar erheben.

§ 359 BGB bei verbundenen Verbraucherverträgen

Gleiches gilt beim finanzierten Kauf für die Einreden aus dem Kaufvertrag gegen die Inanspruchnahme aus dem verbundenen Verbraucherdarlehensvertrag (vgl. § 359 BGB).

bb) Fälligkeit des Anspruchs

Fälligkeit notw.

Der Anspruch des Schuldners gegen den Gläubiger muss fällig sein. Anderenfalls wäre der Gläubiger gezwungen, seinerseits vor Fälligkeit zu leisten, um die ihm zustehende Leistung zu erhalten. 721

Entstehen u. Fälligkeit erst mit Erbringung d. Leistung

Es ist jedoch nach allgemeiner Meinung ausreichend, dass der Gegenanspruch erst mit Erbringung der geschuldeten Leistung entsteht und fällig wird.[502]

---

500 Vgl. Grüneberg, § 273, Rn. 2.

501 Nicht verwechseln dürfen Sie dieses Merkmal mit der Identität von Gläubiger und Schuldner, bei der der Schuldner gleichzeitig Gläubiger *derselben* Forderung ist. Hier erlischt die Forderung grds. durch Konfusion.

502 Grüneberg, § 273, Rn. 7.

Dies gilt z.B. für den Anspruch auf Erteilung einer Quittung (§ 368 BGB), die Rückgabe eines Schuldscheines nach § 371 BGB oder für den Anspruch des Verpfänders auf Rückgabe des Pfandes nach § 1223 I BGB.

einredefreier Anspruch, Rechtsgedanke v. § 390 BGB

Neben der Fälligkeit muss der Anspruch des Schuldners grds. auch durchsetzbar sein, d.h. er darf nicht einredebehaftet sein. Dies ergibt sich aus einer entsprechenden Anwendung des § 390 BGB.

Aus § 215 BGB ergibt sich jedoch, dass das Zurückbehaltungsrecht nach § 273 BGB auch dann noch besteht, wenn der Gegenanspruch zwar mittlerweile verjährt ist, sofern er zur Zeit der Entstehung der Forderung des Gläubigers noch nicht verjährt war. Eine Geltendmachung des Zurückbehaltungsrechtes vor Eintritt der Verjährung ist dazu nicht erforderlich.

cc) Konnexität

Konnexität

Anspruch und Gegenanspruch müssen auf „demselben rechtlichen Verhältnis“ beruhen (sog. *Konnexität*). 722

i.R.d. § 273 II BGB immer

Konnexität ist auf jeden Fall in den in § 273 II BGB genannten Konstellationen gegeben: Der Anspruch auf Herausgabe einer Sache und der auf Ersatz der auf die Sache gemachten Verwendungen (*Bsp.:* § 546 BGB und § 539 II BGB; § 539 I BGB) sind zueinander konnex.

Das gleiche gilt, falls durch die herauszugebende Sache dem Schuldner ein Schaden zugefügt worden ist, welchen er vom Gläubiger ersetzt verlangen kann, sofern der Schuldner nicht durch eine vorsätzlich begangene unerlaubte Handlung in den Besitz der Sache gekommen ist.

außerhalb weite Auslegung

Außerhalb dieser gesetzlichen Regelung wird das Merkmal der Konnexität von der Rspr. weit ausgelegt. Nicht erforderlich ist, dass beide Ansprüche ihren Ursprung in demselben Vertrag oder sonstigen Schuldverhältnis haben. Vielmehr soll es ausreichen, wenn sie auf einem innerlich zusammenhängenden, einheitlichen Lebensverhältnis beruhen. Zwischen beiden Ansprüchen muss ein innerer natürlicher und wirtschaftlicher Zusammenhang bestehen, der es als treuwidrig erscheinen ließe, wenn der eine Anspruch ohne Rücksicht auf den anderen geltend gemacht und durchgesetzt werden könnte.[503]

Bsp.:[504] *A und B haben in der Gastwirtschaft ihre Regenschirme vertauscht. Als A von B Herausgabe seines Regenschirmes verlangt, weigert sich B.*

auch bei einheitlichem Lebensvorgang

A könnte von B gem. § 985 BGB Herausgabe seines Regenschirmes verlangen. A ist Eigentümer, B unrechtmäßiger Besitzer. Möglicherweise steht dem B jedoch aufgrund seines eigenen Vindikationsanspruches gegen A ein Zurückbehaltungsrecht zu.

Dann müssten die Ansprüche von A und B in einem Verhältnis der Konnexität stehen. Zwar beruhen beide nicht auf demselben Schuldverhältnis, jedoch gründen sie in demselben einheitlichen Lebensvorgang, dem Vertauschen der Schirme.

Dies reicht für die Bejahung der Konnexität. Somit kann B die Herausgabe des Schirmes von A so lange verweigern, wie er nicht seinen eigenen Schirm von A zurückerhält.

hemmer-Methode: Beachten Sie, dass das Handelsrecht auch hier eine Erweiterung enthält. Für das kaufmännische Zurückbehaltungsrecht nach § 369 HGB ist keine Konnexität erforderlich. Lesen Sie diese Vorschrift!

503 BGHZ 47, 164; 64, 125; 92, 196.

504 Nach Brox, SchR AT, Rn. 145.

dd) Kein Ausschluss

Ausschluss

Das Zurückbehaltungsrecht besteht nur insofern, als sich „nicht aus dem Schuldverhältnis ein anderes ergibt", § 273 I BGB. 723

Dabei kann sich ein Ausschluss des Zurückbehaltungsrechtes aus einer rechtsgeschäftlichen Vereinbarung, kraft Gesetzes oder aus Treu und Glauben ergeben.

bei AGB § 309 Nr. 2b BGB beachten

Ein *rechtsgeschäftlicher Ausschluss* ist grds. nur im Wege einer Individualvereinbarung möglich, da ein formularmäßiger Ausschluss in AGB gem. § 309 Nr. 2b BGB im nichtkaufmännischen Verkehr unwirksam ist.

hemmer-Methode: Beachten Sie, dass § 309 Nr. 2b BGB und § 273 BGB hinsichtlich des Gegenseitigkeitserfordernisses nicht deckungsgleich sind: Das Merkmal der Konnexität wird bei § 273 BGB weit ausgelegt (vgl. oben). Es ist daher nicht erforderlich, dass beide Ansprüche auf demselben Vertragsverhältnis beruhen. Genau dies fordert aber § 309 BGB Nr. 2b BGB. Im Einzelfall kann daher der Ausschluss eines ZBR in AGB durchaus wirksam sein!

auch konkludent

Da der Ausschluss nicht formbedürftig ist, kann er auch konkludent durch die Vereinbarung einer Vorleistungspflicht erfolgen.[505] Soweit die Ausübung des Zurückbehaltungsrechtes einer Aufrechnung gleichkommt, erstreckt sich ein vertraglich vereinbartes Aufrechnungsverbot auch auf das Zurückbehaltungsrecht.[506] 724

nach § 570 BGB ausgeschlossen, auch bei Vollmacht bzgl. Urkunde

Kraft Gesetzes ist das Zurückbehaltungsrecht des Mieters von *Wohnraum* nach § 570 BGB ausgeschlossen. Ebenso besteht gem. § 175 BGB für den Bevollmächtigten nach Erlöschen der Vollmacht kein Zurückbehaltungsrecht an der Vollmachtsurkunde.

keine Umgehung von Aufrechnungsverbot

Ein gesetzliches Aufrechnungsverbot (§§ 393, 394, 395 BGB) führt dann zu einem Ausschluss auch des Zurückbehaltungsrechtes, wenn dessen Ausübung einer Aufrechnung gleichkäme.

Dies wird i.d.R. bei der Zurückhaltung einer Geldleistung wegen einer konnexen Geldforderung der Fall sein. Eine Zurückbehaltung bedeutet in diesem Fall eigentlich die Erklärung der Aufrechnung: Das Aufrechnungsverbot soll sicherstellen, dass der Gläubiger unabhängig von eventuell bestehenden Gegenforderungen seinen Anspruch durchsetzen kann. Wäre die Geltendmachung des Zurückbehaltungsrechtes unter diesen Umständen zulässig, so könnte er seinen Anspruch nur bei gleichzeitiger Erfüllung der Gegenforderung verwirklichen.

Treu u. Glauben z.B. bei grobem Missverhältnis

Aus *Treu und Glauben* (§ 242 BGB) ergibt sich ein Ausschluss des Zurückbehaltungsrechtes, wenn es z.B. um die Zurückhaltung einer hochwertigen Leistung zur Durchsetzung einer Bagatellforderung geht, vgl. § 320 II BGB.[507]

hemmer-Methode: Bitte beachten Sie im Werkvertragsrecht die Sonderregelung des § 641 III HS 2 BGB, wonach i.d.R. das Doppelte der Mängelbeseitigungskosten zurückbehalten werden darf.

505 Grüneberg, § 273, Rn. 13.

506 BGH, NJW 1984, 48 = jurisbyhemmer.

507 RGZ 61, 128 = jurisbyhemmer.

Das gleiche gilt, falls der geltend gemachte Anspruch unbestritten, der Gegenanspruch jedoch nur nach langwieriger Klärung der Rechtslage feststellbar ist, so dass die Durchsetzung der unbestrittenen Forderung auf unbestimmte Zeit verzögert wird.[508] Sofern der Gläubiger für seinen Anspruch bereits ausreichende Sicherheiten (z.B. eine Hypothek) besitzt, ist das Zurückbehaltungsrecht ebenfalls ausgeschlossen (arg. e. § 273 III BGB).[509]

Sicherheitsleistung; tats. Erbringen notw.; kein Bürge

Gem. § 273 III BGB kann der Gläubiger das Zurückbehaltungsrecht des Schuldners auch durch Sicherheitsleistung abwenden. Dazu ist allerdings erforderlich, dass er die Sicherheitsleistung tatsächlich erbringt, ein Anbieten allein genügt - im Unterschied zur geschuldeten Leistung - nicht.

Die Sicherheitsleistung durch Bürgen ist gem. § 273 III S. 2 BGB ausgeschlossen. Die Höhe der Sicherheitsleistung richtet sich nach dem Wert der geschuldeten Gegenleistung.[510]

c) Rechtsfolgen

Geltendmachung notw.; kein Befriedigungsrecht

Als Einrede wird das Zurückbehaltungsrecht nach § 273 BGB nur bei entsprechender Geltendmachung durch den Schuldner berücksichtigt. Macht der Schuldner es aber geltend, so führt dies dazu, dass er nur noch Zug um Zug gegen Erbringung der Gegenleistung zur Leistung verpflichtet ist, § 274 BGB. Es gibt dem Schuldner - anders als das kaufmännische Zurückbehaltungsrecht, vgl. § 371 HGB - aber kein Befriedigungsrecht. 725

kein Recht zum Besitz

Fraglich ist, ob das Zurückbehaltungsrecht nach § 273 BGB ein Recht zum Besitz i.S.v. § 986 BGB begründet. Dies wird von der h.M. verneint, da der Herausgabeanspruch nach § 985 BGB vom Zurückbehaltungsrecht grds. unberührt bleibt, vielmehr nur zur Verurteilung Zug um Zug führt.[511]

bzgl. Verzug nur nach Erhebung der Einrede

Im Unterschied zu allen anderen Einreden beseitigt die Erhebung der Einrede des § 273 BGB einen eventuell bestehenden Schuldnerverzug erst mit Wirkung für die Zukunft.

<u>Grund</u>: Wegen der Sicherheitsleistung, die § 273 III BGB vorsieht, muss die Möglichkeit der Abwendung gegeben sein.

Dem Gläubiger darf sein Recht zur Beseitigung des Zurückbehaltungsrechtes des Schuldners durch Sicherheitsleistung gem. § 273 III BGB auch nicht durch eine Rückwirkung der Einrede genommen werden.[512]

hemmer-Methode: Im Examen ist es oft so, dass ein Anspruch entstanden ist, z.B. aus wirksamem Vertrag, es könnten aber Gegenrechte in Betracht kommen. § 273 BGB soll getrennte Klagen verhindern und Zusammenhängendes gemeinsam behandeln. I.R.d. gescheiterten Primäranspruchs muss § 273 BGB schon hier geprüft werden. Da § 273 BGB aber über den gescheiterten Primäranspruch hinaus Bedeutung hat, wird auf den Anwendungsbereich des § 273 BGB ganz generell hingewiesen.

508 BGH, NJW 1990, 1172 = jurisbyhemmer.

509 RGZ 85, 137 = jurisbyhemmer; BGHZ 7, 127 = jurisbyhemmer.

510 Grüneberg, § 273, Rn. 24.

511 Grüneberg, § 986, Rn. 5.

512 Medicus/Petersen, BR, Rn. 221.

EXKURS: § 1000 BGB

§ 1000 BGB bei Verwendungsersatzanspruch

Eine notwendige Ergänzung des § 273 BGB enthält § 1000 BGB für das Zurückbehaltungsrecht des Besitzers. § 1000 BGB hat i.R.d. gescheiterten Primäranspruchs aber keine Bedeutung. Er hat seinen Anwendungsbereich hauptsächlich beim Herausgabeanspruch des § 985 BGB sowie beim § 894 BGB (auf diesen Anspruch sind die Regeln der §§ 994 ff. BGB analog anwendbar). 726

Bsp.: Der unrechtmäßige Besitzer kann die Herausgabe an den Eigentümer so lange verweigern, bis er wegen eines ihm zustehenden Verwendungsersatzanspruches befriedigt ist. Dieses Zurückbehaltungsrecht ist - ähnlich wie in § 273 II BGB - ausgeschlossen, wenn der Besitzer durch eine vorsätzliche unerlaubte Handlung in den Besitz der Sache gekommen ist.

hemmer-Methode: Bei § 1000 BGB wird deutlich, dass ein ZBR kein Recht zum Besitz i.S.v. § 986 BGB begründen kann. Nach Vornahme der ersten Verwendung würden die Voraussetzungen des EBV (§§ 987 ff. BGB) wieder entfallen: Bestünde ein Recht zum Besitz, läge nämlich dann gar keine Vindikationslage mehr vor! Damit wären die folgenden Verwendungen nicht mehr ersatzfähig. Dieses Ergebnis ist ganz offensichtlich sinnfrei (sog. „juristisches Karussell“).

Fälligkeit erst mit Genehmigung durch Eigentümer

Die Regelung des § 1000 BGB neben § 273 BGB ist deshalb erforderlich, weil § 273 BGB einen fälligen Gegenanspruch voraussetzt, der Verwendungsersatzanspruch des Besitzers nach §§ 994 ff. BGB aber erst mit Genehmigung der Verwendungen durch den Eigentümer nach § 1001 BGB fällig wird.

analoge Anwendung von § 273 III BGB

Der Eigentümer kann jedoch in analoger Anwendung des § 273 III BGB das Zurückbehaltungsrecht des Besitzers durch Erbringung einer entsprechenden Sicherheitsleistung für die Verwendungen des Besitzers ausschließen.[513]

bei Grundbuchberichtigung entsprechende Anwendung d. EBV

Die Regelungen des EBV sind wegen der Wesensähnlichkeit analog auch auf einen *Grundbuchberichtigungsanspruch* aus § 894 BGB anwendbar.[514] Fraglich ist jedoch, auf welche Vorschrift sich das Zurückbehaltungsrecht des Schuldners gegen diesen Anspruch stützt, wenn er auf das Grundstück Verwendungen gemacht hat.

Bsp.:[515] Bucheigentümer B hat auf das Grundstück des E Verwendungen gemacht. E klagt gegen B auf Herausgabe und Zustimmung zur Grundbuchberichtigung.

E kann von B als unrechtmäßigem Besitzer gem. § 985 BGB Herausgabe verlangen. Jedoch steht dem B ggü. diesem Anspruch gem. §§ 994 ff. BGB wegen der von ihm gemachten ersatzfähigen Verwendungen ein Zurückbehaltungsrecht gem. § 1000 BGB zu. Folglich kann E von B gem. § 274 I BGB analog nur Herausgabe Zug um Zug gegen Verwendungsersatz verlangen.

aber hier direkte Anwendung von § 273 II BGB

Fraglich ist, ob dem B dieses Zurückbehaltungsrecht auch gegen den Grundbuchberichtigungsanspruch aus § 894 BGB zusteht. Die Rspr.[516] hat im Ergebnis das Zurückbehaltungsrecht des B gegen den Anspruch aus § 894 BGB bejaht. Jedoch hat sie es nicht auf § 1000 BGB, sondern auf § 273 II BGB gestützt. Zwar sind grds. die §§ 987 ff. BGB auch auf § 894 BGB entsprechend anwendbar. Eine analoge Anwendung scheitert jedoch an der direkten Anwendbarkeit des § 273 II BGB: Die „herauszugebende“ Buchposition sei mit dem Gegenstand identisch, auf welchen die Verwendungen gemacht worden sind. Insoweit ist das Eigentumsrecht sowohl Objekt der Verwendungen als auch des Anspruchs aus § 894 BGB. Die Voraussetzungen des § 273 II BGB sind damit erfüllt.

Exkurs Ende

513 Grüneberg, § 1000, Rn. 2.
514 Grüneberg, § 894, Rn. 14.
515 Nach RGZ 114, 266 = jurisbyhemmer.
516 RG a.a.O.

2. Einrede des nichterfüllten Vertrages, § 320 BGB

§ 320 BGB bei gegenseitigem Vertrag; keine Abwendung durch Sicherheitsleistung

Einen Unterfall des allgemeinen Zurückbehaltungsrechtes nach § 273 BGB enthält die Einrede des nichterfüllten Vertrages nach § 320 BGB.[517] 727

Als Ausdruck der synallagmatischen Verknüpfungen der Leistungspflichten beim gegenseitigen Vertrag will § 320 BGB gewährleisten, dass keiner der Vertragspartner seine Leistung erbringen muss, ohne gleichzeitig auch die Gegenleistung zu erhalten.

Der wichtigste Unterschied zum Zurückbehaltungsrecht nach § 273 BGB besteht darin, dass die Abwendung durch Sicherheitsleistung gem. § 320 I S. 3 BGB ausgeschlossen ist.[518]

a) Voraussetzungen

Voraussetzungen

Voraussetzungen für das Leistungsverweigerungsrecht nach § 320 BGB sind 728

⇨ Vorliegen eines gegenseitigen Vertrages,

⇨ synallagmatische Verknüpfung von Leistung und Gegenleistung,

⇨ Fälligkeit der Gegenforderung.

synallagmatische Verknüpfung

Kennzeichnend für gegenseitige Verträge ist die synallagmatische Verknüpfung der beiderseitigen Leistungspflichten.

Das bedeutet, dass der eine Teil seine Leistung erbringt, um die Gegenleistung zu erhalten („do ut des"). Als gegenseitige Verträge kommen in Betracht der Kauf-, Miet-, Pacht-, Dienst-, Werk- und Darlehensvertrag. Fehlt es bereits am Vorliegen eines gegenseitigen Vertrages, so kommt nicht § 320 BGB, sondern allenfalls § 273 BGB in Betracht.

Auch bei gegenseitigen Verträgen stehen nicht alle Leistungspflichten in einem synallagmatischen Verhältnis zueinander. Dies ist nur dann gegeben, wenn die Erbringung der einen Leistung Entgelt für die Gegenleistung sein soll.

> **Bsp.:** *So stehen beim entgeltlichen Darlehensvertrag zwar die Überlassung des Geldes und die Zahlung der Darlehenszinsen im Gegenseitigkeitsverhältnis, nicht aber Auszahlung des Darlehens und Rückzahlung desselben.*

nicht bei Vorleistungspflicht

Die Gegenforderung muss voll wirksam und fällig sein. Daher ist das Leistungsverweigerungsrecht nach § 320 BGB ausgeschlossen, wenn eine Vorleistungspflicht des Schuldners vereinbart worden ist.

Eine Vorleistungspflicht sieht das Gesetz für den Mieter von Wohnraum (§ 556b BGB), den Dienstverpflichteten (§ 614 BGB), den Werkunternehmer (§ 641 BGB)[519] und den Verwahrer (§ 699 BGB) vor.

auch bei verjährtem Anspruch

Gem. § 215 BGB ist auch bei einem verjährten Anspruch die Einrede des § 320 BGB möglich, wenn die Verjährung bei Entstehung der Hauptforderung noch nicht vollendet war.[520]

---

517 Grüneberg, § 273, Rn. 26; a.A. Larenz, SchR I, § 16 vor 1.

518 Brox, SchR AT, Rn. 153.

519 Beachten Sie aber die Verpflichtung zur Leistung von Abschlagszahlungen nach § 632a BGB bzw. § 650m BGB beim Verbraucherbauvertrag bzw. § 650v BGB beim Bauträgervertrag.

520 Grüneberg, § 320, Rn. 5.

eigene Vertragstreue

Ungeschriebenes Tatbestandsmerkmal des § 320 BGB ist die eigene Vertragstreue des Schuldners.

Die Bereitschaft zur Erbringung der eigenen Leistung ist daher Voraussetzung für die Einrede des § 320 BGB.[521]

Treu und Glauben

Das Leistungsverweigerungsrecht nach § 320 BGB steht ebenfalls wie das nach § 273 BGB unter der Beschränkung von Treu und Glauben. Dies regelt § 320 II BGB speziell für den Fall der Unverhältnismäßigkeit von geschuldeter Leistung und verweigerter Gegenleistung.

b) Rechtsfolgen

Leistungsverweigerungsrecht, Verurteilung Zug um Zug

§ 320 BGB gibt dem Schuldner eine aufschiebende Einrede in Form eines Leistungsverweigerungsrechtes. Sie führt jedoch gem. § 322 I BGB nicht zur Abweisung der Klage, sondern nur zur Zug-um-Zug-Verurteilung des Schuldners. 729

keine Hemmung d. Verjährung

Gem. §§ 203 ff. BGB führt die Einrede des nichterfüllten Vertrages nicht zur Hemmung der Verjährung.

Verhältnis zu Schuldnerverzug

Besondere Beachtung ist dem Zusammenspiel von Einreden nach § 320 BGB und Schuldnerverzug zu schenken.

Bsp.:[522] *V hat dem K ein wertvolles Bild verkauft. Keiner von beiden ist bisher seiner Leistungspflicht nachgekommen. Am 15.03. mahnt V den K zur Zahlung des Kaufpreises. Als dieser noch immer nicht zahlt, erhebt V am 15.04. Klage auf Kaufpreiszahlung und Verzugszinsen ab dem 15.03.* ***Wie wird das Gericht entscheiden?***

Zwischen V und K ist ein wirksamer Kaufvertrag zustande gekommen. Daher besteht grds. eine Verpflichtung des K zur Zahlung des Kaufpreises, § 433 II BGB. Einwendungen, die den Bestand dieses Anspruches berühren, sind nicht ersichtlich.

Anspruch auf Verzugszinsen

Daneben könnte dem V analog § 187 I BGB einen Tag nach der Mahnung - also ab dem 16.03. - ein Anspruch auf Zahlung von Verzugszinsen zustehen, §§ 288, 286 I BGB.

Einrede d. § 320 BGB?

Möglicherweise steht dem K die Einrede des nichterfüllten Vertrages nach § 320 BGB zu. Ein Kaufvertrag erfüllt das Gegenseitigkeitserfordernis des § 320 BGB. Ebenso steht die Pflicht des V zur Übereignung und Besitzverschaffung am Bild und die des K zur Kaufpreiszahlung in einem synallagmatischen Verhältnis. Weiter ist V seinerseits noch nicht seiner Leistungspflicht nachgekommen. Somit steht dem K grds. die Einrede des § 320 BGB zu.

Welchen Einfluss die Einrede auf den Leistungsanspruch und die geltend gemachten Verzugszinsen des V hat, hängt weiter von zweierlei ab:

Zum einen, ob V seinerseits zur Erfüllung seiner Leistungspflicht bereit und imstande ist, zum anderen, ob sich K im Prozess auf § 320 BGB beruft oder nicht.

Leistungsbereitschaft d. Gläubigers?

Hat V im Prozess seine Leistungsbereitschaft behauptet und bewiesen, so wird K, wenn er sich auf § 320 BGB beruft, hinsichtlich der Kaufpreiszahlung zur Leistung Zug um Zug verurteilt (Konsequenz aus dem Gesetz: vgl. § 322 BGB). Hinsichtlich der Verzugszinsen erfolgt die Verurteilung ohne Einschränkung. Weil V leistungsbereit war und seine Gegenleistung damit angeboten hat, war K in Verzug, § 286 BGB. Für die Verzugszinsen gilt § 320 BGB nicht, da sie nicht synallagmatisch (gegenseitig) i.S.d. des § 320 BGB sind. Auch greift § 273 BGB nicht ein, da es an der Konnexität fehlt.

---

521 Grüneberg, § 320, Rn. 6.

522 Nach Medicus/Petersen, BR, Rn. 219 f.

Beruft sich K jedoch nicht auf § 320 BGB, so wird er hinsichtlich der Kaufpreisforderung und der Verzugszinsen ohne Einschränkung verurteilt.

Berufen auf § 320 BGB im Prozess notwendig

Hat V aber im Prozess seine Leistungsbereitschaft nicht behauptet oder nicht beweisen können, so schuldet K in keinem Fall Verzugszinsen, da bei § 320 BGB der Schuldner nur dann in Verzug gerät, wenn der Gläubiger seinerseits zur Gegenleistung bereit und imstande ist. Ob K hinsichtlich der Kaufpreiszahlung unbeschränkt oder nur Zug um Zug gegen Übereignung des Bildes verurteilt wird, hängt wiederum davon ab, ob er sich auf § 320 BGB beruft oder nicht.

hemmer-Methode: Das Verhältnis von Einreden und Schuldnerverzug im Allgemeinen ist ein wichtiges Problem. Grds. schließt schon das Bestehen einer Einrede als solches den Schuldnerverzug auch für die Vergangenheit (ex tunc auf den Zeitpunkt zurück, zu welchem die Einrede erstmals hätte erhoben werden können) aus, sofern sie überhaupt (spätestens bis zum Schluss der letzten Tatsachenverhandlung) vom Schuldner geltend gemacht wird. Dann fehlt es nämlich an der Durchsetzbarkeit des Anspruchs. Von diesem Grundsatz sind zwei Ausnahmen zu machen: Die Einrede aus § 320 BGB schließt auch ohne Geltendmachung durch den Schuldner den Verzug aus, wenn der Gläubiger seine eigene Leistungsbereitschaft nicht behauptet und beweisen kann. Dagegen wird bei einer Einrede aus § 273 BGB der Verzug erst mit Erhebung der Einrede für die Zukunft ausgeschlossen.

3. Einreden des Erben, §§ 2014, 2015 BGB

§§ 2014, 2015 BGB bei Erben

Hinzuweisen ist zum Schluss noch kurz auf die Dreimonatseinrede des Erben nach § 2014 BGB und auf die Einrede des Aufgebotsverfahrens gem. § 2015 BGB. 730

auch Nachlasspfleger

Gem. § 2017 BGB können diese Einreden auch vom Nachlasspfleger erhoben werden. Maßgebender Zeitpunkt für den Fristbeginn ist die Bestellung zum Nachlasspfleger.

Gem. § 2014 BGB ist der Erbe berechtigt, die Berichtigung einer Nachlassverbindlichkeit bis zum Ablauf von drei Monaten nach der Annahme der Erbschaft, längstens jedoch bis zur Inventarerrichtung zu verweigern.

Dies gilt jedoch nicht gegenüber den sofort zu befriedigenden Unterhaltsansprüchen der werdenden Mutter eines Erben (§ 1963 BGB) und dem „Dreißigsten" der dem Haushalt des Erblassers angehörenden Familienangehörigen gem. § 1969 BGB.[523]

Aufgebotsantrag; Kenntnis aller Forderungen

§ 2015 BGB will eine gleichmäßige Befriedigung der Nachlassgläubiger gewährleisten, indem er dem Erben gegenüber den Nachlassgläubigern ein Leistungsverweigerungsrecht bis zum Abschluss des Aufgebotsverfahrens gibt (vgl. §§ 1970 ff. BGB).[524] Der Erbe soll also erst dann zur Befriedigung der Nachlassgläubiger verpflichtet sein, wenn ihm sämtliche gegen den Nachlass gerichteten Ansprüche bekannt sind. Gem. § 2015 I BGB kann der Erbe den Aufgebotsantrag nur innerhalb eines Jahres nach Annahme der Erbschaft stellen. Rechnet der Erbe mit dem Vorhandensein unbekannter Nachlassgläubiger, hat er gem. § 1980 II BGB die Verpflichtung zur Beantragung des Aufgebotsverfahrens.

nur prozessuale und vollstreckungsrechtliche Bedeutung

Die Einreden nach §§ 2014, 2015 BGB haben jedoch nur prozessuale und vollstreckungsrechtliche Wirkung. Im Erkenntnisverfahren führt die Erhebung der Einrede gegen einen (begründeten) Anspruch eines Nachlassgläubigers zu einer Verurteilung des Erben unter dem Vorbehalt der beschränkten Erbenhaftung (§§ 305, 780 I ZPO).

523 Grüneberg, § 2014, Rn. 1.
524 Grüneberg, § 2015, Rn. 1.

Diese Beschränkung ist für die Zwangsvollstreckung von Bedeutung. Gem. § 781 ZPO hindert der Vorbehalt der beschränkten Erbenhaftung nicht die Pfändung und Verwertung des Pfandes. Jedoch kann der Erbe gem. §§ 782, 785, 767 ZPO Vollstreckungsgegenklage erheben. Dafür ist der Vorbehalt im Urteil Voraussetzung, § 780 I ZPO. Die Vollstreckungsgegenklage zielt darauf ab, die Vollstreckung in den gepfändeten Gegenstand für die Dauer der in § 2014 BGB angeordneten Schonfrist für unzulässig zu erklären.

Ist die Schonfrist abgelaufen, kann die Verwertung ungehindert erfolgen, sofern die Frist nicht unter den Voraussetzungen des § 780 ZPO verlängert worden ist.[525]

⇨ *Schuldnerverzug möglich*

Da nach h.M. den §§ 2014, 2015 BGB keine materiell-rechtliche Wirkung zukommt, kann der Erbe trotz Erhebung der Einrede in Schuldnerverzug kommen.[526]

hemmer-Methode: Lassen Sie sich auch von einigen ausgefallenen Einreden nicht entmutigen. Letztlich ist die Einordnung nicht so schwer. Wichtig ist, dass Einwendungen und Einreden am richtigen Ort geprüft werden. Ziehen Sie dabei die jeweilige Rechtsfolge vor, z.B. bei der Anfechtung § 142 I BGB. Im Examen genügt dann i.d.R. die genaue Subsumtion. Stellen Sie sich noch einmal die wichtigsten Einwendungen und Einreden im Überblick zusammen. Gehen Sie im Examen im Kopf diese „Checkliste“ durch.

525 Brox, ErbR, Rn. 676.

526 Grüneberg, § 2014, Rn. 3; a.A. Brox, ErbR, Rn. 677.

WIEDERHOLUNGSFRAGEN .... Randnr.

Die Erfüllungssurrogate

Die Leistung erfüllungshalber und an Erfüllungs statt, § 364 BGB

Die Hinterlegung, § 372 BGB

Die Aufrechnung, § 389 BGB

34. Welche Möglichkeiten hat der Schuldner, wenn er ohne Wissen gegen eine einredebehaftete Forderung aufgerechnet hat, also wenn er gegen die Hauptforderung eine dauernde Einrede hatte? *267*

35. Welche Aufrechnungsverbote können ggf. bestehen? .... *268 ff.*

36. Examensrelevant ist das Aufrechnungsverbot des § 393 BGB im Hinblick auf Forderungen aus unerlaubter Handlung. Wann ist die Aufrechnung jedoch nur verboten? *277*

37. Was gilt, wenn beide Forderungen, also Haupt- und Gegenforderung, aus einer vorsätzlichen, deliktischen Handlung resultieren? *279*

38. Wie verhält es sich mit einer Aufrechnungserklärung durch einen Vertreter, der diesbezüglich keinerlei Vertretungsmacht hat? *280*

39. Die Aufrechnungserklärung gem. § 388 BGB ist eine einseitige, empfangsbedürftige Willenserklärung. Warum ist die Aufrechnung bedingungsfeindlich? *281*

40. Welche Ausnahmen bestehen von dem Grundsatz der Bedingungsfeindlichkeit der Aufrechnung?........ *282 ff.*

41. Welche grundsätzliche Wirkung hat die Aufrechnung? *285*

42. Wirkt die Aufrechung ex tunc oder ex nunc? *285*

43. Kann das bloße Bestehen der Aufrechnungslage Rechtsfolgen haben? *286*

Der Erlassvertrag, § 397 BGB

44. Erläutern Sie das Wesen des Erlassvertrags gem. § 397 BGB!........ *290*

45. Nennen Sie die Voraussetzungen des Erlassvertrags!........ *291 ff.*

46. Grenzen Sie den Erlassvertrag vom Aufhebungsvertrag, vom pactum de non petendo und vom negativen Schuldanerkenntnis ab! *295*

47. Stellt der Aufhebungsvertrag i.S.d. § 311 I BGB ein Erfüllungssurrogat dar? *297*

48. Grundsätzlich ist der Aufhebungsvertrag formfrei. Ist aber bei der Aufhebung eines Grundstückskaufvertrags evtl. die Form des § 311b BGB einzuhalten? .... *297 ff.*

49. In welchem Rechtsgebiet kommt dem Aufhebungsvertrag besondere Bedeutung zu? *301*

Ausgeübte Gestaltungsrechte

50. Benennen Sie die vier grundlegenden Voraussetzungen für eine wirksame Ausübung eines Gestaltungsrechts! *302*

Die Anfechtung, § 142 BGB

51. Was bewirkt die Anfechtung?........ *303*

52. In welchen beiden Fällen werden von der ex-tunc-Wirkung Ausnahmen gemacht, indem nur eine ex-nunc-Wirkung angenommen wird?........ *303*

53. Inwiefern hat § 142 II BGB im Bereich der Gutglaubensvorschriften eine besondere Bedeutung?........ *308*

54. Ist die Anfechtung nichtiger Rechtsgeschäfte möglich? *309*

55. Ist eine Teilanfechtung möglich?........ *311*

56. Welche Voraussetzungen hat eine wirksame Anfechtung?........ *313*

57. Die Anfechtungserklärung muss nicht juristisch einwandfrei formuliert sein, doch was muss eine Anfechtungserklärung dennoch enthalten? *311*

58. Woran ist bei der Anfechtung wegen Willensmängeln zu denken, bevor man eine Anfechtung nach § 119 oder § 120 BGB bejaht? *317*

59. Auf welchem Grundgedanken basiert sowohl der Inhaltsirrtum als auch der Erklärungsirrtum? *321*

60. Worin unterscheiden sich Inhalts- und Erklärungsirrtum? *321*

61. Was versteht man unter "erweitertem Inhaltsirrtum"? .... *324 f.*

62. Wann liegt bei einem Irrtum über die Rechtsfolgen einer Erklärung ein beachtlicher Inhaltsirrtum vor? .... *326 f.*

63. Was versteht man unter einem Kalkulationsirrtum? *330*

64. Kann man bei einem internen, d.h. verdeckten, bzw. externen, d.h. offenen, Kalkulationsirrtum anfechten? *331*

65. Ist eine Anfechtung bei automatisierten Erklärungen möglich? *336*

66. Zweifelhaft ist die Anwendung des § 119 I 2.Alt. BGB bei einem abredewidrig ausgefüllten Blankett. Wie ist hier die Rechtslage? *338*

67. Ist die Anfechtung bei fehlendem Erklärungsbewusstsein möglich? *400*

68. § 120 BGB betrifft den Fall der <u>unbewussten</u> Falschübermittlung einer Willenserklärung eines Erklärungsboten. Gilt § 120 BGB auch bei <u>bewusst</u> falscher Übermittlung durch den Erklärungsboten? *401*

69. Wann ist Kausalität des Irrtums für die Erklärung gegeben? *402*

70. Wann liegt ein Eigenschaftsirrtum i.S.d. § 119 II BGB vor? *403*

71. Was ist das Besondere an dem Anfechtungsgrund des § 119 II BGB? *402*

72. Was sind Eigenschaften i.S.v. § 119 II BGB? *404*

73. Was ist bei einem Irrtum über den Wert des gekauften Gegenstands zu beachten? *409*

74. Werden von § 119 II BGB auch Irrtümer bzgl. mittelbarer Eigenschaften erfasst? *409*

75. Wann ist Verkehrswesentlichkeit der Eigenschaft i.S.d. § 119 II BGB gegeben? *405*

76. Besteht ein Anfechtungsrecht nach § 119 II BGB, wenn der <u>Gläubiger</u> eines Darlehensvertrags sich bei Hingabe des Darlehens über die Solvenz des Bürgen geirrt hat? *407*

77. Besteht ein Anfechtungsrecht nach § 119 II BGB, wenn der <u>Bürge</u> sich über die Solvenz des Hauptschuldners geirrt hat? *408*

78. Besteht neben §§ 434 ff. BGB noch ein Anwendungsbereich für eine Anfechtung des <u>Käufers</u> nach § 119 II BGB? *413*

79. Was gilt im Rahmen des § 119 II BGB für die Anfechtung durch den <u>Verkäufer</u>? *415*

80. Kommt bei einem Reisevertrag eine Anfechtung durch den Reisenden wegen eines Irrtums über die Eigenschaft der von ihm gebuchten Reiseleistung in Betracht? *416a*

81. Wie verhält sich das Recht der Anfechtung zur vorvertraglichen Pflichtverletzung? *419*

82. Wie verhalten sich Anfechtung und Störung der Geschäftsgrundlage zueinander? *420*

83. Wann liegt eine arglistige Täuschung i.S.d. § 123 I BGB vor? .... *427 ff.*

84. Eine Täuschung kann durch positives Tun als auch durch Verschweigen von Tatsachen erfolgen. Wann liegt in einer unterlassenen Aufklärung eine arglistige Täuschung? *431*

85. Nennen Sie Fälle, in denen die bewusst falsche Beantwortung einer Frage keine widerrechtliche Täuschung darstellt! .... *432 f.*

86. Täuscht ein Dritter, so besteht ein Anfechtungsrecht nur, wenn der Erklärungsempfänger die Täuschung kannte oder kennen musste. Wer ist echter "Dritter" i.S.d. § 123 II S.1 BGB? *436*

87. Was versteht man unter Drohung i.S.d. § 123 I BGB? *440*

88. Was gilt i.R.d. § 123 I BGB, wenn ein Dritter droht? *440*

89. In welchen drei Fallgruppen ist die Drohung widerrechtlich? .... *442 ff.*

90. Was gilt für das Verhältnis zwischen einer Anfechtung wegen widerrechtlicher Drohung und der Anfechtung wegen Irrtums? *447*

91. Was müssen Sie sich bezüglich der Anfechtungserklärung merken? *451*

92. Wer ist Anfechtungsberechtigter bei der Stellvertretung? .... *453 f.*

93. Welche Ausschlussgründe für die Anfechtung gibt es? .... *456 ff.*

94. Um welche Art von Fristen handelt es sich bei den §§ 121, 124 BGB? *458*

95. Was versteht man unter einer Bestätigung eines Rechtsgeschäfts? *460*

96. Wie unterscheiden sich § 144 I und § 141 I BGB? .... *460 f.*

97. Ist eine bereits betätigte Innenvollmacht durch den Vertretenen anfechtbar? .... *462 ff.*

98. Was gilt hinsichtlich der Anfechtbarkeit eines Vertragsschlusses aufgrund Schweigens? *466*

99. Ist die Anfechtung der Anscheinsvollmacht möglich? *468*

100. Ist die Anfechtung der Duldungsvollmacht möglich? *469*

101. Wann ist die Anfechtung des dinglichen Rechtsgeschäfts erfolgreich? *470*

102. Wie wird die Anfechtung des dinglichen Rechtsgeschäfts i.R.d. § 119 II BGB behandelt? *471*

103. Welche Sonderregelungen des Irrtums kennen Sie? .... *472 ff.*

Der Rücktritt

104. Was sind Ziel und Folgen des Rücktrittsrechts? *478*

105. Worauf kann ein Rücktrittsrecht begründet sein? *479*

106. Welche Voraussetzungen hat das vertragliche Rücktrittsrecht? *480*

107. Welche Norm ist bei der Vereinbarung eines Rücktrittsvorbehalts im Rahmen einer Allgemeinen Geschäftsbedingung zu beachten? *480*

108. Nennen Sie Vorschriften, die ein gesetzliches Rücktrittsrecht normieren! *482*

109. Nennen Sie die Voraussetzungen von § 323 BGB! *483*

110. Was ist das besondere Merkmal gesetzlich angeordneter Rücktrittsrechte? *482*

111. Gegenseitige Verträge bestehen, wenn die jeweiligen Hauptpflichten im Synallagma stehen, wenn also die Parteien ihre Verbindlichkeit gerade der Gegenleistung wegen eingegangen sind, lateinisch „do ut des“. Gilt § 323 BGB nur für gegenseitige Verträge? *484*

Der Widerruf

135. Für den Verbraucherwiderruf ist die Existenz eines Widerrufsrechts i.S.d. § 355 I S. 1 BGB Voraussetzung. Nennen Sie dafür in Betracht kommende Normen! *542*

136. Was sind die gemeinsamen Voraussetzungen aller in §§ 312-312h BGB erfassten Rechtsgeschäfte? ..... *543 f.*

137. Wann liegt ein sog. „Außergeschäftsraumvertrag" i.S.d. § 312b BGB vor? *545*

138. Welche Räume umfasst der Begriff „Geschäftsräume" i.S.d. § 312b BGB? *547*

139. Besteht in jedem Fall eines Außergeschäftsraumvertrags i.S.d. § 312b BGB für den Verbraucher ein Widerrufsrecht nach § 312g I BGB? ..... *551 f.*

140. Unter welchen Voraussetzungen kann das für einen Verbraucher bestehende Widerrufsrecht durch ein Verhalten des Unternehmers auch schon vor dem Ablauf der Widerrufsfrist i.S.d. § 355 II BGB erlöschen? *552a*

141. Welche besonderen Vorschriften müssen Sie bei Verbraucherdarlehensverträgen und ähnlichen Verträgen hinsichtlich der Widerrufsrechte eines Verbrauchers beachten? ..... *554 ff.*

142. Definieren Sie den sachlichen Anwendungsbereich von Verbraucherdarlehensverträgen! *556*

143. Wann spricht man von einem Ratenlieferungsvertrag i.S.d. § 510 I BGB? *558*

144. Was ist ein Fernabsatzvertrag gem. § 312c BGB? ..... *561 f.*

145. Stichwort "verbundenes Geschäft": Wann liegt ein solches vor? *564*

146. In welcher Form muss die Widerrufserklärung erfolgen? *565*

147. Was gilt bei der Widerrufsfrist bei unterbliebener Belehrung? *568*

148. Was sind die Folgen eines wirksamen Widerrufs? *569*

Die Kündigung

149. Wie unterscheiden sich Kündigung und Rücktritt hinsichtlich ihrer Wirkung? ..... *570 f.*

150. Welche Kündigungsarten kennen Sie? *572*

151. § 314 BGB regelt allgemein die Kündigung von vertraglichen Dauerschuldverhältnissen aus wichtigem Grund. Was ist im Verhältnis zu den Kündigungsregelungen des besonderen Teils des BGB zu beachten? *575*

152. Nennen Sie die Voraussetzungen des Kündigungsrechts nach § 314 BGB! *575*

153. Erläutern Sie den Begriff „Dauerschuldverhältnis"! *576*

154. Wie prüft man den „wichtigen Grund" i.S.d. § 314 BGB? *577*

155. Ist eine bedingte Kündigung möglich? *579*

156. Was ist die Wirkung der Kündigung? *580*

157. Kann die Kündigung ohne weiteres zurückgenommen werden mit der Konsequenz, dass das Vertragsverhältnis wieder auflebt? *580*

Die Leistungsstörungen

158. Erläutern Sie den Begriff der Leistungsstörung! *581*

159. Was versteht man unter Unmöglichkeit? *582*

Die Schlechtleistung

Der Wechsel der Aktiv- oder Passivlegitimation

Der Wechsel auf der Gläubigerseite

Der Wechsel auf der Schuldnerseite

Die befreiende Schuldübernahme, §§ 414 ff. BGB

199. Zu welchen anderen Rechtsverhältnissen ist in der Klausur häufig die befreiende Schuldübernahme gem. §§ 414 ff. BGB abzugrenzen? ... *627 ff.*

200. Auf welche zwei Arten kann eine Schuldübernahme i.S.d. §§ 414 ff. BGB erfolgen? ... *632*

201. Welche Rechtsnatur hat der Übernahmevertrag? ... *632*

202. Wann ist der Übernahmevertrag formbedürftig? ... *632*

203. Ist die Genehmigung der Schuldübernahme seitens des Gläubigers i.S.d. § 415 I S. 1 BGB noch nicht erklärt, so ist der Neuschuldner dem Altschuldner gegenüber im Innenverhältnis zur Erfüllungsübernahme verpflichtet, §§ 405 III, 329 BGB. Gilt diese Vorschrift analog, wenn der Übernahmevertrag zwar vom Gläubiger genehmigt, aber formbedürftig ist und diese Form nicht eingehalten wurde? ... *634*

204. Wem gegenüber kann die Genehmigung des Gläubigers gem. § 415 BGB erfolgen? ... *635*

205. Ist die Genehmigung gem. § 415 BGB formbedürftig? ... *635*

206. Die Genehmigung der Schuldübernahme meint die nachträgliche Zustimmung. Kann der Gläubiger auch vorher zustimmen, d.h. einwilligen? ... *635*

207. Übernimmt der Erwerber eines Grundstücks durch Vertrag mit dem Veräußerer eine Schuld des Veräußerers, für die eine Hypothek an dem Grundstück besteht, kann der Gläubiger die Schuldübernahme nur genehmigen, wenn der Veräußerer sie ihm mitteilt, § 416 I S. 1 BGB. Warum gibt es gem. § 416 I 2 BGB eine Genehmigungsfunktion insofern, als eine Genehmigung als erteilt gilt, wenn seit dem Empfang der Mitteilung sechs Monate verstrichen sind? ... *635*

208. Wird § 416 BGB auch angewandt, wenn die zu übernehmende Schuld nicht mit einer Hypothek, sondern mit einer Grundschuld am veräußerten Grundstück gesichert ist? ... *635*

209. Welche Rechte stehen dem Neuschuldner zu, wenn der Altschuldner ein Anfechtungs-, Rücktritts- oder Widerrufsrecht hatte? ... *636*

210. Gem. § 417 I S. 1 BGB kann der Übernehmer der Schuld dem Gläubiger die Einwendungen entgegensetzen, welche sich aus dem Rechtsverhältnis zwischen dem Gläubiger und dem bisherigen Schuldner ergeben. Warum ist diese Regelung sinnvoll? ... *636*

211. Was gilt, wenn der Neuschuldner dem Gläubiger Einwendungen entgegenhält und diese Einwendungen sich aus dem einer Schuldübernahme regelmäßig zugrundeliegenden Rechtsverhältnis ergeben? ... *638*

Die Ausübungsschranken

212. Was sind Ausübungsschranken? ... *640 ff.*

213. Für welche Fälle gilt die vorsätzliche sittenwidrige Schädigung gem. § 826 BGB? ... *642*

214. Muss auch für den Einwand aus § 826 BGB Schädigungsabsicht gegeben sein? ... *642*

215. Welche Fallgruppen der unzulässigen Rechtsausübung nach § 242 BGB kennen Sie? ... *643 ff.*

216. Nennen Sie zwei Beispielsfälle für die „dolo-facit“ Einrede! ... *646*

217. Was versteht man unter „venire contra factum proprium“? ... *647*

218. Ist die Verwirkung von Amts wegen zu beachten? ... *648*

219. Welche beiden Voraussetzungen hat die Verwirkung, § 242 BGB? ... *648*

Rechtshemmende Einreden

220. Was versteht man unter rechtshemmenden Einreden? ... *649*

221. Welche Gruppen von Einreden unterscheidet man? ... 649

222. Einwendungen i.w.S. sind rechtshindernde und rechtsvernichtende Einwendungen sowie rechtshemmende Einreden. Wie unterscheiden sich Einreden von Einwendungen i.e.S.? ... 649

Dauernde Einreden

Die Verjährung

223. Wie lang ist die regelmäßige Verjährungsfrist? ... 652

224. Unter welchen Voraussetzungen beginnt der Fristlauf der Verjährung? ... 653

225. Gibt es auch längere Verjährungsfristen als die der regelmäßigen Verjährung? ... 654 ff.

226. Können erbrechtliche Ansprüche verjähren? ... 654c

227. Welche Verjährung regelt § 197 BGB? ... 656

228. Können rechtskräftig festgestellte - also „titulierte" - Ansprüche verjähren? ... 658

229. Welchen Regelungsgehalt hat § 852 BGB? ... 660

230. Sind Verjährungsvereinbarungen zulässig? ... 662

231. Welche Grenzen für Verjährungserleichterungen kennen Sie? ... 663 ff.

232. Welche Grenzen für Verjährungserschwerungen durch Vereinbarung kennen Sie? ... 666

233. Was versteht man unter den Begriffen Hemmung, Ablaufhemmung und Neubeginn der Verjährung? ... 667 ff.

234. Wie ist der Begriff der „schwebenden Verhandlungen" i.S.d. § 203 BGB zu verstehen? ... 668

235. Können Maßnahmen der Rechtsverfolgung die Verjährung berühren? ... 669

236. Was erfordert ein Anerkenntnis i.S.d. § 212 BGB? ... 677

237. Welche Wirkung hat die Verjährung eines Anspruchs? ... 681

238. Können auch Gestaltungsrechte wie etwa das des Rücktritts verjähren? ... 685

239. Nach § 390 BGB kann mit einer Forderung, der eine Einrede entgegensteht, nicht aufgerechnet werden. Kann aber entgegen § 390 BGB mit einer verjährten Forderung aufgerechnet werden? ... 682

240. Welche Auswirkungen hat die Verjährung eines Anspruchs auf Hypotheken und Pfandrechte? ... 683

241. Welche Auswirkung hat die Verjährung des gesicherten Anspruchs auf Sicherungseigentum und Sicherungszession? ... 683

242. Welche Besonderheiten gelten im Kaufrecht für Verjährungsvereinbarungen? ... 697

Aufschiebende Einreden

243. Was bedeutet "Stundung"? ... 712

244. Wird gleichzeitig mit der Begründung des Anspruchs eine Stundung vereinbart, spricht man von einer betagten Forderung. Was ist der Unterschied zwischen einer betagten Forderung und einem befristeten Anspruch? ... 712

Anspruchsbeschränkende Einreden

Das Zurückbehaltungsrecht

Die Zahlen verweisen auf die Randnummern des Skripts

A

B

D

E

U

V

W

Z

hemmer/wüst Verlag

Unser Lernsystem im Überblick

Psychologische Ratgeber & mentales Training

Prüfungen als Herausforderung - 14,80 €

Mentale Stärke im Examen

Prüfungen erzeugen enormen Druck. Wenn die Belastung durch Angst und negative Gedanken zu groß wird, können Prüfungen trotz guter Vorbereitung misslingen. Hier setzt mentales Training an. Mit dem Arbeitsbuch von Dr. Bertold Ulsamer haben Sie den Coach an Ihrer Seite, der Sie mit zahlreichen Übungen mit verblüffender Wirkung begleitet. Seine gesamten Erfahrungen mit Mentaltraining als Coach, Managementtrainer und Psychotherapeut sind in dieses Buch eingeflossen. Diese werden auch Ihnen nutzen!

NLP für Einsteiger - 12,80 €

Sind Sie neugierig und wollen selbstbestimmt neue Wege beschreiten?

NLP behandelt den erfolgreichen Umgang mit Menschen: Bei sich und bei anderen positive Veränderungen in Gang setzen, die Kunst, seine Mitmenschen zu verstehen und sich Ihnen verständlich zu machen. Dieses Buch stellt Schlüsselfragen, enthält viele Beispiele aus der Praxis und hilft mit Übungen, die Beziehung zwischen Körper und Denken zu nutzen. So stehen Ihnen mehr Kraft und Fähigkeiten in schwierigen Situationen zur Verfügung.

Lebendiges Reden - 21,80 €

Wie man Redeangst überwindet, die Geheimnisse der Redekunst erlernt und Vorträge interessant gestaltet. Die Fähigkeit zum lebendigen angstfreien Reden vor Gruppen und vor Autoritätspersonen ist in der Schule, im Studium (z.B. mündliche Prüfungen, Seminare) und im Beruf ein entscheidender Schlüssel zum Erfolg.
Mithilfe der bekanntesten psychologischen Techniken schulen Sie Ihre rhetorischen Fähigkeiten und lernen, angstfrei, verständlich und souverän zu sprechen. Inkl. Coaching-CD.

Coach dich! - 19,80 €

Sei Dein eigener Lebensmeister mit Hilfe des Rationalen Effektivitäts-Trainings! Ob wir im Berufsleben oder in der Examensphase erfolgreich bestehen wollen: Die hierfür erforderlichen psychischen Stärken können trainiert werden. So wie eine Sportlerin oder ein Sportler sich auf den Wettkampf vorbereitet, können auch wir Fertigkeiten lernen, die uns beruflich und vor allem im Umgang mit Menschen erfolgreicher werden lassen.